Hans-Jochen Gallinat & Achim Rix

Den Körper im Gleichgewicht

Psychomotorische Entwicklungsförderung der Gesamtkörperkoordination

Gedruckt auf umweltbewusst gefertigtem, chlorfrei gebleichtem
und alterungsbeständigem Papier.

1. Auflage 2001
Nach der Neuregelung der deutschen Rechtschreibung

ISBN 3-89358-821-3

Inhaltsverzeichnis

Einleitung

Psychomotorische Entwicklungsförderung hat sich mittlerweile als pädagogisch-therapeutische Konzeption in den verschiedensten Anwendungsbereichen etabliert.

Psychomotorische Inhalte finden sich nicht nur in den Lehrplänen zur sonderpädagogischen Förderung, sondern auch in denen der Regelschule wieder. Zusätzlich werden Kinder im (Vor-)Schulalter außerhalb dieser Institutionen in Einzel- oder Gruppenform (Kindergärten, Psychomotorik-Ambulanzen etc.) in ihrer Wahrnehmungs- und Bewegungsentwicklung durch speziell ausgebildete Fachkräfte gefördert. Das Literaturangebot zum Themenfeld ist sowohl für die theoretische Auseinandersetzung als auch für die praktische Anwendung umfangreich. Das Fachgebiet scheint also in seiner pädagogischen und therapeutischen Ausrichtung grundlegend erfasst und umfassend beschrieben. Warum dann noch ein weiterer Psychomotorikansatz?

Psychomotorische Entwicklungsförderung stellt sich für uns nicht als ein speziell für wahrnehmungs- oder bewegungsbeeinträchtigte Kinder konzipierter Ansatz dar. Psychomotorik basiert eigentlich immer schon auf einem für alle Kinder allgemein gültigen Lern- und Entwicklungsmodell. Insofern wird Piaget mit seinem inhaltlichen Verständnis zum Begriff „Sensomotorik“ zu Recht als eigentlicher Urvater der Psychomotorik bezeichnet.

Auch unser Ansatz greift auf die Piaget'sche Interpretation zurück. Neben dem genetischen Strukturalismus sollen in diesem Ansatz jedoch auch aktuellere handlungstheoretische, neuropsychologische und systemische Sichtweisen in ein Gesamtkonzept in dem Sinne eingearbeitet und zusammengeführt werden, als sie der praktischen Anwendung dienlich erscheinen.

Es handelt sich also um kein im engeren Sinne verankertes wissenschaftstheoretisches Konzept, sondern um ein aus der und für die Praxisrelevanz erarbeitetes Unterrichtsmodell, das die verschiedenen Theoriebezüge nutzt, um ganzheitliche Lösungswege für den konkreten Lern- und Entwicklungsprozess der Kinder bereitzustellen.

Nochmals: Ausgangspunkt für die Förderung ist nicht der Behinderungsaspekt einer Person, sondern ihr individueller, subjektiv geprägter Lern- und Entwicklungsprozess. Lern- und Entwicklungsprozesse verlaufen für uns niemals nur isoliert in bestimmten Funktionsbereichen des menschlichen Organismus ab. Vielmehr stehen Wahrnehmungs-, Bewegungs-, Sprach-, Denk und Sozialentwicklung immer in einer intra- und intersystemischen Abhängigkeit zueinander. Erst die strukturelle Nutzung dieser Systemzusammenhänge kann aus unserer Sicht dazu verhelfen, gleichgewichtige Erfahrungsgrundlagen zu schaffen.

DEN KÖRPER IM GLEICHGEWICHT zu halten bzw. zu stabilisieren geht über das einfache Balancieren über eine Turnbank hinaus. Gleichgewicht („Äquilibration“) im Piaget'schen Sinne ist in dieser Ausrichtung eben auch als höchste Systemfunktion der Einheit von Wahrnehmung, Bewegung, Sprache, Denken sowie der personalen und sozialen Identität zu verstehen.

Aus diesem Grunde liefert dieses Buch auch keine Ansammlung psychomotorischer Funktionsübungen.

Angelegt als lern- und entwicklungspsychologische Konzeption werden über diagnostisch-didaktische Modelle Planungshilfen angeboten. Hierzu nutzen wir das Instrument der Handlungsstrukturanalyse.

Das Instrument der Handlungsstrukturanalyse ermöglicht

- eine differenzierte Beschreibung des Lerngegenstandes
- eine diagnostische Zuordnung des Kindes bzw. der Lerngruppe zum Lerngegenstand
- die ziel- und niveaubezogene Ableitung von Förderangeboten

Erst im Anschluss an die diagnostisch-didaktische Analyse stehen methodische Fragestellungen im Vordergrund. Die didaktisch-methodische Realisierung orientiert sich an der Altersgruppe (Vor- und Grundschulalter) und ihrer dominierenden Tätigkeitsform, indem schwerpunktmäßig über soziale Symbolspiele Lern- und Entwicklungsprozesse angeregt und vermittelt werden.

Die Lehrkraft hat die Chance durch den Prozess der zunehmenden spielerischen Selbstbestimmung und Selbsttätigkeit der Kinder immer intensiver die Rolle des Spielbegleiters, des Beraters und letztendlich auch die des Diagnostikers (struktur- und niveaubezogene Beobachtung) zu übernehmen. Diagnostische Erkenntnisse ermöglichen so wiederum Rückschlüsse auf die didaktisch-methodische Vorgehensweise, wodurch sich die diagnostisch-didaktischen Förderziele immer präziser auf den eigentlichen Lern- und Entwicklungsgegenstand verengen lassen.

Psychomotorische Entwicklungsförderung sollte in diesem Sinne lust- und zielbezogen für alle Kinder und ihre Lehrkräfte stattfinden können!

1. Handlungsregulationsmodell zum Lern- und Entwicklungsprozess

1.1 Neuropsychologische Grundlagen von Lernen und Entwicklung

Lernen basiert auf dem Austausch zwischen dem Individuum und der Umwelt:
Menschliche Lern- und Entwicklungsprozesse verlaufen für jedes Individuum eingebunden in seinen persönlichen und gesellschaftlichen Gesamtzusammenhang. In diesem Austauschprozess setzt sich der Mensch fortlaufend mit Lerngegenständen auseinander. Verbindendes Element zwischen dem Individuum und dem Lerngegenstand ist die „Handlung".

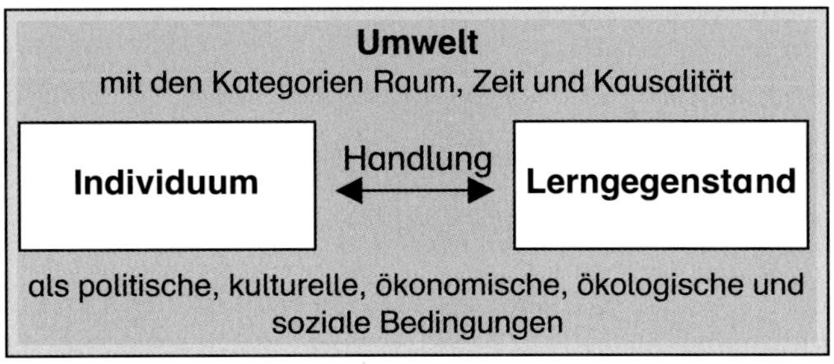

Entwicklung und Lernen basieren einerseits auf dem individuellen Anlagepotential, dem genetischen Erbe. Andererseits nimmt die Umwelt durch die vorhandenen Lernangebote zentralen Einfluss. Dabei ist das Individuum gezwungen, sich mit seiner Umwelt auszutauschen, denn nur über eine handelnde Auseinandersetzung erschließt sich die Welt, sie muss „begriffen" werden.

Lernen verläuft auf verschiedenen Abstraktionsniveaus:
Im Verlaufe der Entwicklung verändert sich das „Begreifen" im Sinne einer zunehmenden Abstraktion. Ein Säugling „begreift" direkt handelnd, ein Schulkind kann bereits über Denkprozesse begreifen. „Entwicklung" repräsentiert insofern immer den jeweiligen Ausgangs- und momentanen Endpunkt des Auseinandersetzungsprozesses zwischen dem Individuum und seiner Umwelt.

Lernen erfolgt an und mit Lerngegenständen:
Um erfolgreich am gesellschaftlichen Leben teilnehmen zu können, muss sich das Individuum die Kategorien „Raum", „Zeit" und „Kausalität" erschließen. Hierzu gehört beispielsweise die Erkenntnis, dass der „Raum" etwas ist, das außerhalb des Individuums existiert, dass Handlungen eine zeitliche Abfolge besitzen und dass Handlungen bestimmte Folgen nach sich ziehen (Kausalität). Diese Kategorien erarbeitet sich das Kind anhand bestimmter Lerngegenstände, die gesellschaftlich gegeben sind und dementsprechend vom aktuellen Stand der gesellschaftlichen Entwicklung abhängen.

Lerngegenstände besitzen eine Sachstruktur:
All diese Lerngegenstände besitzen Eigenschaften, die das Erlernen ihrer Handhabung bestimmen (einen Apfel kann man kauen, gepresst kann man ihn trinken, er rollt ...). Ferner gibt es verschiedene Schwierigkeitsgrade bei der Auseinandersetzung mit Lerngegenständen (in einen Apfel zu beißen ist leichter, als ihn zu schälen). Auf diese Art besitzen Objekte eine so genannte „sachlogische Struktur", die ihrer „Aneignung" zugrunde liegt.

Lernprozesse werden somit bestimmt durch:

- **das Individuum**, d.h. durch den aktuell erreichten Stand der Auseinandersetzung mit der Umwelt und den darin enthaltenen Lerngegenständen (Handlungskompetenz) und
- **den Lerngegenstand**, d.h. durch die dem Lernobjekt entsprechende Struktur, welche seiner Aneignung zugrunde liegt (Handlungsstruktur).

Sollen Lernen und Entwicklung gefördert werden, ergeben sich folgende zentrale Fragestellungen:

– Welche Aneignungsbedingungen bestimmen den Lernprozess des Individuums?

– Wie gestaltet sich die sachlogische Struktur des Lerngegenstandes?

Neurophysiologische Regulationsprozesse bestimmen Lernen und Entwicklung ganz entscheidend. Über ein neuropsychologisches Modell sollen die Funktionsweisen dieser Handlungsregulation dargestellt werden.

1.2 Aufbau des Gehirns

Zugegeben, der Schädelbinnenraum der Ägypter, das belegten Knochen aus verschiedenen Fundstätten, war über die Jahrhunderttausende signifikant zurückgegangen. Darin lag akademisch ein Trost, denn diese Entwicklung galt als realgeschichtlich abgesichert, die ägyptische Zivilisation hatte ihre Höhepunkte eben hinter sich. Gleichfalls war verbürgt – die Unterlagen mehrerer Generationen von Pariser Hutmachern ließen keine Zweifel –, dass der Kopfumfang und damit auch der Schädelbinnenraum der Pariser Bevölkerung seit der Französischen Revolution gewachsen war. Auch hier durfte auf eine anatomische Korrespondenz des kulturellen Fortschritts geschlossen werden. Doch wie war die Volumensteigerung bei den Chinesen, den Buschweibern aus Neuguinea und selbst den Nordhessen zu erklären?
Methodisch, das hatte Hunter in vielen vorausgegangenen Arbeiten ausführlich demonstriert, war ihm kein Vorwurf zu machen. Natürlich war er nicht in den Anfängerfehler verfallen, seine Theorien auf absolute Hirngewichte zu stützen. Da lägen Elefant und Walfisch ja noch weit vor dem Homo sapiens. Genauso wenig hatte er sich schuldig gemacht, der Hypothese von Aristoteles zu folgen, die mit dem Verhältnis zwischen Hirn und Körpergewicht operierte. Denn das hätte ja bedeutet, dass das Denkvermögen des gemeinen Sperlings, zu schweigen von den diversen Arten von Affen, noch weit vor dem des europäischen Weibes läge, dann käme der Maulwurf und danach erst der europäische Mann.

– Tilman Spengler –

Der Aufbau des Gehirns bestimmt den Entwicklungsprozess:
Im anatomischen Aufbau des Gehirns mit seinen älteren und jüngeren Anteilen und ihrer jeweiligen Funktion spiegelt sich die stammesgeschichtliche Entwicklung des Menschen, die wiederum jede individuelle Entwicklung bestimmt bzw. beeinflusst, wider. Dem stammesgeschichtlich geprägten Aufbau des Gehirns unterliegt eine Dreiteilung. In seinem hierarchischen Aufbau (von alt zu neu) sind spinale Ebene (Rückenmark), subkortikale Ebene (Zwischenhirn, Mittelhirn) und kortikale Ebene (Großhirn) zu unterscheiden. Die jüngeren Gehirnanteile haben sich von „innen nach außen“ um die älteren gelegt. Zudem ist eine Unterteilung in linke und rechte Hemisphäre festzuhalten.

Die frühe Entwicklung des Menschen wird zunächst stärker durch die unteren Gehirnanteile bestimmt, da der Einfluss der höheren Zentren noch fehlt. Im Säuglingsalter dominieren beispielsweise unkoordinierte Strampelbewegungen, die erst sehr viel später in einer koordinierten Gangbewegung münden. Zur Verdeutlichung ein Schnitt durch das menschliche Gehirn:

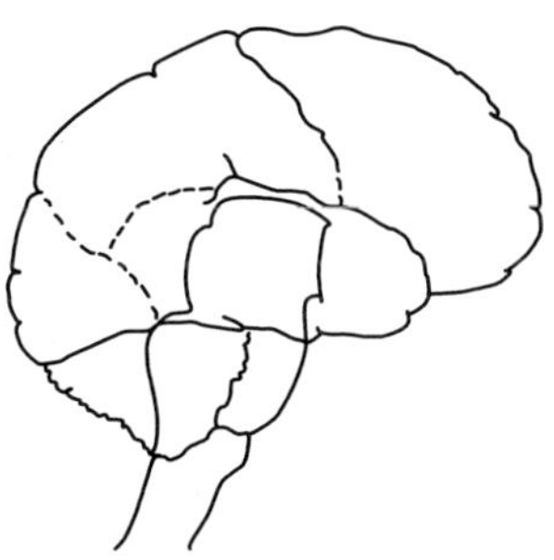

kortikale Ebene

subkortikale Ebene

spinale Ebene

Funktionelle Systeme

Lernen heißt für das Gehirn, Verknüpfungen zwischen den Nervenzellen herzustellen:
Zum Zeitpunkt der Geburt ist die Anzahl der Nervenzellen (Neuronen) weitestgehend festgelegt. Das Gehirn wiegt ca. 350 Gramm, nach dem ersten Lebensjahr ca. 700 Gramm, im Erwachsenenalter ca. 1500 Gramm. Die Gewichtszunahme ist auf die Zunahme der Verzweigungen und die damit verbundene Verknüpfung der Nervenzellen durch synaptische Verbindungen zurückzuführen. Lernen ist also nichts anderes als neuronale Verschaltung. Der Grad der Optimierung der entstandenen Verknüpfungen spiegelt den Grad des Lernniveaus wider. Bei zentralen Hirnschädigungen oder anderen Entwicklungsbeeinträchtigungen kann der neuronale Verknüpfungsprozess nur erschwert verlaufen.

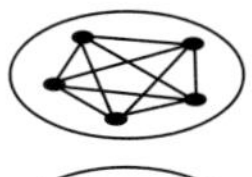
optimale neuronale Verknüpfung

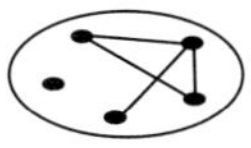
nicht optimale neuronale Verknüpfung

Die an einer bestimmten Leistung des Organismus beteiligten Nervenverbindungen bilden ein „funktionelles System“:
Eine Voraussetzung für die vielschichtigen Leistungen unseres Gehirns ist die einzigartige Fähigkeit der Gehirnzelle, sich zu spezialisieren. Eine Gehirnzelle kann beispielsweise eine Funktion beim Gehen, Laufen, Springen übernehmen oder bei der Steuerung der Atmung, beim Sprechen etc. beteiligt sein. Eine Zelle in der Leber hingegen kann nur als Leberzelle arbeiten. Nun erfordern alle komplexen Funktionen, wie Gehen, Laufen, Springen etc., die Verknüpfung von Zellgruppen. Damit bilden bestimmte Hirnanteile als Verbund ein funktionelles System.

Dynamische Lokalisation

Im Aufbau der funktionellen Systeme gibt es bestimmte Zeitpunkte bzw. -intervalle für eine optimale Wirkung. Die Ausformung auf höheren Ebenen vollzieht sich unter gleichzeitiger Weiterentwicklung der subkortikalen und spinalen Anteile.

Bewegungsfunktionen (z.B. Gehen) werden im Verlauf der Entwicklung auf unterschiedlichen Ebenen des Gehirns reguliert:
Die ersten Bewegungen des Menschen basieren auf reflexhaften Abläufen (Reflexe), die für sich genommen auch funktionelle Systeme darstellen. Sie ermöglichen uns gleich nach der Geburt so wichtige Leistungen wie Atmen, Saugen und Schlucken und sind dabei, wie auch der Schreitreflex, Ausgangspunkt für die weitere Entwicklung. Folglich sind diese Leistungen im Gehirn – das zum Zeitpunkt der Geburt noch nicht vollständig ausgereift ist – in stammesgeschichtlich älteren, „basaleren“ Hirnregionen angesiedelt. Das Strampeln des Säuglings oder das zu einem noch späteren Zeitpunkt ausgebildete Gehen oder gar das Tanzen beziehen immer mehr „höhere“ Gehirnanteile mit ein.

Während der Schreitreflex auf spinaler Ebene reguliert wird, sind beim Strampeln bereits subkortikale und kortikale Anteile des Gehirns beteiligt. Tanzen als eine komplexe motorische Fertigkeit wird erst nach Ausbildung der Vorstellung in einem sehr bewussten Lernprozess ausgebildet. Folglich sind hier die Gehirnanteile der kortikalen Ebene dominierend. Die „höheren“ Anteile basieren dabei immer in integrativer bzw. „überlagernder“ Weise auf den Leistungen der vorangehenden Ebenen.

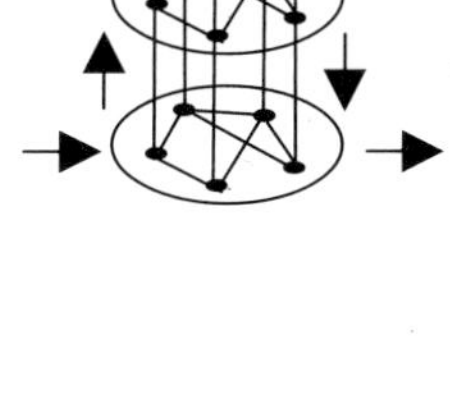

kortikale Ebene

subkortikale Ebene

spinale Ebene

Identische Funktionen werden also zu unterschiedlichen Zeiten der Entwicklung im Gehirn anders reguliert. Spezialisierte Leistungen sind damit nicht starr lokalisiert, aber auch nicht diffus organisiert.[1]

Funktionelle Polyvalenz

Das Gehirn ist fähig zur Kompensation:
Durch die nicht festgelegte Funktion der Nervenzellen hat das Gehirn die einzigartige Fähigkeit, gestörte Teilfunktionen zu kompensieren. Ein Ausfall spezieller Zellgruppen eines funktionellen Systems kann durch die Integration anderer Zellgruppen ausgeglichen werden.

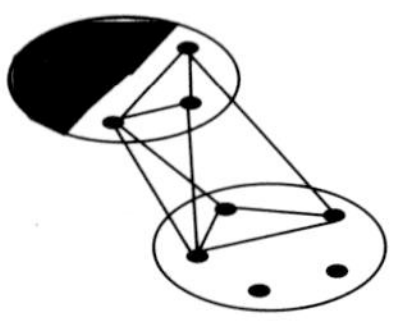

Ausfall spezieller Zellgruppen

Kompensation durch Integration anderer Zellgruppen

Die (Lern-)Wege sind in der Regel länger, die Leistung im Vergleich zu den ursprünglichen oft eingeschränkt. Eine Kompensation geschädigter Anteile gelingt lediglich über einen erheblich intensivierten Übungsaufwand und ist zudem abhängig vom Alter. Ein junges Gehirn ist deutlich kompensationsfähiger.

1.3 Handlungsregulationssysteme

Basierend auf der Theorie der funktionellen Hirnorganbildung können vier Handlungsregulationssysteme unterschieden werden: das Handlungsregulationssystem für Aktivation, für Emotion, für Sensorik und für Motorik.[2] Sie spiegeln modellhaft den Aufbau und die Funktion des Gehirns wider.

1.3.1 Handlungsregulationssystem für Aktivation

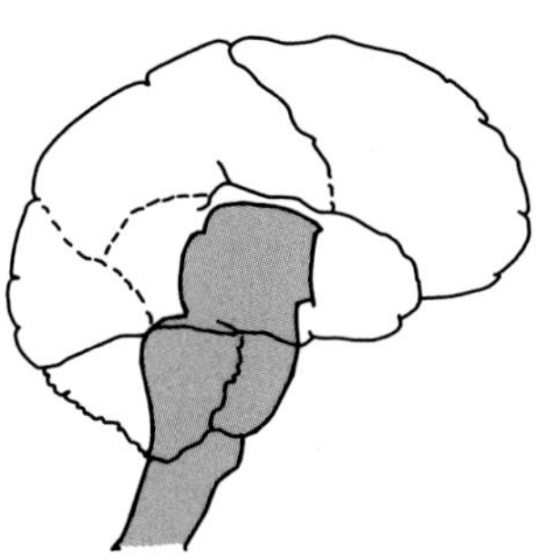

Anatomie:
Das Handlungsregulationssystem für Aktivation setzt sich aus den stammesgeschichtlich älteren Teilen des Zentralen Nervensystems zusammen (Rückenmark, Formatio reticularis, Hirnstamm).

Funktion:
Dieses Regulationssystem
- steht im Dienste einer unspezifischen Aktivierung
- steuert den Spannungszustand der Muskulatur (Tonus)
- steuert den Wach- und Schlafrhythmus
- steht im Dienste des Bewusstheitszustandes

[1] vgl. Jantzen 1980, S. 54

[2] vgl. Jantzen 1979, S. 206 ff.

Steuerung der Vitalfunktionen:
Rückenmark und Hirnstamm sind für die Sicherung der elementaren Vitalfunktionen wie Kreislauf, Atmung und Stoffwechsel zuständig.

Die Filterung der Außenreize beeinflusst das Konzentrations- und Aufmerksamkeitsvermögen:
Durch die Formatio reticularis werden alle Sinneseindrücke zum Kortex (Großhirn) geleitet. Die Formatio reticularis arbeitet wie ein Filter, indem sie entweder eine „Hemmung“ oder eine „Bahnung“ des Informationsflusses bewirkt. Auf diese Weise sorgt diese Struktur für Aufmerksamkeit oder Unaufmerksamkeit gegenüber Sinnesreizen und ermöglicht so eine zeitlich geregelte Reihenfolge der Aktivität. Ebenfalls laufen die vom Gehirn abgehenden (efferenten) motorischen Reize durch die Formatio reticularis und werden ebenso im Sinne von Hemmung und Bahnung moduliert.

Funktion der Aktivierung des Gehirns:
Insgesamt sorgt das Regulationssystem für eine unspezifische Aktivierung der übergeordneten Strukturen und kann insofern als eine Art Energiequelle bezeichnet werden. Die unteren Ebenen dieser Regulation erscheinen grundsätzlich nicht mehr bewusstseinsfähig. Durch die Einnahme von Aufputschmitteln wie Kaffee oder Ecstasy, von Beruhigungs- oder Schlafmitteln kann von außen Einfluss auf das System genommen werden.

Im Fall einer gesteigerten Aktivität (unzureichende Hemmung/zu starke Bahnung) liegt eine Hyperaktivität (auch: hyperkinetisches Syndrom) vor. Bei verminderter Aktivität (unzureichende Bahnung/zu starke Hemmung) liegt eine Hypoaktivität (auch: hypokinetisches Syndrom) vor.

Muskeltonus, Konzentration und Aufmerksamkeit besitzen für den Lern- und Entwicklungsprozess eine grundlegende Bedeutung. Die generelle Schutzfunktion für Überforderungen verdeutlicht den Stellenwert dieses Regulationssystems. Entsprechend dieses grundlegenden Charakters findet es als Basiseinheit auch seinen entsprechenden Platz in dem Gesamtmodell:

1.3.2 Handlungsregulationssystem für Emotion

„Wenn man einen Menschen logisch aufklärt, dass er eigentlich keinen Grund hat zu weinen, so wird er aufhören zu weinen. Das ist klar. Oder wird er Ihrer Meinung nach nicht aufhören?“
„Dann wäre das Leben viel zu einfach“, antwortete Raskolnikow.
– F. Dostojewskij –

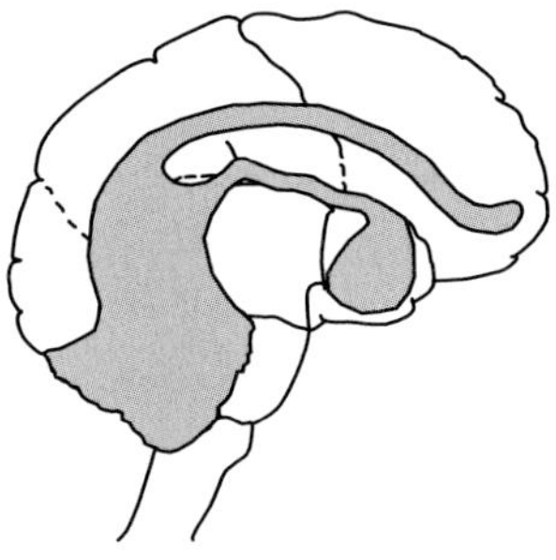

Anatomie:
Zum Handlungsregulationssystem für Emotion gehören das Limbische System, das Zwischenhirn mit Thalamus und Hypothalamus und Teile des Mittelhirns.

Funktion:
Das System für Emotion steht im Dienste einer

- Urverstandes- und Schutzkontrolle und
- einer Bewertung von Reizen

Es sorgt damit für eine emotionale Steuerung des Organismus (individueller Ausprägung) im Sinne der Hemmung und Bahnung.

Sinnesreize werden durch Emotionen bewertet:
Nachdem die Reize von den Sinnesorganen das Handlungsregulationssystem für Aktivation durchlaufen haben und dort entsprechend gefiltert wurden, erhalten sie nun im Handlungsregulationssystem für Emotion eine affektive Tönung im Sinne der Bewertung eines Reizes. Diese Bewertung muss nicht immer bewusst erfolgen.
„Die Bewertung der Befindlichkeit ist Resultat der Verbindungen zwischen Thalamus und Hypothalamus und damit dem vegetativen Nervensystem. Über diesen Weg werden Reize als erfreulich oder unerfreulich klassifiziert. Thalamus und Hypothalamus können als ‚Ursprungsort aller Affekte' (Fischel) angesehen werden. Nicht die Widerspiegelung der Reize, aber ihre Qualität und Intensität werden von der Nervenzentrale Zwischenhirn gesteuert und von dort wieder an die Peripherie zurückgemeldet."[1]

Ausgeführte Handlungen erwecken Emotionen:
Auch die „(Bewegungs-)Antwort" erhält durch dieses System eine emotionale Färbung. „Handlungspläne des Kortex sind immer mit Emotionen (aus dem Bereich des Zwischenhirns) verbunden, Emotionen beeinflussen Planhandeln, sowie Tätigkeiten Emotionen hervorrufen."[2]

Vorerfahrungen beeinflussen Handlungspläne:
Thalamus und Hypothalamus stehen mit Teilen des Kortex in enger Wechselbeziehung. Emotional gefärbte Reize werden von hier aus an die kortikale Ebene weitergeleitet. Ebenso sorgt der Kortex (über Vorerfahrungen) für eine affektive Bewertung in hemmender oder verstärkender Weise. Die kortikale Steuerung des emotionalen Prozesses wird durch das limbische System vorgenommen. Durch seine zentrale Lage und als Übergangszone zwischen Hirnstamm und Kortex hat es Verbindung zu allen Hirnregionen. Es bestehen Beziehungen zum Frontalhirn (Aktivitätsimpulse), zu den Schläfenlappen (Gedächtnisfunktion) und zum Hypothalamus (vegetative Steuerung). Alle drei Bereiche sind durch das limbische System in Form eines permanenten Kreisprozesses miteinander verbunden. Dadurch wird deutlich, dass psychische und körperliche Prozesse immer eine psychosomatische Einheit bilden. Jede emotionale Unterdrückung hat psychosomatische Auswirkungen.

Die emotionale Zuweisung beeinflusst die Auseinandersetzung mit Lerngegenständen:
In seiner Hauptfunktion moduliert das limbische System die Intensität und Verarbeitung der Reizaufnahme. Gefühlsreaktionen (z.B. Angstzustände) können aber auch durch die kortikale Steuerung neu beurteilt werden. Diese Einschätzung auf kortikaler Ebene („kopfgesteuert") kann Gefühle verstärken (emotionaler Typus) oder hemmen (sachlicher Typus). Damit wird jede Analyse einer Umweltsituation seitens des Individuums mit einer affektiven Komponente belegt. Eine emotional neutrale „Wahrnehmung" oder „Bewegung" existiert nicht. Für den Handlungsprozess sind zwei Aspekte herauszustellen:

- Der **Bedeutungsaspekt** kennzeichnet den der Durchführung der Handlung zugewiesenen individuell ausgeprägten Grad an Interesse.

Eine positiv gesteigerte emotionale Bereitschaft in Bezug auf einen Lerngegenstand oder eine Handlung erhöht die Wahrscheinlichkeit einer wiederholten Handlungsdurchführung.

- Der **Bewertungsaspekt** kennzeichnet die Einschätzung und Beurteilung des Handlungsergebnisses.

Er fließt als Prozess der Sinngebung in die emotionale Ausgestaltung zukünftiger Handlungen ein und formt den Bedeutungsaspekt im Sinne einer regulativen Instanz. So wird sich bei einer negativ gesteigerten emotionalen Bewertung einer Handlung die Bereitschaft zur Durchführung reduzieren.

„Bedeutung" und „Bewertung" sind immer individuelle Prozesse:
Identische Handlungsanlässe werden immer individuell, d.h. unterschiedlich interpretiert. Was für die eine Person spannend ist, kann eine andere Person völlig unberührt lassen.

Im Modell bildet das Handlungsregulationssystem für Emotion die zweite Ebene:

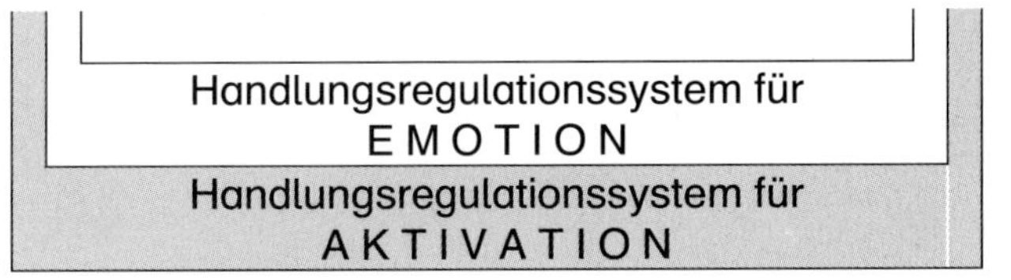

[1] Brandt 1983, S. 84
[2] Brandt 1983, S. 84

1.3.3 Handlungsregulationssystem für Sensorik

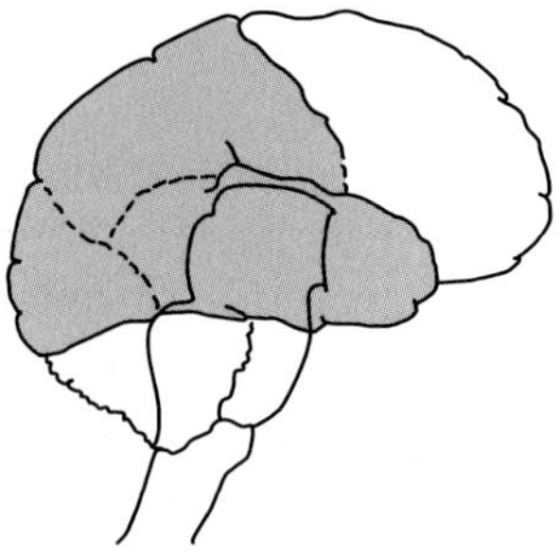

Anatomie:
Zu diesem System gehören der hintere Teil der Großhirnrinde mit den zwei Scheitellappen, den zwei Hinterhauptslappen und den zwei Schläfenlappen, die in ihrer Basis durch den Balken verbunden sind.

Funktion:
Dieses Regulationssystem reguliert die Wahrnehmungstätigkeit im Sinne der

- Informationsaufnahme
- Informationsverarbeitung
- Informationsspeicherung

Zur Informationsaufnahme stehen uns die Wahrnehmungsorgane Haut, Mund, Nase, Ohr, Auge und das Gleichgewichtssystem zur Verfügung. Aufgenommene Sinnesreize werden zu speziellen Hirnregionen, den so genannten sensorischen Integrationsfeldern weitergeleitet.

Visuelle Integration • Wahrnehmungsorgan: Augen Funktion: Sehen	
Akustisch-vibratorische Integration • Wahrnehmungsorgan: Ohren Funktion: Hören • Wahrnehmungsorgan: Resonanzräume des Körpers Funktion: Wahrnehmung von Schallwellen	
Oral-nasale Integration • Wahrnehmungsorgan: Zunge und Mundraum Funktion: Schmecken • Wahrnehmungsorgan: Nase Funktion: Riechen	
Taktil-kinästhetische Integration • Wahrnehmungsorgan: Exterozeptoren Funktion: Berührungsempfindungen • Wahrnehmungsorgan: Propriozeptoren Funktion: Streck- und Beugezustand der Muskeln, Sehnen und Stellung der Glieder zum Rumpf	
Vestibuläre Integration • Wahrnehmungsorgan: Innenohr, Schnecke Funktion: Verarbeitung von Gleichgewichtswahrnehmungen	

Alle sensorischen Integrationsleistungen laufen über Gehirn- oder Spinalnerven (Nerven des Rückenmarks) im Thalamus zusammen. Hier erfahren die einkommenden Sinnesreize ihre emotionale Tönung und werden von hier aus an die kortikalen Zentren zur Weiterverarbeitung geleitet.

Visuelle Integration:

Die sensorische Integration visueller Reize gelingt über das Auge, indem die optischen Reize über Rezeptoren des Augenhintergrundes aufgenommen und über die Sehnerven und -bahnen zum Sehzentrum weitergeleitet werden.

Akustisch-vibratorische Integration

Über Neurone im Innenohr werden akustische Schwingungen aufgenommen und über Impulse an die Hörzentren im Hirnstamm gesendet. Ferner existiert eine indirekte Verbindung über die Formatio reticularis. Auditive Reize tragen so je nach Intensität zu einer Wachheit des Zentralen Nervensystems bei. Vom Hirnstamm und der Formatio reticularis werden die Hörinformationen zu den kortikalen Zentren weitergeleitet.

Oral-nasale Integration

Geruchs- und Geschmackssinn sind eng miteinander verbunden. Kaum zu trennen sind olfaktorische und gustatorische Rezeption bei niederen Tieren. Erst später haben sich Geruchs- und Geschmacksempfindung voneinander differenziert.
Neben der Berührungsempfindung (Oberflächensensibilität) vermittelt sie den Streckungs- und Beugungsgrad der Muskulatur (Tiefensensibilität).

Taktil-kinästhetische Integration

Die Oberflächensensibilität wird über die Vorderseitenstrangbahn, die Tiefensensibilität über die Hinterstrangbahn weitergeleitet. Eigenempfindungen des Körpers (Körpergefühl) erfolgen vorwiegend in der Bewegung, jedoch können auch Körperhaltungen wahrgenommen werden. Sensorische Impulse der Muskelspindeln werden an das Kleinhirn (Cerebellum) weitergeleitet, um dort zur Regulation und Koordination der Bewegung beizutragen.

Vestibuläre Integration

Alle Lebewesen auf der Erde sind der Schwerkraft ausgesetzt und sind somit gezwungen, dieser Kraft entgegenzuarbeiten. Gleichzeitig stellt die konstant wirkende Kraft die Grundlage für ein Orientierungssystem dar. Beim Menschen werden die vestibulären Reize über zwei Systeme reguliert: Labyrinthsystem und Bogengänge.

Das Labyrinthsystem liefert Informationen zur konstanten Senkrechten:
Das Labyrinthsystem ist eine komplexe knöcherne Struktur im Innenohr. Neben den akustischen Rezeptoren für die Gehörwahrnehmung reagieren die vestibulären Rezeptoren im Labyrinth auf die Schwerkraft.
„Diese Rezeptoren enthalten dünne Kalziumkarbonatkristalle, die mit haarförmigen Neuronen verbunden sind. Die Erdschwere zieht diese Kristalle nach unten und die dadurch ausgelöste Bewegung der haarförmigen Zellen aktiviert die entsprechende Nervenfaser des Gleichgewichtsnerven. Dieser Nerv leitet die von den Kristallen ausgelösten vestibulären Informationen zu den vestibulären Kernen im Hirnstamm. Da die Erdschwere auf unserem Planeten konstant vorhanden ist, senden die Gleichgewichtsrezeptoren einen Dauerstrom von Gleichgewichtsinformationen während des ganzen Lebens an die vestibulären Zentren. Wenn der Kopf zu einer Seite gewendet wird oder sich nach oben respektive unten oder in irgendeiner Richtung bewegt, welche die Einwirkung der Schwerkraft auf die Kalziumkarbonatkristalle ändert, beeinflusst diese Erregung der Schwerkraftrezeptoren die Information des vestibulären Systems.“[1]

Die Bogengänge liefern Informationen zu Drehbewegungen:
Die Bogengänge im Innenohr bilden das zweite System. Es handelt sich hierbei um drei halbkreisförmige Röhrchen, die jeweils mit einer Flüssigkeit gefüllt sind. Diese vestibulären Sinnesorgane verlaufen in den Dimensionen von oben nach unten, von vorn nach hinten, von links nach rechts. Sobald sich der Kopf in eine Richtung bewegt, reizt die Flüssigkeit die entsprechenden Bogengänge in den zugeordneten Bereichen. Durch die Reizung werden Impulse erzeugt, die über den Vestibularnerven an die vestibulären Kerne im Hirnstamm weitergeleitet werden. Je nach Änderung der Bewegungsrichtung oder der Geschwindigkeit des Kopfes ändert sich die vestibuläre Empfindung.

Das vestibuläre System gewährleistet die Raumlage-Orientierung:
Die Raumlage-Orientierung gelingt über die Informationskombination von Labyrinth- und Bogengängenrezeptoren im Sinne einer Gleichgewichtsintegration. Damit befähigt das vestibuläre System den menschlichen Organismus, sich in seiner Bewegung wahrzunehmen sowie Beschleunigungs-, Verlangsamungs- und Schwerkraftaspekte zeitlich und räumlich in die Handlungsplanung zu integrieren.

Das vestibuläre System bildet sich frühzeitig:
„Das Vestibularsystem ist so empfindlich, dass Richtungs- und Bewegungsänderungen einen sehr starken Effekt auf unser Gehirn haben. Und dieser Effekt ändert sich mit der nur geringsten vorstellbaren Veränderung der Richtung oder Bewegung. Dieser Effekt beginnt sehr frühzeitig im Fötalleben; die vestibulären Kerne erscheinen etwa neun Wochen nach der Konzeption und beginnen in der zehnten bis elften Woche zu funktionieren. Im fünften Schwangerschaftsmonat ist das Vestibularsystem sehr gut entwickelt und zusammen mit dem Tastsinn und den viszeralen[2] Systemen stellen diese Systeme nahezu die gesamte Sinneswahrnehmung des fötalen Gehirns dar. Während der meisten Zeit der Schwangerschaft stimuliert die Mutter das vestibuläre System ihres Föten durch ihre Körperbewegungen.“[3]

Vestibuläre Reize beeinflussen andere Systeme:
Vestibuläre Reize werden in verschiedenen Hirnregionen (z.B. Kleinhirn, Hirnstamm, Großhirnhemisphären) verarbeitet.
„Die Informationen, welche das Rückenmark passieren, treten in Kontakt mit anderen sensorischen und motorischen Impulsen und helfen uns bei der Aufrechterhaltung unserer Körperhaltung, des Gleichgewichtes und der Bewegung. Diejenigen Informationen, die zu höheren Ebenen des Großhirns laufen, treten in Verbindung mit taktilen, propriozeptiven, optischen und akustischen Impulsen und vermitteln uns Raumwahrnehmung sowie Kenntnis über unsere Stellung und Orientierung innerhalb des Raumes.“[4]

Insofern beeinflusst das vestibuläre System alle anderen Systeme andauernd und umfassend. Besonders hervorzuheben ist der Einfluss auf den Muskeltonus und die so genannte neuromuskuläre Reflexaktivität, die in einem ständigen Wechselspiel von Spannung und Entspannung der Muskulatur für den Erhalt der jeweilig Haltung (gegen die Schwerkraft) sorgt. Damit besitzt das vestibuläre System als Integrations- und Organisationsorgan für Muskelfunktionen, Haltungs- und Bewegungssteuerung grundlegende Bedeutung für die Entwicklung der Orientierung am eigenen Körper (Körperschema).

Das vestibuläre System vermittelt folgende Informationen:

- Es sichert die Orientierung durch permanente Rückmeldung über die Lage des Körpers im Raum (Raum-Lage-Orientierung).
- Es informiert über und reguliert die Rotations- und Beschleunigungsbewegungen des Körpers.
- Es sorgt für die Aufrechterhaltung eines stabilen Gleichgewichts des Körpers (aufrechte Haltung und Fortbewegung).

---

[1] Ayres 1984, S. 49

[2] „zu den Eingeweiden gehörend“ (Anmerkung der Verfasser)

[3] Ayres 1984, S. 50

[4] Ayres 1984, S. 50

- Es übernimmt die Kontrolle über den Spannungszustand der Muskulatur (reziproke Innervation).
- Es steuert die Stell-, Stütz- und Gleichgewichtsreaktionen.

Das vestibuläre System integriert nicht nur sensorische Anteile, sondern es koordiniert in gleicher Weise auch motorische Abläufe. Insofern handelt es sich also um ein senso-motorisches System. Für das Gesamtmodell ergibt sich folgende Darstellung:

Handlungsregulationssystem für SENSORIK		Handlungsregulationssystem für MOTORIK
visuelle Integration	Sehnerv	
akustisch-vibratorische Integration	Hörnerv	
oral-nasale Integration	Geschmacks-Geruchsnerv	
taktil-	Vorderseiten-	
kinästhetische Integration	Hinterseiten-strangbahn	
vestibuläre Integration	Kleinhirn-bahn	vestibuläre Koordination

Handlungsregulationssystem für EMOTION

Handlungsregulationssystem für AKTIVATION

1.3.4 Handlungsregulationssystem für Motorik

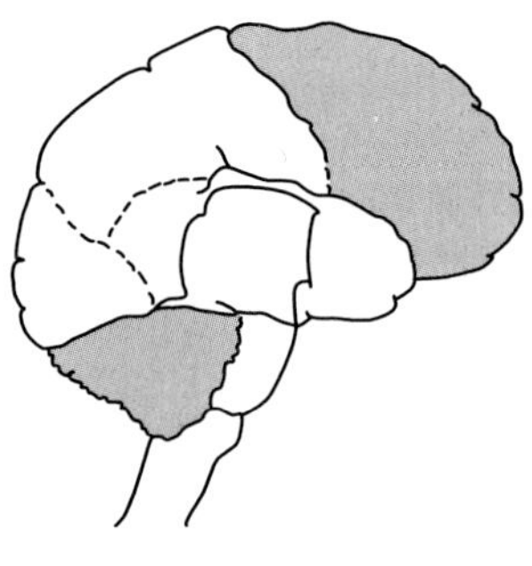

Anatomie:
Zum Handlungsregulationssystem für Motorik gehört der Frontallappen (lobus frontalis), der ca. ein Drittel der gesamten Kortexfläche einnimmt. Ebenso wird das Kleinhirn (Cerebellum) diesem System zugeschrieben.

Funktion: Regulation der Bewegungshandlungen. Die Regulation der Bewegungskoordination erfolgt auf verschiedenen Ebenen und tritt als Teil- und Gesamtkörperkoordination mit jeweils statischen und dynamischen Anteilen in Erscheinung.

Aufbau der Bewegungskoordination:
Unter neuropsychologischen Gesichtspunkten lassen sich drei Arten der Bewegungskoordination unterscheiden. Sie repräsentieren im Laufe der Stammesgeschichte erworbene, unterschiedlich komplexe Bewegungsreaktionen auf Umweltreize. Es sind die:

- Bewegungsreflexe
- Bewegungsreaktionen
- Bewegungsfertigkeiten

Bewegungsreflexe

Bewegungsreflexe werden auf der untersten Ebene des Nervensystems gesteuert. Auf Rückenmarksebene (spinaler Ebene) können Außenreize wahrgenommen und schnell durch eine Bewegung beantwortet werden.

Reflexe besitzen eine Schutzfunktion, indem sie auf kurzem Übertragungsweg auf bestimmte Umweltreize mit einem festen Bewegungsmuster antworten.

Monosynaptisch-motorische Regulation

Bei der monosynaptisch-motorischen Regulation besitzt der gesamte Leitungsweg lediglich eine Schaltstelle (Synapse). Ein Reflexbogen, bei dem Rezeptor („Wahrnehmungsorgan") und Effektor („Ausführungsorgan") am selben Ort lokalisiert sind, wird Eigenreflex genannt. Bei einer Reizung der Kniesehne kommt es zu einer reflexhaften Bewegungsreaktion des Beines (Kniesehnenreflex).

Polysynaptisch-motorische Regulation

Bei der polysynaptisch-motorischen Regulation ist die Bewegungsantwort auf einen Außenreiz bereits komplexerer Art. Hier besteht eine räumliche Trennung von Rezeptor und Effektor. Beim Tritt in eine Glasscherbe wird das gesamte Bein reflektorisch gebeugt und damit entlastet. Gleichzeitig erfolgt eine Versteifung des anderen Beines, das so das Körpergewicht aufnimmt. Dieser Vorgang läuft reflexhaft ab, d.h., er ist willkürlich nicht zu steuern.

Neben der Schutzfunktion sichern die Bewegungsreflexe auch den Spannungszustand der Muskulatur. Der Muskeltonus kann vier Zustände annehmen:

▷ ausgeglichen (normoton)
▷ verspannt (hyperton)
▷ schlaff (hypoton)
▷ wechselhaft (dyston)

Mit dem abgestimmten Wechselspiel von Spannung und Entspannung (reziproke Innervation) gewährleisten die Bewegungsreflexe die Koordination von Haltung und Fortbewegung.

Bewegungsreaktionen

Cerebellar-motorische Regulation

Auf der nächst höheren Ebene der zentralnervösen Bewegungssteuerung (cerebellar-motorische Regulation) werden Reaktionsmuster miteinander koordiniert. Folgende Bewegungsreaktionen können unterschieden werden:

- ▶ assoziierte Reaktionen
- ▶ tonische Reaktionen
- ▶ Stellreaktionen
- ▶ Stützreaktionen
- ▶ Gleichgewichtsreaktionen

Assoziierte Reaktionen
In der frühen Entwicklungsphase (1. Lebensmonat) stehen ungerichtete Massenbewegungen im Vordergrund, die durch den noch fehlenden Hemmungseinfluss der höheren Nervenzentren gekennzeichnet sind. Die so genannte „Stammhirnmotorik“ ist verantwortlich für unwillkürliche und nicht zielbezogene Extrabewegungen in bestimmten Arealen des Körpers.

Diese assoziierten Reaktionen beruhen auf unwillkürlich einschießenden Bewegungsimpulsen in fest umrissenen Muskelgruppen. Sie können z.B. im Gesichtsbereich als Grimassieren, im Armbereich als ausfahrendes Bewegungsmuster oder im Fußbereich als Zehenkrallen auftauchen.

Tonische Reaktionen
Tonische Reaktionen bewirken, dass durch einen äußerlich gegebenen Reiz (z.B. Verdrehen des Kopfes, Raumlageveränderung, akustisches Signal) eine Änderung des Muskeltonus als feste Schablone einen bestimmten Bewegungsablauf nach sich zieht. Bei der so genannten „**a**symmetrisch **t**onischen **N**acken**r**eaktion“ führt dies bei passiver und aktiver Seitwendung des Kopfes zur Streckung der gesichtsseitigen Extremitäten, bei gleichzeitiger Beugung der hinterhauptseitigen Extremitäten. Bei Drehung des Kopfes nach rechts streckt sich also der rechte Arm, der linke Arm beugt sich. Während der Neugeborenenphase verhindert die ATNR z.B. ein Überrollen von der Rücken- in die Bauchlage.

Stellreaktionen
Das Kind, dessen Körper zur Seite geneigt wird, versucht den Kopf in die Mittelposition zu bringen (Stellreaktion). Das Ziel dieser Gegenrotation ist es, wieder zu einer vertikalen Ausrichtung des Kopfes zu kommen. Kopfstellreaktion bei Rumpfneigung können in folgende Richtungen vorgenommen werden:
▷ nach vorn
▷ nach hinten
▷ zur Seite

Stützreaktionen
Auf die Stellreaktionen aufbauend entwickeln sich die Stützreaktionen, die ein Abfangen des Körpers ermöglichen. Sitzt ein Kind auf dem Fußboden, kann es sich nach hinten oder zur Seite abstützen; sitzt es am Tisch, wird es sich auf dem Tisch nach vorne abstützen. Stolpert ein Kind, so sollte auch hier die richtige Stützreaktion gelingen, um eine schmerzhafte Erfahrung zu vermeiden bzw. zu mildern.

Gleichgewichtsreaktionen
Daraus entwickeln sich die Gleichgewichtsreaktionen, die aus Ausgleichsbewegungen bei Gleichgewichtsverlust bestehen. Balanciert ein Kind über eine Langbank, so wird es bei Verlust des Gleichgewichts zur rechten Seite eine Ausgleichsbewegung auf der linken Seite vornehmen. Es wird beispielsweise das linke Bein und den linken Arm ausstrecken, um so das Gleichgewicht wiederherzustellen. Stütz- und Gleichgewichtsreaktionen können in folgende Richtungen vorgenommen werden:
▷ nach vorn
▷ nach hinten
▷ zur Seite

Im Verlauf der Entwicklung lernt das Kind die Stütz- und Gleichgewichtsreaktionen immer angemessener einzusetzen. Sind diese zu Beginn noch sehr ausgeprägt sichtbar, werden sie später eher dezent und effektiv eingesetzt. Zur Veranschaulichung der Reaktionsmuster sei die Position auf dem Rollbrett gewählt, mit der die Reaktionen beim Kind provoziert und damit überprüft werden können (vgl. „Schlosstest“).

Stell-, Stütz- und Gleichgewichtsreaktionen	
	Ausgangssituation: Kind sitzt im Schneidersitz auf dem Rollbrett.
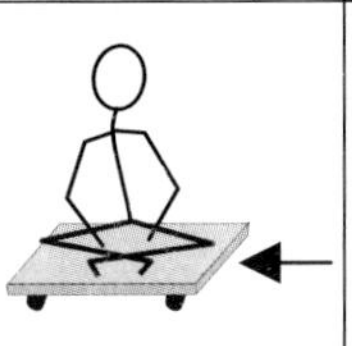	Rollbrett erhält Impuls: **Stellreaktion** gegen die Impulsrichtung Kopf versucht wieder in die vertikale Position zu gelangen und leitet so die Gegenrotation ein.
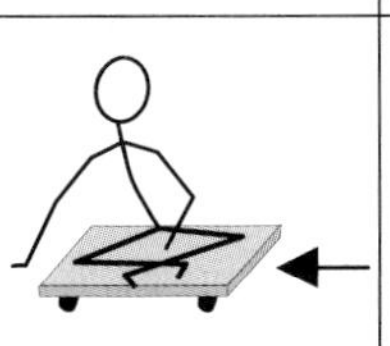	Rollbrett erhält Impuls: Stellreaktion reicht nicht aus: **Stützreaktion** in Impulsrichtung Der Körper wird stützend abgefangen. Verletzungen wird so vorgebeugt.
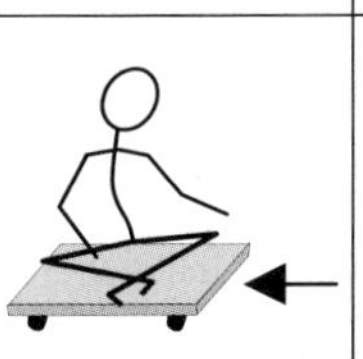	Rollbrett erhält Impuls: Stellreaktion reicht nicht aus Stützreaktion ist unnötig da: **Gleichgewichtsreaktion** gegen die Impulsrichtung Durch Ausgleichsbewegungen wird versucht, die vertikale Ausrichtung des Körpers wiederherzustellen.

Bewegungsfertigkeiten

Pyramidal-motorische Regulation

Handlungen unter pyramidal-motorischer Regulation verlaufen bewusst:
Neue Bewegungsfertigkeiten werden auf kortikaler Ebene erlernt. Eine Fertigkeit wird während des Lernprozesses zunächst bewusst gesteuert, d.h., Wahrnehmung und Konzentration sind wesentlich auf den Ablauf und die Koordination einzelner Handlungsschritte gerichtet. Die Phase der bewussten Bewegungssteuerung erfordert so die gesamte Aufmerksamkeit des lernenden Individuums. Es wird sich in dieser Phase ausschließlich auf die zu erlernende Bewegung konzentrieren. Alle anderen Umweltreize werden ausgeblendet und nicht bzw. kaum wahrgenommen. Auch nach Abschluss des Lernprozesses kann jede eigentlich beherrschte Fertigkeit wieder ganz bewusst durchgeführt werden (z.B. Gehen bei Glatteis).

Extrapyramidal-motorische Regulation

Handlungen unter extrapyramidal-motorischer Regulation verlaufen weitgehend unbewusst:
Über Übungsprozesse, also durch fortlaufende Wiederholung, findet eine allmähliche Stabilisierung statt. Die Bewegung muss dann nicht mehr bewusstseinspflichtig gesteuert werden. Mit der zunehmenden Übungssicherheit geht einher, dass das Individuum parallele Reize aufnehmen kann. Es ist zur Automatisierung der Bewegung gekommen. So erfordert z.B. das Einüben des Fahrradfahrens von Kindern einen hohen Grad an Aufmerksamkeit. Die konzentrierte Ausrichtung auf den Bewegungsablauf beim Fahrvorgang lässt andere Wahrnehmungen zurücktreten. Gut gemeinte Ratschläge stellen eine Überforderung dar und werden vom Kind überhört, da es mit der Eigenkontrolle seiner Bewegungen beschäftigt ist. Durch zunehmende Übung bildet sich ein „Fahrgefühl" aus, sodass andere Informationen gleichzeitig aufgenommen und verarbeitet werden können. Erst mit der automatischen Beherrschung des Fahrvorgangs wird das Kind „verkehrssicher" und kann auftretende Gefahren frühzeitig erkennen.

Im Rahmen des Automatisierungsprozesses wird der „Kopf" von willkürlichen Bewegungsanteilen zugunsten unwillkürlicher Abläufe entlastet. Er wird hierdurch „frei" für andere Handlungselemente. Neben dieser Entlastungsfunktion bewirkt der Automatisierungsprozess auch eine Verlagerung von der

▷ sehenden zur
▷ fühlenden Bewegungssteuerung.

Ungeübte benötigen für ihre Bewegungskoordination die sehende (exterozeptive) Kontrolle. Beim Balancieren über die Turnbank müssen sie jeden Schritt visuell vorausnehmen. Kinder, die ein Bewegungsgefühl (interozeptive Kontrolle) entwickelt haben, benötigen die visuelle Kontrollfunktion lediglich in Notsituationen und können beispielsweise das Balancieren mit geschlossenen Augen vollziehen. Auch dieser Delegationsprozess dient der Entlastung. Neben der eigentlichen Bewegungsfertigkeit (Balancieren) können weitere Leistungen (z.B. das Tragen einer Tasse mit Wasser) parallel vollzogen werden. Bewegungsfertigkeiten sind immer dann vollständig automatisiert, wenn Simultanhandlungen möglich sind.

Alle Formen der Bewegungskoordination können klassifiziert werden als:

- statische Gesamtkörperkoordination (z.B. Sitzen)
- dynamische Gesamtkörperkoordination (z.B. Laufen)
- statische Teilkörperkoordination (z.B. Halten eines Stiftes) und
- dynamische Teilkörperkoordination (z.B. Schreiben) [1]

Für das Gesamtmodell ergibt sich:

Handlungs-regulations-system für SENSORIK	Handlungsregulationssystem für MOTORIK	
		statische/dynamische Gesamtkörperkoordin.
		statische/dynamische Teilkörperkoordination
	pyramidal-motorische regulation	willkürliche Bewegungen
	extra-pyramidal motorische Regulation	unwillkürliche Bewegungen
vestibuläre Integration	cerebellar-motorische Regulation	vestibuläre Koordination - Gleichgewichtsreaktion - Stützreaktion - Stellreaktion - tonische Reaktion - assoziierte Reaktion
	poly-synaptisch-motorische Regulation	Fremdreflexe
	mono-synaptisch-motorische Regulation	Eigenreflexe
Handlungsregulationssystem für EMOTION		
Handlungsregulationssystem für AKTIVATION		

[1] Aufbau und Entwicklung der statischen und dynamischen Teilkörperkoordination (isolierte Haltungen und Bewegungen des Kopfes, der Arme und Beine) sind in diesem Buch nicht Gegenstand der weiteren Betrachtung.

1.4 Aufbau der höheren Nerventätigkeit

Die Handlungsregulationssysteme für Sensorik und Motorik stehen in einem engen Wechselbezug zueinander und bilden als „Sensomotorik“ eine Einheit.

Die sensomotorischen Rindenfelder bestimmen die Art der Reizverarbeitung:
Das sensomotorische System ist im Rahmen der Großhirnrinde in fest umrissene sensorische und motorische Rindenfelder gegliedert, die auch als Projektionsfelder bezeichnet werden und von denen drei verschiedene Schichtungen unterschieden werden. Zwischen diesen Projektionsgebieten bestehen Verbindungswege, die für die sensomotorische Integration/Koordination sorgen. Die Art der Reizverarbeitung steht in Beziehung zur allgemeinen Entwicklung des Individuums, d.h. zur Ausreifung des Gehirns.

- Auf **intramodaler Ebene** werden die Informationen sinnesspezifisch (z.B. ausschließliches Sehen) und funktionsspezifisch (z.B. ausschließliches Greifen) verarbeitet. Es findet eine Begrenzung auf eine Modalität (einen Sinneskanal bzw. eine Bewegungsfunktion) statt.
- Auf **intermodaler Ebene** wird die Verknüpfung der sinnes- und funktionsspezifischen Strukturen ermöglicht. Es können senso-sensorische Integration (z.B. eine Verbindung von optischen und akustischen Reizen) und moto-motorische Koordination (z.B. Abstimmung der Bein- und der Armbewegung beim Gehen) unterschieden werden. Daneben gelingen auf dieser Ebene auch senso-motorische Verknüpfungen, d.h., sinnes- und funktionsspezifische Modalitäten werden miteinander kombiniert (z.B. visuelle Kontrolle beim Greifen).
- Auf **serialer Ebene** werden Informations- und Bewegungsfolgen räumlich-zeitlich verknüpft. Über differenzierte Integrations- und Koordinationsprozesse können Ordnungs- und Beziehungsstrukturen transparenter, effektiver und ökonomischer organisiert werden. Das Individuum wird in die Lage versetzt, Informationen in Reihenfolgen zu bringen und dadurch Klassifikationsschemata zu entwickeln. Gegenständliche und operative Bezüge können sprachlich (Sprachverständnis, aktives Sprachhandeln) und formal-logisch (Vorstellungen, gedankliche Antizipation) repräsentiert werden[1] (z.B. einen Stift ergreifen und schreiben).

Über die Auseinandersetzung mit der Umwelt schafft sich das Individuum „Repräsentationen“:
Durch die intra-, intermodale und seriale Reizverarbeitung erwirbt das Individuum „Repräsentationen“ von Lerngegenständen und Handlungen. Es holt sich auf diese Weise „die Welt in den Kopf“. Unter aktivationaler und emotionaler Beteiligung resultieren aus den sensomotorischen Integrations- und Koordinationsprozessen psychische Repräsentationen sprachlicher, kognitiver und sozialer Art.

Repräsentationen können senso-motorischer, ikonisch-symbolischer und begrifflich-sprachlicher Art sein:
Der Repräsentationsaufbau kann in der Zunahme seiner Abstraktion unterschieden werden in:

- senso-motorische Repräsentationen
- ikonisch-symbolische Repräsentationen
- begrifflich-sprachliche Repräsentationen[2]

Senso-motorische Repräsentationen ermöglichen die gegenständliche und operative (handelnde) Auseinandersetzung mit Lerngegenständen. Ein Löffel, der zunächst durch Wegwerfen und Belecken noch manipulativ erprobt wurde, wird nachfolgend als gesellschaftlich definierter Gegenstand benutzt (z.B. Puppe mit einem Löffel füttern).
Ikonisch-symbolische Repräsentationen ermöglichen das Wiedererkennen von abgebildeten Gegenständen und Handlungen beispielsweise in Bilderbüchern.
Begrifflich-sprachliche Repräsentationen ermöglichen, dass der Begriff „Löffel“ verstanden und benannt werden kann. Das Wort „Löffel“ kann später gelesen und schriftsprachlich reproduziert werden. Der „Löffel“ als Oberbegriff kann in „Teelöffel“, „Suppenlöffel“ und „Eierlöffel“ unterschieden werden und als Bestandteil des „Bestecks“ systematisch zugeordnet werden.

Wenn die psychomotorische Lern- und Entwicklungsförderung die grundlegenden Prinzipien der neuropsychologischen Handlungsregulation berücksichtigen will, hat sie neben der Verknüpfung von Wahrnehmungs- und Bewegungsprozessen auch Aspekte der Denk-, Sprach- und Sozialentwicklung einzubeziehen. Beispielsweise lassen sich anhand des Lerngegenstandes „Fortbewegung mit dem Rollbrett“ folgende Zielsetzungen formulieren:
Wahrnehmungs- und Bewegungsentwicklung:
z.B. Förderung der Gesamtkörperkoordination
Sprach- und Denkentwicklung:
z.B. Förderung der Begriffsbildung zum Handlungsfeld „Straßenverkehr“
Personale und soziale Identitätsentwicklung:
z.B. Förderung der Partnerarbeit

Das folgende Gesamtmodell fasst die ausgeführten neuropsychologischen Aspekte zusammen. Es spiegelt den Aufbau des Gehirns und damit die neurophysiologischen Bedingungen für Lernen und Entwicklung wider.

[1] vgl. Affolter 1987

[2] vgl. Hacker 1973, S.67 ff.

HANDLUNGSREGULATIONSMODELL

senso-motorische Repräsentationen	ikonisch-symbolische Repräsentationen	begrifflich-sprachliche Repräsentationen

Handlungsregulationssystem für **SENSORIK**	Handlungsregulationssystem für **MOTORIK**

seriale Integration/Koordination

intermodale Integration/Koordination

intramodale Integration/Koordination

visuelle Integration	Sehnerv		statische/dynamische Gesamtkörperkoordination
akustisch-vibratorische Integration	Hörnerv		statische/dynamische Teilkörperkoordination
oral-nasale Integration	Geschmacks-/Geruchsnerv		
taktil-kinästhetische Integration	Hinter-/Vorderseiten-strangbahn	pyramidal-motorische Regulation	willkürliche Bewegungen
		extrapyramidal-motorische Regulation	unwillkürliche Bewegungen
vestibuläre Integration	Kleinhirnbahn	cerebellar-motorische Regulation	vestibuläre Koordination - Gleichgewichtsreaktionen - Stützreaktionen - Stellreaktionen - tonische Reaktionen - assoziierte Reaktionen
		polysynaptisch-motorische Regulation	Fremdreflex
		monosynaptisch-motorische Regulation	Eigenreflex

Handlungsregulationssystem für **EMOTION**

Handlungsregulationssystem für **AKTIVATION**

1.5 Lern- und Entwicklungsprofil

Auf der Grundlage der neurologischen Organisation der Handlungsregulationssysteme lassen sich entwicklungspsychologische Abläufe darstellen und interpretieren. Jedes der aufgeführten Handlungsregulationssysteme bildet über Lern- und Entwicklungsprozesse hierbei eigene Strukturen aus. Diese entwickeln sich nicht isoliert, sondern immer aus dem Zusammenspiel aller Systeme im Kontext des sozialen Austausches mit der Umwelt und den darin enthaltenen Lerngegenständen.

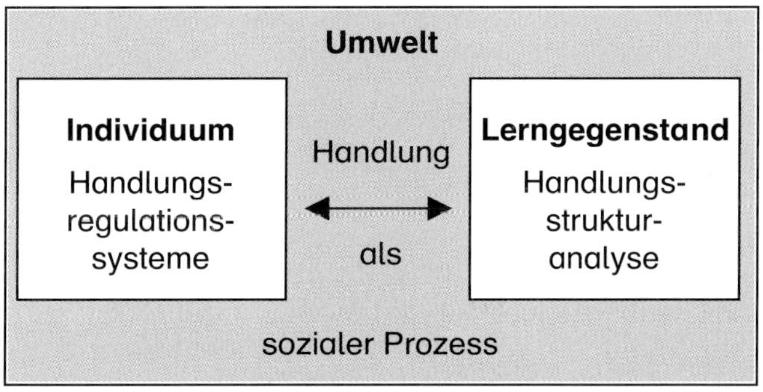

Lern- und Entwicklungsprozesse werden von aktivationalen, emotionalen, sensorischen, motorischen, sprachlichen, kognitiven und sozialen Prozessen mitbestimmt. Ein bestimmter Wachheits- oder Müdigkeitsgrad, das Ausmaß an Konzentration oder Abgelenktheit, die Wahrnehmungsintensität, das vorhandene Bewegungsrepertoire, sprachliche und kognitive Möglichkeiten sowie soziale Strategien üben entscheidenden Einfluss auf das Gelingen einer Handlung aus.

Die menschliche Entwicklung sollte insofern nicht nur in einem Entwicklungsbereich, z.B. Motorik, betrachtet werden. Vielmehr kann es hilfreich sein, ein so genanntes Lern- und Entwicklungsprofil zu erstellen. Dieses Profil fasst die übergreifenden Strukturen der einzelnen Handlungsregulationssysteme zusammen (Grobstruktur).

Die aus der Berücksichtigung des systemischen Zusammenhangs gewonnenen Interpretationen führen folglich zu weit reichenderen Hypothesen, die den tatsächlichen Umständen einer Handlung näher kommen, als es eine nur auf einen Bereich bezogene Sichtweise leisten kann.

Für diagnostische Erkenntnisse und die hieraus abgeleiteten Förderansätze erscheint es trotz dieses Zusammenhangs unumgänglich, die einzelnen Bereiche für sich näher zu analysieren. Förderung bedarf Schwerpunktsetzungen, die die Kenntnis dieser übergreifenden Strukturen voraussetzt.

Mithilfe kriterienbezogener Fragestellungen zu den Handlungsregulationssystemen ergibt sich das folgende Lern- und Entwicklungsprofil.

Kriterien zur Beschreibung des Lern- und Entwicklungsprofils			
Welchen aktivationalen Eindruck hinterlässt das Kind?			
wach		müde	
konzentriert		unkonzentriert	
angemessen (Tonus)		schlaff/verspannt (Tonus)	
aktiv		hypo-/hyperaktiv	
Welchen emotionalen Eindruck hinterlässt das Kind?			
interessiert/motiviert		desinteressiert	
anstrengungsbereit		nicht anstrengungsbereit	
frustrationstolerant		gering frustrationstolerant	
angstfrei		ängstlich	
selbstbewusst		gehemmt/hemmungslos	
ausgeglichen		aggressiv/regressiv	
Welche sensorischen Leistungen zeigt das Kind?			
In der vestibulären Integration:			
In der taktil-kinästhetischen Integration:			
In der oral-nasalen Integration:			
In der akustisch-vibratorischen Integration:			
In der visuellen Integration:			
Welche motorischen Leistungen zeigt das Kind?			
In der statischen Gesamtkörperkoordination:			
In der dynamischen Gesamtkörperkoordination:			
In der statischen Teilkörperkoordination:			
In der dynamischen Teilkörperkoordination:			
Welche sprachlich-intellektuellen Leistungen zeigt das Kind?			
Es versteht die Aufgabenstellungen auf		Es zeigt Verständnisschwierigkeiten auf	
- begrifflich-sprachlicher		- begrifflich-sprachlicher	
- ikonisch-symbolischer		- ikonisch-symbolischer	
- senso-motorischer Ebene		- senso-motorischer Ebene	
Es löst entsprechend der Aufgabenstellungen		Es deutet Aufgabenstellungen um (Vereinfachung, Erschwerung)	
hohe Merkfähigkeit		geringe Merkfähigkeit	
Es kann sich einschätzen		Es über-/unterfordert sich	

Über die Beantwortung der Fragen kann eine grobe Einschätzung der Grundvoraussetzungen für Lernen und Entwicklung vorgenommen werden. Ein Kind das müde und unkonzentriert wirkt, einen schlaffen Muskeltonus zeigt und eher gehemmt erscheint, wird kaum Lernerfolge im sensomotorischen Bereich erzielen können. Eine Analyse der aktivationalen und emotionalen Grundbedingungen ist erforderlich, um dem Kind entsprechende Hilfen anbieten zu können. Dies setzt wiederum vertiefende Spezialkenntnisse in den einzelnen Bereichen voraus. Die Grobstruktur in der diagnostischen Fragestellung kann für die einzelnen Bereiche weiter ausdifferenziert werden (Feinstruktur).
Gegenstand dieses Buches ist es, den motorischen Bereich zum Aspekt der Gesamtkörperkoordination in seiner weiteren Ausdifferenzierung vorzustellen. Im Anhang befinden sich zur Orientierung Übersichten zu den hier nicht näher analysierten Bereichen der Sensorik und der statischen/dynamischen Teilkörperkoordination (siehe Handlungsstrukturanalysen zur sensomotorischen Integration/Koordination, S.150 ff.).

2. Handlungsstrukturanalyse

Um 16.03 fährt der Zug ... und man könnte so weit ins Detail gehen, dass man genau beschreibt, wie sie um 14.07 den linken Fuß hebt, ein Vorgang, der ihr selbst nicht bewusst wird, den linken Fuß dann vor den rechten setzt, dasselbe mit dem rechten Fuß wiederholt, um ihn vor den linken zu setzen.
Wenn ihr dieser Vorgang bewusst werden sollte, bezeichnet sie ihn als Gehen, als Zum-Schrank-Gehen zum Beispiel, um eine Jacke aus dem Schrank zu holen – und auch hier wieder die Möglichkeit zu Umständen: Schlüssel drehen, Tür öffnen, rechte Hand, linke Hand, Jacke vom Bügel abstreifen, Schranktür. Wenn ihr der Vorgang des Fußhebens bewusst wird, bezeichnet sie ihn als Gehen, aber das Fußheben ist hier – sie ist zurückgegangen zu ihrem Koffer – nicht eigentlich ein Detail des Gehens, sondern ein Detail des Kofferpackens. Sie wird, auf ihre Tätigkeit angesprochen, nicht vom Gehen sprechen, sondern vom Kofferpacken.
Die meisten – auch das hat jeder selbst gesehen, und das brauche ich nicht zu beschreiben –, die meisten heben ihren rechten Fuß und setzen ihn auf das unterste Trittbrett des Wagens und ziehen den linken Fuß nach und setzen ihn auf das zweitunterste Trittbrett, es sei denn, sie seien älter oder gehbehindert, dann stellen sie wie Kinder den zweiten Fuß neben den ersten und beginnen von vorn. Aber wenn auch diese Bewegung innerhalb des Reisens ihre Funktion hat, sie hat doch mit dem Reisen nichts zu tun, denn wer weiß schon, wenn er den linken Fuß hebt, dass er ihn hebt und so nennt man das auch keineswegs Fußheben, sondern Einsteigen.
Sie aber hob ganz bewusst den rechten Fuß, und sie machte das so geschickt, so selbstverständlich und leicht, dass niemandem auffiel, dass hier nicht eingestiegen wurde, sondern ein Fuß gehoben: den einen gehoben, den anderen nachgezogen, sich mit der linken Hand am Griff gehalten, Ellenbogen etwas abgewinkelt, ganz leicht und unmerklich Kraft angewendet. Sie imitierte Einsteigen, sie spielte Einsteigen. Sie spielte so geschickt, dass es jeder für Einsteigen, für richtiges, gewöhnliches und unreflektiertes Einsteigen gehalten hätte – was für sie zerfiel, war für uns eine Einheit.

– Peter Bichsel –

2.1 Zum Instrument der Handlungsstrukturanalyse

Die Entwicklung der Bewegungskoordination zeigt sich in der Ausbildung von sensomotorischen Fertigkeiten, wie beispielsweise Liegen, Sitzen, Stehen oder Krabbeln, Gehen, Laufen und Springen etc.

Diese Fertigkeiten stellen „Lerngegenstände" dar, die mithilfe der Handlungsstrukturanalyse[1] in ihrem sach- oder entwicklungslogischen Aufbau erfasst und hierarchisiert werden. Die Hierarchisierung eines Lerngegenstandes erfolgt nach dem Prinzip „von leicht zu schwer" bzw. „von elementar zu komplex". Auf diese Weise lassen sich über die Handlungsstrukturanalyse die verschiedenen Aspekte eines Lerngegenstandes hinsichtlich seines „objektiven" Schwierigkeitsgrades einschätzen („Was ist eher leicht?", „Was ist eher schwer?"). Die Handlungsstrukturanalyse bietet so eine geordnete Übersicht über die wesentlichen Strukturen, die den Lern- und Entwicklungsprozess bestimmen.

Über die Handlungsstrukturanalyse kann das beobachtete Fertigkeitsniveau eines Kindes durch Zuordnung erfasst und damit differenziert dargestellt werden („Was kann das Kind?").

Die didaktisch-methodische Ableitung von Förderung bezieht sich wiederum auf das identische Bezugssystem. Aus der vorliegenden Einordnung kann die „Zone der nächsten Entwicklung" aus der Handlungsstrukturanalyse abgeleitet werden.

Ein solches Vorgehen zielt auf eine prozessdiagnostische Vorgehensweise ab, die den nächsten Handlungsschritt und daraus ableitbare Fördermaßnahmen herleitet.

Die Aneignung eines Lerngegenstandes ist und bleibt immer eine individuelle! Objektiv gleiche Anforderungssituationen werden von Kindern unterschiedlich bewältigt. Die Handlungsstrukturanalyse darf insofern nicht als Lernmodell missbraucht werden, indem die vorgenommene Hierarchisierung der Lerngegenstände als ausschließlich zu gehender methodischer Weg interpretiert wird. Die Förderung kann auf die nächste Schwierigkeitsstufe der Hierarchie abzielen, aber ebenso elementare Handlungsniveaus thematisieren. Umfassende Handlungskompetenz besitzt derjenige, der alle Aspekte eines Lerngegenstandes beherrscht, und nicht nur derjenige, der die vermeintlich höchste Stufe im Lernprozess erreicht hat.

Handlungsstrukturanalysen lösen damit den Anspruch an eine förderbezogene Diagnostik ein. Sie sind auf keinen Fall im Sinne einer normorientiert festschreibenden Diagnostik anzuwenden!

Mithilfe des originär diagnostischen Zugangs und der sich daraus unmittelbar ableitenden Förderrelevanz können Handlungsstrukturanalysen den diagnostisch-didaktischen Prozess als Einheit unterstützen.

Für eine umfassende Beschreibung des Handlungsniveaus eines Kindes sind letztendlich immer auch die situativen Bezüge von entscheidender Bedeutung. Zu beantworten wäre beispielsweise die Frage: „In welchen Situationen kann das Kind eine bestimmte Leistung erbringen und in welchen Situationen gelingt dies nicht?"

Fortlaufende Beobachtungen bieten zudem die Chance, mögliche Veränderungen beim Kind festzuhalten und eventuelle Begründungszusammenhänge für bestimmte Verhaltens- bzw. Handlungsweisen zu liefern. Hieraus ergeben sich konsequenterweise Förderhinweise, die es dann zukünftig zu berücksichtigen gilt.

[1] vgl. Volpert 1983, S.106 ff.

2.2 Zum Aufbau der Handlungsstrukturanalyse

In der Kopfzeile wird der Lerngegenstand ausgewiesen, der analysiert worden ist.

Ferner besitzen alle Handlungsstrukturanalysen ein Feld „Daten“. Nutzt man die Analyse zur diagnostischen Beschreibung eines Kindes, können hier Name und Alter eingetragen werden.

Darunter finden sich Spalten, in welchen die verschiedenen Aspekte eines Lerngegenstandes unterschieden und pro Aspekt hierarchisiert werden.

Für alle Handlungsstrukturanalysen zum Bereich der Bewegungskoordination wird darunter der Automatisierungsgrad als übergreifender qualitativer Aspekt ausgewiesen (siehe Abschnitt 2.3).

In dem Feld „Freie Beschreibung“ kann das beobachtete Bewegungshandeln des Kindes notiert werden. Basis der Beschreibung sind die in der Analyse aufgelisteten Aspekte („Was kann das Kind in Bezug auf den ersten, zweiten, dritten Aspekt bzw. in Bezug auf die Kombination der Aspekte untereinander?“). Die umfassende und fortlaufende Beschreibung der Bewegungsmöglichkeiten des Kindes kann auf der Rückseite bzw. einer weiteren Seite fortgesetzt werden. Die fortlaufende Notation des Handlungsniveaus lässt Rückschlüsse über die Lernwege des Kindes im Modell zu und eröffnet so weitere Perspektiven für eine gezielte Förderung.

Die Handlungsstrukturanalyse besitzt somit folgenden Aufbau:

Handlungsstrukturanalyse		
Daten:		
Aspekt 1	**Aspekt 2**	**Aspekt 3**
▷ eher leichte Anforderung	▷ eher leichte Anforderung	▷ eher leichte Anforderung
▷	▷	▷
▷	▷	▷
▷	▷	▷
▷	▷	▷
▷	▷	▷
▷ eher schwere Anforderung	▷ eher schwere Anforderung	▷ eher schwere Anforderung

Automatisierungsgrad	
Spalte 1	Spalte 2
Handlungen mit ▶ personalisierter Unterstützung ▶ materialisierter Unterstützung	▶ eigenständige Handlungen ▶ Simultanhandlungen
Freie Beschreibung:	

2.3 Automatisierungsgrad

Der Übungsprozess wird bestimmt durch den Entwicklungsstand des Kindes und dem daraus resultierenden Schwierigkeitsgrad der zu erlernenden Fertigkeit. Daneben ist der Übungserfolg ganz entscheidend durch die richtige Auswahl und den richtigen Einsatz von Lernhilfen geprägt. Mit Lernhilfen sind alle Unterstützungsmaßnahmen gemeint, die ein Kind benötigt, um Aufgabenstellungen entsprechend seinem Handlungsniveau lösen zu können. Es können personalisierte und materialisierte Hilfen unterschieden werden.

Mit personalisierter Hilfe sind alle Maßnahmen gemeint, bei denen eine Person den Lernprozess eines Kindes direkt und gezielt unterstützt. Die Unterstützung durch eine Lehrkraft kann nach der Art der Hilfestellung unterschieden werden. So kann die Hilfestellung durch unmittelbaren Körperkontakt erfolgen. Hierbei sollte darauf geachtet werden, dass nicht die helfende Person das Kind festhält, sondern umgekehrt sich das Kind an der Lehrkraft (z.B. an den gereichten Handgelenken) festhält. Das Kind soll eigene Pläne zum Bewegungsablauf entwickeln können – hierzu gehört auch die Entscheidung darüber, ob Hilfen angenommen werden oder die Aufgabenstellung anders gelöst wird.

Für die personalisierte Unterstützung bieten sich folgende Hilfestellungen an:
- **beidseitige direkte Unterstützung** (mit Körperkontakt) von vorn, von hinten, von der Seite
- **einseitige direkte Unterstützung** (mit Körperkontakt) von vorn, von hinten, von der Seite
- **indirekte Unterstützung** (ohne Körperkontakt lediglich als Sicherheitsstellung) von vorn, von hinten, von der Seite

Bereits bei der personalisierten Unterstützung sollte die selbstständige Lösung von Aufgabenstellungen das bestimmende Ziel des Übungsprozesses darstellen. Hilfestellungen sollten vom Kind angefordert werden!

Mit materialisierter Hilfe sind alle Maßnahmen gemeint, bei denen über zusätzliche Medien (Hilfsmittel) der Lern- und Übungsprozess eines Kindes direkt und gezielt unterstützt wird. Handlungen mit materialisierter Unterstützung können durch die Art der Hilfsmittel unterschieden werden. Neben der Nutzung vorhandener Hilfen (z.B. Wand als Balancierhilfe) geht es im Übungsgeschehen auch immer darum, die Kinder zur kreativen Nutzung von neuen Hilfsmitteln zu befähigen (z.B. Seil spannen, um es als Balancierhilfe zu nutzen). Dies sollten Dinge des alltäglichen Gebrauchs sein und keine künstlichen Konstruktionen, die in der Alltagswirklichkeit der Kinder nicht vorkommen. Materialisierte Hilfen sollten von den Kindern bewusst genutzt und als positive Handlungsstrategie erfahrbar gemacht werden. Hilfsmittel sollten vom Kind selbst ausgewählt und nach eigener Strategie eingesetzt werden!

Im Übungsprozess sollten nach der Ebene der Lernhilfen eigenständige Handlungen möglich sein. Eigenständig sind Handlungen dann, wenn das Kind die Auseinandersetzung mit dem Lerngegenstand ohne zusätzliche Hilfsangebote leisten kann. Erst auf dieser Strukturebene sind Kinder in der Lage, untereinander zu kooperieren und Aufgabenstellungen zu zweit oder in der Gruppe zu lösen.

Ist die eigenständige Bewegungskoordination stabilisiert, werden Handlungen mit simultanen Leistungen möglich. Mit der Hinzufügung einer weiteren Fertigkeit (z.B. Balancieren und gleichzeitiges Tragen eines Gegenstandes) ist der höchste Grad der Automatisierung der Bewegungskoordination geleistet.

Daraus ergibt sich folgende Struktur des Automatisierungsgrades:

- Handlungen mit personalisierter Hilfe
- Handlungen mit materialisierter Hilfe
- eigenständige Handlungen
- Simultanhandlungen

3. Handlungsstrukturanalysen zur statischen und dynamischen Gesamtkörperkoordination

Der Mensch besitzt einen aufrechten Gang, was ihn, mit Ausnahme des Kängurus, von allen seinen säugenden Artgenossen unterscheidet, selbst von den Schimpansen, die ja auch nicht ausnahmslos immer nur auf zwei Beinen laufen.
Schuld daran ist das Hirn, denn das Hirn war im Laufe der Entwicklung so groß und schwer geworden, dass der Mensch gezwungen war, sich aufzurichten, was zur Folge hatte, dass das Hirn noch weiter wuchs und der Mensch sich noch mehr aufrichten musste und dabei sein hohles Kreuz bekam, wodurch er sich auch vorzüglich zum Sitzen eignet.
Dieser aufrechte Gang und diese sitzende Lebensweise haben nun ihrerseits die Hände des Menschen von der Mühseligkeit der Fortbewegung befreit, sodass sie seit dieser Zeit für technische und für kulturelle Leistungen verfügbar sind. Indem nun die Hände das Ergreifen der Nahrung und der Geräte übernahmen, wurden dadurch der Mund und die Zähne entlastet, und diese konnten in Zukunft dazu benutzt werden, Laute zu erzeugen, wodurch der Mensch sprechen und reden, aber auch singen kann. Wie du siehst, die Entwicklung geht immer von unten nach oben, ...

– Ludwig Harig –

3.1 Entwicklung der statischen Gesamtkörperkoordination

Statische Gesamtkörperkoordination ist die Fähigkeit, sich auf einer Fläche zu halten:
Unter statischer Gesamtkörperkoordination ist die Haltung des gesamten Muskelapparates gemeint. Die Reflexe bewirken mithilfe aktiver Muskelspannungen die aufrechte Haltung und den Wechsel in der Körperhaltung. In ihrer statischen Funktion wirkt die Körperhaltung der Schwerkraft entgegen und verhindert dadurch ein Fallen des Körpers.

Ruhehaltung und aktive Haltung – zwei Pole der statischen Gesamtkörperkoordination:
Statische Gesamtkörperkoordination stellt zudem eine Art Handlungsbereitschaft dar, die als passive Ausgangsstellung für das Bewegungshandeln vorbereitende Funktion besitzt. Die Haltung des Menschen beruht auf einer dauernden, überwiegend isometrischen Kontraktion der Haltemuskulatur und ist in aufgerichtete Haltung (aktive Haltung) und Ruhehaltung (passive Haltung) zu unterteilen. „Nun setz dich mal gerade hin!" ist ein häufig wahrgenommener Hinweis von Eltern, der das Kind dazu bringen soll, seine passive in eine aktive Körperhaltung zu überführen. Der hohe Anteil von Ruhehaltungen findet seine Ursache in gesellschaftlichen Veränderungen wie zum Beispiel der gehäuften Nutzung informationstechnischer Medien.

Neben diesem Phänomen können sich auch aktivationale (z.B. Übermüdung) oder emotionale Grundstimmungen (z.B. Unlust) für eine „schlaffe" Haltung verantwortlich zeigen. Im Kindergarten und in der Schule begegnen wir immer mehr Kindern, die sich überall „hinlümmeln" und passive Grundhaltungen fast durchgängig bevorzugen. Die Ruhehaltungen werden zumeist von Stützreaktionen begleitet, wie z.B. das Abstützen des Kopfes. Überdauernde passive Haltungsmuster können zu physiologischen Veränderungen wie etwa einem Rundrücken führen. Eine unzureichende Aufrichtung des Körpers gegen die Schwerkraft kann langfristig Haltungsschäden und Verkürzungen der Muskulatur (Kontrakturen) bewirken. Bewegungseinschränkungen können die Folge sein.

Statische Gesamtkörperkoordination wird durch die Position bestimmt:
Zur statischen Gesamtkörperkoordination gehören folgende Lage-, Sitz- und Standpositionen:
▷ Rückenlage
▷ Bauchlage
▷ Langsitz
▷ Zwischenfersensitz
▷ Stuhlsitz
▷ Schneidersitz
▷ Kniesitz

▷ Kniestand mit Abstützen nach vorn
▷ Kniestand
▷ Vierfüßlerstand
▷ Krebsstand
▷ Hockstand
▷ aufrechter Stand
▷ Zehenfersenstand
▷ Zehenballenstand
▷ Fersenstand
▷ Einbeinstand
▷ Kopfstand
▷ Handstand

Das **Liegen** in Rücken- und Bauchlage ist die ursprünglichste Form der statischen Gesamtkörperkoordination. Sie dient im späteren Leben vorwiegend als Ruhehaltung der Regeneration des Körpers.

Das **Sitzen** entwickelt sich in den ersten zwei Jahren schnell zur dominierenden Form der statischen Gesamtkörperkoordination. Auch im Schulalltag des Kindes ist diese Position dann ausgiebig gefordert. Die Auswahl des richtigen Sitzmobiliars spielt nicht nur in dieser Entwicklungsphase eine entscheidende Rolle für die Qualität der Sitzhaltung.

Das **Stehen** dient der Gesamtaufrichtung des Körpers gegen die Schwerkraft. Es setzt eine hohe Gleichgewichtskoordination voraus und bildet damit eine der instabilsten Formen der statischen Gesamtkörperkoordination.

Statische Gesamtkörperkoordination wird durch die Unterstützungsfläche bestimmt:
Statische Gesamtkörperkoordination steuert die Aufrichtung des Körpers gegen die Schwerkraft auf der jeweils zur Verfügung stehenden Unterstützungsfläche. Die Art und Weise der Unterstützungsfläche (z.B. Fußboden, Stuhl, Bett, Rolltreppe) erfordert unterschiedliche Positionen, wie Sitzen, Stehen, Liegen etc. Der Schwierigkeitsgrad, den diese Flächen vorgeben, bemisst sich an den Faktoren:

- Größe
- Beschaffenheit
- Höhe
- Neigungswinkel und
- Beweglichkeit

Für die Art der Fläche ergibt sich folgende Struktur:

Größe / Form	• groß / klein • breit / schmal • lang / kurz
Beschaffenheit	• hart / weich (nachgebend) • eben / uneben • stumpf / rutschig
Höhe	• ebenerdig • erhöht (bodennah / -fern)
Neigungswinkel	• waagerecht • schräg • senkrecht
Beweglichkeit	• stabil (in fester Position) • beweglich (träge / schnell, in eine Richtung / in alle Richtungen)

Für die jeweiligen Handlungsstrukturanalysen sollen zur Vereinfachung lediglich die Feinstrukturen genutzt werden. Es ergibt sich folgender Aufbau:

▷ groß / klein
▷ breit / schmal
▷ lang / kurz
▷ hart / weich
▷ eben / uneben
▷ stumpf / rutschig
▷ ebenerdig / erhöht
▷ waagerecht / schräg / senkrecht
▷ stabil / beweglich

3.2 Handlungsstrukturanalyse zur statischen Gesamtkörperkoordination

Die Art der Position und die Art der Fläche definieren den Lern- und Entwicklungsgegenstand der „statischen Gesamtkörperkoordination". Für den eigentlichen Lernprozess ist immer die Struktur der Übung bedeutsam. Über die Handlungsstrukturanalyse werden diese Bestimmungsfaktoren miteinander verknüpft.

Handlungsstrukturanalyse STATISCHE GESAMTKÖRPERKOORDINATION		
Daten:		
Art der Position Spalte 1	Spalte 2	**Art der Fläche**
▷ Rückenlage ▷ Bauchlage ▷ Langsitz ▷ Zwischenfersensitz ▷ Stuhlsitz ▷ Schneidersitz ▷ Kniesitz ▷ Kniestand mit Stütz ▷ Kniestand	▷ Vierfüßlerstand ▷ Krebsstand ▷ Hockstand ▷ Stand ▷ Zehenfersenstand ▷ Zehenballenstand ▷ Fersenstand ▷ Einbeinstand ▷ Kopfstand ▷ Handstand	▷ groß / klein ▷ breit / schmal ▷ lang / kurz ▷ hart / nachgebend ▷ eben / uneben ▷ stumpf / rutschig ▷ ebenerdig / erhöht ▷ waagerecht / schräg / senkrecht ▷ stabil / beweglich
Automatisierungsgrad Spalte 1	Spalte 2	
Handlungen mit ▶ personalisierter Unterstützung ▶ materialisierter Unterstützung	▶ eigenständige Handlungen ▶ Simultanhandlungen	
Freie Beschreibung:		

3.3 Entwicklung der dynamischen Gesamtkörperkoordination

Ein Gedanke bewege sich mit einer Geschwindigkeit von sechs Zentimetern pro Sekunde, so dänische Neurologen 1996. Schickten wir einen Gedanken auf die Laufbahn eines Stadions käme er auf 3,60 Meter in der Minute, 216 Meter in der Stunde, 5184 Meter am Tag, 1892160 Meter in einem Jahr, vorausgesetzt, es gelänge, einen Gedanken so lange zu denken. Kann man da noch von einem Geistesblitz sprechen? Der Kopf ist zwar rund, aber laufen alle Gedanken im Kreis oder gar querfeldein über Stock und Stein? Sind verschiedene Bewegungsrichtungen wie vorwärts, rückwärts, seitwärts möglich? Gibt es Gedanken, die auf der Stelle treten oder mit sechs Zentimetern pro Sekunde um sich selber kreisen? Und, sind schwere Gedanken genauso schnell wie leichte oder wissen diese etwa eine Abkürzung um die Hindernisse? Können Gedanken verschiedene Fortbewegungsarten wie Krabbeln, Robben oder Gehen? Können einige gar laufen und wie weit oder hoch oder tief sind Gedankensprünge? Können sie ferner genauso schnell klettern und steigen? Oder schwingen? Äh, wie bitte? Na, man macht sich so seine Gedanken!

– Achim Rix –

Die dynamische Gesamtkörperkoordination ist die Fähigkeit, sich über eine Fläche zu bewegen:
Die dynamische Gesamtkörperkoordination dient in erster Linie der Fortbewegung des Menschen. Sie steuert die aufrechte Fortbewegung des Körpers. Wie die statische integriert auch die dynamische Gesamtkörperkoordination in hohem Maße Gleichgewichtsleistungen. Damit steuert sie die zweckmäßige Lösung von Bewegungsanforderungen im Sinne einer koordinierten Abstimmung der Totalbewegungen des Gesamtkörpers.

Die dynamische Gesamtkörperkoordination wird durch die Art der Fortbewegung, die Fläche und die Bewegungsrichtung bestimmt:
Die dynamische Gesamtkörperkoordination als definierte „Fortbewegung über Flächen" kann auf unterschiedliche Art und Weise erfolgen, sie kann sich auf unterschiedlichen Flächen vollziehen bzw. in unterschiedliche Richtungen erfolgen. Die lern- und entwicklungsbestimmenden Faktoren sind demnach:

- die Art der Fortbewegung
- die Art der Fläche auf der sich fortbewegt wird
- die Bewegungsrichtung

Zur dynamischen Gesamtkörperkoordination gehören folgende Fortbewegungsarten:

- Drehungen um die Körperlängsachse
- Robben
- Krabbeln
- Sitzrutschen
- Kniegang mit Abstützen nach vorn
- Kniegang
- Vierfüßlergang
- Krebsgang
- aufrechter Gang
- Zehenfersengang
- Zehenballengang
- Fersengang
- Laufen
- Klettern
- Steigen
- Springen
- Drehungen um die Körperbreitenachse
- Drehungen um die Körpertiefenachse
- kombinierte Körperdrehungen

Das **Gehen** entwickelt sich im Laufe des zweiten Lebensjahres, verfestigt sich durch Übung im dritten Lebensjahr und wird durch zunehmende Elastizität qualitativ verfeinert. Dabei wird der gesamte Fuß abgerollt. Die Arme unterstützen die Bewegung durch ein rhythmisch alternierendes Mitschwingen. Mit zunehmendem Alter wird die Schrittlänge erweitert und der Gang individuell ausgeprägt. Ein unausgewogenes Gangbild ist durch eine geringe Schrittlänge, ein Aufsetzen der gesamten Fußsohle und rumpfferne Mitbewegungen der Arme oder fehlende Richtungskonstanz gekennzeichnet.

Das **Laufen** entwickelt sich aus dem Gehen und unterscheidet sich in erster Linie durch das veränderte Bewegungstempo. Im dritten Lebensjahr werden die ersten Laufversuche unternommen, wobei der Oberkörper noch relativ senkrecht gehalten wird und die Abstimmung von Bein- und Armbewegung nur unzureichend gelingt. Besser koordinierte Bein- und Armbewegungen entwickelt das Kind zwischen dem vierten und sechsten Lebensjahr. Das qualitativ abgerundete Laufen wird durch eine leichte Vorlage des Oberkörpers und rhythmisch kreuzdiagonale Arm- und Beinbewegungen bestimmt. Auch das Abrollen des ganzen Fußes sowie die Streckung im Hüft- und Kniebereich spielen bei der Bewertung der Bewegungsqualität des Laufens eine bestimmende Rolle.

Das **Springen** findet im dritten Lebensjahr zunächst als Herabspringen von kleinen Erhöhungen statt. Die Erweiterung und Ausformung von Sprüngen ist stark vom Übungsangebot abhängig, da das Springen in unserer heutigen Zeit nicht als alltagsmotorische Grundfertigkeit gefordert wird. Insofern sind altersspezifische Orientierungen für den Erwerb dieser Fertigkeit besonders problematisch. Qualitativ hochwertige Sprünge sind durch einen spannungsbetonten Absprung mit Einsatz beider Arme, eine ausgeprägte Flugphase und eine elastische Landung mit dosierter Stützfunktion im Bein- bzw. Armbereich gekennzeichnet.

Die dynamische Gesamtkörperkoordination wird nicht nur durch die Fortbewegungsart, sondern auch durch die Art der Fläche bestimmt. Der strukturelle Aufbau der Flächen ist der identische wie bei der statischen Gesamtkörperkoordination.

Für die dynamische Gesamtkörperkoordination muss als weiterer Faktor jedoch die Bewegungsrichtung herangezogen werden:

- ▷ vorwärts / seitwärts / rückwärts
- ▷ mit Drehungen
- ▷ links / rechts
- ▷ aufwärts / abwärts

3.4 Handlungsstrukturanalyse zur dynamischen Gesamtkörperkoordination

Aus der Kombination aller Faktoren ergibt sich:

Handlungsstrukturanalyse
DYNAMISCHE GESAMTKÖRPERKOORDINATION

Daten:

Art der Fortbewegung Spalte 1	Spalte 2	**Art der Fläche**	**Beweg. richtung**
▷ Rotation um die Körperlängsachse (laterale R.) ▷ Ziehen / Schieben in Bauchlage ▷ Robben ▷ Krabbeln ▷ Sitzrutschen ▷ Krebsgang ▷ Kniegang ▷ Vierfüßlergang ▷ Seitgang ▷ Gang ▷ Zehenfersengang	▷ Zehenballengang ▷ Fersengang ▷ Laufen ▷ Klettern ▷ Steigen ▷ Springen ▷ Rotation um die Körper- - längs- - quer- - tiefenachse	▷ groß / klein ▷ breit / schmal ▷ lang / kurz ▷ hart / nachgebend ▷ eben / uneben ▷ stumpf / rutschig ▷ ebenerdig / erhöht ▷ waagerecht / schräg / senkrecht ▷ stabil / beweglich	▷ vorwärts ▷ seitwärts ▷ rückwärts ▷ mit Drehungen ▷ links ▷ rechts ▷ aufwärts ▷ abwärts

Automatisierungsgrad

Spalte 1	Spalte 2
Handlungen mit ▶ personalisierter Unterstützung ▶ materialisierter Unterstützung	▶ eigenständige Handlungen ▶ Simultanhandlungen

Freie Beschreibung:

4. Qualitative Aspekte zur Beurteilung der Gesamtkörperkoordination

„Wie lange werden wir Deutschen uns noch behaupten können? Ich darf Ihnen vertraulich aus mir vorliegendem Zahlenmaterial mitteilen: Es nehmen zu, erstens“, die breite rechte Hand umschloss den Daumen der linken, „in auffälliger Weise die Fälle von Linkshändertum. Sie mögen darüber lächeln, doch für mich, als Soldaten, ist das ein bedenkliches Zeichen. Ich bin kein Historiker, doch so viel weiß selbst ich aus der Militärgeschichte, dass schon im klassischen Griechenland, schon in Sparta, die Linkshänder ausgemerzt wurden, weil sie mit der falschen, also ihrer schwachen Hand zum Schwert greifen mussten, wenn die Phalanx zum Angriff schritt. Seither war Linkshändigkeit, sozusagen militärkulturell, kein bedeutendes Problem mehr. Wer sich behaupten wollte, musste das mit der Rechten tun. Das hängt mit Kriegsschulen, mit Erfordernissen der Ausrichtung, dem Gebot gleichmäßiger Bewaffnung und vielem anderen zusammen. Der militärische Kampf, das wollte ich sagen, ist seit Jahrtausenden erfolgreich nur dann, wenn er unter dem Gesichtspunkt der Rechtshändigkeit des Soldaten geführt wird. Da gibt es Ausnahmen, gewiss“, der Admiral winkte der Stechpalme neben seinem Sessel ab, als ob diese ihm ins Wort gefallen wäre, „wo gibt es keine Ausnahmen, doch am Entscheidenden ist nicht zu rütteln.“ Er nahm einen forschen Schluck aus dem Kristall. „Deswegen habe ich gerade das Wort ‚Auslese‘ vorgebracht. Heutzutage fällt sie uns in den Rücken. Unter den Rekruten, die in unsere Kasernen kommen, nimmt die Zahl der Linkshänder zu. Sie können versuchen, es zu verstecken, doch wir kommen dahinter.“

– Tilman Spengler –

4.1 Erschwerungen in der Entwicklung der Gesamtkörperkoordination

Der regulative Aufbau der Körperkoordination wird von „inneren“ und „äußeren“ Entwicklungsfaktoren bestimmt.

Erschwerung innerer Entwicklungsfaktoren:
Bei Schädigungen des Gehirns kann es beispielsweise zu Erschwerungen in der Entwicklung der koordinativen Bewegungsfertigkeiten kommen. So können Kinder mit einer Zerebralparese auf der Ebene der tonischen Reaktionsmuster stagnieren. Sie haben – trotz intensiver Übung – Probleme die Stell-, Stütz- und Gleichgewichtsreaktionen auszubilden. Damit können die tonischen Muster nur unzureichend integriert und nicht durch „höhere“ Muster überformt werden. Hierdurch ergibt sich eine Dominanz der tonischen Reaktionsmuster, die das Bewegungshandeln dieser Kinder maßgeblich bestimmt.
Der Grad der inneren Regulationshemmnisse muss nicht immer so deutlich ausfallen. Die Übergänge in der Ausprägung der Hemmnisse sind fließend bis hin zu ganz dezenten Formen einer zentralen Entwicklungserschwerung.

Erschwerung äußerer Entwicklungsfaktoren:
Äußere Entwicklungserschwerungen beziehen sich auf den Umfang und die Qualität von Bewegungsangeboten. Fehlende oder eingeschränkte Möglichkei-

ten zur Bewegungserprobung können ebenso zum mangelhaften Auf- und Ausbau der koordinativen Bewegungshandlungen führen. Ein Kind, das beispielsweise über eine Turnbank balancieren kann, muss diese Fertigkeit noch nicht vollständig ausgebildet haben. Dies kann z.B. durch das Auftreten ungewollter Mitbewegungen (assoziierter Reaktionen) oder eine Überforderung bei Simultanhandlungen deutlich werden. Bei Kindern mit Problemen in der Bewegungskoordination sollte neben dem „Was kann das Kind?" auch immer die Frage nach dem „Wie löst das Kind die Aufgabe?" gestellt werden.
Insofern ergeben sich für die Bewegungsbeurteilung folgende Fragestellungen:

Zeigt das Kind einen
▷ ausgeglichenen
▷ verspannten (hypertonen)
▷ schlaffen (hypotonen) oder
▷ wechselhaften (dystonen) Muskeltonus?

Sind beim Kind
▶ assoziierte Reaktionen
▶ tonische Reaktionen
bei bestimmten Bewegungsabläufen zu beobachten und welche sind es?
Beispielsweise:
▷ Grimassieren
▷ Zungenmitbewegungen
▷ Speichelfluss
▷ Fingerverkrampfungen
▷ unkontrollierte Armmitbewegungen
▷ Zehenkrallen
▷ generelle Überstreckungsmuster
▷ generelle Beugemuster
▷ generelle Verdrehungsmuster
▷ generelle Überkreuzungsmuster?

Beherrscht das Kind
▶Stellreaktionen bei Rumpfneigung
▷ nach vorn
▷ nach hinten
▷ zur Seite

▶ Stützreaktionen
▷ nach vorn
▷ nach hinten
▷ zur Seite

▶ Gleichgewichtsreaktionen
▷ nach vorn
▷ nach hinten
▷ zur Seite?

Steuert das Kind die Bewegung vorrangig
▷ exterozeptiv (sehend)
▷ interozeptiv (fühlend)?

4.2 Strukturanalyse zur zur qualitativen Beurteilung der Gesamtkörperkoordination

Die Strukturanalyse zur qualitativen Beurteilung der Gesamtkörperkoordination erfasst als Bezugssystem die Aspekte, die für den Aufbau des Bewegungshandelns bedeutend sind.

Sie unterscheidet darüber hinaus entwicklungskonforme von entwicklungserschwerenden Bewegungsaspekten. Mit entwicklungserschwerenden Aspekten sind Bewegungsmuster gemeint, die im Laufe der Entwicklung durch höher regulierte Muster in den Bewegungsablauf integriert werden, d.h. nicht beobachtbar sein sollten.

Im Förderprozess gilt es konstante unphysiologische Muster zu hemmen und physiologische Muster zu bahnen.

Strukturanalyse zur qualitativen Beurteilung der GESAMTKÖRPERKOORDINATION

Daten:

Bewegungsaspekte	**entwicklungskonforme**	**X**	**entwicklungserschwerende**	**X**
Muskeltonus	ausgeglichen		verspannt (hyperton)	
			schlaff (hypoton)	
			wechselhaft (dyston)	
assoziierte Reaktionen	integriert		Grimassieren	
			Zungenmitbewegungen	
			Speichelfluss	
			Fingerverkrampfungen	
			Armmitbewegungen	
			Zehenkrallen	
			Überstreckungsmuster	
			Beugemuster	
			Verdrehungsmuster	
			Kreuz-, Spreizmuster	
tonische Reaktionen	integriert		Moro-Reaktion	
			STNR	
			ATNR	
Stellreaktionen	nach vorne		Kopf in Mittelstellung	
	nach hinten		Kopf in Bewegungsrichtung	
	zur Seite		keine Kopfkontrolle	
Stützreaktionen	nach vorne		überhastet/steif	
	nach hinten		verlangsamt/kraftlos	
	zur Seite		fehlende Stützreaktionen	
Gleichgewichtsreaktionen	nach vorne		überhastet/steif	
	nach hinten		verlangsamt/kraftlos	
	zur Seite		fehlende Gleichgew.reakt.	
Steuerung	interozeptiv		vorwiegend exterozeptiv	

Freie Beschreibung:

4.3 Altersbezogene Standards zur Beurteilung der Gesamtkörperkoordination

In Form der Handlungsstrukturanalyse liegt der Lerngegenstand in seinem sach- und entwicklungslogisch hierarchisierten Aufbau vor. „Frühere/leichtere" Leistungen können von „späteren/schwereren" unterschieden werden.

Es bleibt die Frage, wann, d.h. in welchem Altersbereich, ein gezeigtes motorisches Verhalten als „auffällig" anzusehen und daraus ein Förderbedarf abzuleiten ist. Hier können Entwicklungsstandards helfen, die jedoch immer unter der Perspektive individueller Entwicklung zu sehen sind.

Einige Kinder lassen das Krabbeln als Entwicklungsschritt zunächst aus und „übergehen" diese Entwicklungsstufe. Insofern sind exakte Altersangaben für bestimmte Fertigkeitsleistungen grundsätzlich zu hinterfragen, zumal wenn sie den qualitativen Aspekt der Bewegungsausführung vernachlässigen.

Koordinationsprobleme können bereits in Alltagssituationen beobachtet werden. Das Treppensteigen gelingt nur im Nachstellschritt; beim Anziehen muss sich das Kind hinsetzen, da es sonst umfällt; gezeichnet und geschrieben wird am liebsten in der Bauchlage auf dem Fußboden, da das Sitzen auf dem Stuhl noch schwerfällt; dauerndes Hinfallen führt zu häufigen Kopfverletzungen, da die Stell- und Stützreaktionen nur unzureichend gelingen.

Diese Beispiele beschreiben Kinder mit einem deutlichen Förderbedarf. Was aber ist mit Kindern, bei denen die Problematik dezenter auftritt und sich die Frage nach der Notwendigkeit einer psychomotorischen Entwicklungsförderung nicht sofort stellt?

Hier hilft nur eine genaue Kenntnis über die altersbezogenen Entwicklungsverläufe weiter. Jedes Kind zeigt sicherlich einen individuellen Verlauf, der niemals identisch mit dem eines anderen Kindes sein kann.

Trotzdem benötigen wir für die Festlegung eines Förderbedarfs informelle Kriterien und Standards, nach denen wir eine Beurteilung hinsichtlich des aktuellen Entwicklungsstandes vornehmen können. Diese Entwicklungsstandards gilt es zu nutzen, um den aktuellen Entwicklungsstand präzise beschreiben zu können.

Die Beurteilung sollte weniger die Defizite beschreiben, die ein Kind zeigt, sondern vielmehr die Möglichkeiten, die es besitzt. Diese individuellen Möglichkeiten bilden die Basis für den weiteren Entwicklungs- und Förderprozess des Kindes. Der Umfang und die Qualität der sensomotorischen Fertigkeiten sind jeweils vom Alter des Kindes abhängig.
In der sich anschließenden Übersicht sind ausgewählte Aufgaben zur statischen und dynamischen Gesamtkörperkoordination zusammengestellt.

Alle Aufgabenstellungen unterliegen einer altersgemäßen Zuordnung. Diese Zuordnung kann lediglich als Orientierungshilfe dienen, um eine Grobeinschätzung von Entwicklungsverläufen vorzunehmen.

Förderbedarf liegt immer dann vor, wenn ein Kind deutlich vom „allgemeinen" Leistungsvermögen seiner Altersgruppe abweicht. Dabei darf nicht allein das Gelingen oder Nichtgelingen einer Bewegungsfertigkeit als Kriterium herangezogen werden. Vielmehr sind immer auch qualitative Aspekte der Bewegungsausführung bei der Interpretation zu berücksichtigen (z.B. der Umfang und der Grad der Ausprägung von Stell-, Stütz- und Gleichgewichtsreaktionen).

ENTWICKLUNGSSTANDARDS der statischen und dynamischen Gesamtkörperkoordination (ausgewählte Aufgabenstellungen vom 1. – 6. Lebensjahr)		
Lebensjahr	**Statische Gesamtkörperkoordination**	**Dynamische Gesamtkörperkoordination**
1.	• Bauch- und Rückenlage • Aufrichtung des Kopfes • freies Sitzen • Kniestand	• Rotation um die Körperlängsachse • Kriechen, Krabbeln mit gekreuzter Koordination • Gehen mit Festhalten an Gegenständen im seitlichen Nachstellschritt
2.	• freier Stand • Hockstand	• Gehen ohne Festhalten (vorwärts/rückwärts) und gleichzeitiges Tragen von Gegenständen • Treppensteigen mit Festhalten im Nachstellschritt
3.	• freier Stand mit geschlossenen Augen • Zehenfersenstand (Füße hintereinander gestellt)	• Balancieren auf breiter Fläche im Nachstellschritt • Treppensteigen ohne Festhalten aufwärts: mit gekreuzter Koordination abwärts: mit Nachstellschritten • Laufen • Niedersprünge aus geringer Höhe • beidbeiniges Springen
4.	• Zehenfersenstand mit geschlossenen Augen	• Gehen mit gekreuzter Koordination auf schmaler Fläche • Treppensteigen auf- und abwärts mit gekreuzter Koordination • Übersteigen von Hindernissen • Niedersprünge • beidbeinige Hoch- und Weitsprünge aus dem Stand
5.	• Zehenballenstand • Einbeinstand links/rechts	• Zehen-Fersen-Gang • Hoch- und Weitsprünge aus dem Anlauf • einbeiniges Springen
6.	• Fersenstand • Einbeinstand links/rechts mit geschlossenen Augen	• Klettern • Gehen auf schmaler Fläche mit Simultanhandlung • Übersteigen von Kombinationshindernissen • Schrittsprünge

5. „Schlosstest" – Diagnostik der Gesamtkörperkoordination

Die Ansprüche an eine sensomotorische Diagnostik haben sich in den letzten Jahren erheblich verändert. Wurden früher standardisierte Verfahren zur Ermittlung des „motorischen Quotienten" herangezogen, hat sich in den letzten Jahren der Ansatz einer lernprozessbegleitenden Diagnostik durchgesetzt.

Einheit von Diagnostik und Förderung:
Lernprozessbegleitende Diagnostik setzt voraus, dass ein gemeinsamer Bezug für Diagnostik und Förderung hergestellt wird. Eine derartige Bezugsgröße besteht in einem für alle Kinder identischen Entwicklungsmodell. Diagnostik und Förderung können dann aus der gleichen Struktur abgeleitet werden. Beide Pole einer entwicklungsorientierten Förderung, die diagnostisch-didaktische und die didaktisch-methodische Analyse bilden so eine Einheit. Die vorgestellten Handlungsstrukturanalysen lassen sich in diesem Sinne nutzen.
Neben dieser langfristigen Begleitung ist die Bewegungsdiagnostik jedoch auch in bestimmten Situationen gefordert, Aussagen über den momentanen Entwicklungsstand eines Kindes zu liefern. Eine solche Situation ist häufig die Phase des Schuleintritts, wo es darum gehen kann, z.B. die Aufnahme in eine psychomotorische Förderambulanz oder die Zuweisung zum Sportförderunterricht zu legitimieren.

5.1 Ziel und Aufbau des Verfahrens

Altersbereich von 4 – 9 Jahren:
Mit dem „Schloss-Test" wird ein Verfahren vorgestellt, das den Altersbereich vier- bis sechsjähriger Kinder abdeckt. Alle Aufgabenstellungen können jedoch auch mit sieben- bis neunjährigen Kindern durchgeführt werden, bei denen ein psychomotorischer Förderbedarf angenommen wird.

Es handelt sich bei dem Verfahren um keinen Test im herkömmlichen Sinne, da auf normorientierte Vergleiche bewusst verzichtet wird. Alle Aufgabenstellungen sind den Handlungsstrukturanalysen für statische und dynamische Gesamtkörperkoordination entnommen. Ihre Auswahl orientiert sich am Entwicklungsstandard der benannten Altersgruppe.

Im Rahmen der informellen Überprüfung werden folgende Aspekte der Körperkoordination erfasst:

▶ **statische Gesamtkörperkoordination**
- Sitz auf beweglicher Unterstützungsfläche
- Stand auf beweglicher Unterstützungsfläche
- Einbeinstand auf unbegrenzter Unterstützungsfläche

▶ **dynamische Gesamtkörperkoordination**
- Rotation um die Körperlängsachse
- Zehenfersengang auf begrenzter/erhöhter Unterstützungsfläche
- Laufen mit Simultanhandlung
- Sprünge beid-/einbeinig

▷ **Sitz auf beweglicher Unterstützungsfläche**
Das Kind soll sich in verschiedenen Sitzpositionen auf dem Rollbrett halten, während das Rollbrett durch die Lehrkraft in verschiedene Richtungen bewegt wird:
1. im Schneidersitz mit Halten am Rollbrett
2. im Schneidersitz mit Halten an den Knien
3. im Schneidersitz mit verschränkten Armen vor der Brust
4. im Kniesitz mit Halten am Rollbrett
5. im Kniesitz mit Halten an den Knien
6. im Kniesitz mit verschränkten Armen vor der Brust

▷ **Stand auf beweglicher Unterstützungsfläche**
Das Kind soll sich in der Standposition auf dem Therapiekreisel halten. Die Lehrkraft fordert durch zusätzliche Aufgabenstellungen die Einbindung von simultanen Gleichgewichtserschwernissen:
1. im freien Stand
2. im Stand mit Armbewegungen zur Seite, nach vorne, nach hinten, nach oben
3. im Stand mit Kopfbewegungen
4. im Stand mit geschlossenen Augen

▷ **Einbeinstand**
Der Einbeinstand soll vom Kind auf dem ebenen Fußboden durchgeführt werden. Die Wahl des Standbeines ist zunächst frei. Das Schließen der Augen erhöht die Gleichgewichtsanforderung durch die fehlende visuelle Kontrolle erheblich und muss von vier- und fünfjährigen Kindern noch nicht geleistet werden:
1. Einbeinstand mit dem erstgewählten Bein
2. Einbeinstand mit dem anderen Bein
3. Einbeinstand mit dem erstgewählten Bein mit geschlossenen Augen
4. Einbeinstand mit dem anderen Bein mit geschlossenen Augen

▷ **Gehen im Zehenfersengang**
Beim Zehenfersengang vorwärts soll das Kind den vorderen Fuß so dicht vor den hinteren Fuß stellen, dass sich Zehen und Ferse berühren. Das Voreinanderstellen der Füße stellt eine erhöhte Gleichgewichtsanforderung im Sinne des Balancierens dar. Beim Zehenfersengang rückwärts werden die Anforderungen noch durch die fehlende Blickrichtung erhöht:
1. Zehenfersengang vorwärts, auf der Linie am Boden
2. Zehenfersengang rückwärts, auf der Linie am Boden

3. Zehenfersengang vorwärts, auf der umgedrehten Langbank
4. Zehenfersengang rückwärts, auf der umgedrehten Langbank

▷ **Springen**
Das Kind soll das beidbeinige Springen über Hindernisse, das einbeinig fortlaufende Springen und den einbeinigen Sprung über Hindernisse durchführen:

1. Springen beidbeinig, vorwärts über Schaumstoffquader
2. Springen einbeinig, erstgewähltes Bein, vorwärts fortwährend
3. Springen einbeinig, anderes Bein, vorwärts fortwährend
4. Springen einbeinig, selbstgewähltes Bein, aus dem Anlauf, vorwärts über Schaumstoffquader

Ferner soll das Kind Niedersprünge von einer Kastentreppe durchführen:
Springen beidbeinig, aus dem Stand, vorwärts, herunter, Landung im Stand auf ebenerdiger Fläche

▷ **Laufen mit Simultanhandlung**
Das Kind soll den vom Testleiter gerollten Tennisball mithilfe des Joghurtbechers einfangen:
Laufen auf ebenerdiger Fläche, vorwärts

Zeitbedarf:
Das Verfahren sollte mit einem Kind durchgeführt werden. Der zeitliche Umfang ohne Auf- und Abbau beträgt dann ca. 20 Minuten. Die Protokollierung kann nach oder während jeder Bewegungsaufgabe erfolgen. Weitere Möglichkeiten sind, dass eine zweite Person protokolliert oder dass ein Video-Protokoll (Einverständniserklärung der Erziehungsberechtigten vorher einholen!) angefertigt wird.

Waren die Erziehungsberechtigten während der Durchführung des Verfahrens anwesend, was wünschenswert ist, kann sich das Gespräch intensiver auf das beobachtete Bewegungshandeln des Kindes beziehen. Den Eltern können Handlungsniveau, Lösungsstrategien, Erschwernisse des Lern- und Entwicklungsprozesses sowie Fördererfordernisse aus der konkreten Situation heraus verdeutlicht werden. Die Eltern können in der Testsituation gemachte Beobachtungen und Schlussfolgerungen durch ihre Kenntnis des Alltages unterstützen oder infrage stellen. Durch diese Vorgehensweise können die erhobenen Daten „erhärtet" werden („Das macht sie immer so", oder: „Ich glaube, dass ist eher auf die Situation zurückzuführen. Sonst habe ich dieses noch nicht beobachten können".)

Waren die Erziehungsberechtigten bei der Überprüfung nicht anwesend, kann eine vorhandene Videoaufzeichnung die notwendigen Erläuterungen und Konsequenzen praxisnah verdeutlichen.

Benötigte Materialien
Neben den Protokollbögen werden für die Aufgabenstellungen folgende Materialien benötigt:

- 1 Joghurtbecher (500 Gramm-Becher) o.Ä.
- 1 Tennisball mit einem aufgemalten „Mausgesicht" (liegt zu Beginn unter dem Becher)
- 1 Rollbrett
- 1 Therapiekreisel
- 3 kleine Kästen
- 1 Langbank
- 2–3 Turnmatten
- 6 Schaumstoffquader (40 x 20 x 10 cm)
- 1 Linie auf dem Boden (Hallenmarkierung)

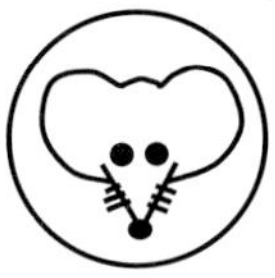

5.2 Diagnostik als Rollenspiel

Die Besonderheit der Testsituation:
Eine Prüfsituation stellt für das Kind eine nicht alltägliche emotional-soziale Anforderung dar. Wenn möglich sollte eine Kontaktaufnahme mit dem Kind bereits vorher in der vorschulischen oder schulischen Einrichtung stattgefunden haben. Hierbei wären auch gleichzeitig Informationen vornehmlich über das Bewegungshandeln bei den pädagogischen Bezugspersonen einzuholen.

Spielhandlung statt Testsituation:
Da dieses Verfahren in der Einzelsituation durchgeführt wird, ergibt sich für das Kind eine „individuelle" Situation mit einer zumeist unbekannten Person.

Umso wichtiger ist es für das Kind, dass dieses Geschehen nicht als „Test-" sondern als „Spielsituation" empfunden wird. Für die Durchführung des Verfahrens wird eine Rahmenhandlung genutzt, in der sich das Kind mit der Rolle als „König ..." (Vorname vom Jungen) oder „Königin ..." (Vorname vom Mädchen) identifiziert. Die Rollenspielfigur hat verschiedene Aufgaben in ihrem „Schloss" zu erfüllen. Die Spielhandlung ist lediglich das methodische Gerüst, um für das Kind eine möglichst motivierende Grundsituation zu schaffen.

Bei älteren Kindern kann es sinnvoll sein, auf die Symbolspielhandlung zu verzichten und stärker den Leistungs- und Regelspielaspekt in den Vordergrund zu stellen.

Zudem können die Aufgabenstellungen durch Simultanhandlungen erschwert werden (z.B. Tragen eines Tennisballs auf einer umgedrehten Frisbeescheibe).

Aufbau der Materialien

Der folgende Aufbau der Geräte hat sich bewährt:

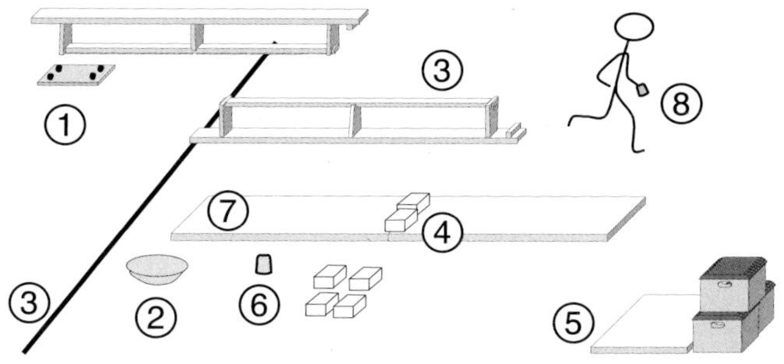

Die Nummerierung entspricht der Reihenfolge der Aufgabenstellungen. Die Lehrkraft trifft sich mit dem Kind und dessen Eltern zum Test zunächst auf einer weiteren Turnbank.

Ausgestaltung des Einstiegs:

Der vorgestellte Ablauf ist natürlich lediglich als Orientierung gedacht. Niemand muss sich wie bei einem standardisierten Verfahren an den genauen Wortlaut oder die Reihenfolge halten. Wesentlich ist, eine Beziehung zu dem Kind aufzubauen, sodass es angstfrei und mit Freude mitspielt.

Um dem Kind den Einstieg in die Situation zu erleichtern, empfiehlt es sich, zunächst die Daten vom Kind – und nicht von den gegebenenfalls anwesenden Eltern – zu erfragen. Die Daten können auf dem Deckblatt eingetragen werden.

Wichtig: Die Eltern immer erst helfen lassen, wenn das Kind nicht weiterweiß.

Fragen Sie beispielsweise:

- „Wie heißt du?"
- „Weißt du, wie ich heiße? Ich bin Frau/Herr ..."
- „Warst du schon einmal in dieser Turnhalle?"
- „Aber du kennst schon eine Turnhalle?"
- „Weißt du, wann du Geburtstag hast?"
- „Weißt du, wie der Monat heißt? Ist es Sommer oder Winter, wenn du Geburtstag hast?"
- „Weißt du, welche Zahl der Tag hat? Ist es der 1., 5., 10.?"
- „Wo wohnst du?"
- „Wie heißt die Straße, in der du wohnst?"
- „Welche Nummer hat das Haus? Ist es die 8?"
- „Eure Telefonnummer, kennst du die?"

Sind die Daten erhoben, beginnt die Spielhandlung mit der Präsentation des jeweils passenden Bildes.

- „Wer könnte das sein, was glaubst du?"
- „Ist es ein Junge oder ein Mädchen?"
- „Woran hast du das erkannt?"
- „Schau mal hier!"

Der Testleiter zeichnet neben das Bild der Königin/des Königs sukzessive das Schloss:

- „Was könnte das für ein Haus sein?" (Gegebenenfalls: „Das ist ein Schloss.")
- „Wenn das ein Schloss ist, wer ist dann das hier (der Junge/das Mädchen?)"
- „Was hat ein König/eine Königin auf dem Kopf?"
- „Genau, eine Krone." (Zeichnen)
- „Schau mal." (die Lehrkraft zeichnet den Anfangsbuchstaben des Kindes auf das Hemd des Königs/der Königin).
- „Ein ..., genau wie der Anfangsbuchstabe in deinem Namen. Das ist der kleine König/die kleine Königin (Name des Kindes)."
- „Was hat ein König/eine Königin noch?"

Reihenfolge der Spielhandlungen:

Die Reihenfolge entspricht der Nummerierung im Aufbauplan (s.o.):

1. König/Königin fährt in der Kutsche (verschiedene Sitzpositionen auf dem Rollbrett)
2. König/Königin probiert den Thron aus (verschiedene Standpositionen auf dem Therapiekreisel)
3. König/Königin balanciert auf dem Weg und über die Schlossmauer (Gehen im Zehenfersengang vorwärts/rückwärts)
4. König/Königin springt über die Schlossmauer um die Maus „Susi" zu treffen (Sprünge beid-/einbeinig)
5. König/Königin springt von einem Berg (Niedersprünge)
6. König/Königin führt „Susi" Kunststücke vor (Einbeinstand)
7. König/Königin rollt mit „Susi" um die Wette (Rotation um die Körperlängsachse)
8. König/Königin spielt mit „Susi" Fangen (Laufen mit Simultanhandlung)

In weiteren Überprüfungsverfahren zur statischen und dynamischen Teilkörperkoordination oder zur Wahrnehmungsintegration erhält die Maus „Susi" Funktions- und Symbolwert[1].

[1] vgl. Rix, A.: Den Stift im Griff, Horneburg 2000, S. 16 ff.

5.3 Protokollierung

Protokollbögen:
Für die Durchführung des Verfahrens und für das Festhalten der Beobachtungen liegen entsprechende Protokollbögen vor. Sie bestehen aus einem Deckblatt und sechs Protokollbögen für die acht Aufgabenstellungen.

Das Deckblatt dient zur Erfassung der Daten. Zudem sind hier die verschiedenen Strukturen abgebildet, welche die Grundlagen der diagnostischen Beobachtung darstellen. Es sind:

- die Strukturanalyse zur qualitativen Beurteilung der Gesamtkörperkoordination
- die Struktur „Automatisierungsgrad"
- die Profilanalyse zum Lern- und Entwicklungsniveau

Auf den Protokollbögen finden sich die Angaben zur Symbolspielhandlung. Des Weiteren sind die eigentlichen Aufgabenstellungen ausgewiesen.

Beobachtungsschwerpunkte:
Auf den Protokollbögen sind jeweils nur die Aspekte aus der Struktur zur qualitativen Beurteilung der Gesamtkörperkoordination angegeben, die durch die Aufgabenstellung provoziert werden und damit relevant sind. Hier kann durch Ankreuzen der entwicklungskonformen bzw. -erschwerenden Bewegungsmuster in der jeweiligen Spalte die Leistung in der Gesamtkörperkoordination gekennzeichnet werden. Aus der zugehörigen Zeile ergibt sich zudem der direkte Bezug zur Aufgabenstellung. Bei einzelnen Aufgaben sind zudem Lösungskriterien angegeben, die aus den Bewegungsbeschreibungen der geforderten Fertigkeiten entnommen wurden.

Freie Beschreibung:
Hier können sämtliche Strukturanalysen zur Beschreibung des Bewegungshandelns und des übergreifenden Verhaltens für die stichwortartige Protokollierung genutzt werden.

5.4 Auswertung

Der Umfang der Auswertung richtet sich nach den jeweiligen Bedürfnissen bzw. nach der der Testung zugrunde liegenden Fragestellung. Auch hier lassen sich wiederum alle Strukturen heranziehen.

Die qualitative Bewegungsanalyse hat sich dabei immer nur auf die tatsächlich wahrgenommenen Teilaspekte zu beziehen, sodass nicht für jede Aufgabenstellung unbedingt alle Faktoren zu beschreiben sind.

Einzubeziehen sind in die Auswertung der vorhandenen Daten auch die Lernfortschritte, die ein Kind durch zusätzliche Instruktionen oder entsprechende Unterstützung gezeigt hat.

Letztendlich ist die Bewertung der beobachteten Bewegungshandlungen abhängig von der „subjektiven" Einstellung und dem Erfahrungsspektrum der beurteilenden Person sowie vom allgemeinen situativen Kontext der Überprüfung.

6. Psychomotorische Entwicklungsförderung der Gesamtkörperkoordination

Immer schon, & je öfter ich hier entlang ging, war mir der Schulweg viel zu kurz erschienen: immer früher, so glaubte ich, kam ich ans verhaßte Ziel dieses Wegs: zu dem Klinkersteingebäude, dem eckigen Ziegelschorf DIE SCHULE..... Oftmals, insbesondere an jenen Montagmorgen, die den Sportunterricht mir bescherten. Von Scharfschweiß verklebte Umkleidebuchten – die kinderlärmige Riesenhalle, trillerpfiff-zerschrillt, mit zerkratztem Parkett, dort=drin waren alle Schrecken als Turngeräte aufbewahrt: Barren – Reck – die Sprossenwände; dort tobten mit breitverzerrtem Lachen über fleckige Gummimatten Kobolze Handstände Rollenrückwärts - schweißgeriebene glänzende Kletterstangen aus Stahl (die Haut an Spann & Handballen rieb sich daran wund, hinterließ runde hellrosa Fleischmale, zinsgroschengroß –) – & wie Henkersschlingen an Hanfseilen von der unerhört hohen Decke drohten das Paar Ringe. Grell der Pfiff des Sportlehrers, der den tobenden Kinderpulk an die zerschrammte weiße Linie auf dem Parkettboden zu Reih-&-Glied zusammentrieb.

- Reinhard Jirgl -

6.1 Wesensmerkmale psychomotorischer Förderung

Das Lernen verläuft über Austauschprozesse zwischen Lernendem und seiner personalen (andere Personen) und materialen Umwelt (natürliche und künstliche Gegenstände) ab. Durch sensomotorische Auseinandersetzung mit seiner sozialen Umwelt verinnerlicht das Kind diese Eindrücke als Vorstellungen und Einstellungen. Dem konkreten Handeln kommt hierdurch eine elementare Bedeutung zu.

Psychomotorische Entwicklungsförderung versucht dieses Grundprinzip der Lerntheorie, in dem der aktive Handlungsprozess den Ausgangspunkt jeglichen Lernens darstellt, zu nutzen. Psychomotorische Förderung umfasst neben

- senso-motorischen auch immer
- aktivationale
- emotionale
- sprachliche
- kognitive und
- soziale Anteile

Psychomotorische Förderung zielt neben der Wahrnehmungs- und Bewegungsentwicklung also grundsätzlich auf den Erwerb einer personalen und sozialen Identität sowie den Aufbau von Sprach- und Denkhandlungen ab. Um diesen umfassenden Anspruch einzulösen, ist die Kenntnis des Ablaufs von (psychomotorischen) Handlungen notwendig. Folgende Aspekte lassen sich als so genannte „Wesensmerkmale von Handlungen“ herausstellen.

Handlungsbedürfnis: Das Ziel oder der Zweck einer Handlung wird nur dann handlungsbestimmend, wenn das Kind an seiner Erfüllung interessiert ist. Gelingt es in der Förderung nicht, beim Kind ein Bedürfnis zu wecken oder zu unterstützen, wird es eine Handlung erst gar nicht beginnen. Handlungen verlaufen in diesem Sinne immer bedeutungsgebunden.

Förderung als Interesse vermittelnder Prozess hat folgende Aspekte zu berücksichtigen. Er soll:

- über methodische „Verpackungen“ Bedeutung und damit überhaupt erst Auseinandersetzungsbereitschaft mit Lerngegenständen herstellen
- intrinsische Motivation z.B. über Spielhandlungen ermöglichen
- individuelle Interessen berücksichtigen
- Bedeutungszusammenhänge über die eigenen Handlungserfahrungen vermitteln

Handlungsziel: Handeln vollzieht sich immer als zielgerichtetes Tun und nicht als einfache Reiz-Reaktions-Verbindung. Dadurch wird dem Ziel gegenüber der Durchführung eine übergeordnete Bedeutung zugewiesen. So sind ja auch verschiedene Handlungen zum identischen Ziel möglich („Viele Wege führen nach Rom“).
In der Förderung muss das Handlungsziel für die Kinder deutlich werden. Ist den Kindern das Ziel der Handlung unklar, werden sie die Handlung möglicherweise abbrechen bzw. für sich andere Handlungsziele in den Vordergrund stellen, die dann oft nichts mehr mit dem intendierten Förderziel zu tun haben.

Förderung als zielvermittelnder Prozess hat folgende Aspekte zu berücksichtigen:

- Ziele kenntlich machen („Deine Aufgabe ist ...“) bzw. erarbeiten („Was willst du?“)
- realisierbare Ziele anbieten
- Selbstbestimmung von Handlungszielen ermöglichen
- Erwartungshaltungen thematisieren

Handlungsplan: Jede menschliche Handlung unterliegt einer Planung und damit der Entscheidung für einen ganz bestimmten Weg. Die bewusste Planung einer Handlung ist abhängig von dem Umfang sowie der situativen Nutzbarkeit vorhandener Alternativen. Gleichzeitig wird mehr oder weniger bewusst eine Einschätzung des mit der Handlung verbundenen Aufwandes an Anstrengung vorgenommen.
Handlungen sind so stets geplant und mit Anstrengungen verbunden. Besitzen die Kinder keinen Plan, also keine Vorstellung wie das Ziel der Handlung erreicht werden kann, werden sie die Handlung wahrscheinlich abbrechen oder aber diese ohne eigenen Plan durchführen. Erscheint ihnen das Maß an Anstrengung subjektiv als zu groß, ist ein Abbruch der Handlung sehr wahrscheinlich. Überschätzen die Kinder ihre Möglichkeiten regelmäßig, wird dies grundsätzlich Auswirkungen auf die Bedeutsamkeit und damit die Auseinandersetzungsbereitschaft mit dem Lerngegenstand haben.

Die Förderung als planvermittelnder und anstrengungseinschätzender Prozess hat folgende Aspekte zu berücksichtigen: Sie sollte

- Freiheiten bei der Wahl des Weges zulassen
- bewusst mehrere Lösungsmöglichkeiten anbieten
- Versuch und Irrtum als methodisches Modell nutzen
- auf vorhandene Planungsstrategien aufbauen
- die Anstrengungsbereitschaft herausfordern und unterstützen
- die Selbsteinschätzung des eigenen Leistungsvermögens thematisieren und fördern
- den Anstrengungsaufwand individuell gestalten

Handlungsdurchführung: Bei der Handlungsdurchführung wird der Plan in einzelne Handlungsschritte und Bewegungsabläufe überführt und umgesetzt. So ergibt sich für jeden Lerngegenstand eine bestimmte Handlungsstruktur, deren Aspekte mithilfe des Instrumentes der Handlungsstrukturanalyse aufgeschlüsselt werden können. Dabei findet stets eine „parallele" Eigenkontrolle zwischen dem Plan und der tatsächlichen Ausführung statt. Handlungen werden auf diese Weise strukturiert und kontrolliert. Bei der Durchführung einer Handlung ist der gewählte Schwierigkeitsgrad zu berücksichtigen. Daneben spielt auch der Umfang der Handlung (Dichte der Handlungselemente) eine entscheidende Rolle für das Gelingen. Durch eine entsprechende Anstrengungsbereitschaft und die Möglichkeit zur Wiederholung kann die Qualität der Durchführung (Güte und Präzision) allmählich bis zur Automatisierung gesteigert werden.

Förderung als Prozess der begleiteten Durchführung hat folgende Aspekte zu berücksichtigen: Sie sollte

- Handlungsstrukturen analysieren und in Angebote und Hilfestellungen überführen
- Kriterien der Durchführung herausstellen bzw. erarbeiten
- individuelle Lösungen bei der Durchführung zulassen
- Korrekturhilfen anbieten
- den individuellen Übungsumfang bei der Durchführung berücksichtigen
- Wiederholungshandlungen anbieten und Üben bewusst ermöglichen

Handlungsergebnis: Die Kontrolle der eigenen Handlung setzt Vorstellungen (innere Repräsentation) des Ergebnisses der Handlung voraus. Die Vorstellung vom Handlungsergebnis wird mit dem aktuellen Ergebnis verglichen.
Jedes Handlungsergebnis unterliegt einer Eigen- und einer Fremdbewertung. Die Bewertung der Handlung steht im unmittelbaren Zusammenhang zur Bedeutungsbeimessung. Als erfolgreich empfundene Handlungen werden eher positiv bewertet als negativ erlebte Handlungsergebnisse.

Die Wahrscheinlichkeit zur wiederholten Auseinandersetzung ist somit abhängig von der subjektiv empfundenen Bewertung der Handlung. Aus der Bewertung ergibt sich die Bedeutung, die ein Individuum einer Handlung beimisst.

Förderung als ergebnisvermittelnder Prozess hat folgende Aspekte zu berücksichtigen: Sie sollte

- Handlungsergebnisse positiv herausstellen
- Eigenbewertungen herausfordern
- Lernen am Modell ermöglichen
- Bewertungsmaßstäbe individualisieren

In einer Übersicht ergibt sich für die Wesensmerkmale von Handlungen folgender innerer Ablauf. Diese Struktur beeinflusst einerseits die grundsätzliche Anlage der Förderung, die sich hiernach auszurichten hat. Aber auch innerhalb einer Fördersequenz kann die Lehrkraft durch die Kenntnis des Handlungsablaufs bestimmte Aspekte herausgreifen und thematisieren bzw. mit den Kindern erarbeiten (z.B. Stärken des Bedeutungsaspektes, Verdeutlichen des Ziels, Verfeinerung des Plans, Aufzeigen der tatsächlichen Anstrengung, Hilfen bei der Strukturierung, Widerspiegelung und positive Verstärkung des geschafften Ergebnisses).

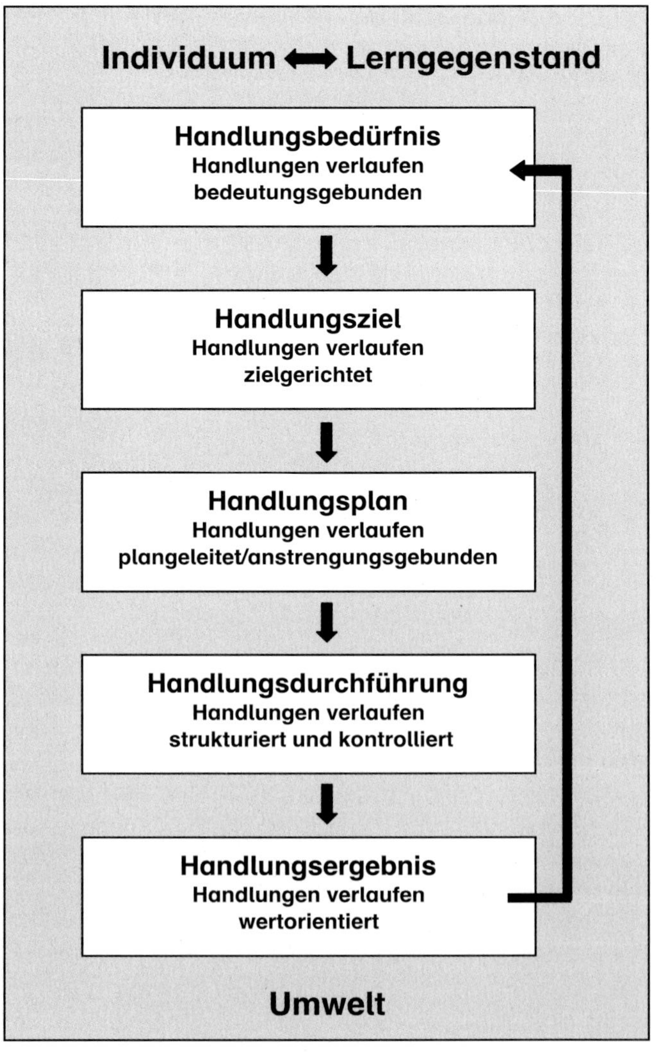

6.2 Didaktik psychomotorischer Förderung

„Hast du gesagt: geh zum Psychiater, oder nicht? Warum auch nicht? Sogar die Kinder brauchen ja inzwischen Psychiater. Weil sie nicht acht Stunden am Tag stillsitzen können, weil ihre Eltern tagelang in die Röhre glotzen und nicht mit ihnen sprechen außer: wasch dich, geh ins Bett, sei nicht so laut. Und wenn die Kinder eines Tages Tobsuchtsanfälle und Heulkrämpfe kriegen, schickt man sie zum Psychiater, oder zum Psychologen, zu irgendeinem, der mit Psy- anfängt. Der stellt die zappelnden Beine schon irgendwie ab und legt den Kopf voller Fragen schon irgendwie lahm."

– Monika Maron –

Vor, während und nach der Durchführung von Psychomotorikstunden sind differenzierte Überlegungen notwendig, um den Anspruch einer gezielten, individuellen, gruppenbezogenen und kindgerechten Bewegungsförderung in die Wirklichkeit umzusetzen. Dazu sind diagnostisch-didaktische Fragestellungen zu berücksichtigen:

- Welchen Lerngegenstand wähle ich aus?
- Wie ist dieser Lerngegenstand strukturiert?
- Welchen Bereich des Lerngegenstands thematisiere ich zuerst (oder was können meine Kinder in Bezug auf den Lerngegenstand)?
- Wie wird die gewählte Fertigkeit richtiger Weise ausgeführt?
- Welche Probleme bei der Ausführung werden die Kinder wahrscheinlich zeigen?

Außerdem müssen die getroffenen Überlegungen in didaktisch-methodische Entscheidungen überführt werden:

- Wie kann ich komplexe Aufbauten erstellen oder erstellen lassen?
- Welche Medien (Geräte) wähle ich für den Lerngegenstand aus?
- In welcher Anordnung baue ich die Medien auf?
- Welche Übungen wähle ich aus und in welcher Reihenfolge biete ich sie an?
- Wie oft soll eine Übung durchgeführt werden?
- Wie kann ich Hilfestellung geben?
- Wann und wo muss ich Sicherheitsstellung einplanen?
- Welche Verpackung (Methode) wähle ich für meinen Lerngegenstand?
- In welche Phasen strukturiere ich die Fördersequenz und mit welchem zeitlichen Anteil pro Phase?
- Was gilt es zu berücksichtigen, wenn ich in der Turnhalle eine Besprechung, Einführung oder Erarbeitung durchführen will?

Über die von uns gewählte Stundenstruktur soll versucht werden aufzuzeigen, wie die einzelnen Fragestellungen in didaktische Entscheidungen überführt werden können. Alle Stunden orientieren sich dabei am gleichen Aufbau:

Diagnostisch-didaktische Analyse

- ▶ **Handlungsstrukturanalyse**
- ▶ **Lern- und Entwicklungsziel**
- ▶ **Bewegungsbeschreibung**
- ▶ **Häufige Probleme**

Didaktisch-methodische Analyse

- ▶ **Mediale Struktur**
- ▶ **Übungsstruktur**
- ▷ **Übungsfolge und Stationsbezug**
- ▷ **Häufigkeit**
- ▶ **Hilfestellung oder Sicherheitsstellung**
- ▶ **Methode**
- ▷ **Symbolspiel**
- ▶ **Ablaufschema**
- ▶ **Nähere Ausführungen zum Stundenablauf**
- ▷ **Freie Phase**
- ▷ **Tickspiel**
- ▷ **Erarbeitung des Handlungsziels an der Makulaturwand**
- ▷ **Reisephase**
- ▷ **Erarbeitung der Fertigkeit/des Parcours**
- ▷ **Arbeit am Lerngegenstand**
- ▷ **Abschlussbesprechung**

Dieser schematische Ablauf der Stundenbilder wird im Folgenden näher erläutert:

Diagnostisch-didaktische Analyse

▶ Handlungsstrukturanalyse

Jeder Einheit ist die entsprechende Handlungsstrukturanalyse vorangestellt. Je komplexer der Lerngegenstand sich darstellt, desto mehr Aspekte in hierarchischer Untergliederung weist auch die Handlungsstrukturanalyse auf.
Ausgehend von den bereits vorgestellten übergreifenden Handlungsstrukturanalysen zur statischen und dynamischen Gesamtkörperkoordination (sich auf einer Fläche halten bzw. sich über eine Fläche bewegen) finden sich Handlungsstrukturanalysen zur

- statischen Gesamtkörperkoordination auf dem Rollbrett, auf der Teppichfliese, beim Schwingen
- dynamischen Gesamtkörperkoordination bei Rotation, Gangarten, Klettern & Steigen, Springen

Diese Analysen sind die Basis aller weiteren Vertiefungen. Aus ihnen werden abgeleitet:

▶ Lern- und Entwicklungsziel

In diesem Buch finden Sie eine Auswahl vorgegebener Lern- und Entwicklungsziele, die für die Altersspanne vier- bis etwa neunjähriger Kinder konzipiert sind. Konkret wäre zu überprüfen, ob diese Auswahl für die Lerngruppe oder für einzelne Kinder auch tatsächlich „passen". Für die Lerngruppe insgesamt ist das sehr wahrscheinlich. Für einzelne Kinder hingegen können Differenzierungsmaßnahmen notwendig sein.

Bevor also ein Lernziel bestimmt wird, sollte also eine Diagnose durchgeführt werden, um das Handlungsniveau der Kinder einzuschätzen. Zu Beginn einer Fördereinheit ist die Kenntnis des Handlungsniveaus der Kinder vergleichsweise gering. So lässt sich nur ein Angebot zum Lerngegenstand bereitstellen, von dem man annimmt, dass es angemessen ist. Dabei kann dann – wie in jeder Stunde aufs Neue – durch Beobachtung und Diagnostik mithilfe des Instruments der Handlungsstrukturanalyse das Bewegungsverhalten aller Kinder näher beschrieben oder fortgeschrieben werden. Durch die Einordnung in die Handlungsstrukturanalyse können die Bereiche sicherer und noch unsicherer Kompetenz unterschieden werden. Die Bereiche unsicherer Kompetenz werden als Förderschwerpunkte herausgegriffen und thematisiert.

Das Lern- und Entwicklungsziel stellt stets einen Ausschnitt des Lerngegenstandes dar. Herausgelöst aus der Handlungsstrukturanalyse repräsentiert es eine bestimmte Auswahl pro Aspekt und eine Kombination der Aspekte untereinander.

Beispiel: Die statische Gesamtkörperkoordination setzt sich zusammen aus den Aspekten „Art der Position" und „Art der Fläche" (s.o.). Ein Ausschnitt aus der Handlungsstrukturanalyse, also ein Lern- und Entwicklungsziel, könnte lauten:
Die Kinder sollen ihre statische Gesamtkörperkoordination
- in der Bauchlage, im Langsitz, im Schneidersitz
- auf unterschiedlichen Flächen[1]

üben und automatisieren.

Damit sind bestimmte Fertigkeiten benannt, die in der geplanten Stunde thematisiert werden sollen. Wie diese Fertigkeiten genau ausgeführt werden sollen, darüber ist in der Handlungsstrukturanalyse nichts ausgesagt. Anweisungen dazu ergeben sich aus der Bewegungsbeschreibung.

▶ Bewegungsbeschreibung

Die Bewegungsbeschreibung stellt dar, wie die Handlung/Bewegung idealtypisch durchgeführt werden soll. Hier werden „Eckpunkte" (Kriterien) der Bewegungsausführung benannt und die Ausführung gegebenenfalls in Sequenzen untergliedert. Sie ist Grundlage für eine kriteriengeleitete Einführung und Erarbeitung der Fertigkeit sowie für die Planung von Hilfestellungen.

Beispiel:
Einbeinstand: Der Körperschwerpunkt wird leicht zur Seite über das tragende Bein verlagert. Das andere Bein wird im Hüftgelenk nur leicht und im Kniegelenk so weit gewinkelt, dass die Fußspitze knapp über dem Boden schwebt (ca. 45°). Die Arme werden ohne Anspannung locker gestreckt seitlich am Körper gehalten.

▶ Häufige Probleme

Hier werden die Fehler oder Abweichungen in der Bewegungsausführung aufgelistet, die „für gewöhnlich" auftreten. Die Beschreibung der häufigen Probleme verdeutlicht so zum einen, wie die korrekte Ausführung auszusehen hätte (Bewegungsbeschreibung) und schärft zum anderen den „diagnostischen Blick".

Didaktisch-methodische Analyse

Nachdem das Handlungsniveau der Kinder ermittelt wurde, diesem ein Lern- und Entwicklungsziel zugeordnet wurde und die ausgewählten Fertigkeiten und häufigen Probleme benannt wurden, beginnen die didaktisch-methodischen Überlegungen.

▶ Mediale Struktur

Jedes Lernziel wird über Medien vermittelt. In der psychomotorischen Förderung sind die Medien in der Regel Geräte. Diese müssen zum Lernziel passend ausgewählt und in eine Anordnung gebracht werden.

In jedem, der hier vorgestellten Stundenbilder, geben wir einen Aufbauplan an, aus dem der Bedarf an Geräten und deren Anordnung entnommen werden kann. Die hier vorgestellten Stundenbilder sind durch komplexe Aufbauten gekennzeichnet, die „idealtypische" Gerätearrangements aufzeigen. Sie können selbstverständlich im Umfang oder in der Auswahl modifiziert werden.

Ferner wird die Reihenfolge der Geräte im Parcours angegeben. Jeder Parcours hat einen Anfang/Start und einen Endpunkt/Ziel sowie in dem Fall geplanter Simultanhandlungen (Transport) einen Punkt, an dem „Materialien" besorgt oder an den sie hingebracht werden sollen.

In der Regel sind die Angebote als Rundparcours gestaltet. Von einem Startpunkt aus werden sie in einer Runde absolviert, dann wird eine neue Runde begonnen. Bezogen auf die Orientierung ist der „gegenläufige Parcours", der durch einen Hinweg und einen Rückweg charakterisiert ist, schwieriger. Hierbei kann ein Parcours mit parallelem von einem mit identischem Hin- und Rückweg unterschieden werden. Bei Letzterem müssen die Kinder organisieren, aneinander vorbeizukommen.

[1] Die nähere Beschreibung der Flächen findet sich dann immer in der Übungsstruktur.

Exkurs: Auf- und Abbau von Geräten

„Diese umfangreichen Aufbauten! Bis die Kinder umgezogen sind, alle Schleifen geknüpft und der letzte Streit geschlichtet ist, ist die Hälfte der Stunde bereits vorbei und das Umziehen nach der Stunde geht auch nicht viel schneller. Wie soll ich da den Auf- und Abbau schaffen? Das geht doch gar nicht!" Zugegeben! Auf- und Abbau ist ein im wahrsten Sinne des Wortes „gewichtiges" Problem, für das es keine Patentlösung gibt. Anspruch und Wirklichkeit, der Wunsch, ein breit gefächertes, variantenreiches Lernangebot anzubieten, und die räumlichen und zeitlichen Bedingungen klaffen manchmal ganz schön auseinander. Die folgenden Ausführungen können und wollen diese Schwierigkeit nicht wegdiskutieren! Dennoch bzw. gerade deshalb einige Anregungen:

Die Lehrkraft kann

- die Geräte vorab alleine oder mithilfe von Kollegen aufstellen. (Das lässt sich nur realisieren, wenn neben der Bereitschaft, zehn bis fünfzehn Minuten vorher anzufangen, auch die Möglichkeit dazu gegeben ist.)
- den Parcours in wesentlichen Teilen aufbauen und von den Kindern zu Beginn der Stunde vervollständigen lassen. (Hier gelten die obigen Anmerkungen; der Zeitaufwand vorab ist geringer.)
- den Parcours gemeinsam mit den Kindern zu Beginn der Stunde aufbauen. (Hier gilt es, das Leistungsvermögen der Kinder zu berücksichtigen. Der Zeitaufwand von ca. 10 Minuten bleibt annähernd bestehen [Besprechung, Aufbau, Kontrolle ...].)
- den Parcours von den Kindern zu Beginn der Stunde aufbauen lassen
- den Parcours nach der Stunde alleine oder mithilfe von Kollegen abbauen
- den Parcours in wesentlichen Teilen von den Kindern am Ende der Stunde abbauen lassen und den Rest alleine übernehmen
- den Parcours gemeinsam mit den Kindern am Ende der Stunde abbauen
- den Parcours von den Kindern am Ende der Stunde abbauen lassen

Jede dieser Möglichkeiten kann sinnvoll sein. Sie unterscheiden sich darin, wie stark sie die Kinder in den Auf- und Abbau einbeziehen. Sollen die Kinder beim Auf- und Abbau von Geräten beteiligt werden, sind die nachfolgenden Kriterien zu berücksichtigen.

▷ Kenntnisse über die Geräte

Die Kinder müssen die einzelnen Geräte kennen. „Kenntnis" beinhaltet entsprechend der Repräsentations-, Abstraktions- und Generalisierungsstruktur:

- Die Kinder haben die Geräte sensomotorisch „erfahren".
- Die Kinder kennen die Bezeichnungen der Geräte bzw. können diese benennen.
- Die Kinder sind in der Lage, bildlich dargestellte Geräte zu erkennen.
- Die Kinder sind in der Lage, symbolisch dargestellte Geräte zu erkennen (Bilder, Piktogramme).
- Die Kinder sind in der Lage, begriffliche Differenzierungen zwischen einzelnen Geräten vorzunehmen (z.B.: Basketball, Handball, Tennisball, Softball ...).
- Die Kinder sind in der Lage, begriffliche Umschreibungen von Geräten zu verstehen und dies durch Zeigen, Holen oder Benennen zu dokumentieren.

▷ Kenntnisse über den Aufbewahrungsort der Geräte

Bezogen auf den Auf- und Abbau kommt hinzu, dass die Kinder wissen müssen, wo sich die Geräte normalerweise befinden, d.h., an welchem Ort sie in der Turnhalle oder dem Geräteraum aufbewahrt werden. Nur dann können sie die Geräte zum Aufbau holen oder nach dem Abbau zurückbringen.

▷ Kenntnisse über den Gerätetransport

Die Kinder müssen wissen, wie die einzelnen Geräte transportiert werden. Dies beinhaltet unter Gesundheits- und Sicherheitsaspekten die Kenntnis über angemessene Hebe- und Tragetechniken, die Anzahl der benötigten Träger sowie den Einsatz von Hilfsmitteln beim Transport (z.B. den Einsatz eines Rollbrettes).

▷ Transport von Geräten durch Kinder

Geräte sind schwer! Der Transport, das Heben von schweren Gegenständen kann zu Überbelastungen, insbesondere der Wirbelsäule, führen. Diese Belastungen sind vermeidbar. Da wir es in unseren Stunden vornehmlich mit jüngeren Kindern zu tun haben, die noch nicht über die körperlichen Kräfte verfügen, die es ihnen erlauben würden, selbst einen kleinen Kasten ohne große Anstrengung zu tragen, ist neben Kooperation eine Anleitung zur angemessenen „Tragetechnik" notwendig. Grundsätzlich gilt:

- Heben mit möglichst geradem Rücken aus den Beinen heraus
- Entlastung schaffen durch den Einsatz von Transporthilfen

Jedes Gerät kann bei nicht sachgemäßem Umgang eine Gefahrenquelle darstellen. Der Umgang mit dem Gerät, sein Auf- und Abbau, Verhaltensweisen bei seinem Gebrauch und mögliche Gefahrenquellen sind je nach Erfahrungshorizont der Kinder zu verdeutlichen und entsprechend zu thematisieren.

Hilfreich kann die Bildung von so genannten „Bauteams“ sein. Diese bestehen aus vier oder mehr Kindern, die zusammen für den Aufbau eines oder mehrerer Geräte verantwortlich sind. Ferner kann eine Kooperation der Teams vorgeschlagen werden.

Auch hier hat sich der Einsatz von Symbolspielhandlungen (z.B. „Ihr seid jetzt die Bauarbeiter!“) bewährt. Es kann hilfreich sein, den Teams Farben zuzuordnen. Dabei sollten die Kinder und die entsprechenden Aufbaustätten bzw. deren Darstellung im Plan in diesen Farben gekennzeichnet werden.

- Kleiner Kasten

Kleine Kästen sollten immer von zwei Kindern getragen werden. Achten Sie darauf, dass diese den Kasten an den ausgeschnittenen Griffmöglichkeiten tragen. Bei diesen etwa 10 – 15 Kilogramm schweren Kästen besteht besonders für jüngere Kinder die Gefahr einer nicht unerheblichen Überbelastung.

- Sprungbrett

Ein Sprungbrett wiegt immerhin ca. 18 Kilogramm und ist zudem sperrig. Drei bis vier Kinder sollten mindestens zum Tragen eingesetzt werden. Das Gerät sollte dabei in waagerechter Position getragen werden.

- Großer Kasten

Es gibt verschiedene Systeme, die das Umstellen von einem gesicherten zu einem fahrbaren Kasten lösen. Die meisten Systeme sind von den Kindern nicht alleine zu bewältigen (z.B. den ganzen Kasten hochheben und kippen). Deshalb ist es zumeist notwendig, dass der Kasten von der Lehrkraft fahrbar gemacht und das Aufstellen von ihr begleitet wird. Vier Kinder sind in der Regel ausreichend, einen Kasten zu schieben. Die gleiche Anzahl genügt, um einen Kasten zu zerlegen (vier Kinder für einen Kastendeckel, zwei für einen Kastenteil, der jeweils an beiden Enden angefasst wird. Ein Kastenteil wiegt ca. 10 Kilogramm, der „Deckel“ ca. 22 Kilogramm). Viele Kastenteile haben sich verzogen und lassen sich nur schwer auseinander und wieder zusammenbauen!

- Mattenwagen und Turnmatten

Der Mattenwagen besitzt für die Kinder i.d.R. eine große Anziehungskraft. Sie lieben es, auf dem Wagen gefahren zu werden oder selbst andere Kinder durch die Halle zu schieben. Er stellt aber eine nicht zu unterschätzende Gefahrenquelle dar. Ob die Lehrkraft es grundsätzlich verbietet, dass Kinder auf dem Wagen mitfahren, oder ob sie die ganze Gruppe zum Abschluss selbst in den Geräteraum schiebt, sie wird um eine genaue Absprache zu diesem Punkt nicht herumkommen.
Für Turnmatten (je nach Ausführung bis zu ca. 12 Kilogramm schwer) braucht die Lehrkraft je nach Art und Gewicht vier bis acht Kinder. Zwei Kinder sollten beim Auf- und Abladen der Matten den Mattenwagen sichernd festhalten.

- Saltomatte/Weichboden

Saltomatten bzw. Weichböden (ca. 25 – 30 Kilogramm schwer) üben einen ungemeinen Reiz auf Kinder aus. Sich in die Matte zu schmeißen, darauf mit anderen Kindern zu balgen oder herumzuspringen bereitet viel Spaß. Das kann einem schnellen Aufbau mächtig im Wege stehen. Versuchen Sie, den Spaß in den Aufbau einzubinden. Der Transport der Matte kann durch „Überschlagen“, d.h. durch gemeinsames Aufstellen der Matte und gemeinsames Umfallen (Kinder fallen auf die Matte), erfolgen. Ferner können die Kinder die Matte durch die Halle schieben oder aus dem Anlauf auf die Matte springen und diese dadurch durch die Halle rutschen lassen.

- Langbank

Eine Langbank (ca. 33 Kilogramm schwer; alte Exemplare können bis zu 45 Kilogramm wiegen) sollte von mindestens vier Kindern getragen werden, die das Gerät möglichst an den Enden fassen. Beim Umlegen von Bänken auf die Seite oder auf den Kopf besteht die Gefahr, dass die Bank den Kindern auf die Füße fällt. Deshalb gilt für diese Operation: „Alle Kinder auf eine Seite!“

- Hilfsmittel: Rollbrett

Bänke, Weichböden etc. sind schwer. Eine Langbank, ein kleiner Kasten, ein Sprungbrett o.Ä. auf ein oder zwei Rollbretter gestellt, lässt sich schnell und ohne großen Kraftaufwand an die gewünschte Stelle transportieren (je öfter, desto geübter und schneller geht es). Auch Kinder können das Rollbrett als Hilfsmittel zum Auf- und Abbau nutzen. Wichtig ist, dass die Kinder bereits mit Rollbrettern umgegangen sind, da ansonsten die „Funktionslust“ dominieren dürfte. Eine gestuft aufgebaute Anleitung, das Abmachen von Regeln und Übung im Umgang mit dem Brett als Aufbauhilfe muss i.d.R. vorausgehen, damit sich die Parcours schnell und sicher aufbauen lassen. Eigens hierfür konzipierte Stundenbilder, in denen die Kindergruppen das Rollbrett zum Transport nutzen und damit experimentieren, können hierbei hilfreich sein.

▷ **Räumliche Anordung der Geräte**

Die Parcours unterscheiden sich durch die Art und die Anzahl der Geräte. So gibt es Aufbauten, die nur aus einem Gerät bestehen (z.B. einer Kletterstange, Schaukelringen oder einer Gitterleiter) und andere, die aus Kombinationen von zwei oder mehr Geräten zusammengestellt sind (z.B. einem großen Kasten und einer Saltomatte).
Die geplanten Geräte werden in einer durchdachten räumlichen Anordnung zueinander aufgestellt.

- Einsatz von Aufbauplänen

Die Arbeit mit Aufbauplänen kann das Erstellen von aufwendigen Gerätearrangements erheblich erleichtern. Voraussetzung ist, dass die Kinder mit diesen Plänen umgehen können. Folgendes ist dabei zu beachten: Auch die Aufbaupläne unterscheiden sich im Abstraktionsgrad. Ein Foto eines kleinen Kastens, ein maßstabsgerechtes Modell, eine perspektivische Zeichnung, eine Zeichnung, die nur eine Seitenansicht liefert, ein Piktogramm und eine Zeichnung, die den Kasten aus der Vogelperspektive darstellt, unterscheiden sich erheblich in ihrem Anforderungsgehalt. Alle diese Abbildungen stellen einen kleinen Kasten dar, jedoch in ansteigenden Stufen der Abstraktion. Ein Einsatz von Aufbauplänen ist somit auch immer eine Förderung der Abstraktionsleistung der Kinder.

Dabei haben wir bisher nur den Aspekt des Gegenstandes betrachtet. Die Gegenstände stehen aber zudem untereinander in Beziehung und in Beziehung zum Raum. Diese angesprochenen Abstraktionsgrade gilt es nach und nach zu entwickeln, wobei auf dem jeweiligen Niveau der Kinder angesetzt werden muss. Die erste Abstraktion stellt die Halle selbst mit ihrer Raumwirkung dar.

Ein Spiel, das die Kinder mit der Sporthalle und ihren Geräten vertraut macht, ist das bekannte „Der Halle Guten Tag sagen". Zuerst gilt es, einen Treffpunkt festzulegen, der auch für alle späteren Besprechungen als Ausgangs- und Sammelpunkt dienen soll. Hier wird das Spiel benannt und die Kinder werden aufgefordert, „blitzschnell" dem Tor, einer Langbank, der Heizung, dem Geräteraum ... Guten Tag zu sagen (auch Materialien, Farben etc. lassen sich mit diesem Spiel gut erfahren).

Fotos von Geräten können Kindern, die sich auf diesem Abstraktionsniveau befinden, helfen, den Gegenstand sowohl zu erkennen, zu finden und zu benennen als auch aufzubauen.

Der nächste Schritt könnte darin bestehen, den konkreten Raum auf ein Modell zu beziehen.
Geeignet ist beispielsweise ein Holzbrett, das die Form der Halle sowie des Geräteraums wiedergibt und auf dem die wichtigsten Linien eingezeichnet sind. Nun kann das obige Spiel so durchgeführt werden, dass jeweils auf Punkte des Modells gezeigt wird, die im Raum aufgesucht werden sollen. Auf diesem Hallenmodell lassen sich kleine Holzmodelle der Geräte platzieren. Sein Geräteraum und seine Halle werden nun mit den aktuell benötigten Geräten bestückt. Aufbauten lassen sich so anschaulich nach und nach im Modell erstellen.

Hierfür geeignet sind Gummiplatten für die Matten, Holzklötzchen für die kleinen und großen Kästen, Holzstäbe für die Langbänke etc. Das erfordert am Anfang einigen Aufwand, wenn man beispielsweise die Kästen noch mit Leder beklebt, andererseits sind diese Modelle unverwüstlich und entsprechend lange einsetzbar. Der Holzstab, der die Langbank darstellt, sollte auf der einen Seite einen mittig durchgehenden Strich erhalten, sodass wir auch eine umgedrehte Bank darstellen können.

Achten Sie grundsätzlich darauf, dass das Modell zunächst genauso ausgerichtet wird wie die wirkliche Halle, damit die Kinder nicht „umdenken" müssen. Die Präsentation ist an der „Stirnseite" der Halle einfacher als an der Längsseite und daher sollte die „Stirnseite" durchgängig als Treffpunkt genutzt werden.

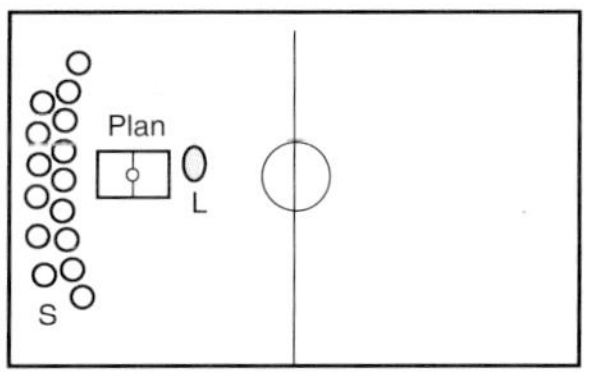

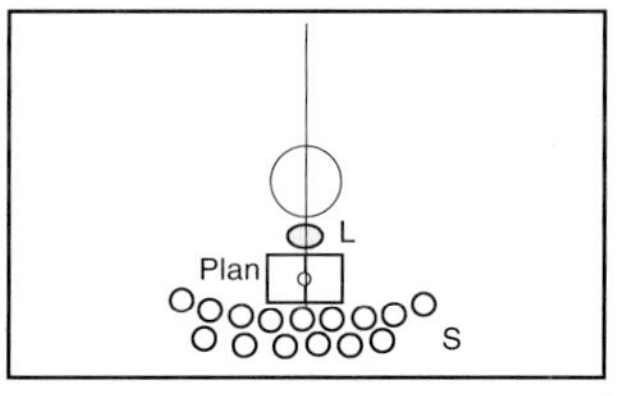

Anstelle der Holzmodelle können auch auf einem mit Teppichboden beklebtem Holzbrett, welches wiederum die Halle repräsentiert, gezeichnete Geräte (auf Pappe geklebt und ausgeschnitten) gelegt oder, wenn diese auf der Rückseite mit Kreppband versehen sind, geheftet werden. Hierbei handelt es sich aber bereits um zweidimensionale Modelle.

Alle weiteren Möglichkeiten sind Zeichnungen, die sich in ihrem Abstraktionsgrad (z.B. perspektivisch, als Piktogramm oder in der Draufsicht), aber auch in ihrer Komplexität unterscheiden.

Eine mögliche Darstellung der Geräteauswahl könnte so aussehen:

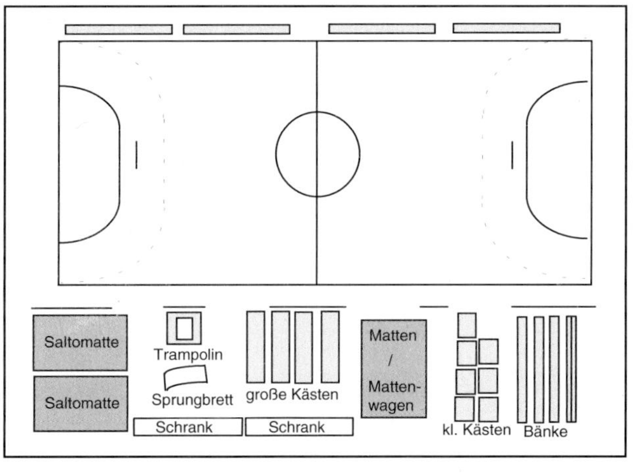

Unter dem Stichwort „Komplexität" sei hier ein weiterer grundsätzlicher Gesichtspunkt kurz angerissen.

Der Aufbau auf der nachfolgenden Abbildung (siehe S. 38) weist links einen geringeren Komplexitätsgrad auf. In der rechten Abbildung sieht man neben Langbank und kleinem Kasten zusätzlich den großen Kasten und eine Saltomatte.

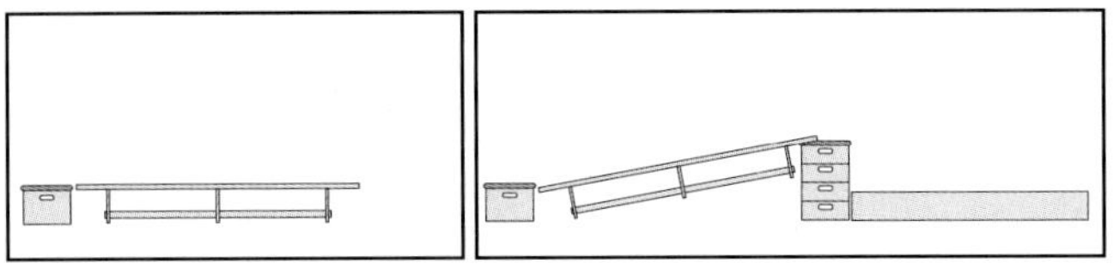

Komplexe Aufbauten sollten erst nach und nach auf dem Holzmodell oder der Zeichnung dargestellt werden. Auf der Modellebene kann auch eine Handlung, wie etwa „eine Langbank an eine vorgesehene Stelle transportieren", gezeigt werden. Die Kinder haben folglich die Möglichkeit, den Transport des Gerätes im Modell zu beobachten und anschließend selbstständig zu leisten.

Haben Sie spezielle Pläne für jedes einzelne Team vorgesehen, ist es wichtig, dass die Relation zum Gesamtaufbau bzw. zur Halle im Plan berücksichtigt wurde. Sonst kann es passieren, dass ein Aufbau innerhalb eines Parcours plötzlich verkehrt herum steht.
Die Arbeit mit Plänen erleichtert den Förderprozess erheblich und macht zudem vielen Kindern Spaß. Sie fühlen sich wichtig und verantwortlich für ihren Aufbau und das Gelingen der Stunde.

Erst wenn alle Kinder mündliche Anweisungen ohne Probleme umsetzen können, sind Aufbaumodelle bzw. -pläne überflüssig, da die Lerngruppe anscheinend über ein ausreichendes Maß an sprachlich-intellektueller Abstraktion verfügt.

Exkurs: Knotenkunde

Beim Auf- und Abbau müssen einige Geräte mit (Spring-)Seilen gesichert werden. Die Knoten sollen einerseits sicher sein und andererseits sollen sie beim Abbau schnell wieder gelöst werden können. Als „Turnhallenknoten" kommen im Wesentlichen der Webeleinstek, der Kreuzknoten und der Pahlstek infrage. Wir beschränken uns hier auf den Webeleinstek, der ein sicheres Befestigen sehr gut gewährleistet. In den Aufbauplänen finden sich viele Beispiele, in denen auf das Befestigen und Sichern von Geräten hingewiesen wird. In allen Fällen kann der Webeleinstek angewandt werden.

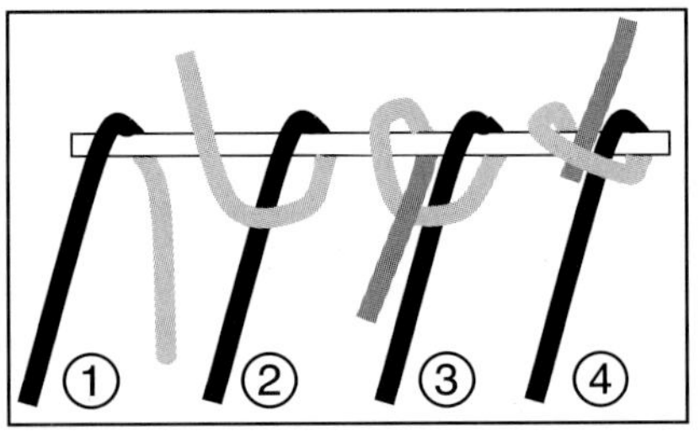

Beim Stecken des Knotens unterscheiden wir zwischen Haltehand und Aktionshand. Hier gehen wir davon aus, dass ein Rechtshänder arbeitet. Folglich ist seine linke Hand die Haltehand und seine rechte Hand die Aktionshand. Der Knoten selbst kann auf verschiedene Arten gesteckt werden. Zur Vereinfachung sollte die vorgeschlagene Variante eingeübt werden:

1. Die Haltehand hält das längere Ende des Seils (schwarz dargestellter Bereich). Das kürzere Ende des Seils (grau dargestellter Bereich) wird von der Aktionshand über die Stange o.Ä. gelegt und losgelassen.
2. Die Aktionshand ergreift nun das kürzere Ende unterhalb der Stange und führt es diagonal nach links, wiederum über die Stange.
3. In das links vom Seilende der Haltehand entstandene „Auge" wird das kürzere Ende des Seils „von hinten", unterhalb der Stange durchgeführt.
4. Zieht die Aktionshand nun das kürzere Ende des Seils nach oben, muss bei dieser Ausführung eine diagonale Querung von rechts unten nach links oben sichtbar werden, die über dem Seilende der Haltehand und dem der Aktionshand liegt.
5. Zur abschließenden Sicherung wird der Vorgang noch einmal wiederholt. So kann sich der Knoten nicht von selbst lösen. Dies ist aus Sicherheitsgründen unbedingt notwendig.

▶ Übungsstruktur

▷ Übungsfolge und Stationsbezug

Lernziele stellen einen bestimmten Ausschnitt aus einem Aspekt der Handlungsstrukturanalyse und der Kombination der Aspekte untereinander dar. Wie ausgeführt, wird jedes Lernziel dabei über Medien vermittelt. Mit anderen Worten: An den Geräten oder Gerätzusammenstellungen (Stationen) wird ein ausgewählter Ausschnitt des Lerngegenstandes geübt.

In den Stundenbildern ist für jede Station der exakte Ausschnitt aus der Handlungsstrukturanalyse und damit die Übung angegeben.

▷ Häufigkeit

Hier ist angegeben, wie oft der Parcours durchlaufen werden soll.

▶ Hilfestellung oder Sicherheitsstellung

Jede Lehrkraft ist für die Sicherheit der von ihr organisierten und bereitgestellten Lernangebote verantwortlich! Alle Überlegungen zu den Aufbauten, zur Hilfe- und zur Sicherheitsstellung beruhen immer auf:

- der Einschätzung der eigenen Handlungsmöglichkeiten: Was habe ich im Blick? Wie schnell bin ich am möglichen Gefahrenpunkt? Wie ist meine Kompetenz im Bereich der Hilfestellung? Wen kann ich rein körperlich beim Fallen noch halten und wen nicht?

- der Einschätzung der Gruppe: Wie verhalten sich die Kinder, das einzelne Kind? (Sind sie eher vorsichtig oder eher selbstüberschätzend? Lassen sie einander gewähren oder kommt es zu Schubsereien etc.?)

Diese Einschätzung kann aber immer nur individuell vorgenommen werden. Wenn Ihnen bestimmte Vorschläge also zu unsicher sind, so sichern Sie sich entsprechend ab, indem Sie zusätzliche Matten aufbauen oder aufbauen lassen, bestimmte Angebote weglassen oder modifizieren usw. Hinsichtlich des Aspektes „Sicherheit" lassen sich unterscheiden:
- Hilfestellung
- Sicherheitsstellung
- freie Auseinandersetzung

Ziel der Förderung ist eine freie, selbstbestimmte Auseinandersetzung auf der Basis einer angemessenen Selbsteinschätzung der eigenen Kenntnisse, Fähigkeiten und Fertigkeiten und einer Bereitschaft zur individuellen „Weiterentwicklung" dieser Einschätzungsfähigkeit in Zusammenarbeit mit anderen.

Beobachtet man Kinder im freien Spiel etwa auf einem Spielplatz, dann „arbeiten" sie genau so, d.h., sie wählen, strukturieren und modifizieren ihr „Lernen" selbst. Was bedeutet das nun für die Reihung: Hilfestellung, Sicherheitsstellung, freie Auseinandersetzung?

- **Hilfestellung** nur dort anbieten, wo sie eingefordert wird oder wo Sie erkennen, dass die Lösungsansätze der Kinder nicht zu einer erfolgreichen (und sicheren) Bewältigung der Aufgabe führen.

Voraussetzung für das Leisten einer Hilfestellung ist die Kenntnis des „richtigen" Bewegungsablaufes. Dieser ergibt sich aus der Bewegungsbeschreibung. Die Hilfestellung selbst sollte immer so dosiert sein, dass nur der gerade benötigte Teil an Hilfe gegeben wird. Hilfestellung besteht nicht (immer) in einer Handreichung oder gar im „Über-das-Hindernis-Tragen". Die eigene Bewältigung ist ungleich größer, wenn die Hilfe die Wesensmerkmale „Planung" und „Strukturierung" der Handlung thematisiert und das Kind dadurch zu einer eigenen Bewältigungsform findet. Also: nicht unbedingt „gehen mit personalisierter Unterstützung", sondern vielleicht „selbstständig in Bauchlage über die Bank ziehen" oder „im Sitzrutschen" an das andere Ende der Bank gelangen (z.B. angeregt durch ein Modell der Handlung oder sprachliche Lösungshinweise). In einem zweiten Schritt kann auf der Basis einer solchen Lösung eine Erweiterung der Handlungskompetenz thematisiert werden.

- **Sicherheitsstellung** überall dort anbieten, wo eine Gefährdung mittelbar gegeben ist.

Jeder kann von einem kleinen Kasten fallen und sich den Arm brechen. Die Wahrscheinlichkeit ist eher gering. Auch beim Gehen über eine in deutlicher Höhe zwischen zwei Kästen eingehängte Langbank wird kaum ein Kind herunterfallen. Wenn es allerdings fällt, dürfte das Verletzungsrisiko ungleich größer sein. Hier könnte also eine Sicherheitsstellung angezeigt sein. Neben der Einschätzung des allgemeinen Handlungsniveaus der Kinder, das zur Auswahl der Höhe führte, ist hier ebenso das Verhalten der Kinder, insbesondere gefährliche Verhaltensweisen wie Drängeln oder Schubsen, zu berücksichtigen.

Arbeitet man alleine, wird pro Stunde nur eine Station realisierbar sein, die Sicherheitsstellung erfordert. Muss die Lehrkraft ihre Position im Verlauf der Stunde verlassen, ist zu gewährleisten, dass die Kinder diese allein und sicher bewältigen können. Das bedeutet: Die Kinder sind motorisch „fit" und halten sich an die Regel: „Immer nur ein Kind auf dem Gerät". Andernfalls muss die Lehrkraft das Angebot kurzfristig sperren (durch das Verkehrsschild „Einfahrt verboten", ein Hütchen o.Ä.).

Eine Absicherung durch Matten ist überall dort angebracht, wo die Kinder von Geräten abspringen oder herunterlaufen, und dort, wo Teile von Geräten (z.B. das Eisengestell eines fahrbaren Barrens oder Schwebebalkens) abgedeckt werden müssen. Allgemein erfordert eine Höhe ab 50 Zentimetern eine Mattenabsicherung.

Beispiele: Haben wir eine Langbank schräg in eine Sprossenwand eingehängt und besteht die Aufgabe im Rahmen des Parcours darin, die Bank hinaufzuklettern und an der Sprossenwand hinunterzuklettern, so halten wir einen Mattenaufbau nicht für erforderlich.
Eine Mattenabsicherung vor der Langbank ist eher dann angezeigt, wenn die Aufgabe genau andersherum formuliert ist (die Sprossenwand hinauf-, die Bank hinunterklettern). Vor der Sprossenwand bräuchte nicht unbedingt eine Matte platziert werden, da die Aufgabe „hinabklettern" und nicht „herunterspringen" lautet und die Kinder durch eine Matte in der Regel genau dazu verführt werden.
Neben oder unter der Bank bräuchten ebenfalls keine Matten zu liegen, da hier ein Abstürzen wenig wahrscheinlich ist und die Kinder zu einer der Situation angemessenen Bewältigungsform (nicht abstürzen = sich in die Matten fallen lassen) angeregt werden sollen.

Werden hier aus einem individuellen Sicherheitsbedürfnis heraus dennoch Matten platziert, so sollten links und rechts der Bank Matten liegen und nicht eine einzelne unter der Bank beide Seiten „abdekken". Hier fallen die Kinder genau auf die Kante der Matte und knicken womöglich mit dem Fuß um.

▶ **Methode**
Die zentrale Methode im Rahmen psychomotorischer Förderung ist das Spiel.

Exkurs: Spiel als methodisches Modell

Das spielbezogene Prinzip begründet sich in erster Linie aus dem Entwicklungsniveau der Zielgruppe. Spielhandlungen erscheinen im Vor- und Grundschulalter als dominierende Aneignungsform in der Auseinandersetzung mit der materialen und sozialen Umwelt.

Die Spieltätigkeit unterliegt folgendem Aufbau:[1]

Funktionsspiel	Symbolspiel	Regelspiel
		allgemeines Regelspiel
	soziales Symbolspiel	soziales Regelspiel
	kollektives Symbolspiel	individuelles Regelspiel
symbolisches Funktionsspiel	individuelles Symbolspiel	imitatives Regelspiel
gegenständliches Funktionsspiel	imitatives Symbolspiel	
manipulatives Funktionsspiel		

Das kindliche Spiel unterliegt einem gegliederten Entwicklungsaufbau, in dessen Verlauf sich folgende Handlungen ausbilden:

- gegenständliche Handlungen
- personale und soziale Handlungen
- regelgeleitete Handlungen

Das kindliche Spiel verläuft in der Hauptsache über die Nachahmung von Tätigkeiten aus der „Erwachsenen-Welt".

Beim **Funktionsspiel** steht die wiederholte und zielgerichtete Auseinandersetzung (Übung) mit einem oder mehreren Objekten im Vordergrund. Während die ersten Spielformen noch durch manipulative Funktionslust (z.B. einen Löffel wegwerfen) bestimmt werden, steht beim gegenständlichen Funktionsspiel der gesellschaftlich definierte Funktions- und Gebrauchswert eines Gegenstandes (z.B. das Füttern der Puppe mit einem Löffel) im Vordergrund. Erst mit zunehmendem Abstraktionsgrad und symbolischer Überhöhung gelingt das Umdeuten von Gegenständen (z.B. wird der Löffel zum Flugzeug umgedeutet).

Beim **Symbolspiel** werden gegenständliche und soziale Handlungen aus der Außen- und Phantasiewelt vorstellungsmäßig nachgeahmt. Über die unmittelbare Imitation hinaus werden die erlebten Handlungen aus der Erinnerung heraus als individuelles Symbolspiel erprobt. Beispielsweise hat ein Kind die Eltern beim Abwasch beobachtet und imitiert nun in der Puppenstube die erlebten Handlungen.
Aus dem selbsttätigen Spiel entwickeln sich zunehmend kooperative Formen, in denen zunächst durch enge Rollenübernahme kaum soziale Interaktionen entstehen. Diese werden erst auf der Ebene des sozialen Symbolspiels geleistet und zunehmend durch sprachliche Anteile ergänzt bzw. ersetzt.

Das **Regelspiel** wird zunächst auch durch Nachahmungshandlungen bestimmt. Erst danach werden die Spielhandlungen durch symbolbezogene (z.B. bei „kleinen Sportspielen") oder abstrakte Regeln (z.B. bei „großen Sportspielen") gesteuert. Das Spiel ist nunmehr auf ein bestimmtes Ergebnis ausgerichtet. Ziel ist die soziale Be(s)tätigung.

Die Übergänge zwischen den zunehmend komplexer werdenden Spielformen sind fließend, wobei über die fortschreitende Beherrschung die gekonnte Handlung zum eigentlichen Ziel der spielerischen Auseinandersetzung wird.

Für die psychomotorische Förderung besitzt der Entwicklungsaufbau des kindlichen Spiels eine zentrale Rolle. Einerseits gilt es, diese Entwicklungsstruktur im Sinne des diagnostisch-didaktischen Vorgehens zu nutzen. Kinder zeigen uns durch ihr Spielverhalten, auf welcher Ebene sie sich mit ihrer gegenständlichen und sozialen Umwelt auseinander setzen wollen und können.

Andererseits gilt es, die Spieltheorie im Sinne einer didaktisch-methodischen Struktur zu nutzen. So kann jeder Lerngegenstand auf allen Spielniveaus erfahren werden. Die Schulung der statischen Gesamtkörperkoordination kann mithilfe des Rollbretts beispielsweise auf der Ebene des Funktionsspiels (manipulativ oder funktionsbezogen), auf der Ebene des Symbolspiels (als „Auto im Straßenverkehr") oder auf der Ebene des Regelspieles (wie z.B. beim „Rollbretthandball") erfahren werden.
Die Fördereinheit ist in ihrem Aufbau auf die Struktur der Spieltätigkeit ausgerichtet.

Spiel als methodisches Prinzip ermöglicht am Anfang einer Förderstunde immer den freien Zugang

[1] vgl. J. Piaget 1975, S.119 ff.

zum Material. In dieser Phase erhält das Kind den nötigen Freiraum neue Materialien auszuprobieren. Im Sinne des Funktionsspiels können die Medien bewusst nicht nur funktionsbezogen, sondern durchaus auch manipulativ erprobt werden. Durch die Phase der freien Erprobung hat das Kind bereits eine Vorstellung von dem Material und seiner Funktionsweise erhalten.
Den Kern einer Fördersequenz bildet jedoch die Rahmenhandlung. Mithilfe der Rahmenhandlung können die Kinder ihre mittelbar (über Fernsehen etc.) oder unmittelbar erfahrene Alltagswirklichkeit nachspielen. Die Turnbank ist nicht nur ein Turngerät, das überwunden werden muss, sondern vielmehr eine Brücke über einen Fluss, den es zu überwinden gilt. Kinder sind fasziniert von der Spielwirklichkeit ihres eigenen Handels, der Bedeutungsgehalt der Zielhandlung erhöht sich und die sozialen Interaktionen nehmen zu. Eigene Hemmnisse, wie z.B. ein übergreifendes Angstverhalten, reduzieren sich durch den gewonnenen Bedeutungscharakter merklich.
Sind die Kinder in der Lage soziale Symbolspiele kreativ auszugestalten, sollten gerade auch in der psychomotorischen Förderung regelgeleitete Anteile hinzugefügt werden.

▷ **Symbolspiel**
Aufgrund der Altersstruktur der Lerngruppe stellt das Symbolspiel die dominierende Spielform dar. Aus diesem Grund ist die überwiegende Anzahl der Stundenbilder als Symbolspiel konzipiert.

▶ **Ablaufschema**
In diesem Schema werden die Phasen der Stunde und ihr zeitlicher Anteil aufgelistet. Hierbei wird von einer Fördereinheit von 45 Minuten ausgegangen.

▶ **Nähere Ausführungen zum Stundenablauf**
Die Ausführungen können sich auf die folgenden Aspekte beziehen:

▷ **Freie Phase**
In der so genannten freien Phase, die hauptsächlich zu Stundenbeginn einzuplanen ist, erhalten die Kinder Gelegenheit, sich mit dem vorhandenen Aufbau (Lerngegenstand) auseinander zu setzen.
Sie können
- ihren Bewegungsdrang ausleben
- sich eine Orientierungsgrundlage über den Hallenaufbau verschaffen
- das Tempo und die Art der Auseinandersetzung selbst bestimmen
- Bedeutung für sich selbst entwickeln
- Ziele bestimmen
- eigene Handlungspläne aktivieren, entwickeln, strukturieren und umsetzen
- Spaß und Freude alleine oder mit anderen Kindern zusammen erleben
- sich auf Funktions-, Symbol- oder Regelspielniveau mit dem Lerngegenstand auseinander setzen

In dieser Phase kann die Lehrkraft
- beobachten und mithilfe der Handlungsstrukturanalyse diagnostizieren
- durch Mittun anregen, Spaß vermitteln, Fertigkeiten oder Abläufe an Geräten demonstrieren, zur Auseinandersetzung anregen
- Hilfe- oder Sicherheitsstellung leisten
- gegebenenfalls den Aufbau allein oder mit einzelnen Kindern vervollständigen

Falls die vollen 45 Minuten für die Förderung genutzt werden können, hat sich ein Zeitintervall von ca. 10 Minuten als sinnvoll herausgestellt.

▷ **Tickspiel**
Die Tickspiele verlaufen der Form nach wie das „Steh-Bock-Lauf-Bock-Spiel“:
Ein (oder mehrere) Fänger, der während des gesamten Spiels diese Rolle behält, versucht die anderen Kinder zu „ticken“. Die „getickten“ Mitspieler haben dann eine bestimmte, vorher verabredete Position einzunehmen oder eine Handlung durchzuführen. Die anderen Schüler haben die Aufgabe, diese „getickten“ Mitspieler wieder in einer bestimmten, ebenfalls vorab vereinbarten Art zu „befreien“.

Einige Beispiele:
- U-Boot-Tick

Wer getickt wurde, sackt auf der Stelle unter dem Ausruf: „Gluck, gluck, gluck!“ langsam in sich zusammen (geht in den Schneidersitz). Der „Befreier“ zieht das „U-Boot“ an beiden Händen fassend wieder aus dem Wasser.

- Eisschrank-Tick

Wer getickt wurde, bleibt wie erfroren auf der Stelle stehen. Die „Befreier“ drücken die „Auftautaste“ (rechten oder linken Fuß) mit der Hand und geben das Kommando: „Auftauen!“

- Storchen-Tick

Wer getickt wurde, bleibt auf einem Bein stehen und hält beide Arme gestreckt vor den Körper, als „offenen Schnabel“. Die „Befreier“ klappen den „Schnabel“ zu, indem sie die Arme des „Gefangenen“ zusammenschieben.

- Handstand-an-der-Wand-Tick

Wer getickt wurde, sucht sich ein Stück Hallenwand und geht dort in die Hocke (Blickrichtung zur Hallenmitte). Er setzt die Hände auf den Boden und „wandert“ mit den Füßen an der Wand empor, bis zum „Handstand“, wobei die Hände in der Regel ein kleines Stück in Richtung Wand versetzt werden müssen. (Wichtig: keine Hohlkreuzbildung!). Der „Befreier“ kriecht durch das durch den Handstand gebildete Dreieck zwischen Wand und Kind.

- Ich-kann-nicht-mehr-Tick

Wer getickt wurde, lässt sich auf den Boden fallen und ruft: „Ich kann nicht mehr!". Er streckt die Beine und die Arme in die Luft. Der „Befreier" ergreift die Füße, zieht diese zum Boden und ruft: „Weiter!".

▷ **Erarbeitung des Handlungsziels an der Makulaturwand**

Jeder eigentlichen Einführung, Erarbeitung oder Demonstration geht eine Phase voraus, in der die organisatorischen Voraussetzungen für diese Arbeit geschaffen werden müssen.

- Organisation der Zusammenkunft

Zuerst muss gewährleistet werden, dass sich die Kinder und die Lehrkraft in der Halle an einem bestimmten Punkt treffen. Das hier die Stirnseite der Halle aus bestimmten Gründen gut geeignet ist, wurde schon im Exkurs „Arbeiten mit Aufbauplänen" ausgeführt. Sinnvoll ist es, sich immer an der gleichen Stelle zu treffen und das Treffen mit dem gleichen Signal einzuleiten. Dieses kann aus einem Tonsignal, einem Handzeichen oder einer Ansage, wie: „Wir treffen uns!", bestehen.

- Organisation der Formation am Treffpunkt

Am Treffpunkt muss organisiert werden worauf, wie und neben wem man sitzt.
Sitzmöglichkeiten sind: auf einer oder zwei Langbänken, auf zwei zum V gestellten Langbänken, dessen offene Seite zur Hallenwand (Makulaturwand, Tafel etc.) zeigt, auf einer Linie am Boden, auf Teppichfliesen etc. In jedem Fall sollten alle Kinder über ausreichend Platz verfügen, da sonst im wahrsten Sinne des Wortes „Reibereien" vorprogrammiert sind. (Die Ausrichtung der Kinder zur Lehrkraft bei der Verwendung von Aufbauplänen oder der Makulaturwand wurde bereits angesprochen.)

- Organisation angemessener Sitzformen

Aber auch über die Art des Sitzens sollte man sich vorab Gedanken machen. Welche Sitzposition sollen die Kinder einnehmen? Der Kniesitz und der Zwischenfersensitz sind wenig kniefreundliche Positionen. Der Schneidersitz dagegen ist unbedenklich. Ferner ist zu bedenken, welche Ausprägung einer Sitzart noch als angemessen empfunden wird und welche nicht.

- Berücksichtigen von Beziehungsaspekten

Gegebenenfalls müssen die Beziehungsaspekte der Kinder untereinander berücksichtigt werden.
Tim kann nicht neben Kevin sitzen oder Lena und Sarah hatten in der Pause Streit, der noch nicht ausgeräumt ist. Diese Kinder werden von der Lehrkraft während der Besprechungsphase nicht erreicht, womöglich ziehen sie andere Kinder mit in ihren Konflikt hinein. Die Lehrkraft wird in ihrer Erarbeitung immer wieder unterbrochen, da sie gezwungen ist konfliktlösend oder konfliktunterdrückend einzugreifen. Solche Situationen sollte sie versuchen zu vermeiden und durch entsprechende Sitzordnung, durch die Klärung oder „Vertagung" des Konfliktes die Aufmerksamkeitsbereitschaft herstellen. Erst nachdem diese Faktoren bedacht worden sind, kann die eigentliche Einführung oder Erarbeitung beginnen. Wichtig werden jetzt die Gesprächsregeln.

- Organisation von Gesprächsregeln

Jede Besprechung, Erarbeitung, Einführung benötigt Regeln, wer wann und wie etwas zum Thema beitragen kann. Will die Lehrkraft, dass sich die Kinder frei assoziativ äußern, etwa beim Erraten eines von ihr sukzessive gezeichneten Bildes, dann gilt eben dieses als Gesprächsregel: Jeder darf sich frei äußern (ohne stakkatoartige Wiederholungen seines Beitrags, in angemessener Lautstärke und mit thematischem Bezug). Soll etwas gemeinsam erarbeitet oder besprochen werden, dürften die Regeln: „Wer etwas sagen möchte, meldet sich!" und „Wir hören demjenigen, der spricht zu!" gelten. Diese gilt es dann auch einzuhalten.

Exkurs: Präsentation und Lösung von Aufgabenstellungen

Alle Lerngegenstände unterliegen einem Repräsentationsprozess, d.h., sie werden abstrahiert bzw. generalisiert.

Im Entwicklungsprozess wird eine „Turnbank" zunächst durch aktive Auseinandersetzung erfahren, bevor sie auf einem Bild erkannt und mit dem Begriff „Turnbank" benannt werden kann. Erst danach wird sie von anderen begriffsähnlichen (Lern-)Gegenständen (z.B. „Parkbank") sprachlich und geistig unterschieden werden können.

Für den Repräsentationsprozess ergibt sich damit folgender Aufbau:[1]

- senso-motorische Repräsentationen
- ikonisch-symbolische Repräsentationen
- begrifflich-sprachliche Repräsentationen

Präsentation einer Aufgabe:
Jeder Lerngegenstand kann auf einer dieser drei Ebenen angeboten werden.

Bei der *senso-motorischen Präsentation* wird die Aufgabe vorgemacht. So können die Kinder bei der Aufgabenstellung: „Über eine Turnbank rückwärts gehen", ihr motorisches „Vorbild" beobachten und daraus eigene Strategien zur Bewältigung ableiten. Neben der Lehrkraft sollten auch Kinder diese Vorbildfunktion übernehmen können.

---

[1] vgl. Kapitel 1.2 Aufbau des Gehirns, S. 6

Ikonisch-symbolische Präsentationen können über entsprechendes Bildmaterial realisiert werden. Mithilfe von Bildkarten, die z.B. vor der Turnbank die verschiedenen „zugelassenen" Überquerungsmöglichkeiten darstellen, können sich die Kinder ihre Aufgabenstellungen auswählen. Bildliche Hinweise können auch in Form von Piktogrammen erfolgen, um so den Grad der Abstraktion in der Aufgabenstellung zu erhöhen.

Die *begrifflich-sprachliche Präsentation* erweitert durch verbale Aufforderungen, Hinweise und Erklärungen den Abstraktionsanspruch. Das Aufgabenverständnis hängt hier besonders stark vom Vorstellungsvermögen des jeweiligen Kindes ab. Schriftliche Aufgabenstellungen setzen zudem die intellektuelle Kompetenz zum sinnentnehmenden Lesen voraus.

Lösung einer Aufgabe:
Jeder Lerngegenstand kann auf einer der drei Abstraktionsebenen gelöst werden. Das „Überqueren der Bank" kann selbstverständlich durch konkretes Tun erfolgen (senso-motorische Lösung).

Die Aufgabe kann vom Kind jedoch auch auf ikonisch-symbolischer Ebene gelöst werden, wenn es z.B. aus einer Bildsammlung heraus die Fortbewegungsarten auswählen soll, die es vorher vollzogen hat.

Ebenso kann es die gezeigten Bewegungshandlungen frei beschreiben, bestimmte Lösungswege begründen oder sie sogar schriftlich wiedergeben (begrifflich-sprachliche Lösung).

Die Präsentation und Lösung von Aufgaben kann durch nebenstehendes Schema zusammengefasst werden.

In der Regel werden Anweisungen und Erläuterungen durch die Lehrkraft sprachlich vorgenommen. Es wird erklärt, wie die Spielhandlung abzulaufen hat, wie die Organisationsform auszusehen hat, welche motorischen Anforderungen gestellt werden. Selbst die Korrektur der Bewegungshandlungen wird in der Regel sprachlich und damit abstrakt vorgetragen.

Die Präsentation von Aufgabenstellungen wird zu häufig über begrifflich-sprachliche Repräsentationen vorgenommen. Kinder können bereits durch diese Form der Vermittlung des Lernangebots überfordert sein. Sie schalten ab (Handlungsregulationssysteme für Aktivation und Emotion), weil sie die Instruktionen nicht „begriffen" haben; sie weichen aus und erproben andere Dinge.

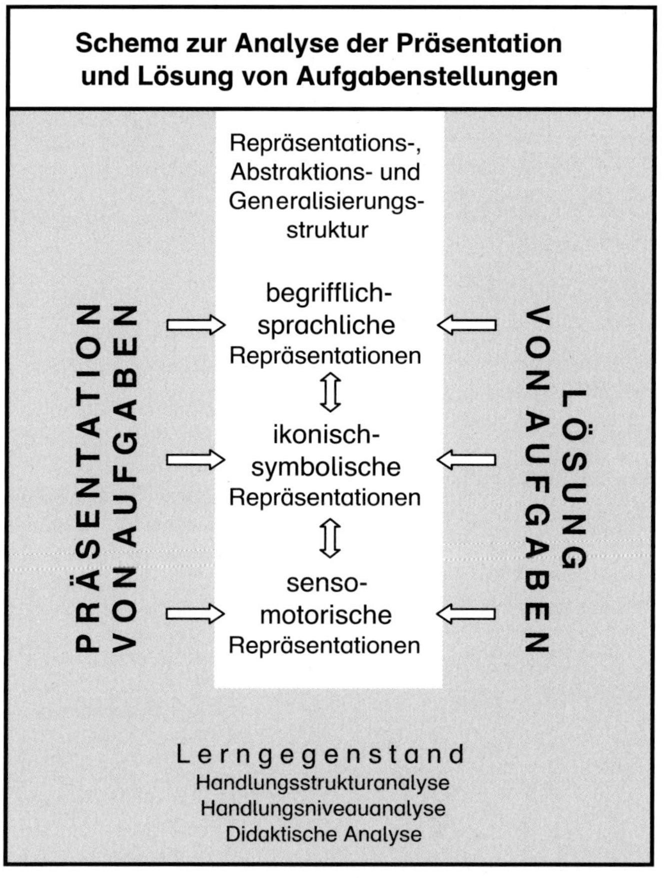

Ein ganzheitlicher Förderansatz sollte versuchen, Lerngegenstände so aufzubereiten, dass möglichst alle drei Abstraktionsebenen sowohl bei der Präsentation als auch bei der Lösung der Aufgabenstellungen genutzt werden können.

Für die Aufgabenpräsentation rückt damit das Prinzip des Vormachens in den Vordergrund. Das motorische Vorbild kann genutzt werden, Lösungsvarianten zu beobachten und auf die eigenen Handlungsmöglichkeiten zu beziehen. Aufgabenstellungen sind immer dann besonders günstig, wenn sie sich aus dem Bedeutungszusammenhang (z.B. einer Spielhandlung) ergeben und die Lösungsmöglichkeiten freigestellt sind. Das Überwinden einer „Brücke über dem Fluss" fällt dem Kind leichter, wenn es sich in seinem Bewegungshandeln an anderen Kindern orientieren kann. „Offene" Bewegungssituationen bieten das Bewegungsvorbild, das Kinder so häufig benötigen, um zu eigenen Handlungsentscheidungen zu kommen.

Sollen die stattgefundenen Handlungen abstrahiert werden, bietet sich erst danach die sprachliche und gedankliche Reflexion an. Die Frage: „Wie seid ihr eigentlich über den Fluss gekommen?", führt zur vorstellungsgebundenen Auseinandersetzung und dokumentiert die sprachlich abstrakte Handlungskompetenz des Kindes. Die Beantwortung einer solchen Fragestellung kann auch auf eine begriffliche Lösung reduziert werden („Bist du gekrabbelt oder gegangen?") bzw. symbolisch oder bildlich erfolgen

(Auswahl symbolischer oder bildlicher Darstellungen vom Krabbeln und Gehen).

Im Rahmen der psychomotorischen Förderung kommt der ikonisch-symbolischen Aufgabenpräsentation eine hohe Bedeutung zu. Bildliche Vorstellungen können vor allem in der Hinführung zu einem Rahmenthema bzw. zur Orientierung im Raum wertvolle Hilfe leisten.

Rahmenhandlungen können durch die Lehrkraft sprachlich vorgetragen oder auch eine Abstraktionsstufe tiefer über den bildlichen Zugang vermittelt werden.

Erarbeitung der Symbolspielhandlung an der Makulaturwand:
Über die zeichnerische Einführung an der Makulaturwand oder andere methodische Vorgehensweisen soll neben dem Bedeutungsaspekt das Handlungsziel herausgearbeitet werden.

Als Medium „Bildträger“ für die Turnhalle bietet sich neben der klassischen Tafel noch besser Makulaturpapier (Maku) an, das es großformatig auf entsprechenden Papierrollen gibt. Die Befestigung an der Wand ermöglicht eine optimale Sicht für die Kinder, die in der Regel auf einer Linie oder in einem Halbkreis vor der „Makulaturwand“ sitzen. Auf diesem Blatt zeichnet die Lehrkraft sukzessive und ohne ihr Zeichnen zu kommentieren ein Bild, das unmittelbar in die Symbolspielhandlung einführt. So entsteht nach und nach das Bild eines Kängurus. Die Lehrkraft erzählt dann, dass das Känguru in Australien lebt und die Kinder eingeladen hat, es zu besuchen.

Die Kinder haben die Möglichkeit sich zum „Wahrgenommenen“ zu äußern, sie entfalten hierdurch ihre eigene Wirklichkeit. Es wird „ihre“ Geschichte, die sie durchleben, ausgestalten, interpretieren und bewerten.

Die zeichnerische Qualität des Bildes spielt für die Kinder die geringste Rolle. Entscheidender ist der Prozess des Entstehens. Die Lehrkraft hält sich zunächst sprachlich zurück, setzt evtl. stumme Impulse und wartet bewusst ab. Wird das Bild von einem Kind schon nach wenigen Strichen erraten, so ist dies kein Grund den Stift wegzulegen. Es könnte immer noch etwas völlig anderes gezeichnet werden. Erst nach dem letzten Strich ist das Bild komplett und für alle Kinder ein Känguru zu erkennen. Möglich ist, die schnelle Lösung als richtig anzuerkennen und die Kinder aufzufordern, die fehlenden Teile zu benennen. Wird ein Mensch gezeichnet, kann auf diese Weise quasi nebenbei das Körperschema thematisiert werden.

Ist die Rahmenhandlung gemeinsam entworfen, gelingt auch die Übertragung auf das Gerätearrangement („Dschungel“, „Berge“, eine „Schlucht“ etc.). Die Kinder leisten den Transfer von der Fiktion auf die Wirklichkeit gut, weil sie den kreativen Prozess selbst organisieren und ausgestalten.

Die Aufgabenstellungen erwachsen aus der Rahmenhandlung, die die Kinder über die ikonisch-symbolische Ebene selbst entworfen und sprachlich ausgeformt haben und deren Lösung sie handelnd umsetzen wollen.

Ist die Stunde als Symbolspielhandlung konzipiert, wird der Lerngegenstand also in dieser Verpackung angeboten, unterscheidet sich das Handlungsziel (für die Kinder) vom Lernziel (der Lehrkraft). Für die Kinder gilt beispielsweise: „Wir besuchen das Känguru Skippy.“ Das zugehörige Lernziel thematisiert das beidbeinige Springen.

Bei der Planung der Erarbeitung des Handlungsziels ist herauszustellen, welche Informationen die Kinder erhalten müssen und was als „Beiwerk“ angesehen werden kann. (Eine psychomotorische Förderung, die von 45 Minuten 20 oder mehr Minuten auf die Erarbeitung des Handlungsziels verwendet, liefert ein Missverhältnis von „Verpackung“ und Bewegungszeit. Angemessen erscheinen 5 bis maximal 10 Minuten.)

▷ **Reisephase**
Je nach Symbolspielhandlung kann eine „Reise“ zum „Ort“ der Rahmenhandlung erfolgen (z.B. „Afrika“). Ferner dient die Reisephase als Wechsel zwischen Besprechungsphase und Erarbeitungsphase. Sie kann mit dem Lernziel verbunden sein, muss es jedoch nicht. Innerhalb der Reisephase können verschiedene Fortbewegungsmittel gewählt werden, die symbolisch umgedeutet werden (z.B. das Rollbrett wird zum Auto).

▷ **Erarbeitung der Fertigkeit/des Parcours**
Nachdem das Handlungsziel entwickelt worden ist, müssen noch der Parcours und die Fertigkeit erarbeitet werden. In welcher Reihenfolge dieses geschieht, ist abhängig vom Lerngegenstand und vom Parcours.

- Erarbeitung der Fertigkeit

Die Erarbeitung der Fertigkeit basiert auf der Bewegungsbeschreibung. „Eckpunkte“ des Bewegungsvollzugs werden als Kriterien herausgestellt. Sie können sprachlich beschrieben oder benannt, bildlich skizziert oder demonstriert werden.
Nur wenn die Fertigkeit über Kriterien erarbeitet wurde, können die Kinder bei der Ausführung ihre Aufmerksamkeit darauf lenken und sich in der Abschlussbesprechung wiederum darauf beziehen.

- Erarbeitung des Parcours

Bei der Erarbeitung des Parcours geht es um die Klärung des Ablaufs.
Dies beinhaltet zwei Aspekte:
- die Reihenfolge der Stationen und
- was genau an einer Station gemacht werden soll.

Beide Aspekte können möglicherweise aus dem Aufbau klar hervorgehen. In einem solchen Fall sollte die Lehrkraft keine Zeit mit unnötigen, die Kinder langweilenden Erklärungen verbringen („Das wissen wir doch schon!"). Es genügt überwiegend, nur die im Vergleich zur letzten Stunde neu hinzugekommenen Stationen zu erklären oder die Kinder Vermutungen anstellen zu lassen, wie diese zu bewältigen sind.

Die Erarbeitung kann vom Treffpunkt aus erfolgen: durch gemeinsames Abgehen, indem ein Kind exemplarisch für alle den Parcours durchläuft, über Zeichnungen und Aufbaupläne, durch Erklärung etc. Wird der Parcours gemeinsam abgegangen, stellt sich an jeder Station das Problem der „Organisation" neu (s.o.).

▷ Arbeit am Lerngegenstand

In dieser Phase setzen sich die Kinder weitgehend allein mit dem Lerngegenstand auseinander. Durch die Organisation eines Parcours entsteht ein steter Übungsfluss ohne größere Wartezeiten pro Gerät.

Die Aufgabe der Lehrkraft besteht in dieser Phase aus:
- Kontrolle des Ablaufs unter allgemein organisatorischen Gesichtspunkten
- Umsetzung der Übungsstruktur
- Gewährung von Hilfestellung und Sicherheitsstellung
- Umsetzung der geplanten Differenzierungsmaßnahmen
- Beobachtung des Handlungsniveaus der Kinder im Sinne fortschreibender Diagnostik

Kontrolle des Ablaufs unter allgemein organisatorischen Gesichtspunkten

Die Lehrkraft gewährleistet den allgemeinen Ordnungsrahmen und achtet auf die Einhaltung verabredeter Regeln. Möglicherweise sind Hinweise zur Durchführung oder zum Ablauf der Stationen notwendig.

Wichtig ist, dass die Lehrkraft die Kindergruppe „im Blick" hat. Aus diesem Grund sollte sie – so weit und sooft es möglich ist – ihren Standpunkt so wählen, dass sie mit dem Rücken zur Wand steht. Nur dann kann sie den gesamten Raum überblicken. Dieses gilt immer, auch wenn einem einzelnen Kind Hilfe- oder Sicherheitsstellung gegeben wird.

Umsetzung der Übungsstruktur

Die weitere Aufgabe der Lehrkraft ist es, die von ihr geplanten Übungen mit den Kindern umzusetzen.

Es erscheint sinnvoll, die erste Auseinandersetzung der Kinder mit dem Lerngegenstand im Parcours (die erste Runde) ohne Vorgabe einer bestimmten Übung zu gestalten. Sie haben auf diese Weise die Gelegenheit, ihre eigenen Handlungsmöglichkeiten zu erproben und sich mit dem Ablauf vertraut zu machen. Dies gilt allerdings nicht zwingend. Hat die Lehrkraft den Eindruck, dass die Kinder in der freien Phase ihre eigenen Handlungsmöglichkeiten in Bezug auf den Aufbau bereits ausreichend erprobt haben, kann sie gleich mit einer Übung beginnen. Wurde die Fertigkeit von der Lehrkraft vor der Erarbeitung des Parcours eingeführt, bietet es sich an, ebenfalls sofort zu beginnen.

Umsetzen der geplanten differenzierenden Maßnahmen:

In dieser Phase sind ferner die differenzierenden Maßnahmen umzusetzen. Diese können vorab in abweichenden Lernzielen für eine Gruppe von Kindern oder für ein einzelnes Kind festgelegt worden sein. Sie können sich aber auch aus dem beobachteten Lösungsverhalten eines Kindes ergeben.

Systematisiert betreffen differenzierende Maßnahmen immer:

- individuelle
- mediale oder
- personale Entscheidungen.

Maßnahmen individueller Differenzierung sind immer dann umzusetzen, wenn:
- für ein Kind oder einzelne Kinder der Lerngruppe abweichende Lernziele bezogen auf den Lerngegenstand notwendig erscheinen
- oder die Art der Auseinandersetzung mit dem Lerngegenstand (senso-motorisch, ikonisch-symbolisch, begrifflich-sprachlich) von der Gruppe deutlich abweicht und aus diesem Grund Differenzierung geboten ist.

Bei der individuellen Differenzierung kann sich die Art des Angebotes auf den Umfang oder die Häufigkeit beziehen. Individuelle Differenzierung bedeutet in der Regel auch, dass mediale oder personale Differenzierungsmaßnahmen erfolgen.

Beispiel individuelle Differenzierung:
Einigen Kindern gelingt noch nicht das „Gehen mit gekreuzter Koordination, auf schmalen erhöhten Flächen, vorwärts" (z.B. auf einer umgedrehten Langbank). Diese Kinder sollen dann das „Gehen mit Nachstellschritten, auf erhöhten Flächen, vorwärts" (auf einer umgedrehten Langbank) durchführen.

Beispiel individuelle und mediale Differenzierung:
Einem Kind oder einer Kindergruppe gelingt noch nicht das „Gehen mit gekreuzter Koordination, auf schmalen erhöhten Flächen, vorwärts“ (z.B. auf einer umgedrehten Langbank). Diese Kinder erhalten im Parcours ein Parallelangebot in Form einer „normal“ stehenden Langbank. Sie sollen folglich das „Gehen mit gekreuzter Koordination, auf breiten erhöhten Flächen, vorwärts“ durchführen.

Beispiel personale Differenzierung:
Ein Kind benötigt für die Auseinandersetzung durchgängig personalisierte Unterstützung (z.B. aufgrund einer Halbseitenlähmung). Eine weitere pädagogische Kraft soll die Arbeit des Kindes begleiten und unterstützen. Auch hier gilt: Hilfestellung nur so viel wie nötig.

Festzulegen ist also: Wann und an welcher Stelle setze ich oder eine andere pädagogische Kraft die differenzierenden Maßnahmen für ein Kind um.

Beobachtung des Handlungsniveaus der Kinder im Sinne fortschreibender Diagnostik
Um die weitere Förderung organisieren zu können, bedarf es einer Fortschreibung des Handlungsniveaus der Kinder. Aus ihrem Lernzuwachs in der Stunde lassen sich neue Aufgabenstellungen ableiten.

Innerhalb der komplexen Stundenbilder muss die Lehrkraft also nicht nur für den allgemeinen Ablauf, für die Durchführung der Symbolspielhandlung und für Hilfe- und Sicherheitsstellung sorgen, sondern auch noch differenziert das Leistungsverhalten der Kinder beobachten! Das kann nur gelingen, wenn sie sich einen Beobachtungsschwerpunkt setzt. Hierfür sollte sie eine Station im Parcours wählen, die einen wesentlichen Aspekt des Lerngegenstandes repräsentiert. An dieser Stelle – alle Kinder kommen hier im Verlauf einer Runde vorbei – können mit dem Instrument der Handlungsstrukturanalyse die gezeigten Lösungen beschrieben werden. Ferner kann die Lehrkraft auf der Basis ihrer differenzierten Beobachtungen Vorschläge zur Verbesserung (Korrektur) und Erweiterung (nächste Stufe eines Aspektes aus der Handlungsstrukturanalyse) machen. Sie kann zudem von dieser Station aus auch die neuen Übungen vorgeben.

Im Verlauf der Stunde besteht die Möglichkeit sich eine (oder zwei) weitere Stationen herauszunehmen und an diesen in gleicher Weise zu verfahren.

▷ Abschlussbesprechung
Soll in der Abschlussbesprechung ein bestimmter Aspekt aufgegriffen werden, ist es sinnvoll, die Kinder schon vorab in ihrer Wahrnehmung auf diesen Aspekt auszurichten, damit sie an dieser Stelle auf „bewusste“ Eindrücke zurückgreifen können. Letztlich geht es also um das Aufstellen bzw. Erarbeiten von Kriterien, welche die Durchführung oder Ausführung von senso-motorischen, emotional-motivationalen, sprachlich-kommunikativen, kognitiv-intellektuellen oder sozial-kooperativen Handlungen betreffen.

Beispiele:

- Thematisieren senso-motorischer Aspekte

„An welcher Station war es für dich leicht/schwer?“
„Was kannst du schon gut, was musst du noch üben?“

- Thematisieren emotional-motivationaler Aspekte

„Welche Station hat dir besonders gefallen?“
„Hattest du manchmal Angst?“
„Hast du die Angst überwunden? Wie hast du das geschafft?“
„Hast du den Partner gefunden, mit dem du gerne zusammengearbeitet hättest?“

- Thematisieren sprachlich-kommunikativer Aspekte

„Welche Gegenstände hast du heute transportiert?“
„Wie bist du über den Fluss gekommen?“

- Thematisieren kognitiv-intellektueller Aspekte

„In welcher Reihenfolge hast du die Geräte benutzt?“
„Sollen wir das nächste Mal etwas verändern?“

- Thematisieren sozial-kooperativer Aspekte

„Hast du auf die anderen Kinder Rücksicht genommen?“
„Hast du mit anderen Kindern zusammengearbeitet?“
„Wie hat eure Zusammenarbeit geklappt?“

7. Stundenbilder zur statischen Gesamtkörperkoordination

7.1 Handlungsstrukturanalyse statische Gesamtkörperkoordination

Handlungsstrukturanalyse
STATISCHE GESAMTKÖRPERKOORDINATION

Daten:

Art der Position

Spalte 1	Spalte 2
▷ Rückenlage	▷ Krebsstand
▷ Bauchlage	▷ Hockstand
▷ Langsitz	▷ Stand gebeugt aufrecht
▷ Zwischenfersensitz	▷ Zehen-Fersen-Stand
▷ Stuhlsitz	▷ Zehenballenstand (auf den Zehenspitzen)
▷ Schneidersitz	▷ Fersen-Stand (auf der Hacke)
▷ Kniesitz	▷ Einbeinstand
▷ Kniestand mit Abstützen nach vorn	▷ Kopfstand
▷ Kniestand	▷ Handstand
▷ Vierfüßlerstand	

Art der Fläche

- ▷ • groß • klein
- ▷ • breit • schmal
- ▷ • lang • kurz
- ▷ • hart
  - • nachgebend
    - weich
    - federnd
- ▷ • eben • uneben
- ▷ • stumpf • rutschig
- ▷ • ebenerdig • erhöht
    - bodennah
    - bodenfern
- ▷ • waagerecht
  - • schräg
    - Anstellwinkel eher flach
    - Anstellwinkel eher steil
  - • senkrecht
- ▷ • stabil
  - • beweglich
    - träge/leicht beweglich
    - in eine/alle Richtung(en)

Automatisierungsgrad

Spalte 1	Spalte 2
▶ Handlungen mit personalisierter Hilfe	▶ eigenständige Handlungen
▶ Handlungen mit materialisierter Hilfe	▶ Simultanhandlungen

Freie Beschreibung:

7.1.1 „Wir angeln Fische“

Diagnostisch-didaktische Analyse

▶ **Handlungsstrukturanalyse zur statischen Gesamtkörperkoordination**

Diese Analyse ist die Basis aller weiteren Vertiefungen. Aus ihr werden abgeleitet:

▶ **Lern- und Entwicklungsziel**

Das unten angegebene Lernziel wählt alle Positionen aus der Handlungsstrukturanalyse. Bezogen auf eine konkrete Lerngruppe und in Hinblick auf die Durchführbarkeit (Übungsmenge) sollte unbedingt eine Auswahl erfolgen.

Die Kinder sollen ihre statische Gesamtkörperkoordination

- in der Bauchlage, im Langsitz, Schneidersitz, Kniesitz, Vier-(Drei-)füßlerstand, Kniestand, Hockstand, Stand, Einbeinstand
- auf unterschiedlichen Flächen

üben und automatisieren.

▶ **Bewegungsbeschreibung**

▷ **Halten verschiedener Positionen**

Eine differenzierte Bewegungsbeschreibung der Positionen Bauch- und Rückenlage, Sitze und Stände scheint nur zum Teil notwendig.

- Langsitz: Die Beine sind gestreckt, geschlossen oder leicht gewinkelt. Der Oberkörper ist in entspannter Ruhehaltung aufgerichtet. Die Hände liegen ohne Anspannung auf den Oberschenkeln.
- „Krebsstand“: Im Sitz werden die Beine im Kniegelenk ca. 90° gewinkelt, die Arme weitgehend gestreckt seitlich nach hinten aufgestützt und das Gesäß angehoben.
- Einbeinstand: Der Körperschwerpunkt wird leicht zur Seite über das tragende Bein verlagert. Das andere Bein wird im Hüftgelenk nur leicht und im Kniegelenk so weit gewinkelt (ca. 45°), dass die Fußspitze knapp über dem Boden schwebt. Die Arme werden seitlich am Körper locker gestreckt gehalten.

▶ **Häufige Probleme beim Halten einer Position**

- ➲ Die Position muss durch Stützreaktionen gesichert werden (z.B. durch Abstützen mit den Armen).
- ➲ Die eingenommene Position kann nicht ohne deutliche Gleichgewichtsbewegungen gehalten werden.
- ➲ Die Basis wird verbreitert (z.B. im Langsitz werden die Beine stark gegrätscht oder im Stand wird eine breitbeinige Stellung gewählt).
- ➲ Die Körperspannung (aktive Aufrichtung) kann kaum hergestellt oder nicht ausreichend gehalten werden, der Körper „sackt“ zusammen.
- ➲ Die Position kann aufgrund von Kraftmangel nicht lange gehalten werden.

Didaktisch-methodische Analyse

▶ **Mediale Struktur**

▷ **Parcoursform**: Rundparcours

▷ **Aufbauplan**

▶ **Übungsstruktur**

▷ **Übungsfolge und Stationsbezug**

- Alle Stationen: je nach Auswahl der Positionen (siehe Anmerkungen zum Lernziel). Zum Beispiel:

1. im Vier-(Drei-)füßlerstand (Hände und Füße)
2. im Kniestand
3. im Hockstand als Flächenstand
4. im Hockstand als Ballenstand

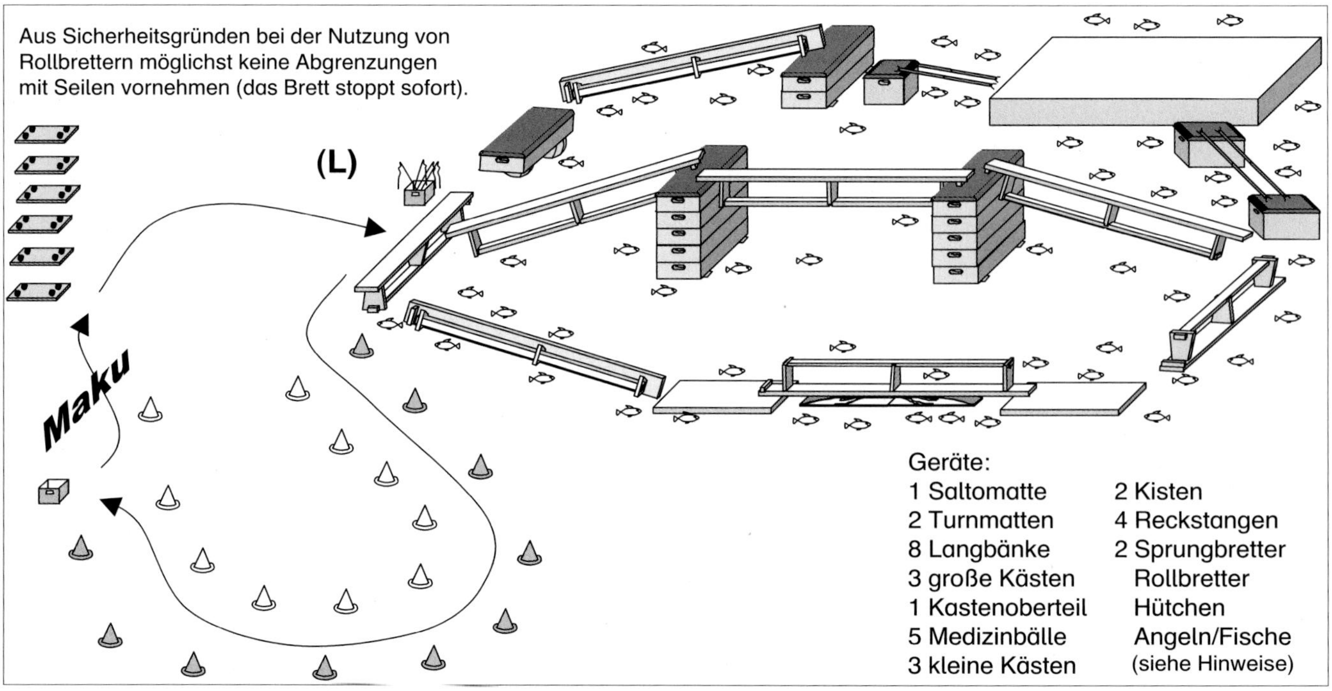

▷ **Häufigkeit**

2 Durchgänge pro Übung

▶ **Hilfestellungen oder Sicherheitsstellungen**

▷ **Hilfestellung zum Halten von Positionen**

⇨ Personalisierte Hilfestellung: z.B. Unterstützung am Rumpf, Handreichung usw.

⇨ Bewusstmachen der Aufrichtung des Körpers: das sitzende Kind wird von vorn mit beiden Händen um die Taille gefasst und so die aktive Aufrichtung eingeleitet bzw. unterstützt. Es wird aufgefordert, diese Haltung beizubehalten.

⇨ Materialisierte Hilfestellung: z.B. durch den Einsatz von Keilen/„Kissen" zur Unterstützung bzw. Absicherung der Position oder von Seilen zum Festhalten.

▷ **Sicherheitsstellungen**

⇨ Sicherheitsstellung ist gegebenenfalls bei der erhöhten Langbank zwischen den beiden Kästen zu leisten.

▶ **Methode**

▷ **Symbolspiel**: „Wir angeln Fische"

▶ **Ablaufschema**

5 Minuten	Aufbau oder Teilaufbau
5 – 10 Minuten	Freie Phase Tickspiel
5 – 10 Minuten	Erarbeitung der Symbolspielhandlung an der Makulaturwand - Handlungsziel - Parcours/Ablauf - Fertigkeit - Verteilen der Fische
15 – 20 Minuten	Arbeit am Lerngegenstand
5 Minuten	Abschlussbesprechung
5 Minuten	Abbau oder Teilabbau

▶ **Nähere Ausführungen zum Stundenablauf**

▷ **Erarbeitung des Handlungsziels für die Kinder an der Makulaturwand**

- Die Lehrkraft zeichnet ohne Kommentar Bild 1 – 2.
- Die Schüler vermuten, was entsteht: Felsen (Riff) im Wasser.
- Die Lehrkraft zeichnet Bild 3 – 5: Angler, angeln.

Zur weiteren Entwicklung der Geschichte, zur Vertiefung der Bedeutungsbeimessung, zur Erweiterung der Begriffsbildung etc. können nachfolgende Fragen erörtert werden:

- „Was braucht man zum Angeln?" (Angel, Kescher, Köder ...).
- „Welche Fische kennst du? Wer isst gerne Fisch?" usw. (Gegebenenfalls: „Wie ist der Mann zu dem Felsen gekommen?").
- Die Lehrkraft zeichnet Bild 6: Boot (Ruderboot).
- „Wir wollen heute auch Fische angeln!"

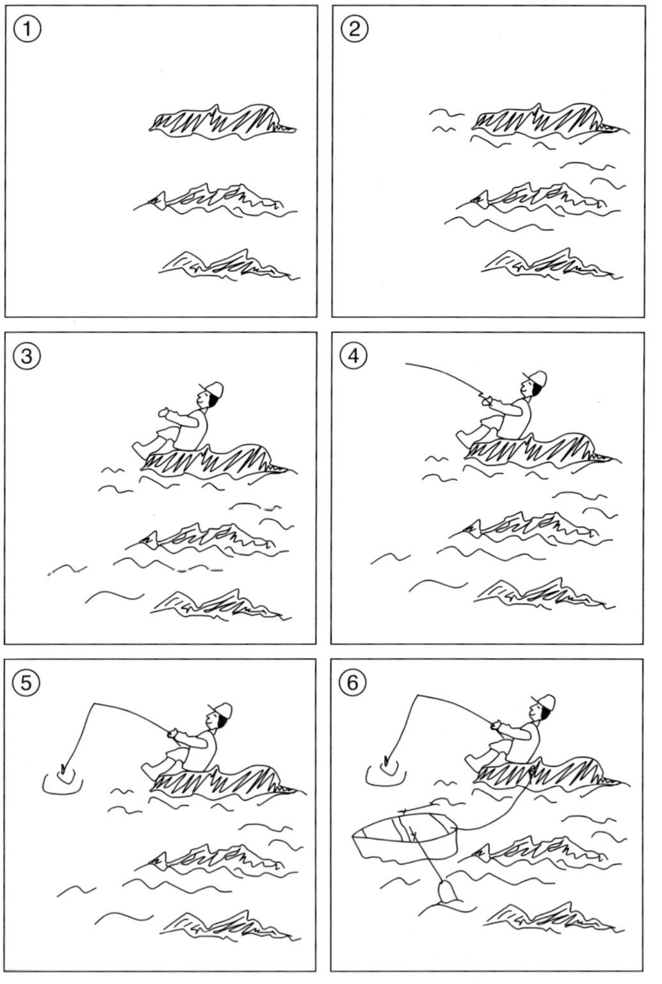

▷ **Erarbeitung des Parcours**

- „Seht ihr unsere Felsen/unser Riff?"
- „Wie kommen wir zu den Felsen/zum Riff?"
- „Die Rollbretter sind unsere Boote."
- „Dreht euch um, ich zeige euch, wie wir die Fische angeln können:[1]
  - Zuerst fahren wir mit dem Boot zu den Felsen/zum Riff. Hier wird das Boot an Land gezogen (in den unteren Holm der Langbank eingehängt. Zeigen!).
  - Dann nehmt ihr euch eine Angel, klettert auf die Felsen und angelt einen Fisch.
  - Ihr bringt die Angel wieder zurück, steigt in ein Boot, fahrt zwischen den Bojen zur Fischkiste und legt den Fisch hinein.
  - Dann fahrt ihr los, um den nächsten Fisch zu angeln."

▷ **Erarbeitung der Fertigkeit**

Die erste Runde können die Kinder frei gestalten. Hier achtet die Lehrkraft vornehmlich auf den Ablauf. Zur Ansage der einzelnen Übungen positioniert sich die Lehrkraft am besten an der „Angelausgabe".

[1] Rein sprachliche Vorgabe oder mit begleitendem Vormachen. Wenn möglich bzw. gewünscht den Ablauf mit den Kindern gemeinsam erarbeiten („Wie können wir das machen?").

- Je nach tatsächlich ausgewählten Übungen: „Wer kann im Vierfüßlerstand angeln?" Die Lehrkraft demonstriert die Position. Weitere Kinder können mit Hinweis auf Kind XY angeleitet werden: „Wer kann wie XY angeln?"
- Die Lehrkraft gibt Korrekturhinweise bzw. Hilfestellungen und gibt die weiteren Übungen vor.

Hinweise:

▷ Zum Aufbau: Diese Stunde erfordert einen überaus aufwendigen Aufbau. Dieser ist eigentlich nur zu realisieren, wenn er von mehreren Klassen gemeinsam genutzt werden kann, d.h. vorab von den Lehrkräften erstellt worden ist.

▷ Zu den Fischen: Die Fische werden aus Pappe ausgeschnitten und mit einem magnetischen „Auge" versehen. Hierfür eignen sich sehr gut Versandbeutelklammern.

▷ Zu den Angeln: Die Angeln können aus Holzstäben, beispielsweise aus Dübelholz der Stärke 8 mm, hergestellt werden. Eine Spitze der Stäbe wird eingekerbt. An diesem Ende wird eine Schnur befestigt, an der wiederum ein kleiner Magnet (im Spielwarengeschäft erhältlich) gebunden wird.

▷ Zur Anzahl der Kleinmaterialien: Die Anzahl der Fische ist abhängig von der Größe der Lerngruppe. Gleiches gilt für die Anzahl der Angeln und der Rollbretter. Da nicht immer alle Kinder gleichzeitig mit dem Rollbrett fahren oder angeln, kann durchaus eine „Übergabe" von Brett und Angel eingeplant werden.

▷ Zum Stundenschwerpunkt: Diese Stunde könnte unter verschiedenen Schwerpunkten gesehen werden: unter Fortbewegung (dynamische Gesamtkörperkoordination auf unterschiedlichen Flächen) oder auch unter Auge-Hand-Koordination. Beide Aspekte werden ohne Frage parallel gefördert, stellen aber nicht den sensomotorischen Schwerpunkt der Stunde dar. Folglich beschäftigt sich die Handlungsstrukturanalyse und die diagnostisch-didaktische Analyse nicht mit diesen Teilbereichen. Es sollte allerdings gewährleistet sein, dass beide Aspekte die geplante lernzielbezogene Auseinandersetzung nicht grundsätzlich verhindern.

7.2 Handlungsstrukturanalyse statische Gesamtkörperkoordination: auf dem Rollbrett

Handlungsstrukturanalyse
STATISCHE GESAMTKÖRPERKOORDINATION
auf dem Rollbrett

Daten:

Art der Position	Struktur des Raumes	Bewegungs-richtung/-impuls	Art der (zusätzlichen) Körperkoordination
▷ Manipulation des Rollbrettes ▷ Bauchlage ▷ Rückenlage ▷ Sitz ▷ Kniesitz ▷ Kniestand ▷ Vierfüßlerstand (Dreifüßlerstand) ▷ Stand	▷ unbegrenzter Raum ▷ begrenzter Raum ▷ statische Hindernise ▷ dynamische Hindernisse ▷ schiefe Ebenen	▷ vorwärts ▷ seitwärts ▷ rückwärts ▷ Rotation ▷ gleichförmig ▷ ruckartig/abrupt ▷ Rollbrett steht ▷ langsam ▷ schnell	▶ **statische Gesamtkörperkoordination** Position auf dem Brett ▷ **mit statischer Teilkörperkoordination** festhalten, gezogen/geschoben werden - Körper: Rumpf/Schultern - Hand/Hände; Fuß/Füße - starre Verbindung (z.B.: Stock) - flexible Verbindung (z.B.: Seil) ▷ **mit dynamischer Teilkörperkoordination** das Brett mit Händen oder Füßen fortbewegen durch „(Heran-)Ziehen oder (Weg-)Drücken/Schieben - am Boden - an Geräten - am Seil ▷ **mit dynamischer Gesamtkörperkoordination** aus dem Anlauf auf das Brett

Automatisierungsgrad

Spalte 1	Spalte 2
▶ Handlungen mit personalisierter Hilfe ▶ Handlungen mit materialisierter Hilfe	▶ eigenständige Handlungen ▶ Simultanhandlungen

Freie Beschreibung:

7.2.1 „Wir fahren mit dem Rollbrett“

Diagnostisch-didaktische Analyse

▶ **Handlungsstrukturanalyse zur statischen Gesamtkörperkoordination: auf dem Rollbrett**

Diese Analyse ist die Basis aller weiteren Vertiefungen. Aus ihr werden abgeleitet:

▶ **Lern- und Entwicklungsziel**

Die Kinder sollen ihre statische Gesamtkörperkoordination auf beweglicher Fläche, dem Rollbrett

- in Bauch- und Rückenlage, im Langsitz, im Schneidersitz, im Kniesitz, im Vierfüßlerstand
- im begrenzten Raum mit statischen und dynamischen Hindernissen
- vorwärts, rückwärts, mit Rotation
- mit statischer und dynamischer Teilkörperkoordination

üben und die Fertigkeiten automatisieren.

▶ **Bewegungsbeschreibung**

▷ **Halten einer Position**

Eine differenzierte Bewegungsbeschreibung der Positionen Bauch- und Rückenlage, von Sitzen und Ständen erscheint nicht notwendig.
Bezogen auf alle Positionen kann zwischen einer aktiven Aufrichtung und einer Ruhehaltung unterschieden werden. Hinsichtlich der beweglichen Fläche muss das Kind den Körperschwerpunkt stets über der Fläche halten, um nicht vom Brett zu fallen.

▷ **Das Brett schieben**

Das Kind schiebt das Brett, indem es die Hände auf das Brett stützt (Gehen oder Laufen und Halten des Brettes). Die Anforderung an die Körperspannung steigt, je weiter das Brett sich vom Körper entfernt, je näher es unter den Körper gezogen wird oder je weiter es seitlich von der Mittelachse abweicht.

▷ **Das Brett mit den Beinen fortbewegen**

Ausgehend von einer Sitzposition können die Beine abwechselnd (wie beim Gehen) oder gleichzeitig (wie beim beidbeinigen Springen) zur Fortbewegung des Brettes eingesetzt werden, wobei sich das Kind am Brett festhält oder die Hände frei benutzen kann.
Beim Fahren im Vier-(Drei-)füßlerstand wird das Brett mit dem linken oder rechten Bein bzw. mit beiden abwechselnd fortbewegt.

▷ **Das Brett mit den Händen fortbewegen**

Die Hände können abwechselnd oder gleichzeitig zur Fortbewegung des Brettes eingesetzt werden.

▶ **Häufige Probleme bei der statischen Gesamtkörperkoordination auf dem Rollbrett**

➲ Die Körperspannung (aktive Aufrichtung) kann kaum hergestellt oder nicht ausreichend gehalten werden, der Körper „sackt“ zusammen.

➲ Der Körperschwerpunkt kann nicht über dem bewegten Brett gehalten werden: Die Position muss durch Stützreaktionen gesichert werden (z.B. durch Stützen mit den Armen).

➲ Die Position kann auf dem bewegten Brett nicht ohne deutliche Gleichgewichtsbewegungen gehalten werden.

➲ Die Reaktion auf eine Impulsänderung ist zeitlich verzögert.

➲ Die Relation des Körpers zum Brett kann beim Schieben des Brettes im Vierfüßlergang(-lauf) nicht gewahrt werden (das Brett rollt weg, das Kind fällt hin oder setzt sich in den Kniesitz).

➲ Die Position kann aufgrund von Kraftmangel nicht lange gehalten werden.

➲ Die Bewegungsimpulse der eigenen Beine oder Arme an das Brett können nicht oder nur unzureichend ausgeglichen werden. Resultat: Stützreaktionen bzw. deutliche Gleichgewichtsreaktionen unter Verlust des Gleichgewichts (das Kind fällt vom Brett) oder zum Gleichgewichtserhalt (Kind kann sich gerade noch halten).

➲ Beim „Rollern“ im Vier-(Drei-)füßlerstand wird der Kopf nicht hochgehalten, das Kind blickt auf das Brett (dadurch Gefahr von Zusammenstößen) oder eine gerade Fahrtrichtung kann nicht eingehalten werden.

Didaktisch-methodische Analyse

▶ **Mediale Struktur**

▷ **Parcoursform**: Rundparcours

▷ **Aufbauplan** (siehe nächste Seite)

▶ **Übungsstruktur**

▷ **Übungsfolge und Stationsbezug**

Stationen 1, 2, 4, 5 – mit dynamischer Teilkörperkoordination (das Brett mit Händen oder Füßen fortbewegen):

1. Fahren in Bauchlage, vorwärts, mit den Händen, mit Rotation
2. Fahren in Bauchlage, rückwärts, mit den Händen, mit Rotation
3. Fahren in Rückenlage, rückwärts, mit den Füßen, mit Rotation
4. Fahren in Rückenlage, vorwärts, mit den Füßen, mit Rotation
5. Fahren im „Langsitz“, vorwärts, mit den Füßen, mit Rotation
6. Fahren im „Langsitz“, rückwärts, mit den Füßen, mit Rotation
7. Fahren im Schneidersitz, vorwärts, mit den Händen, mit Rotation
8. Fahren im Schneidersitz, rückwärts, mit den Händen, mit Rotation
9. Fahren im Kniesitz, vorwärts, mit den Händen, mit Rotation
10. Fahren im Kniesitz, rückwärts, mit den Füßen, mit Rotation
11. Fahren im „Dreifüßlerstand“, vorwärts, mit einem Fuß, mit Rotation

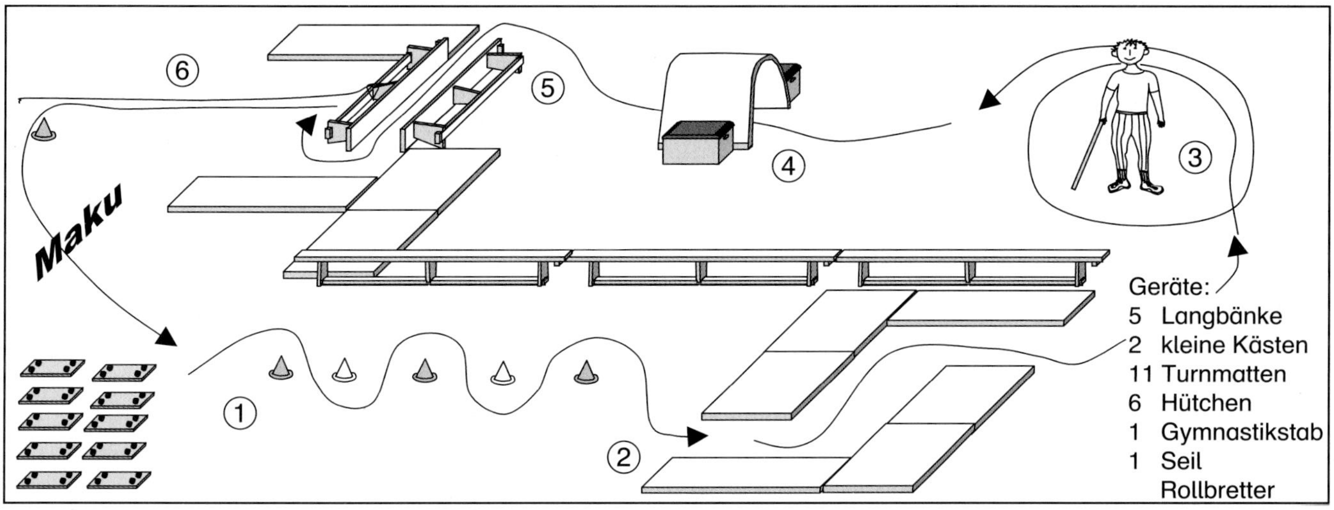

Station 3 – mit statischer Teilkörperkoordination: Gezogenwerden in allen Positionen mit Handfassung am Stock

Station 6 – mit dynamischer Teilkörperkoordination: In allen Positionen mit den Händen am Seil entlangziehen

▷ **Häufigkeit**

1 Durchgang pro Übung

▶ **Hilfestellungen oder Sicherheitsstellungen**

- ⇨ Bewusstmachen der Aufrichtung des Körpers: Das sitzende Kind wird von vorn mit beiden Händen um die Taille gefasst und so die aktive Aufrichtung eingeleitet bzw. unterstützt. Es wird aufgefordert, diese Haltung beizubehalten.
- ⇨ Auf langsame Bewegungen und dosierte Impulsgebung hinweisen.
- ⇨ Nur ausgewählte Fahrtechniken anbieten (Differenzierung).
- ⇨ Ausreichend Übungszeit einräumen.
- ⇨ Demonstration einzelner Techniken durch die Lehrkraft oder durch Kinder.
- ⇨ Verbale Unterstützung z.B. beim „Fahren im Vier-(Drei-)füßlerstand“: „Versuche, nach zweimaligem Abstoßen das Bein zu wechseln.“ Oder: „Versuche, dich mit dem Bein einmal mehr nach links, dann mehr nach rechts, dann wieder mehr nach links abzustoßen.“
- ⇨ Hinweis auf die Rollbrett-Regeln (siehe unten).

▶ **Methode**

▷ **Symbolspiel**: „Wir fahren mit dem Rollbrett“

▶ **Ablaufschema**

5 Minuten	Aufbau
	Freie Phase (siehe Text)
5 – 10 Minuten	Erarbeitung der Regeln an der Makulaturwand - Nicht auf dem Brett stehen → Konsequenz: Hinsetzen - Anfassen des Brettes - „Kopf hoch“ - Keine Zusammenstöße
5 – 10 Minuten	Freie Phase
15 – 20 Minuten	Arbeit am Lerngegenstand
5 Minuten	Abschlussbesprechung
5 Minuten	Abbau

▶ **Nähere Ausführungen zum Stundenablauf**

▷ **Parken von Rollbrettern**

Rollbretter sollten grundsätzlich umgedreht, d.h. mit den Rollen nach oben geparkt werden. So vermeidet man, dass ein Kind auf ein Rollbrett steigt oder tritt und dadurch zu Fall kommt. Ferner geht so keine Gefahr von einem unkontrolliert durch den Raum „schießenden“ Brett aus. Führen Sie gleich zu Beginn der Rollbretteinheit ein, an welcher Stelle der Turnhalle sich der Rollbrettparkplatz befindet und wie die Bretter geparkt werden („Strafzettel“ für falsches Parken).

▷ **Freie Phase**

Bei einer erstmaligen Einführung des Rollbrettes ist es sinnvoll, zuerst die Regeln zu erarbeiten und erst dann mit einer freien Phase zu beginnen. Ein „Kreisverkehr“ als Übungsform ohne Gegenverkehr (dynamische Hindernisse) vermeidet Zusammenstöße und sollte aus Sicherheitsgründen als erste Organisationsform gewählt werden. Die Kinder sind noch vollauf mit dem eigenen Fahren und dem Brett beschäftigt und noch kaum in der Lage, den Raum und ihre Mitfahrer zu kontrollieren.

Eine freie Phase ist eher dann angezeigt, wenn die Kinder im Umgang mit dem Gerät schon Kenntnisse erworben haben. Aber auch hier können die vorab durchgeführte Wiederholung der Rollbrett-Regeln und der „Kreisverkehr“ in Abhängigkeit von der Lerngruppe durchaus angezeigt sein.

▷ **Erarbeitung der Rollbrett-Regeln**

- Die Lehrkraft zeigt die Abbildung des auf dem Rollbrett stehenden Kindes[1] und erarbeitet die zugehörige Regel.
- „Wer sich auf das Rollbrett stellt, darf nicht mehr mitmachen, muss sich auf die Bank setzen." (Das Rollbrett ist kein Skateboard. Es bewegt sich in alle Richtungen. Man kann sich verletzen).

- „Wie soll man ein Rollbrett am besten anfassen?"

Bei der Manipulation des Brettes (Schieben des Brettes), beim Anlaufnehmen und Springen auf das Brett in die Bauchlage oder in den Kniesitz wird das Rollbrett mit den Händen geführt.

Unter Sicherheitsaspekten ist zu thematisieren:

- Ein Umfassen des Brettes mit den Händen an dessen Stirnseite ist aufgrund der Rollen und der Gefahr von Zusammenstößen nicht sinnvoll.
- Ein Umfassen des Brettes seitlich hinter den Rollen ermöglicht eine gute Kontrolle des Brettes, schützt aber nicht vor seitlichen Zusammenstößen.
- Werden die Hände auf dem Brett gehalten, ist die Verletzungsgefahr reduziert, das Brett aber nicht mehr so gut zu handhaben.

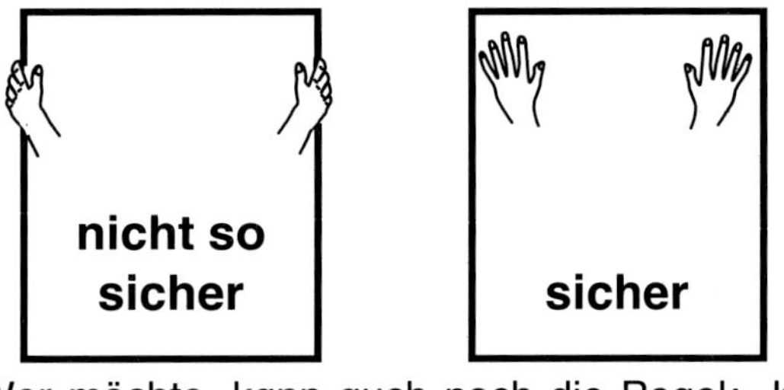

- Wer möchte, kann auch noch die Regel: „Keine Zusammenstöße" ausweisen.

- Beim Schieben des Brettes sollte der Blick wegen der Gefahr von Zusammenstößen nicht auf das Brett, sondern in Fahrtrichtung ausgerichtet sein (Diese Regel unbedingt einführen, wenn „Gegenverkehr" organisatorisch vorgesehen ist).

▷ **Erarbeitung der Fertigkeit**

Die Übungen können wie folgt eingeführt werden:

- Die Übung wird vorgemacht.
- Die Übung wird über das Piktogramm angesagt.
- Die Übung wird beschrieben.

▷ **Erarbeitung des Parcours**

- Außer der Station, wo sich die Kinder auf dem Rollbrett am Seil entlangziehen sollen, muss keine Station erklärt werden. So bleibt lediglich die Fahrtrichtung zu benennen.
- Die Lehrkraft lässt die Kinder mithilfe des Gymnastikstabes rotieren (diese fassen ihn mit beiden Händen).
- Im Schneidersitz wird zusätzlich zur angegebenen Rotation noch die Form „Kaffeemühle" links- und rechtsherum angeboten: Die Lehrkraft steht neben dem Brett und hält den Stab senkrecht nach unten. Das Kind ergreift ihn mit gestreckten Händen. Es muss versuchen, diese Haltung beizubehalten, die Arme in dieser Stellung zu „fixieren". Die Lehrkraft dreht den Stab in einem kleinen Radius um das Kind („rühren").

- Die Lehrkraft lässt die Kinder an der Station 3 mithilfe des Gymnastikstabes rotieren (diese fassen ihn mit beiden Händen).
- Die Lehrkraft sagt von ihrer Position aus die jeweils nächste Übung an.

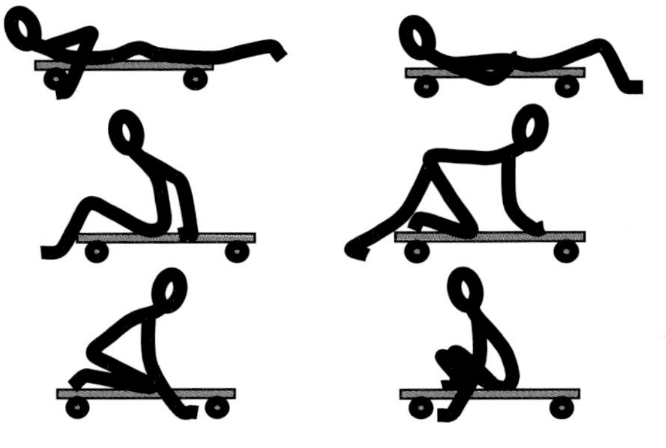

7.2.2 „Wir schleppen Autos ab"

Diagnostisch-didaktische Analyse

▶ **Handlungsstrukturanalyse zur statischen Gesamtkörperkoordination: auf dem Rollbrett**

Diese Analyse ist die Basis aller weiteren Vertiefungen. Aus ihr werden abgeleitet:

▶ **Lern- und Entwicklungsziel**

Das unten angegebene Lernziel zum Aspekt „mit statischer Teilkörperkoordination" (Gezogen-/Geschoben werden) besitzt exemplarischen Charakter. Der Stab kann in jeweils eigenen Stunden durch „Handfassung" oder „Seil" ersetzt werden.

Die Kinder sollen ihre statische Gesamtkörperkoordination auf beweglicher Fläche, dem Rollbrett

[1] alle Abbildungen als Kopiervorlagen im Anhang, S. 162 ff.

- in Bauch- und Rückenlage, im Langsitz, im Schneidersitz, im Kniesitz, im Kniestand
- im begrenzten Raum mit statischen Hindernissen
- vorwärts, rückwärts, mit Rotation
- gleichförmig, ruckartig
- mit statischer Teilkörperkoordination (mit einem Gymnastikstab gezogen/geschoben werden)

üben und die Fertigkeiten automatisieren.

▶ **Bewegungsbeschreibung**

▷ **Halten einer Position**

Wird das Kind gezogen oder geschoben, muss es gegen die von außen einwirkende Kraft eine Körperspannung erzeugen, um die Position halten zu können. Der Grad und die Richtung der vom Kind aufzubauenden Körperspannung variiert je nach Ansatzpunkt (am Brett, an der Schulter, an den Händen oder der Hand) und der Größe und Richtung der von außen einwirkenden Kraft.

▶ **Häufige Probleme bei der statischen Gesamtkörperkoordination auf dem Rollbrett**

➲ Die Körperspannung (aktive Aufrichtung) kann kaum hergestellt oder nicht ausreichend gehalten werden, der Körper „sackt" zusammen.

➲ Der Körperschwerpunkt kann nicht optimal über dem bewegten Brett gehalten werden: Die Position muss durch Stützreaktionen gesichert werden (z.B. Abstützen mit den Armen).

➲ Die Position kann auf dem bewegten Brett nicht ohne deutliche Gleichgewichtsbewegungen gehalten werden.

➲ Die Körperspannung gegen die Impulsrichtung (beim Gezogen-/Geschobenwerden mit Körperkontakt) kann nicht oder nicht ausreichend hergestellt werden.

➲ Die Reaktion auf eine Impulsänderung ist zeitlich stark verzögert.

➲ Die Position kann aufgrund von Kraftmangel nicht lange gehalten werden.

Didaktisch-methodische Analyse

▶ **Mediale Struktur**

▷ **Parcoursform**: Rundparcours

▷ **Aufbauplan**

▶ **Übungsstruktur**

▷ Übungsfolge und Stationsbezug

Im gesamten Parcours:

1. in Bauchlage, vorwärts, an den Händen gezogen, mit Rotation
2. in Rückenlage, rückwärts, an den Händen gezogen, mit Rotation
3. im Langsitz, vorwärts, an den Schultern geschoben, mit Rotation
4. im Langsitz, rückwärts, an den Schultern gezogen, mit Rotation
5. im Schneidersitz, vorwärts, an den Schultern geschoben, mit Rotation
6. im Schneidersitz, vorwärts, an den Händen gezogen, mit Rotation
7. im Schneidersitz, rückwärts, an den versteiften Armen geschoben, mit Rotation
8. im Kniesitz, vorwärts, an den Schultern geschoben, mit Rotation
9. im Kniesitz, vorwärts, an den Händen gezogen, mit Rotation
10. im Kniesitz rückwärts, an den versteiften Armen geschoben, mit Rotation
11. im Kniestand, vorwärts, an den Händen gezogen, mit Rotation
12. im Kniestand, rückwärts, an den versteiften Armen geschoben, mit Rotation

▷ **Häufigkeit**

1 Durchgang pro Übung und Kind

▶ **Hilfestellungen oder Sicherheitsstellungen**

⇨ Bewusstmachen der Aufrichtung des Körpers: Das sitzende Kind wird von vorn mit beiden Händen um die Taille gefasst und so seine aktive Aufrichtung eingeleitet bzw. unterstützt. Es wird

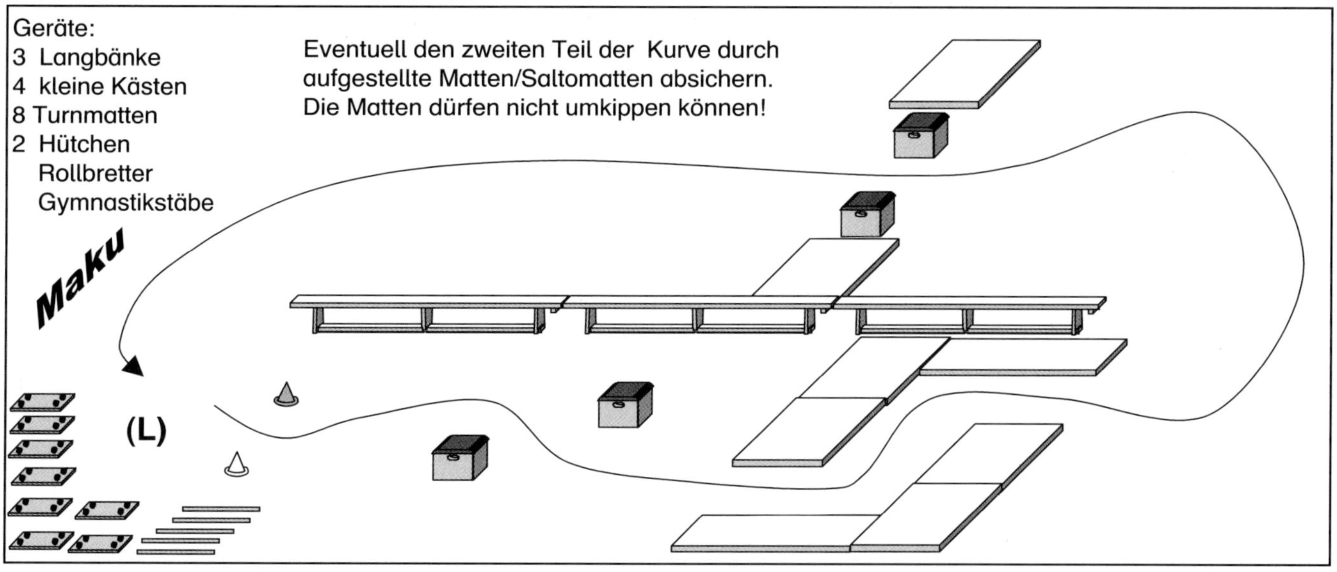

aufgefordert, diese Haltung beizubehalten.

⇨ Langsame Bewegungen, dosierte Impulsgebung und Steigerung (Lehrkraft als Partner).

⇨ Verbale Unterstützung z.B. beim „Geschobenwerden“: „Versuch mich wegzudrücken!“

⇨ Materialisierte Hilfestellung z.B. durch ein größeres Rollbrett, den Einsatz von Keilen/„Kissen“ zur Unterstützung oder Absicherung der Position, oder den Einsatz von umgedrehten kleinen Kästen u.Ä.

▶ Methode

▷ Symbolspiel: „Wir schleppen Autos ab“

▶ Ablaufschema

5 Minuten	Aufbau
5 – 10 Minuten	Freie Phase Tickspiel
5 – 10 Minuten	Erarbeitung der Symbolspielhandlung an der Makulaturwand - Handlungsziel - Parcours/Ablauf - Fertigkeit
15 – 20 Minuten	Arbeit am Lerngegenstand
5 Minuten	Abschlussbesprechung
5 Minuten	Abbau

▶ Nähere Ausführungen zum Stundenablauf

▷ Freie Phase

In der freien Phase können die Kinder mit den Rollbrettern fahren. Die Kreisrichtung ohne Gegenverkehr vermeidet Zusammenstöße.

▷ Erarbeitung des Handlungsziels für die Kinder an der Makulaturwand

- Die Lehrkraft zeichnet Bild 1 – 4.
- Die Kinder vermuten, was entsteht: Lastwagen.

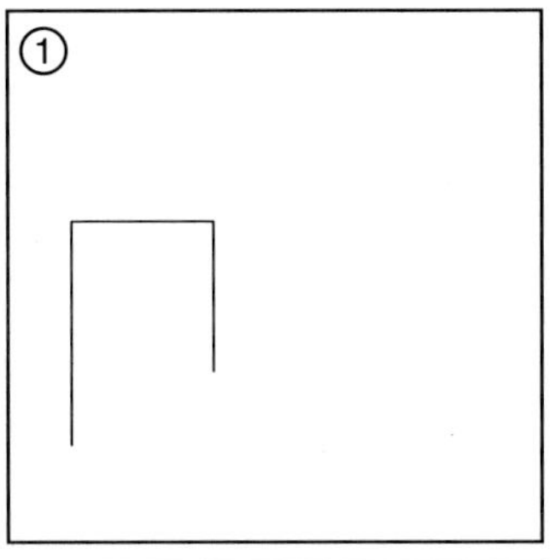

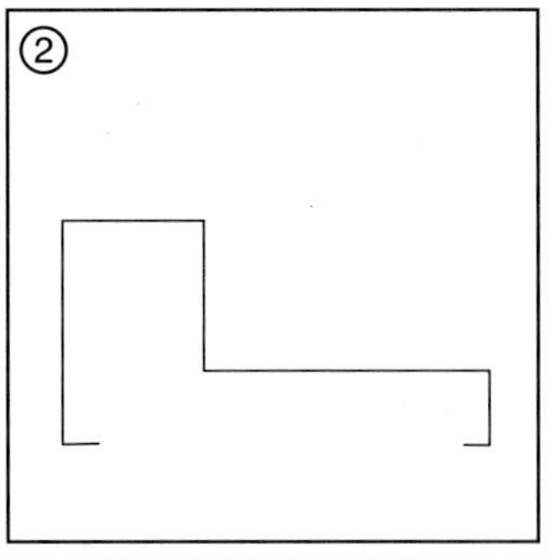

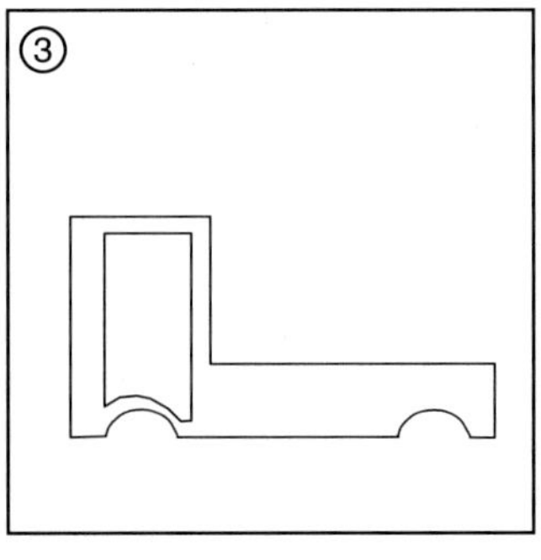

- „Was könnte das für ein Lastwagen sein? Was könnte er transportieren?“
- Die Lehrkraft zeichnet Bild 5: Abschleppwagen.
- „Wofür braucht man Abschleppwagen?
- „Wie funktioniert das Abschleppen?“
- Die Lehrkraft zeichnet Bild 6.
- „Dieser Abschleppwagen gehört Sabine Momo.“
- „Sabine braucht dringend Fahrer, die ihr helfen. Die müssen aber gut fahren können und dürfen keine Unfälle machen!“

▷ Erarbeitung der Fertigkeit

- Die Lehrkraft nimmt ein Rollbrett und demonstriert mit zwei Kindern, wie „Abschleppen“ funktioniert: Das eine Kind sitzt im Schneidersitz im Auto, das abgeschleppt werden soll, und das andere Kind ist der Abschleppwagen (das Kind geht und zieht/schiebt das Rollbrett). Wir benutzen zum Abschleppen diese Stange (Gymnastikstab).
- „Wer ist dafür verantwortlich, dass kein Unfall passiert? Der Abschlepper oder derjenige, der im Auto sitzt?“
- „Der Fahrer des Abschleppers!“
- Die Lehrkraft stellt Paare zusammen (evtl. vorab schon geplant/eingeteilt), die sich je ein Rollbrett vom Parkplatz besorgen, einen Stab erhalten und sich bei den beiden Hütchen (Start) aufstellen.

▷ Erarbeitung des Parcours

- „Keine Unfälle! Besonders vorsichtig müsst ihr in der Kurve sein. Fangt langsam an! Die Abschleppwagen fahren auf dieser Ringstraße.“
- Die Lehrkraft (L) positioniert sich bei den Hütchen, wo auch der Wechsel von „Fahrer“ und „Abschlepper“ erfolgt. Sie gibt Korrekturhinweise bzw. Hilfestellungen und sagt die weiteren Übungen an.

Hinweis zur Benutzung von Stock oder Seil:

Diese Stunde kann bezogen auf den Aspekt „Ziehen“ genauso mit einem Seil durchgeführt werden. Dieses ist allerdings deutlich schwerer. Bei der Verwendung des Seils ist zu bedenken: Die offene Seite des Seils gehört in die Hände des ziehenden Kindes. So kann sich das Kind nicht in das Seil „einspannen“ und hat die Möglichkeit durch Loslassen des Seils dem fahrenden oder rotierenden Brett zu entkommen!

7.2.3 „Wir üben für den Rollbrettführerschein“

Diagnostisch-didaktische Analyse

▶ **Handlungsstrukturanalyse zur statischen Gesamtkörperkoordination: auf dem Rollbrett**

Diese Analyse ist die Basis aller weiteren Vertiefungen. Aus ihr werden abgeleitet:

▶ **Lern- und Entwicklungsziel**

Das unten angegebene Lernziel wählt alle Positionen aus der Handlungsstrukturanalyse. Bezogen auf eine konkrete Lerngruppe und in Hinblick auf die Durchführbarkeit (Übungsmenge) sollte gegebenenfalls eine Auswahl erfolgen.

Die Kinder sollen ihre statische Gesamtkörperkoordination auf beweglicher Fläche, dem Rollbrett

- in Bauch- und Rückenlage, im Langsitz, im Schneidersitz, im Kniesitz, im Vierfüßlerstand, im Kniestand und Stand
- im begrenzten Raum mit statischen und dynamischen Hindernissen, von der schiefen Ebene
- vorwärts, rückwärts, mit Rotation
- mit statischer und dynamischer Teilkörperkoordination

üben und die Fertigkeiten automatisieren.

▶ **Bewegungsbeschreibung**

▷ **Halten einer Position:**

▷ **Das Brett mit den Füßen fortbewegen**

▷ **Das Brett mit den Händen fortbewegen**

Siehe jeweils die vorhergehenden Stundenbilder.

▷ **Von der schiefen Ebene fahren**

Das Kind stellt das Rollbrett auf die schiefe Ebene, sodass die hinteren Rollen an der Kante zwischen der schiefen Ebene und dem Kasten stoppen. Ist keine Kante vorhanden, muss das Kind das Brett mit einer Hand festhalten. Anschließend klettert es selbst auf den Kasten. Es stellt sich breitbeinig mit Blick in Fahrtrichtung über das Brett, geht in die Hocke, hebt das Brett über die Kante (es kann nun runterrollen) und setzt sich auf das Brett.

Mit den Füßen wird das Losfahren des Brettes verhindert. Nun werden die Beine auf das Brett gehoben (Langsitz oder Sitzen mit angezogenen Beinen) und das Kind fährt ab. Soll der Schneidersitz eingenommen werden, dann kann über ein Festhalten mit den Händen das Brett stabilisiert werden, bis die Position eingenommen wurde. Abschließend lassen die Hände los und das Kind fährt ab.

Bei der Abfahrt im Kniesitz kann sich das Kind genauso breitbeinig über das Brett stellen. Die Handfassung zum Heben des Brettes ist dann allerdings „vorne“ und nicht „hinten“.

▶ **Häufige Probleme bei der statischen Gesamtkörperkoordination auf dem Rollbrett**

➲ Siehe die vorhergehenden Stundenbilder.

Didaktisch-methodische Analyse

▶ **Mediale Struktur**

▷ **Parcoursform**: Rundparcours

▷ **Aufbauplan**

▶ **Übungsstruktur**

▷ **Übungsfolge und Stationsbezug**

Station 5 – schiefe Ebene:

1. im Langsitz, von schiefer Ebene, vorwärts
2. wie oben, aber: im Schneidersitz
3. wie oben, aber: im Kniesitz

Station 1, 3, 4, 6, 7 – mit dynamischer Teilkörperkoordination (das Brett mit Händen oder Füßen fortbewegen):

1. Fahren in Bauchlage, vorwärts, mit den Händen, mit Rotation
2. Fahren in Bauchlage, rückwärts, mit den Händen, mit Rotation

Geräte:

4	Langbänke	1	Ringe
1	Kasten	1	Tasche mit Ball
11	Turnmatten	2	Seile
5	Hütchen		Rollbretter
2	Reckpfosten		Bälle/Tennisringe
1	Saltomatte		in doppelter Anzahl

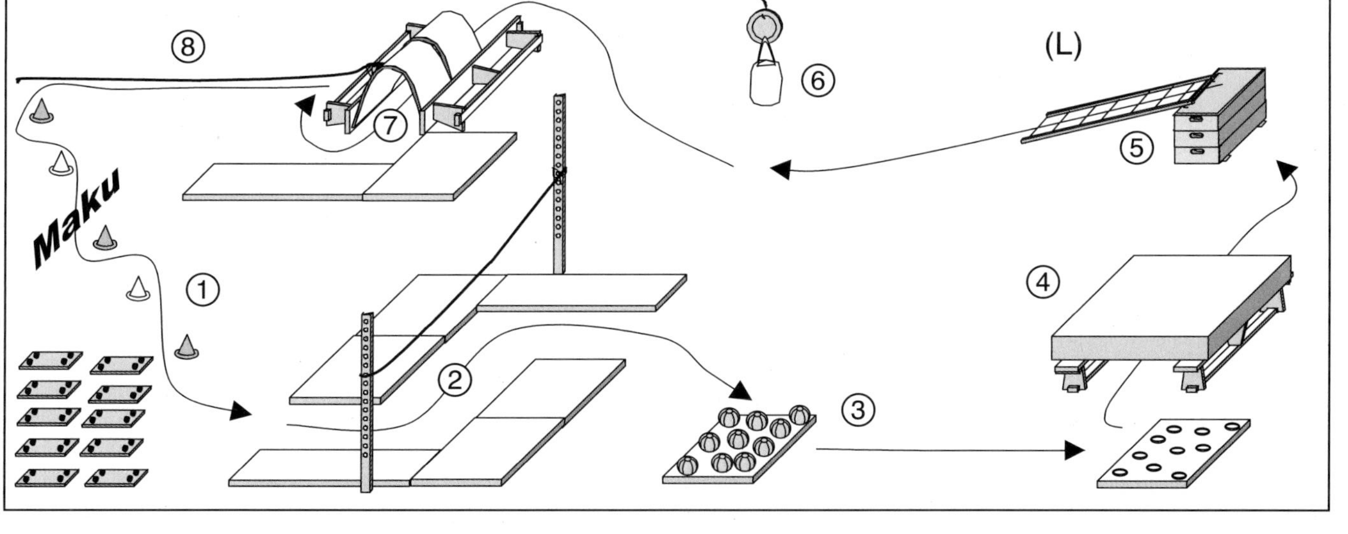

3. Fahren in Rückenlage, rückwärts, mit den Füßen, mit Rotation
4. Fahren in Rückenlage, vorwärts, mit den Füßen, mit Rotation
5. Fahren im „Langsitz", vorwärts, mit den Füßen, mit Rotation
6. Fahren im „Langsitz", rückwärts, mit den Füßen, mit Rotation
7. Fahren im Schneidersitz, vorwärts, mit den Händen, mit Rotation
8. Fahren im Schneidersitz, rückwärts, mit den Händen, mit Rotation
9. Fahren im Kniesitz, vorwärts, mit den Händen, mit Rotation
10. Fahren im Kniesitz, rückwärts, mit den Füßen, mit Rotation
11. Fahren im „Dreifüßlerstand", vorwärts mit einem Fuß, mit Rotation

Station 8 – am Seil:
1. alle Positionen, vorwärts, mit den Händen ziehen
2. wie oben, aber: rückwärts, mit den Händen schieben

Station 2 – am Seil zwischen den Reckpfosten:
1. im Kniestand, vorwärts, mit den Händen ziehen
2. im Kniestand, rückwärts, mit den Händen schieben
3. im Stand, vorwärts, mit den Händen ziehen
4. im Stand, rückwärts, mit den Händen schieben

▷ **Häufigkeit**

1 Durchgang pro Übung und Kind

▶ **Hilfestellungen oder Sicherheitsstellungen**

➲ Siehe die vorhergehenden Stundenbilder.

▶ **Methode**

▷ **Symbolspiel**: „Wir üben für den Rollbrettführerschein"

▶ **Ablaufschema**

5 Minuten	Aufbau
5 – 10 Minuten	Freie Phase Tickspiel
5 – 10 Minuten	Erarbeitung der Symbolspielhandlung an der Makulaturwand - Handlungsziel - Parcours/Ablauf - Fertigkeit
15 – 20 Minuten	Arbeit am Lerngegenstand
5 Minuten	Abschlussbesprechung
5 Minuten	Abbau

▶ **Nähere Ausführungen zum Stundenablauf**

▷ **Parken von Rollbrettern**

▷ **Freie Phase**

▷ **Rollbrett-Regeln**

Siehe jeweils Stundenbild 1.

▷ **Erarbeitung des Handlungsziels für die Kinder an der Makulaturwand**

- Die Lehrkraft zeichnet Bild 1 – 6: Rollbrettführerschein.

Zur weiteren Entwicklung der Geschichte, zur Vertiefung der Bedeutungsbeimessung, zur Erweiterung der Begriffsbildung etc. können nachfolgende Fragen erörtert werden:

- „Was ist ein Führerschein?"
- „Warum braucht man einen Führerschein?"
- „Wo bekommt man einen Führerschein?"
- „Was muss man können?"
- „Wollen wir auch einen Führerschein machen?"

▷ **Erarbeitung des Parcours**

- „Dreht euch um, bleibt aber sitzen!"
- Die Lehrkraft wechselt auf die andere Seite. Die Kinder können jetzt die Halle überblicken.
- „Wo können wir das Abschleppen üben?" (Antwort: „An den Seilen").
- „Wo können wir das Transportieren (Mitnehmen) von Sachen üben?" (Antwort: „Bei den Matten mit den Bällen"). „Wie wird das gemacht?" („Nehmt immer einen Ball und transportiert/bringt ihn zur anderen Matte. Legt ihn dort wieder in einen Tennisring.")
- „Was kommt nach der Tunnelfahrt?"

- „Versucht im Fahren den aufgehängten Sack zu treffen! Das ist der Schalter für die Waschstraße (die umgedrehten Langbänke mit den Matten). Danach zieht ihr euch durch die Trockenanlage."
- Die Kinder nehmen sich je ein Rollbrett. Sind nicht genügend Bretter vorhanden, wird immer nach einer Runde gewechselt, d.h., jedes ankommende Kind gibt sein Rollbrett an ein wartendes Kind weiter und empfängt dann eines der nächsten Bretter.
- Gegebenenfalls stellt die Lehrkraft jetzt die Hütchen für das Kurvenfahren auf.

▷ **Erarbeitung der Fertigkeit**
- Die erste Fahrübung ist: „Fahren auf dem Bauch und das Brett mit den Händen fortbewegen. Die Fahrtrichtung ist vorwärts", (eventuell die Piktogramme benutzen).
- Die Lehrkraft bezieht Position an der schiefen Ebene und unterstützt das Aufsteigen auf das Rollbrett.
- Sie sagt von hier die weiteren Übungen an: „In der nächsten Runde ..."

Hinweise:
- Ein „Problem" stellt der Transport der Bälle dar, weil diese immer wieder zurückgebracht werden müssen. Eventuell kann hierfür ein Kind oder eine andere Person eingesetzt werden.
- Die aufgehängte Jutetasche mit dem Ball o.Ä. soll die Aufrichtung des Körpers während der Fahrt provozieren. Insofern müsste die Tasche den unterschiedlichen Höhen der Fahrpositionen angeglichen werden (Lagen, Sitz- und Kniesitzposition).

7.2.4 „Wir machen den Rollbrettführerschein"

Diese Stunde ist weitgehend identisch mit der vorhergehenden Stunde. Folgende Abweichungen im Ablauf sind zu berücksichtigen:

▶ **Ablaufschema**

5 Minuten	Aufbau/Teilaufbau
5 – 10 Minuten	Freie Phase
5 – 10 Minuten	Einführung in die Symbolspielhandlung Prüfung: Rollbrett-Regeln (siehe 1. Stunde)
15 – 20 Minuten	Arbeit am Lerngegenstand
5 Minuten	Abschlussbesprechung Verteilen der Führerscheine
5 Minuten	Abbau/Teilabbau

▶ **Nähere Ausführungen zum Stundenablauf**

▷ **Erarbeitung des Handlungsziels für die Kinder an der Makulaturwand**
- Die Lehrkraft hängt ein Exemplar des Führerscheins auf.
- Die Lehrkraft begrüßt die Kinder als Fahrlehrerin bzw. Fahrlehrer.
- „Guten Tag, ich bin Fahrschullehrer/Fahrschullehrerin Müller. Sie möchten heute den Rollbrettführerschein machen?"
- „Ich habe hier schon einmal die Führerscheine ausgefüllt, aber noch nicht unterschrieben."
- „Die Prüfung hat zwei Teile: Ihr müsst die Rollbrettregeln kennen und die Strecke ohne Unfälle in verschiedenen Positionen durchfahren."
- „Dann können wir mit der Prüfung beginnen."
- Die Lehrkraft fragt die Rollbrettregeln ab (mündlich oder schriftlich in einem kleinen Test: z.B. Durchstreichen der falschen Piktogramme, Text-Bildzuordnung, Ankreuzen von Auswahlsätzen usw.).

▷ **Erarbeitung des Parcours**
- „Wir fahren in der Prüfung genauso, wie ihr es mit eurer Lehrerin/eurem Lehrer geübt habt."

▷ **Erarbeitung der Fertigkeit**
- „Die erste Prüfungsaufgabe lautet: Fahren auf dem Bauch, das Brett mit den Händen fortbewegen. Die Fahrtrichtung ist vorwärts", (siehe auch Stundenbild 1).
- Die Lehrkraft bezieht Position an der schiefen Ebene und unterstützt das Aufsteigen auf das Rollbrett.
- Sie sagt von hier die weiteren Übungen an: „In der nächsten Runde ..."

▷ **Abschlussbesprechung**
Hier werden die Führerscheine verteilt.

7.3 Handlungsstrukturanalyse statische Gesamtkörperkoordination: auf der Teppichfliese

Handlungsstrukturanalyse
STATISCHE GESAMTKÖRPERKOORDINATION
auf der Teppichfliese

Daten:

Art der Position auf der Fliese Art der Fortbewegung mit der Fliese	Anzahl	Art der Fläche	Bewegungsrichtung/ Impuls
▶ **statische Gesamtkörperkoordination** ▷ eine Position auf der/den Fliese(n) einnehmen ▷ Gleiten (auf schräger Fläche oder nach „Anschwung“) • in Bauch-/Rückenlage • im Schneidersitz, Langsitz • im Vierfüßlerstand • im Kniestand • im Hockstand - Flächenstand - Ballenstand • im Stand - gebeugt - aufrecht • im Einbeinstand (rechts/links) ▶ **mit statischer Teilkörperkoordination** ▷ „Gezogen-/Geschoben-Werden“ - an der Hand/den Händen - am Körper - mit starrer Verbindung (z.B. Stock) - mit flexibler Verbindung (z.B. Seil) • in einer der Positionen ▶ **mit dynamischer Teilkörperkoordination** ▷ „Sich-selbst-Ziehen/Schieben“ • in einer der Positionen ▷ „Umsetzen“ (der Fliese) ▶ **mit dynamischer Gesamtkörperkoordination** ▷ Fortbewegung auf der Fliese/mit der Fliese • im Sitzrutschen • im Vierfüßlergang • im Kniegang • im Gehen - in der Hocke - gebeugt - aufrecht ▷ „Umsteigen“ (Wechsel von Fliese zu Fliese) ▷ aus dem Anlauf, Sprung usw. auf die Fliese	▷ mit einer ▷ mit zwei ▷ mit drei ▷ mit *n* Fliesen	▷ • groß • klein ▷ • breit • schmal ▷ • lang • kurz ▷ • hart • nachgebend - weich - federnd ▷ • eben • uneben ▷ • stumpf • rutschig ▷ • ebenerdig • erhöht - bodennah - bodenfern ▷ • waagerecht • schräg - Anstellwinkel eher flach - Anstellwinkel eher steil • senkrecht ▷ • stabil • beweglich - träge/leicht beweglich - in eine/alle Richtungen	▶ statisch Fliese liegt ▶ dynamisch Fliese wird bewegt ▷ vorwärts ▷ seitwärts - nach links - nach rechts ▷ rückwärts ▷ Rotation ▷ langsam ▷ schnell ▷ aufwärts ▷ abwärts ▷ gleichförmig ▷ ruckartig

Automatisierungsgrad

Spalte 1	Spalte 2
▶ Handlungen mit personalisierter Hilfe ▶ Handlungen mit materialisierter Hilfe	▶ eigenständige Handlungen ▶ Simultanhandlungen

Freie Beschreibung:

7.3.1 „Wir helfen einen Iglu zu bauen"

Diagnostisch-didaktische Analyse

▶ Handlungsstrukturanalyse zur statischen Gesamtkörperkoordination: auf der Teppichfliese

Diese Analyse ist die Basis aller weiteren Vertiefungen. Aus ihr werden abgeleitet:

▶ Lern- und Entwicklungsziel

Die Kinder sollen ihre statische Gesamtkörperkoordination auf der Teppichfliese

- durch Gehen, mit zwei Fliesen
- durch Sich-selbst-Ziehen, im Stand, je Fuß eine Fliese
- durch Umsetzen/Umsteigen, mit zwei Fliesen
- auf unterschiedlichen Flächen
- vorwärts, seitwärts, rückwärts

üben und automatisieren.

▶ Bewegungsbeschreibung

▷ Gehen mit zwei Fliesen

Der Ausführende steht mit je einem Fuß auf einer Fliese. (Die Fliesen dürfen nicht zu groß sein, da sonst eine allzu breitbeinige Stellung notwendig ist. Ferner sollte die gummierte Seite nach oben und die befloorte Seite aufgrund der besseren Gleiteigenschaften in Richtung Boden zeigen.)
Die Bewegungsausführung ist mit dem Gehen identisch (siehe die Bewegungsbeschreibung Gehen) bis auf den Unterschied, dass der Fuß, der gerade versetzt wird, nicht vom Boden (hier: von der Fliese) abhebt, sondern die Fliese bei seiner Verlagerung mit sich zieht. Dies wird dadurch erreicht, dass über den Fußballen ein leichter Druck auf die Fliese ausgeübt wird und diese so über den Boden gezogen wird. Durch rhythmisches Mitschwingen der Arme wird die gesamte Fortbewegung elastisch ausgeführt und ähnelt im Idealfall dem Bewegungsvorbild des Skilangläufers.

▷ Umsetzen/Umsteigen mit zwei Fliesen

Der Ausführende steht mit parallel gesetzten Füßen auf einer Fliese. (Die gummierte Seite der Fliese sollte beim Umsetzen immer auf den Boden gelegt werden, da so einem Wegrutschen während des Umsetzens vorgebeugt wird.) In einer Hand oder in beiden Händen hält er eine weitere Fliese. Es gibt zwei Möglichkeiten, wie man diese Fliese seitlich neben sich legen kann. Dabei sollte der Abstand von Fliese zu Fliese stets so gewählt werden, dass nach einem Wechsel von der ersten zur zweiten Fliese die jeweilige Ausgangsfliese noch ohne Verrenkungen ergriffen und umgesetzt werden kann. Entweder bückt man sich, indem man in die Hocke geht (auf Dauer die rückenschonende Variante) oder dadurch, indem man den Oberkörper in der Hüfte beugt. In der Regel werden beide Arten kombiniert angewendet. Aus der gebückten Stellung heraus legt der Ausführende die ein- oder beidhändig gehaltene Fliese seitlich neben sich auf den Boden. Diese Verlagerung geht einher mit einer Drehbewegung im Oberkörper, die in der Regel mit dem Kopf „nach unten" ausgeführt wird. Anschließend richtet sich der Ausführende etwas auf. Wurde das Bücken stärker durch ein Beugen der Beine realisiert, müssen diese hierzu gestreckt und der Oberkörper vergleichsweise weniger aufgerichtet werden, als wenn das Bücken mehr durch Beugung im Bereich der Hüfte gestaltet wurde. Nun wird das Körpergewicht auf das der freien Fliese abgewandte Bein verlagert und das der freien Fliese zugewandte Bein seitlich auf diese versetzt. Durch erneute Verlagerung des Körperschwerpunktes in Richtung dieses Beines wird das bisherige Standbein frei und mit einem Nachstellschritt ebenfalls auf die zweite Fliese versetzt. Nun wird sich wieder gebückt (s.o.), die freie Fliese ein- oder beidhändig ergriffen, vor dem Körper vorbeigeführt und seitlich in Bewegungsrichtung erneut platziert usw.

Neben der Bewegungsrichtung „seitwärts" (nach links oder rechts) kann die Fortbewegung auch „vorwärts" oder „rückwärts" erfolgen. In diesen Fällen wird die Fliese von vorne nach hinten (Bewegungsrichtung rückwärts) oder von hinten nach vorne (Bewegungsrichtung vorwärts) seitlich am Körper vorbeigeführt. Dies führt zu verstärkten Drehbewegungen im Oberkörper bzw. der Hüfte, gegebenenfalls wird die Drehung des Körpers durch ein Versetzen der Füße auf der Fliese unterstützt.

Der Übergang von Fliese zu Fliese kann ferner beidbeinig springend ausgeführt werden oder das Umsetzen kann so erfolgen, dass der Ausführende immer nur mit einem Fuß auf eine Fliese steht, also stets im Einbeinstand die Verlagerung der Fliesen vornimmt.

▷ „Sich-selbst-Ziehen" mithilfe eines Seils

Der Ausführende stellt beide Beine oder je ein Bein auf eine Fliese. Er positioniert sich so zu dem Seil, dass dieses genau in Bewegungsrichtung ausliegt. Entweder steht er am Ende des Seils, dann wird er das Seil beim Heranziehen eher neben dem Körper zu Boden gleiten lassen, oder er steht über dem Seil, d.h., je ein Bein steht links und rechts des Seils, dann wird das verholte Seil zwischen den Beinen zu Boden gleiten. Das Seil wird mit beiden Händen ergriffen, der Oberkörper zurückgelegt und dadurch das Seil auf Spannung, d.h. in eine „waagerechte" Lage, gebracht (Haltung wie beim Wasserski). Die Beine sind in dieser Haltung bei leichter Beugung in den Knien versteift und vorgestreckt. Nun greifen die Hände immer im Wechsel vor. Durch die zurückgelegte Haltung des Oberkörpers und die vorgestreckten, versteiften Beine wird dieser Bewegungsimpuls auf die Fliesen übertragen, die dadurch über den Boden gleiten.

▶ Häufige Probleme beim Umsetzen/Umsteigen

➲ Die Fliese wird mit der befloorten Seite auf den Boden gelegt und rutscht dadurch beim Umsetzen leicht weg.

➲ Die Fliese wird zu weit entfernt platziert.

➲ Zur Stabilisierung des Gleichgewichtes während der Verlagerung oder nach dem Umsetzen müssen deutliche Ausgleichsbewegungen (Gleichgewichtsreaktionen) ausgeführt werden.

➲ Beim Verdrehen des Oberkörpers während des Versetzens der Fliesen muss mithilfe von einem Schritt (Stützreaktion) das Gleichgewicht stabilisiert werden.

➲ Das Bücken wird überwiegend ohne Beugung der Beine durchgeführt.

➲ Probleme in der Kraftausdauer. Hiervon betroffen sind

- die Rückenmuskulatur, besonders dann, wenn das Bücken und anschließende Aufrichten überwiegend durch Beugen/Strecken der Hüfte realisiert wird,
- die Beinmuskulatur, wenn das Bücken und Aufrichten überwiegend aus den Beinen erfolgt.

➲ Die Bewegungsrichtung kann nicht eingehalten werden.

▶ Häufige Probleme beim Gehen

➲ Es gelingt nicht oder nicht durchgängig, die Fliese beim Versetzen des Beines „mitzunehmen", d.h., es wird nicht genug Druck durch das bewegungsführende Bein auf die Teppichfliese ausgeübt. Oft ist dabei der Oberkörper zu stark vorgeneigt.

➲ Die Beine werden bei der Gehbewegung sehr gerade und „steif" gehalten, damit die gesamte Fußsohle Druck auf die Fliese ausüben kann. Dies führt zu einer deutlicheren Verlagerung des Körpergewichts auf das zeitweilige Standbein und zu einer Gehbewegung des Schwungbeines, die durch eine Rotation aus der Hüfte charakterisiert ist. Diese Rotation setzt sich als Mitbewegung (Schwanken) des Oberkörpers fort.

➲ Bei Belastung des Standbeines kommt es zum Gleichgewichtsverlust.

➲ Es wird zu viel Druck durch das bewegungsführende Bein auf die Teppichfliese ausgeübt, sodass sie nicht vorwärts rutscht.

➲ Die Schrittbreite ist zu eng gestellt, sodass sich die Teppichfliesen in der Bewegung überlappen.

➲ Die Fortbewegung kann nicht oder nur unzureichend flüssig und rhythmisch alternierend durchgeführt werden.

▶ Häufige Probleme beim Sich-selbst-Ziehen mithilfe eines Seils

➲ Die Fliese wird mit der gummierten Seite nach unten gelegt.

➲ Der Oberkörper wird nicht ausreichend zurückgelegt (keine Haltung wie beim Wasserski).

➲ Die Beine werden nicht ausreichend versteift und nicht vor den Körper gestellt (steht im Zusammenhang zum zurückverlagerten Oberkörper).

➲ Der Oberkörper wird zu weit zurückgelegt, die Beine werden zu weit vorgeschoben, das Kind fällt um.

➲ Der Oberkörper wird eher vorgebeugt, die Beine bleiben bezogen auf die Bewegungsrichtung eher hinter dem Körperschwerpunkt. So gelingt das Gleiten nicht.

➲ Die Balance zwischen der Rücklage des Oberkörpers und der Vorlage der Beine ist zu instabil und führt immer wieder zu einer zu starken Rücklage (das Kind fällt rutschend) oder zu einer zu starken Vorneigung des Oberkörpers (zu geringe Vorlage der Beine), sodass der Bewegungsfluss stoppt.

➲ Die Hände ziehen ruckartig und nicht gleichmäßig.

Didaktisch-methodische Analyse

▶ Mediale Struktur

▷ **Parcoursform**: Rundparcours

▷ **Aufbauplan**

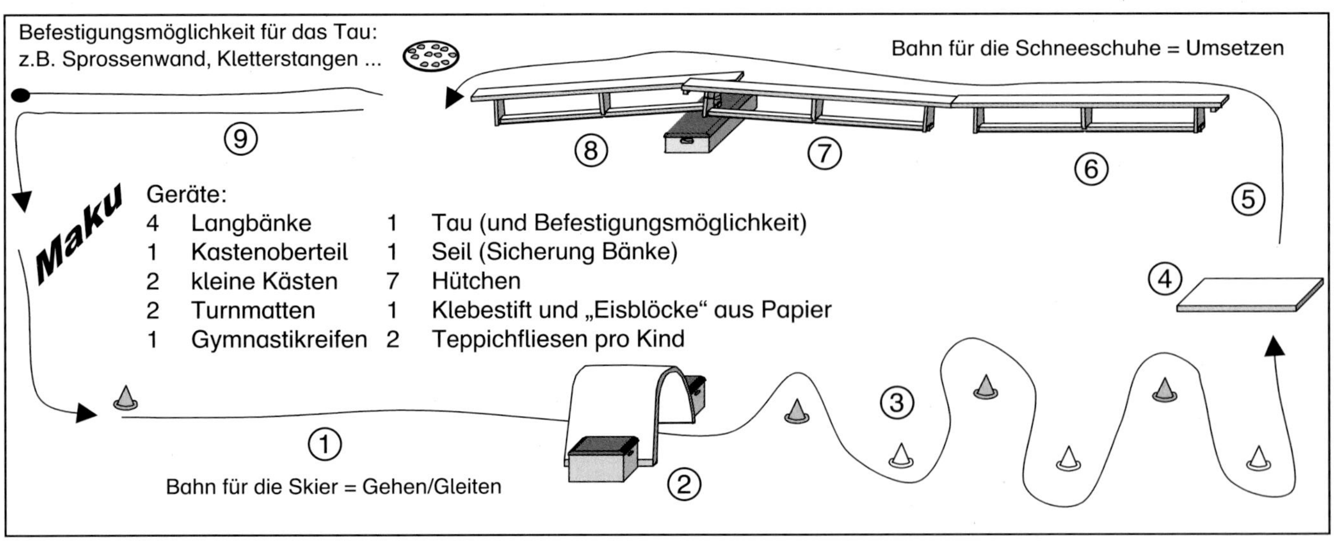

▶ **Übungsstruktur**

▷ **Übungsfolge und Stationsbezug**

Station 1 – freie Fläche auf dem Boden:
1. Gehen aufrecht, je Fuß eine Fliese, auf ebenerdiger Fläche, vorwärts
2. wie oben, aber rückwärts

Station 2 – Turnmatten zwischen den Kästen:
1. Gehen gebeugt, je Fuß eine Fliese, auf ebenerdiger Fläche, vorwärts
2. wie oben, aber rückwärts

Station 3 – zwischen den Hütchen:
1. Gehen aufrecht, je Fuß eine Fliese, auf ebenerdiger Fläche, vorwärts
2. wie oben, aber rückwärts

Station 4 – Turnmatte:
Hier findet der Wechsel zwischen „Gehen“ und „Umsetzen/Umsteigen“ statt.

Station 5 – freie Fläche auf dem Boden:
1. Umsetzen/Umsteigen, mit zwei Fliesen, auf ebenerdiger Fläche, seitwärts nach links
2. wie oben, aber seitwärts nach rechts
3. wie oben, aber vorwärts
4. wie oben, aber rückwärts

Station 6 – Langbank:
1. Umsetzen/Umsteigen, auf erhöhter Fläche, seitwärts nach links
2. wie oben, aber seitwärts nach rechts
3. wie oben, aber vorwärts
4. wie oben, aber rückwärts

Station 7 und 8 – Langbänke:
1. Umsetzen/Umsteigen, auf schräger Fläche, seitwärts nach links, aufwärts (Station 6 bzw. abwärts Station 7)
2. wie oben, aber seitwärts nach rechts
3. wie oben, aber vorwärts
4. wie oben, aber rückwärts

Station 9 – gespanntes Seil:
Sich-selbst-Ziehen, im Stand, je Bein eine Fliese, auf ebenerdiger Fläche, vorwärts

▷ **Häufigkeit**

4 – 6 Durchgänge

▶ **Hilfestellungen oder Sicherheitsstellungen**

▷ **Hilfestellung zum Gehen mit zwei Fliesen**

⇨ Hinweis darauf, wie die Fliese platziert werden sollte.

⇨ Hinweis auf eine möglichst gerade Körperhaltung.

⇨ Hinweis darauf, dass der Druck auf die Fliese durch den Fußballen erfolgt („Drücke mit der Spitze vom Fuß auf die Fliese.“).

▷ **Hilfestellung zum Umsetzen/Umsteigen**

⇨ Hinweis darauf, wie die Fliese platziert werden sollte.

⇨ Hinweis auf eine stärkere Beugung der Beine.

▷ **Hilfestellung zum Sich-selbst-Ziehen**

⇨ Hinweis darauf, wie die Fliese platziert werden sollte.

⇨ Hinweis auf das Zurücklegen des Oberkörpers.

⇨ Hinweis auf ein Vorstrecken der Beine; auf eine leichte Beugung der Beine, auf eine Versteifung der Beine.

⇨ Die Lehrkraft stellt sich hinter das Kind und ebenfalls auf die Fliesen. Sie ergreift das Seil so, dass sie das Kind „im Arm“ hat. Das Zurückverlagern des Oberkörpers und das Vorstrecken der Beine bei gleichzeitigen Zug mit einer Hand kann so als Bewegungsvorstellung an das Kind vermittelt werden.

▷ **Sicherheitsstellungen**

⇨ Eine Sicherheitsstellung ist nicht erforderlich.

▶ **Methode**

▷ **Symbolspiel**: „Wir helfen einen Iglu zu bauen“

▶ **Ablaufschema**

5 Minuten	Aufbau oder Teilaufbau
5 – 10 Minuten	Freie Phase Tickspiel
5 – 10 Minuten	Auslegen der „Eisblöcke“ (Papier) Erarbeitung der Symbolspielhandlung an der Makulaturwand - Handlungsziel - Parcours/Fertigkeit
15 – 20 Minuten	Arbeit am Lerngegenstand
5 Minuten	Abschlussbesprechung
5 Minuten	Abbau oder Teilabbau

▶ **Nähere Ausführungen zum Stundenablauf**

▷ **Erarbeitung des Handlungsziels für die Kinder an der Makulaturwand**

- Die Lehrkraft zeichnet Bild 1 – 6. Der Iglu muss sehr groß gezeichnet werden, da dieser im Verlauf der Stunde von den Kindern mit Papierschnipseln oder „Eisblöcken“ aus Papier beklebt (besser: ausgeklebt) werden soll.
- Die Kinder vermuten, was entsteht: eine Inuit-Frau (Eskimo) und Iglu.

Zur weiteren Entwicklung der Geschichte, zur Vertiefung der Bedeutungsbeimessung, zur Erweiterung der Begriffsbildung etc. können nachfolgende Fragen erörtert werden:

- „Wie nennen sich die Eskimos selbst?“
- „Wo leben die Inuit?“
- „Fahren die Inuit mit Autos über das Eis?“ (Schneeschuhe, Ski, Hundeschlitten).
- „Woraus ist ein Iglu gebaut?“
- „Leben die Inuit immer in einem Iglu?“
- „Wenn sie längere Zeit auf Jagd sind, bauen sie sich einen Iglu.“
- „Diese Inuit-Frau heißt Smilla.“
- „Sie will sich einen Iglu bauen und könnte eure Hilfe gebrauchen.“
- „Wir helfen Smilla einen Iglu zu bauen! Bleibt sitzen und dreht euch um.“

▷ **Erarbeitung des Parcours/Fertigkeit**

- „Die Eisblöcke holen wir dort (Papierschnipsel im Gymnastikreifen)."
- „Zuerst können wir mit unseren Skiern fahren."
- Die Lehrkraft demonstriert die Fertigkeit.
- „Es geht durch den Tunnel und im Slalom um die kleinen Eisblöcke herum."
- „Dann müssen wir die Skier gegen Schneeschuhe umtauschen." („Bei den Eisbergen kann man nicht mehr Skifahren.")
- Die Fertigkeit wird von der Lehrkraft demonstriert.
- „Nach den Eisbergen findet ihr die Eisblöcke. Nehmt immer einen Eisblock mit."
- „Zuletzt müssen wir über den Eissee. Damit wir nicht in das Eis einbrechen, ziehen wir uns an dem Seil entlang."
- Die Fertigkeit wird von der Lehrkraft demonstriert.
- „Klebt den Eisblock auf das Blatt (die Makulaturwand). Danach holt ihr einen neuen Eisblock."

Anmerkung zu den Fischen: Hier können die Fische der Stunde zur statischen Gesamtkörperkoordination (siehe S. 48 ff.) benutzt werden oder man zeichnet Fische auf ein DIN-A4-Blatt, kopiert es und schneidet die Fische aus.

7.3.2 „Wir helfen Smilla beim Fischfang"

Diagnostisch-didaktische Analyse

▶ **Handlungsstrukturanalyse zur statischen Gesamtkörperkoordination: auf der Teppichfliese**

Diese Analyse ist die Basis aller weiteren Vertiefungen. Aus ihr werden abgeleitet:

▶ **Lern- und Entwicklungsziel**

Die Kinder sollen ihre statische Gesamtkörperkoordination auf der Teppichfliese

- durch Gezogen-Werden, im Hockstand, Stand, je Fuß eine Fliese
- durch Gehen, je Fuß eine Fliese, Vierfüßlergang, für zwei Hände und zwei Füße je eine Fliese
- durch Umsetzen/Umsteigen, mit zwei Fliesen
- auf unterschiedlichen Flächen
- vorwärts, seitwärts, rückwärts

üben und automatisieren.

▶ **Bewegungsbeschreibung**

▷ **Gehen**

▷ **Sich-selbst-Ziehen**

Siehe jeweils das vorherige Stundenbild.

▷ **Gezogen-Werden**

Der Ausführende nimmt eine Position auf der oder den Fliesen ein und ergreift die Hand oder einen zwischengeschalteten Gegenstand desjenigen, der ihn ziehen will. Die notwendige Bewegungskoordination ist identisch mit der unter „Ziehen" (und Gleiten) beschriebenen. Hinzu kommt, dass der Bewegungsimpuls hier eher ruckartig ist und außerdem beim Vorliegen einer flexiblen Verbindung Ausgleichsbewegungen schwerer zu koordinieren sind.

▷ **Vierfüßlergang**

Die Ausführung des Vierfüßlergangs mit Teppichfliesen ist abhängig von der Anzahl der Fliesen.

- Vierfüßlergang mit vier Fliesen:

Der Ausführende platziert je eine Hand und je ein Bein auf einer Fliese. Die Art der Fortbewegung kann nun analog zum Vierfüßlergang ohne Fliesen erfolgen (alternierend: rechter Arm, linkes Bein, linker Arm rechtes Bein usw.) oder aber beide Arme werden zeitgleich vorgestreckt und anschließend werden beide Beine gleichzeitig nachgezogen (usw.).

- Vierfüßlergang mit zwei Fliesen:

Der Ausführende platziert beide Hände auf einer und beide Beine auf einer anderen Fliese. Die Fortbewegung erfolgt durch ein zeitgleiches Vorstrecken beider Arme, auf das ein gleichzeitiges Nachziehen beider Beine folgt (usw.).

▶ **Häufige Probleme beim Gezogen-Werden**

➲ Die hier auftretenden Probleme entsprechen denen, die unter dem Punkt „Sich-selbst-Ziehen“ beschrieben wurden.

▶ **Häufige Probleme beim Vierfüßlergang**

➲ Die Fliese wird mit der gummierten Seite nach unten gelegt.
➲ Die Körperspannung kann nicht gehalten werden, das Kind gleitet in die Bauchlage oder fällt um.
➲ Das kreuzdiagonale Bewegungsmuster gelingt nicht.

Didaktisch-methodische Analyse

▶ **Mediale Struktur**
▷ **Parcoursform**: Rundparcours
▷ **Aufbauplan**

▶ **Übungsstruktur**
▷ **Übungsfolge und Stationsbezug**

Station 1 – freie Fläche auf dem Boden:
1. Gehen aufrecht, je Bein eine Fliese, auf ebenerdiger Fläche, vorwärts
2. wie oben, aber rückwärts

Station 2 –Turnmatten zwischen den Kästen:
1. Gehen gebeugt, je Bein eine Fliese, auf ebenerdiger Fläche, vorwärts
2. wie oben, aber rückwärts

Station 3 – zwischen den Hütchen:
1. Gehen aufrecht, je Bein eine Fliese, auf ebenerdiger Fläche, vorwärts
2. wie oben, aber rückwärts

Station 4 – Lehrkraft:
1. Gezogen-Werden, im Hockstand, je Bein eine Fliese, auf ebenerdiger Fläche, vorwärts
2. wie oben, aber im Stand

Station 5 – Langbank:
1. Umsetzen/Umsteigen, auf erhöhter Fläche, seitwärts nach links
2. wie oben, aber seitwärts nach rechts
3. wie oben, aber vorwärts
4. wie oben, aber rückwärts

Station 6 – freie Fläche auf dem Boden:
1. Umsetzen/Umsteigen, auf ebenerdiger Fläche, seitwärts nach links
2. wie oben, aber seitwärts nach rechts
3. wie oben, aber vorwärts
4. wie oben, aber rückwärts

Station 7 – freie Fläche auf dem Boden:
1. Vierfüßlergang, für beide Hände eine Fliese und für beide Füße eine andere Fliese, auf ebenerdiger Fläche, vorwärts
2. wie oben, aber rückwärts

▷ **Häufigkeit**

4 – 6 Durchgänge

▶ **Hilfestellungen oder Sicherheitsstellungen**
▷ **Hilfestellung zum Gehen**
▷ **Hilfestellung zum Umsetzen/Umsteigen**
▷ **Hilfestellung zum Gezogen-Werden**

⇨ Hinweis darauf, wie die Fliese platziert werden sollte.
⇨ Hinweis auf das Zurücklegen des Oberkörpers.
⇨ Hinweis auf ein Vorstrecken der Beine, auf eine leichte Beugung der Beine, auf eine Versteifung der Beine.
⇨ Langsames, gleichförmiges Ziehen.

▷ **Hilfestellung zum Vierfüßlergang**

⇨ Hinweis darauf, wie die Fliese platziert werden sollte.

▷ **Sicherheitsstellungen**

⇨ Eine Sicherheitsstellung ist nicht erforderlich.

▶ **Methode**
▷ **Symbolspiel**: „Wir helfen Smilla beim Fischfang“

▶ **Ablaufschema**

5 Minuten	Aufbau oder Teilaufbau
5 – 10 Minuten	Freie Phase Tickspiel

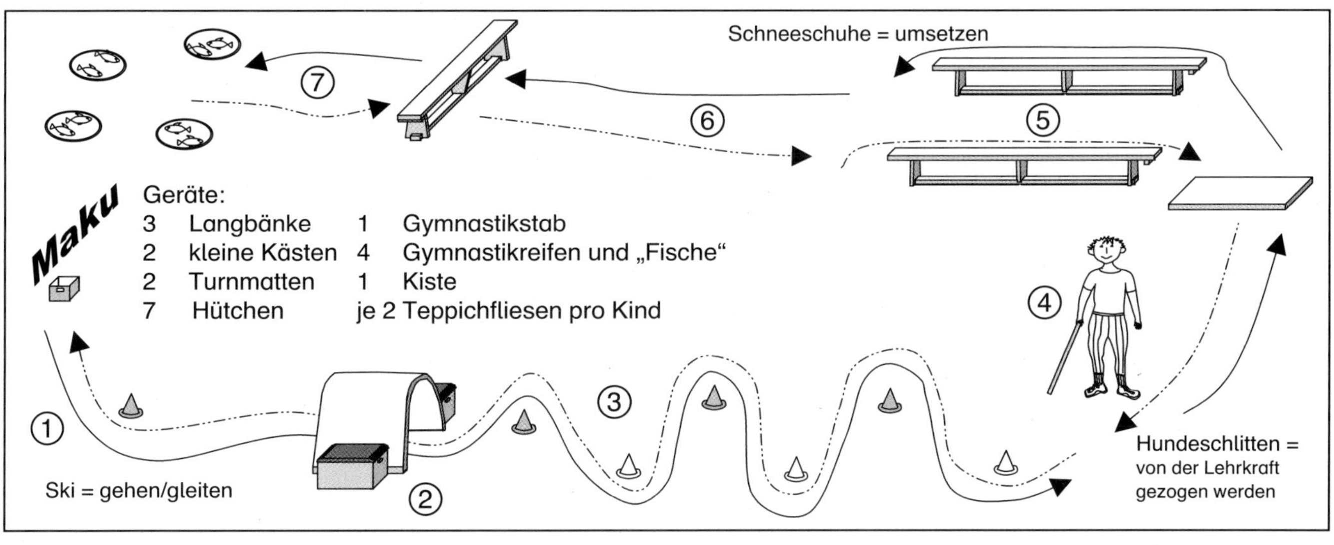

5 – 10 Minuten	Auslegen der „Fische“ Erarbeitung der Symbolspielhandlung an der Makulaturwand - Handlungsziel - Parcours/Fertigkeit
15 – 20 Minuten	Arbeit am Lerngegenstand
5 Minuten	Abschlussbesprechung
5 Minuten	Abbau oder Teilabbau

▶ Nähere Ausführungen zum Stundenablauf

▷ Erarbeitung des Handlungsziels für die Kinder an der Makulaturwand

- Die Lehrkraft zeichnet Bild 1 – 4.
- Die Kinder vermuten, was entsteht: Iglu, Inuit-Frau (Smilla).

- „Das Iglu haben wir bereits gebaut. Jetzt können wir mit Smilla auf die Jagd gehen. Was jagen die Inuit?“
- Die Lehrkraft zeichnet Bild 5 und 6.
- „Wir können mit Smilla Fische fangen!“
- „Bleibt sitzen und dreht euch um.“

▷ Erarbeitung des Parcours/Fertigkeit

- „Zuerst können wir wieder unsere Skier benutzen (analog zur letzen Stunde). Bei dem Berg müssen wir wieder mit den Schneeschuhen gehen. Die Eislöcher sind dort (Station 7). Damit wir nicht in das Eis einbrechen, müssen wir ganz vorsichtig über das Eis gehen. Das geht so.“
- Die Fertigkeit (Vierfüßlergang mit zwei Fliesen) wird von der Lehrkraft demonstriert.
- „Angelt immer einen Fisch und bringt ihn hierher zum Iglu und legt ihn in die Fischkiste.“
- Die Lehrkraft vergewissert sich, dass Ablauf und Fertigkeiten verstanden wurden und ausgeführt werden können.
- Sie gibt die jeweiligen Übungen vor.
- Nach einiger Zeit platziert sie sich als Station 4 und führt die Übung „Hundeschlitten“ ein (siehe Übungsstruktur, S. 67).

7.3.3 „Skifahren und Rodeln“

Diagnostisch-didaktische Analyse

▶ Handlungsstrukturanalyse zur statischen Gesamtkörperkoordination: auf der Teppichfliese

Diese Analyse ist die Basis aller weiteren Vertiefungen. Aus ihr werden abgeleitet:

▶ Lern- und Entwicklungsziel

Die Kinder sollen ihre statische Gesamtkörperkoordination auf der Teppichfliese
- durch Gleiten im Schneidersitz, Kniesitz, Hockstand, (Stand), auf einer Fliese
- durch Sich-selbst-Ziehen, im Hockstand, auf einer Fliese
- durch Gehen, je Fuß eine Fliese
- auf unterschiedlichen Flächen
- vorwärts

üben und automatisieren.

▶ Handlungsstrukturanalyse zur statischen Gesamtkörperkoordination: auf dem Rollbrett

Diese Analyse ist die Basis aller weiteren Vertiefungen. Aus ihr werden abgeleitet:

▶ Lern- und Entwicklungsziel

Die Kinder sollen ihre statische Gesamtkörperkoordination auf beweglicher Fläche, dem Rollbrett
- in Bauchlage, im Langsitz, im Schneidersitz, im Kniesitz
- von schiefer Ebene
- vorwärts
- mit dynamischer Teilkörperkoordination

üben und die Fertigkeiten automatisieren.

▶ Bewegungsbeschreibung

▷ Gehen

▷ Gezogen-Werden

Siehe das vorherige Stundenbild.

▷ Rollbrett von der schiefen Ebene fahren

Siehe die Stundenbilder zum Rollbrett.

▷ Gleiten auf schrägen Flächen

Der Ausführende legt die Fliesen auf die schräge Fläche (zwei Fliesen werden übereinander gelegt).

Bei einem eher steilen Anstellwinkel muss er die Fliesen festhalten, damit sie nicht wegrutschen.
Einnahme des Schneidersitzes:
Der Ausführende muss zunächst sich bzw. seine Füße in Bewegungsrichtung vor der Fliese platzieren. Zu diesem Zweck muss er über die Fliese oder seitlich an ihr vorbeisteigen. Erst dann kann er sich hinsetzen, ohne gleich wegzurutschen (die Füße halten die Position). Anschließend hält sich der Ausführende mit den Händen an oder auf der schrägen Fläche fest und setzt die Beine zum Schneidersitz auf die Fliese. Zuletzt werden die Hände von der Fläche gelöst bzw. geben Anschub.
Einnahme des Hockstands (des Stands):
(Hier der Aufbau der Stunde: 2 parallel zueinander in eine Sprossenwand eingehängte Langbänke)
Bei der Hocke oder dem Stand benötigt der Ausführende in der Regel Hilfestellung. Die Lehrkraft steht frontal seitlich neben der schrägen Fläche und hält mit ihrer an der erhöhten Seite der Fläche befindlichen Hand die Fliese(n) fest. Das Kind klettert an der gegenüberliegenden Seite der Sprossenwand hoch. Vor dem Aufsteigen auf die schräge Fläche reicht die Lehrkraft dem Kind ihre der unteren Seite der schrägen Fläche zugewandte Hand, die das Kind mit seiner bezogen auf die Lehrkraft „äußeren" Hand ergreift, während es sich mit der „inneren", zur Lehrkraft zeigenden Hand weiter an der Sprossenwand festhält. Nun steigt das Kind auf die Fliese (welche die Lehrkraft festhält). Die Lehrkraft lässt die Fliese(n) los und reicht dem Kind nun die freie Hand. Zuletzt lässt das Kind die Sprossenwand los und nimmt entweder den Hockstand ein oder bleibt im Stand (i.d.R. gebeugt). Die Lehrkraft zieht das Kind unterstützt durch die schräge Fläche abwärts.

▶ **Häufige Probleme beim Gleiten auf schrägen Flächen**

➲ Während des Einnehmens der Position rutscht die Fliese weg.

➲ Während des Hinabgleitens gelingt es dem Kind nicht, den Körperschwerpunkt über der Fliese zu halten:
- Die Beine rutschen voran, das Kind gelangt in die Rückenlage.
- Der Oberkörper wird zu weit nach vorn verlagert, das Kind muss einen stabilisierenden Schritt nach vorn ausführen.
- Der Oberkörper wird verdreht.

Didaktisch-methodische Analyse

▶ **Mediale Struktur**

▷ **Parcoursform**: Rundparcours

▷ **Aufbauplan**

▶ **Übungsstruktur**

▷ **Übungsfolge und Stationsbezug**

Station 1 – schiefe Ebene:
1. in Bauchlage, von schiefer Ebene, vorwärts
2. wie oben, aber im Langsitz
3. wie oben, aber im Schneidersitz
4. wie oben, aber im Kniesitz

Station 2 – freie Fläche auf dem Boden:
- Gehen aufrecht, je Fuß eine Fliese, auf ebenerdiger Fläche, vorwärts

Station 3 – Schwungtaue:
- Sich-selbst-Ziehen, im Hockstand, beide Füße auf einer Fliese (Fliesen übereinander legen) auf ebenerdiger Fläche, vorwärts

Station 4 – freie Fläche auf dem Boden:
- Gehen aufrecht, je Fuß eine Fliese, auf ebenerdiger Fläche, vorwärts

Station 5 – in die Sprossenwand eingehängte Langbänke:
1. Gleiten, im Schneidersitz, auf einer Fliese (Fliesen übereinander legen), auf schräger Fläche, vorwärts, abwärts

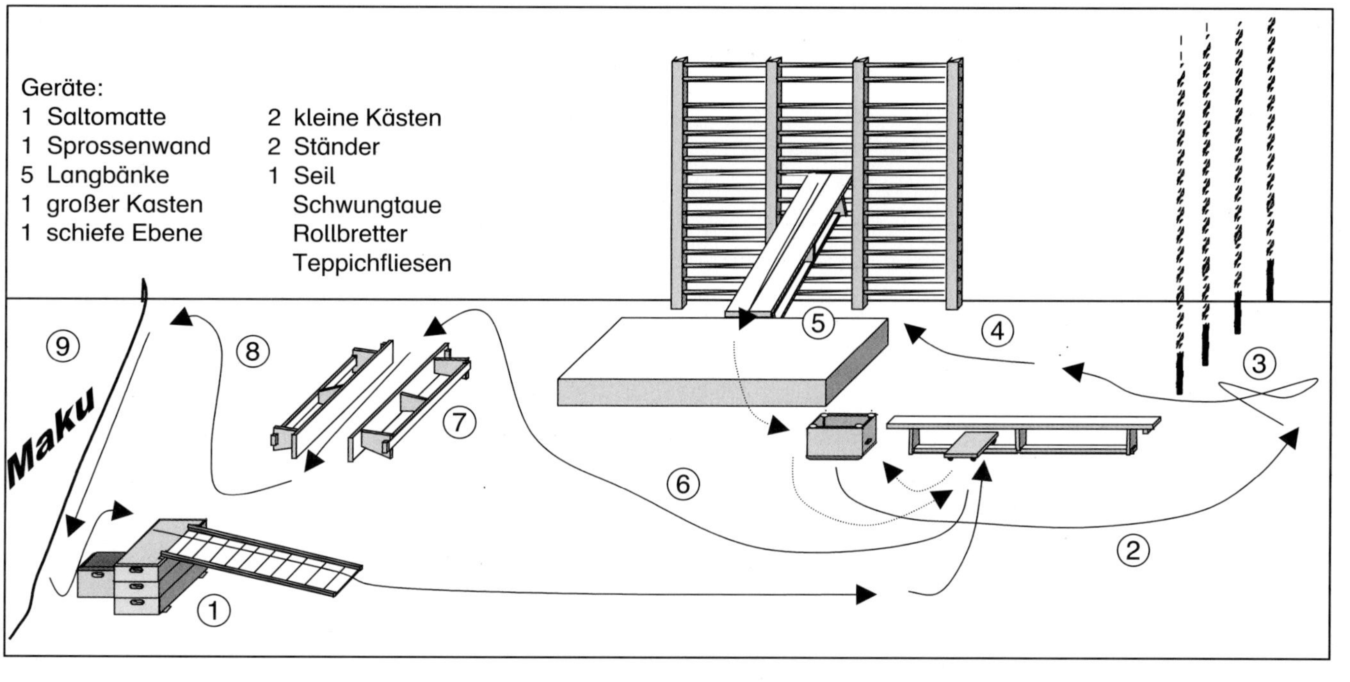

2. wie oben, aber im Kniesitz
3. wie oben, aber im Hockstand
4. je nach Leistungsvermögen: wie oben, aber im Stand

Station 6 und 8 – freie Fläche auf dem Boden:
1. Fahren in Bauchlage, vorwärts, mit den Händen
2. wie oben, aber im Schneidersitz
3. wie oben, aber im Kniesitz

Station 7 – Langbänke:
1. Fahren in Bauchlage, vorwärts, durch Ziehen mit den Händen an den Langbänken
2. wie oben, aber im Langsitz
3. wie oben, aber im Schneidersitz
4. wie oben, aber im Kniesitz

Station 9 – gespanntes Seil:
1. Fahren in Bauchlage, vorwärts, durch Ziehen mit den Händen am Seil
2. wie oben, aber im Langsitz
3. wie oben, aber im Schneidersitz
4. wie oben, aber im Kniesitz

▷ **Häufigkeit**

4 – 6 Durchgänge

▶ **Hilfestellungen oder Sicherheitsstellungen**

▷ **Hilfestellung zum Gehen mit zwei Fliesen**

▷ **Hilfestellung zum Umsetzen/Umsteigen**

▷ **Hilfestellung zum Sich-selbst-Ziehen**

⇨ Siehe vorhergehendes Stundenbild.

▷ **Hilfestellung zum Gleiten auf schrägen Flächen**

⇨ Die Hilfestellung ist bereits in der Bewegungsbeschreibung enthalten.

▷ **Sicherheitsstellungen**

⇨ Eine Sicherheitsstellung erscheint an der Station 5 erforderlich. Damit ist die Lehrkraft hier überwiegend gebunden. Folglich muss gewährleistet sein, dass der übrige Parcours von den Kindern weitgehend allein bewältigt werden kann.

▶ **Methode**

▷ **Symbolspiel**: „Skifahren und Rodeln“

▶ **Ablaufschema**

5 Minuten	Aufbau oder Teilaufbau
5 – 10 Minuten	Freie Phase Tickspiel
5 – 10 Minuten	Erarbeitung der Symbolspielhandlung an der Makulaturwand - Handlungsziel - Parcours - Fertigkeit
15 – 20 Minuten	Arbeit am Lerngegenstand
5 Minuten	Abschlussbesprechung
5 Minuten	Abbau oder Teilabbau

▶ **Nähere Ausführungen zum Stundenablauf**

▷ **Freie Phase**

- In der freien Phase sollte die Lehrkraft die Übung an den Schwungtauen vormachen bzw. einführen. Die Kinder haben so mehr Übungszeit an dieser Station und die Demonstration der Technik in der Phase der Erarbeitung des Parcours bzw. der Fertigkeit kann verkürzt werden.
- Die Station 5 sollte gegebenenfalls gesperrt werden, wenn eine Sicherheitsstellung für die Lerngruppe erforderlich erscheint (das dürfte die Regel sein).

▷ **Erarbeitung des Handlungsziels für die Kinder an der Makulaturwand**

- Die Lehrkraft zeichnet ohne Kommentar Bild 1–6 ohne das Schild auszufüllen.
- Die Kinder vermuten, was entsteht: Skifahrer.

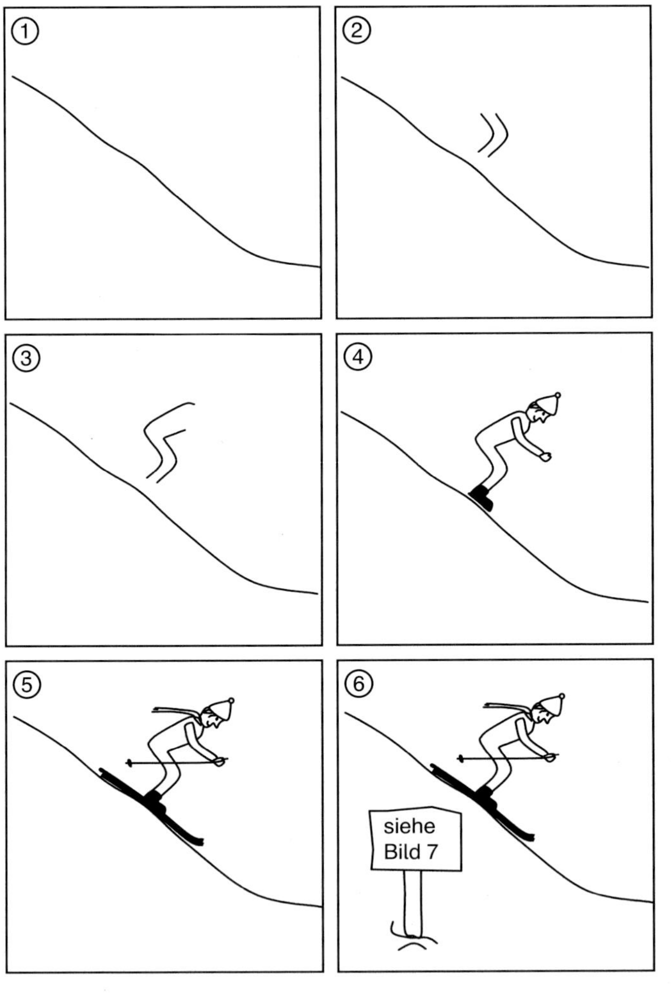

Zur weiteren Entwicklung der Geschichte, zur Vertiefung der Bedeutungsbeimessung, zur Erweiterung der Begriffsbildung etc. können nachfolgende Fragen erörtert werden:

- „Was braucht man zum Skifahren?“
- „Wer von euch ist schon einmal Ski gefahren?“
- „Was in unserem Skigebiet erlaubt ist, das steht hier auf diesem Schild.“
- Die Lehrkraft zeichnet Bild 7.

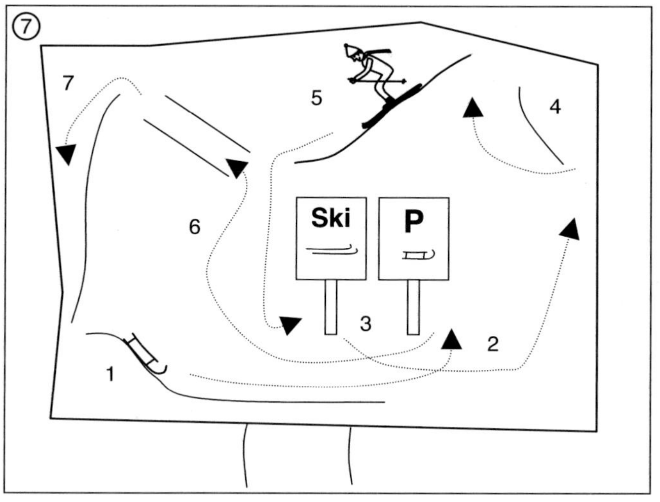

▷ **Erarbeitung des Parcours**

- Die Kinder vermuten, was entsteht: Schlitten, Rodelberg, Schlittenparkplatz, Ski.
- „Zuerst nehmt ihr euch einen Schlitten (Rollbrett) und fahrt den Rodelberg hinab. Den Schlitten parkt ihr beim Schlittenparkplatz (Das Rollbrett in den unteren Holm der Bank einhängen). Beim Skiverleih holt ihr euch zwei Skier und lauft damit zum Skilift. Von dort geht es auf den Abfahrtshang. Ihr bringt die Skier wieder zurück, holt euch euren Schlitten und fahrt durch die Bobbahn. Zuletzt könnt ihr euch mit dem Schlittenlift wieder zum Rodelberg ziehen.

▷ **Erarbeitung der Fertigkeit**

- Zu erarbeiten sind die Stationen 3, 5 und 7. Die anderen Stationen sind bekannt oder einfach verbal zu erklären.
  - Die Station 3 wurde bereits in der freien Phase erarbeitet.
  - Die Station 7 kann demonstriert werden oder ebenfalls in der freien Phase den Kindern bereits gezeigt worden sein.
  - Die Station 5 braucht nicht demonstriert zu werden, da hier die Lehrkraft ohnehin präsent ist und den Lernprozess von jedem Kind begleitet.

7.4 Handlungsstrukturanalyse statische Gesamtkörperkoordination: Schaukeln & Schwingen

Handlungsstrukturanalyse
STATISCHE GESAMTKÖRPERKOORDINATION
Schaukeln & Schwingen

Daten:

Ausgangslage Position	Schaukeln: Lage, Sitz und Stand	Schwingen: Hang	Fläche	Bewegungsrichtung
▷ aus der Ruhestellung ▷ aus der Bewegung - mit Anlauf/mit Anspringen ▷ auf d./aus d. Schaukel(n) - Lagen/Sitz/Kniesitz/ Kniestand/Stand ▷ aus dem Hang/Schwingen - beidhändig/rechte Hand/ linke Hand: Ristgriff/ Kammgriff/versetzte Griffe - am gleichen Objekt - an verschiedenen Objekten - Hände parallel - Hände übereinander ▷ hängend an den Kniekehlen ▷ hängend an den Füßen/ am rechten/linken Fuß ▷ auf dem „Bauch"	▷ Tuch/Matte aufgehängt ▷ Matte in Gymnastikreifen geklemmt ▷ Schaukelpferd ▷ Schaukelstuhl ▷ Schaukel ▷ Strickleiter ▷ Ringe ▷ Tau (senkrecht mit Sitzmöglichkeit, z.B. Knoten) ▷ Tau (waagerecht gespannt) ...	▷ „Stange" (Reck, Barren, Sprosse) ▷ Ringe mit einer Trapezstange verbunden ▷ Ringe mit Gymnastikstab verbunden ▷ Ringe ▷ Tau waagerecht gespannt ▷ Tau senkrecht hängend ▷ weitere Geräte	▷ • groß • klein ▷ • breit • schmal ▷ • lang • kurz ▷ • hart • nachgebend - weich - federnd ▷ • eben • uneben ▷ • stumpf • rutschig ▷ • ebenerdig • erhöht - bodennah - bodenfern ▷ • waagerecht • schräg - Anstellwinkel flach - Anstellwinkel steil • senkrecht ▷ • stabil • beweglich - träge/leicht beweglich - in eine/alle Richtung(en)	▷ ohne ▷ vorwärts ▷ seitwärts ▷ rückwärts ▷ Rotationen um die Körper- - längsachse - querachse - tiefenachse

Schwung	Abgang	Landung	
Impulsgebung/Anzahl	**Art/Ort des Abgangs**	**Art der Landung**	**Fläche/Ziel**
▷ mit/ohne statische Teilkörperkoordination der Hände (festhalten) • ohne Schwung = ohne zu schaukeln/schwingen (liegen, sitzen, stehen/hängen) • mit „passivem" Schwung (vom Umkehrpunkt aus) ▷ mit statischer/dynamischer Teilkörperkoordination als „aktive" Schwungbewegung • mit Bodenkontakt der Füße • mit aktiven Schwungbewegungen (Beine, Hüfte, Schultern) • mit Rotation ▷ 1 Schwung ▷ hin- und zurück ▷ *n* Schwünge	▷ Aus-/Absteigen ▷ „Auslaufen" ▷ einfacher Sprung ▷ Anhocken ▷ Anfersen ▷ Grätsche ▷ Bücke ▷ Rotation - um die Körperlängsachse - um die Körperquerachse - um die Körpertiefenachse - Kombinationen ▷ am Ruhepunkt ▷ am Umkehrpunkt „hinten" ▷ am Umkehrpunkt „vorne"	▷ auf dem Bauch ▷ auf dem Rücken ▷ auf den Knien ▷ im Sitz ▷ in der Hocke ▷ im Stand - mit „Hinfallen" (mit/ ohne Abstützen) - als „Durchlaufen" - mit stabilisierenden Schritten - punktgenau	▷ siehe Struktur der Fläche (Abschwung) ▷ ohne zusätzlichen Zielbezug ▷ mit zusätzlichem Zielbezug (siehe Flächen)

Struktur der Übung

Spalte 1	Spalte 2
▶ Handlungen mit personalisierter Hilfe ▶ Handlungen mit materialisierter Hilfe	▶ eigenständige Handlungen ▶ Simultanhandlungen

Freie Beschreibung:

7.4.1 „Wir gehen auf den Spielplatz“

Diagnostisch-didaktische Analyse

▶ Handlungsstrukturanalyse zur statischen Gesamtkörperkoordination: Schaukeln & Schwingen

Diese Analyse ist die Basis aller weiteren Vertiefungen. Aus ihr werden abgeleitet:

▶ Lern- und Entwicklungsziel

Die Kinder sollen das Schaukeln und Schwingen

- aus der Ruhestellung
- im Sitz, im Hang
- an Ringen mit und ohne eine Verbindung durch eine Trapezstange, am Schwingtau
- von unterschiedlichen Flächen
- vorwärts, rückwärts
- mit statischer Teilkörperkoordination als „passiven“ Schwung vom Umkehrpunkt aus, mit dynamischer Teilkörperkoordination als „aktiven“ Schwung
- 1 Schwung, 3 Schwünge
- Abgang als Auslaufen, als einfacher Sprung, am Umkehrpunkt vorn
- im Stand
- auf unterschiedliche Flächen

üben und die Fertigkeit automatisieren.

▶ Bewegungsbeschreibung

▷ Schaukeln

Im Sitzen, klassisch auf einer Schaukel (mit dynamischer Teilkörperkoordination von Kopf, Armen und Beinen):

Der Ausführende sitzt auf einem Schaukelbrett. Die Hände erfassen die Seile, jede Hand auf ihrer Seite etwa in Höhe der Brust. Die Arme sind dadurch zwischen 90° und 45° gewinkelt. Schwung geholt wird durch ein impulsartiges Zurücklegen des Kopfes und Oberkörpers (der Kopf leitet die Rotationsbewegung ein) verbunden mit einem Strecken der Arme und einem gleichzeitigen Strecken der zuvor locker gewinkelten Beine. Der Kopf sollte nicht überstreckt, d.h. in den Nacken gelegt werden. Er leitet das „Abbremsen“ der Rotationsbewegung ein und stabilisiert die Körperhaltung (Körperspannung).

Insofern handelt es sich bei dieser Bewegung um eine Rotation um die Körperquerachse im Hüftbereich. Die Impulsgebung sollte in jedem Fall aktiv akzentuiert erfolgen.

Anschließend wird die Gegenrotation durch das Vorbeugen des Kopfes eingeleitet. Der Oberkörper wird ebenfalls durch die Arme nach vorn gezogen, die Beine in Richtung Gesäß angewinkelt. Der Körper sitzt dann in Relation deutlich „vor“ den Seilen. Kurz vor Erreichen des Umkehrpunktes wird durch erneute Kopfrotation nach hinten der Körper wiederum stabilisiert (aufgerichtet) und eine erneute Gegenrotation nach rückwärts eingeleitet.

Die jeweiligen Schwungphasen müssen dabei zu der einsetzenden Schaukelbewegung des gesamten Systems dergestalt koordiniert werden, dass der gesetzte Bewegungsimpuls die bereits bestehende Schaukelbewegung unterstützt und damit die Amplitude erhöht.

Alle anderen Schaukelbewegungen zum Beispiel auf einem Schaukelpferd, einem Schaukelstuhl oder im Stehen etc. verlaufen im Prinzip identisch.

▷ Schwingen im Hang, an den Schaukelringen

- Schwingen von einer erhöhten Fläche ohne dynamische Teilkörperkoordination:

Der Ausführende ergreift mit jeder Hand einen der Schaukelringe. Er geht leicht in die Knie, sodass das Körpergewicht langsam von den Händen/Armen übernommen wird. Anschließend hebt er die Beine von der Fläche und schwingt mit gestreckten Armen und weitgehend gestrecktem Körper. Der Kopf wird in leichter Vorhaltung fixiert. Der Abgang erfolgt als Loslassen/Springen. Bei der Landung im Stand wird die Bewegungsenergie des fallenden Körpers durch eine „bremsende“ Beugung in den Knien und der Hüfte aufgezehrt, der Körper so „abgefedert“. Der Oberkörper wird dabei leicht vorgebeugt gehalten und „versteift“. Der Kopf wird leicht vorgeneigt gehalten und durch die Nacken- und Halsmuskulatur „fixiert“. (Merksatz: „Po unten, Kopf oben!“). Die Arme werden leicht gebeugt gehalten. Sie sollten bereit sein, den Körper bei der Landung durch Abstützen mit abzufangen. Die Beine setzen zeitgleich auf.

- Schwingen mit dynamischer Teilkörperkoordination, mit Bodenkontakt:

Der Ausführende ergreift mit jeder Hand einen der Schaukelringe. Die Arme sollten weitgehend gestreckt sein, sodass der Ausführende mehr oder weniger auf den Zehenspitzen steht. Er geht zwei oder drei kleine Schritte vorwärts, bis er den Bodenkontakt verliert. Beim leichten Nach-hinten-Schwingen wird erneut mit zwei kurzen, impulsartig sich abstoßenden Bodenkontakten (Rhythmisierung als „Da-dam!“) Schwung aufgebaut. Beim Vorschwung erfolgen erneut zwei Bodenkontakte usw.

Während der Schwungphase ist jeweils eine Körperspannung „bis in die gestreckten Zehenspitzen hinein“ aufzubauen, die besonders den Bereich des Gesäßes („Pobacken zusammen“) betrifft. Beim Schwung vorwärts werden nach den beiden Bodenkontakten die Beine aktiv nach vorn geschwungen und zusammengeführt, wobei der Impuls bei gleichzeitigem Vorstrecken der Hüfte bis zum vorderen Umkehrpunkt abgebremst wird. Die gestreckten Arme werden im Schulterbereich leicht geöffnet, der Schwung dadurch weitergeführt und verstärkt.

Beim Schwung rückwärts werden nach den beiden Bodenkontakten die Beine aktiv nach hinten geschwungen, zusammengeführt und bis zum Um-

kehrpunkt durch die verstärkte Körperspannung abgebremst.
Am Umkehrpunkt werden die gestreckten Arme wieder im Schulterbereich leicht geöffnet und der Gegenschwung eingeleitet.

▶ Häufige Probleme beim Schaukeln

- ➲ Die Sitzkoordination bereitet Probleme, d.h., die Position kann nicht eingenommen oder gehalten werden.
- ➲ Die Rotationsbewegungen können nicht durchgeführt werden (z.B. keine Bewegungsvorstellung).
- ➲ Die Koordination zwischen Kopf, Armen und Oberkörper gelingt nicht (z.B. der Kopf leitet die Rotation nicht ein oder Kopf und Arm/Oberkörper arbeiten gegenläufig).
- ➲ Die Koordination von Kopf-, Arm-, Rumpf- und Beinbewegung erfolgt gegenläufig.
- ➲ Die Koordination von Kopf-, Arm-, Rumpf- und Beinbewegung erfolgt nicht ausreichend abgestimmt.
- ➲ Körperspannung kann nicht oder nur unzureichend aufgebaut werden.
- ➲ Die Gegenrotation „nach vorn“, d.h. das Aufrichten aus der Überstreckung in die Rückenlage, kann nicht geleistet werden.
- ➲ Die Impulsgebung erfolgt nicht akzentuiert, d.h., die Bewegung wird langsam und nicht impulsartig-abgebremst durchgeführt.
- ➲ Keine Koordination der Rotationsbewegung zu den Bewegungen des Gesamtsystems durch fehlerhafte Berücksichtigung der Umkehrpunkte.

▶ Häufige Probleme beim Schwingen

- ➲ Das Körpergewicht kann nicht von den Händen/Armen gehalten werden.
- ➲ Das Körpergewicht wird nicht langsam auf die Arme/Hände übertragen, sondern der Körper wird quasi fallen gelassen, sodass die Hände das Gewicht nicht halten können. Das Kind fällt herunter.
- ➲ Dem Kind gelingt es nicht, am Umkehrpunkt abzuspringen.
  - Es lässt noch im Vorschwingen los, was in der Regel dazu führt, dass der Schwung nicht in einer Landung im Stand abgefangen werden kann.
  - Es lässt während des Rückschwungs los. Hier besteht besonders die Gefahr des unkontrollierten Sturzes. Zudem kann das Kind beim Fallen mit dem Kopf gegen das Gerät stoßen, von dem es abgeschwungen ist.
  - Ein Loslassen gelingt nicht.
- ➲ Der Kopf wird während des Schwingens in den Nacken gelegt.
- ➲ Eine Körperspannung wird nicht oder nur unzureichend aufgebaut.
- ➲ Der Bodenkontakt erfolgt nicht impulsartig. Der Schwung wird durch die Schritte wieder abgebremst oder sogar aufgehoben.
- ➲ Die Beine werden nicht
  - aktiv nach vorn oder nach hinten geführt,
  - sie werden nicht zusammengeführt,
  - der Schwung wird nicht abgebremst.
- ➲ Die Hüfte wird nicht vorgestreckt oder nach hinten überstreckt.
- ➲ Die Arme werden am Umkehrpunkt in den Schultern nicht leicht geöffnet.

▷ Häufige Probleme bei der Landung im Stand

- ➲ Knie und Hüfte werden bei der Landung eher gestreckt, der Körper dadurch kaum abgefedert. Dies kann zu Stauchungen im Bereich der Wirbelsäule führen.
- ➲ Der Kopf wird
  - in den Nacken gelegt bzw.
  - nur unzureichend von der Nacken- und Halsmuskulatur „fixiert“, sodass es zu einem „Nicken“ kommt. Beides kann zu Verletzungen im Bereich der Halswirbelsäule führen.
- ➲ Die Hüfte wird im Verhältnis zu den Knien übermäßig gebeugt (Haltung: Po oben, Kopf unten). Ein „Abbremsen“ der Bewegungsenergie über die Hüftbeugung findet kaum statt. Diese Form der Landung geht in der Regel einher mit einem Aufstützen der Hände.
- ➲ Bei der Landung wird der Rücken zum „Hohlkreuz“ durchgestreckt. Auch hier kann es zu Stauchungen der Wirbelsäule kommen.
- ➲ Die Stützreaktion der Beine ist aufgrund von Kraftmangel nicht ausreichend, der Körper wird nicht genug abgefedert. Hieraus kann ein Aufschlagen des Kinns auf den Knien resultieren.
- ➲ Die Arme werden beim Fallen nur unzureichend im Sinne der Stützreaktion eingesetzt.
- ➲ Bei der Landung werden die Beine nicht zeitgleich aufgesetzt, sondern nacheinander. Dies ist bei Weit- oder Hochsprüngen kein Fehler im eigentlichen Sinn. Bei Niedersprüngen hingegen ist eine beidbeinige Landung anzustreben.
- ➲ Landung erfolgt nicht „auf den Punkt“, d.h., nach dem Sprung gelingt es dem Kind nicht stehen zu bleiben (das Gleichgewicht zu halten). Die Folgen sind: „Durchlaufen“, „stabilisierende Schritte“ oder „Umfallen mit Abstützen der Arme“ oder gar keine Stützreaktion, also „ohne Abstützen mit den Armen“.

Didaktisch-methodische Analyse

▶ Mediale Struktur

▷ **Parcoursform**: Rundparcours

▷ **Aufbauplan** (siehe nächste Seite)

▶ Übungsstruktur

▷ Übungsfolge und Stationsbezug

Station 1 – der Mattenbahn:

Schaukeln im Sitz, auf einer Trapezstange (in die Ringe gehängt), vorwärts, rückwärts, mit dynamischer Teilkörperkoordination als „aktiver“

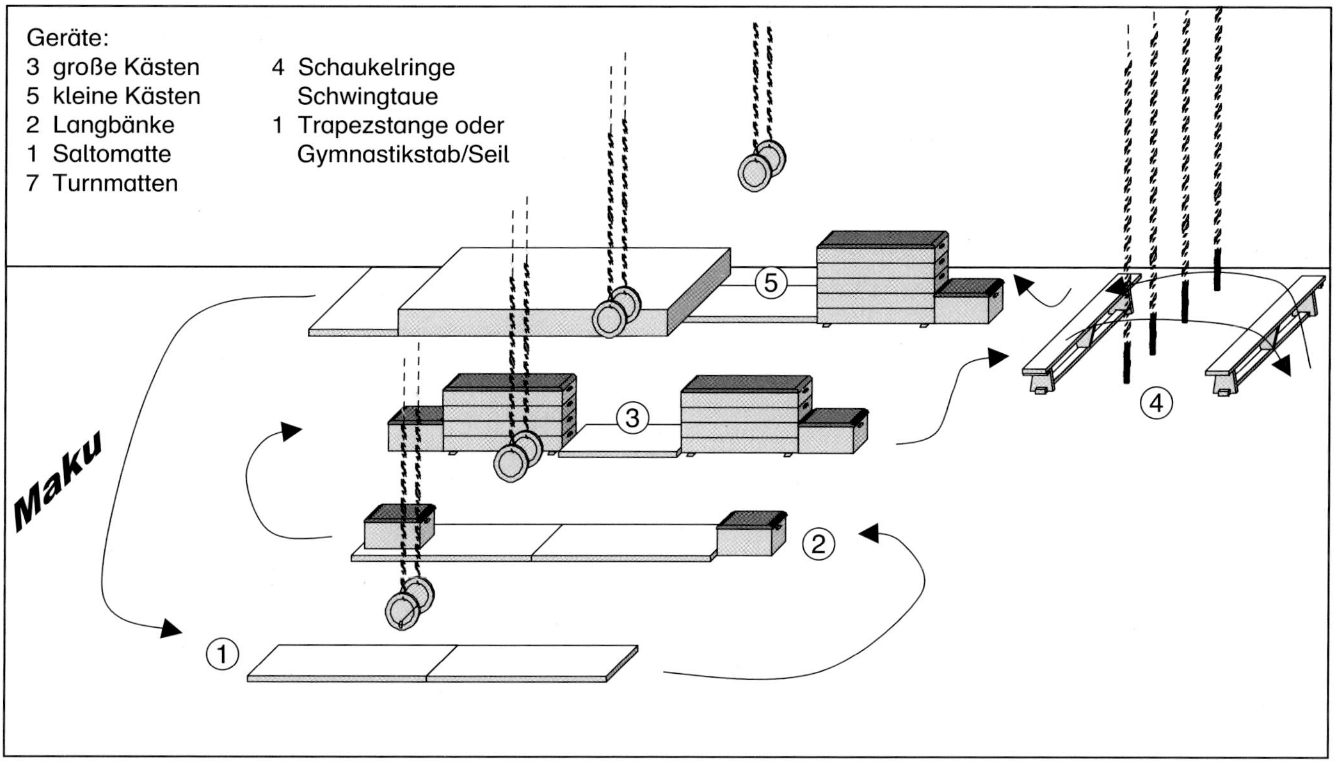

Schwung, 3 Schwünge, Abgang als einfacher Sprung, am Umkehrpunkt vorn, Landung im Stand auf ebenerdiger Fläche

Station 2 – vom kleinen Kasten zum kleinen Kasten:
Schwingen aus der Ruhestellung, an Ringen, von erhöhter Fläche, vorwärts, mit statischer Teilkörperkoordination als „passiver" Schwung vom Umkehrpunkt aus, 1 Schwung, Abgang als einfacher Sprung, am Umkehrpunkt vorn, Landung im Stand auf erhöhter Fläche

Station 3 – vom großen Kasten zum großen Kasten:
wie Station 2

Station 4 – von Langbank zu Langbank:
Schwingen aus der Ruhestellung, am Tau, von erhöhter Fläche, vorwärts, mit statischer Teilkörperkoordination als „passiver" Schwung vom Umkehrpunkt aus, 1 Schwung, Abgang als einfacher Sprung, am Umkehrpunkt vorn, Landung im Stand auf erhöhter Fläche

Station 5 – vom großen Kasten auf die Saltomatte:
Schwingen aus der Ruhestellung, an Ringen, von erhöhter Fläche, vorwärts, mit statischer Teilkörperkoordination als „passiver" Schwung vom Umkehrpunkt aus, 1 Schwung, Abgang als einfacher Sprung, am Umkehrpunkt vorn, Landung im Stand auf nachgebender Fläche

▷ **Häufigkeit**

6 – *n* Durchgänge

▶ **Hilfestellungen oder Sicherheitsstellungen**

▷ **Hilfestellung zum Schaukeln**

⇨ Unterstützung bei der Sitzkoordination.

⇨ Die Lehrkraft steht oder kniet seitlich neben der Schaukel. Sie legt die eine Hand in den Nacken des Kindes, die andere Hand in den Bereich Wade/Kniekehle. Das Kind wird aufgefordert, sich zurückzulehnen und die Beine vorzustrecken. Die Lehrkraft unterstützt einerseits die Haltung, andererseits wird die Rotationsbewegung durch einen leichten Impuls unterstützt. Auf gleiche Weise wird das Aufrichten des Körpers durch einen Impuls im Nacken unterstützt und das Anwinkeln der Beine durch einen Wechsel der Hand von der Wade/Kniekehle zum Schienbein bzw. zu den Füßen. Auch hier wird der Schwungimpuls der Rotationsbewegung zusätzlich verstärkt. Diese Vorgehensweise kann zur eigentlichen Erarbeitung der Bewegung oder zur Unterstützung bei der Koordination der Teilbewegungen angewandt werden.

⇨ Sprachlich-rhythmische Begleitung des Schaukelns zur Koordination von Rotationsbewegung und Umkehrpunkt (bezogen auf den Oberkörper: „und vor", „und zurück").

▷ **Hilfestellung zum Schwingen**

⇨ Verdeutlichung der langsamen Gewichtsaufnahme auf die Arme/Hände.

⇨ Sprachlicher Impuls zur Koordination von Absprung und Umkehrpunkt („und ab").

⇨ Verdeutlichung der Kopfhaltung („Halte deinen Kopf mit diesen Muskeln fest (die Lehrkraft fasst das Kind am Nacken). Dein Kopf darf nicht mehr wackeln.").

⇨ Der Absprung kann unterstützt werden, indem die Lehrkraft, am Umkehrpunkt hinter dem Kind stehend, dieses entweder seitlich an den Hüften erfasst und hält oder lediglich mit einer Hand am Rücken/Becken am Umkehrpunkt hält. Nun wird das Kind aufgefordert loszulassen. Bei einer Hüftfassung wird die Landung bis zum Stand begleitet. Bei einer Fassung im Rücken-/Beckenbereich wird die Unterstützung bis kurz vor Beginn der Landung gegeben. Auch hier wird ein Fallen auf den Rücken verhindert. (Vorsicht: keinen zusätzlichen Drehimpuls nach vorn geben.)

⇨ Verdeutlichung der Körperspannung („Kneif die Pobacken zusammen.“).

⇨ Zur Verdeutlichung des aktiven Beinschwungs oder der Hüftstreckung kann die Lehrkraft im entsprechenden Moment (Umkehrpunkt) durch leichte Berührung an den Beinen oder am Gesäß einen diesbezüglichen Impuls setzen.

⇨ Der Bodenkontakt kann durch Rhythmisierung als „Da-dam!“ unterstützt werden.

▷ **Hilfestellung zur Landung im Stand**

⇨ Siehe Stundenbilder zum Springen.

▷ **Sicherheitsstellungen**

⇨ WICHTIG: Es ist grundsätzlich immer nur ein Kind auf dem Kasten, von dem der Abschwung erfolgt. Gelingt der Absprung nämlich nicht, kann das Kind beim Zurückschwingen den Kasten quasi abräumen.

⇨ Sicherheitsstellung ist zunächst an den Stationen 3 und 5 zu leisten.

⇨ Hat man sich überzeugt, dass die Kinder die Übung so weit beherrschen, dass die Landung gelingt, können die Kinder die Station auch ohne direkte Begleitung absolvieren (hier ist wiederum die freie Phase zum Beobachten gut geeignet!).

▶ **Methode**

▷ **Symbolspiel**: „Wir gehen auf den Spielplatz“

▶ **Ablaufschema**

5 Minuten	Aufbau oder Teilaufbau
5 – 10 Minuten	Freie Phase Tickspiel
5 – 10 Minuten	Erarbeitung der Symbolspielhandlung an der Makulaturwand - Handlungsziel - Fertigkeit - Parcours/Ablauf
15 – 20 Minuten	Arbeit am Lerngegenstand
5 Minuten	Abschlussbesprechung
5 Minuten	Abbau oder Teilabbau

▶ **Nähere Ausführungen zum Stundenablauf**

▷ **Sicherheitshinweise**

- Bereits in der freien Phase sollte die Regel: „Immer nur ein Kind ist auf dem Kasten“, eingeführt werden.

▷ **Erarbeitung des Handlungsziels für die Kinder an der Makulaturwand**

- Die Lehrkraft zeichnet Bild 1 – 6.
- Die Schüler vermuten, was entsteht: Schaukel.

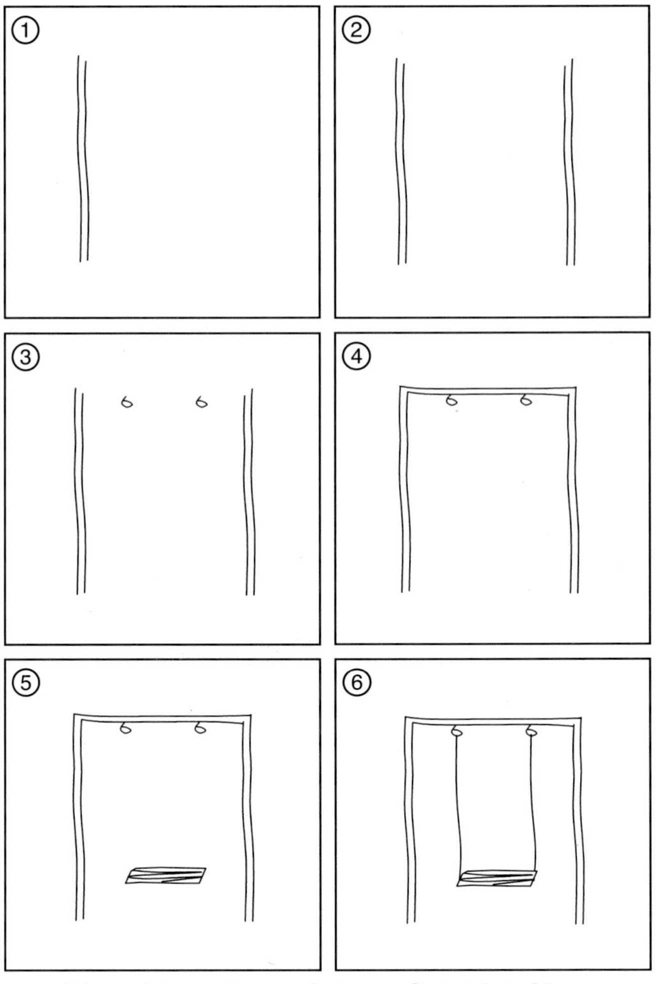

- „Was gibt es alles auf einem Spielplatz?“
- „Ich habe mir gedacht, wir gehen heute auf einen Spielplatz. Dreht euch einmal um, hier ist ein Spielplatz aufgebaut.“

▷ **Erarbeitung der Fertigkeit**

- „Was kann man auf diesem Spielplatz machen?“
- Die Schüler werden vermutlich u.a. die Begriffe „schaukeln“ und „schwingen“ nennen oder die Fertigkeiten beschreiben.
- „Wann sagt man schaukeln und wann sagt man schwingen?“
- „Ach so, wenn man sitzt oder steht dann sagt man schaukeln und wenn man sich nur mit den Händen festhält, dann sagt man schwingen.“
- „Wer kann erklären, wie man schaukelt?“

▷ **Erarbeitung des Parcours**

- „Ihr dürft heute auf dem Spielplatz spielen und schaukeln und schwingen.“
- Ein gemeinsames, exemplarisches Durchgehen der Stationen erscheint kaum notwendig. Die Lehrkraft (L) gibt dem ersten Kind, das die Station 2 erreicht, die Ringe und positioniert sich dann zwischen den Stationen 3 und 5.
- „Es geht hier los (Station 1). Du schaukelst drei Mal hin und zurück und springst dann vorne ab.“
- „Dann schwingst du von Kasten zu Kasten.“
- „Jetzt schwingst du mit einem Tau auf die andere Seite und wieder zurück.“

7.4.2 „Wir helfen Tarzan“

Diagnostisch-didaktische Analyse

▶ **Handlungsstrukturanalyse zur statischen Gesamtkörperkoordination: Schaukeln & Schwingen**

Diese Analyse ist die Basis aller weiteren Vertiefungen. Aus ihr werden abgeleitet:

▶ **Lern- und Entwicklungsziel**

Die Kinder sollen das Schaukeln und Schwingen

- aus der Ruhestellung
- im Hang
- an Ringen, am Schwingtau
- von unterschiedlichen Flächen
- vorwärts, rückwärts
- mit statischer Teilkörperkoordination als „passiver“ Schwung vom Umkehrpunkt aus, mit dynamischer Teilkörperkoordination als „aktiver“ Schwung
- 1 Schwung, *n* Schwünge
- Abgang als Auslaufen, als einfacher Sprung, am Umkehrpunkt vorn, hinten
- im Stand
- auf unterschiedliche Flächen

üben und die Fertigkeit automatisieren.

▶ **Bewegungsbeschreibung**

▷ **Schwingen**

Siehe vorhergehendes Stundenbild.

▷ **Häufige Probleme beim Schwingen**

➲ Siehe vorhergehendes Stundenbild.

Didaktisch-methodische Analyse

▶ **Mediale Struktur**

▷ **Parcoursform**: Rundparcours

▷ **Aufbauplan**

▶ **Übungsstruktur**

▷ **Übungsfolge und Stationsbezug**

Station 1 – über den kleinen Kasten:

Schwingen aus der Ruhestellung, an Ringen, von ebenerdiger Fläche, vorwärts, mit statischer Teilkörperkoordination als „passiver“ Schwung vom Umkehrpunkt aus, mit dynamischer Teilkörperkoordination als Heben der Beine, 1 Schwung, Abgang als einfacher Sprung, am Umkehrpunkt vorn, Landung im Stand auf ebenerdiger Fläche

Station 2 – mit den Füßen gegen den aufgehängten Jutesack:

Schwingen aus der Ruhestellung, an Ringen, von ebenerdiger Fläche, vorwärts, mit dynamischer Teilkörperkoordination mit Bodenkontakt und aktiver Schwungbewegung, *n* Schwünge, Abgang als einfacher Sprung, am Umkehrpunkt vorn, Landung im Stand auf ebenerdiger Fläche

Station 3 – vom großen Kasten zum großen Kasten:

Schwingen aus der Ruhestellung, an Ringen, von erhöhter Fläche, vorwärts, mit statischer Teilkörperkoordination als „passiver“ Schwung vom Umkehrpunkt aus, 1 Schwung, Abgang als einfacher Sprung, am Umkehrpunkt vorn, Landung im Stand auf erhöhter Fläche

Station 4 – von Langbank zu Langbank:

wie oben, aber am Tau

Station 5 – vom Kasten auf die Saltomatte:

wie oben, aber Landung im Stand auf nachgebender Fläche

Geräte:

3 große Kästen	Schwingtaue
6 kleine Kästen	2 Hochsprungständer
2 Langbänke	1 Zauberschnur
1 Saltomatte	1 Jutesack mit Ball
7 Turnmatten	2 Kisten/Bauklötze
4 Schaukelringe	

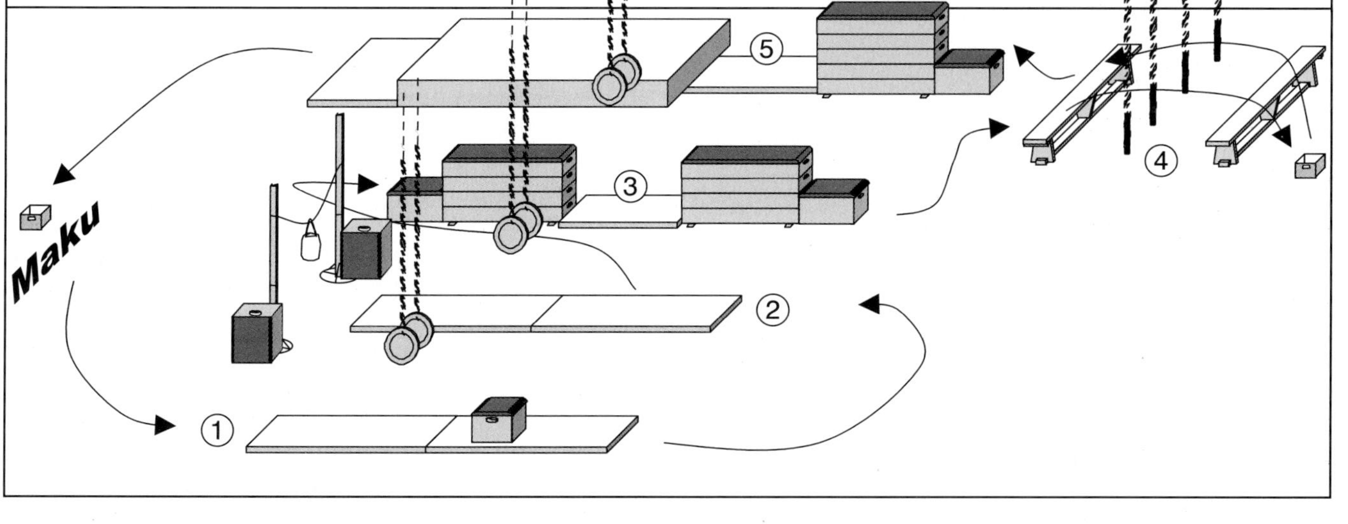

▷ **Häufigkeit**

6 – *n* Durchgänge

▶ **Hilfestellungen oder Sicherheitsstellungen**

▷ **Hilfestellung zum Schwingen**

⇨ Siehe vorhergehendes Stundenbild.

▷ **Sicherheitsstellungen**

⇨ WICHTIG: Es ist grundsätzlich immer nur ein Kind auf dem Kasten, von dem der Abschwung erfolgt. Gelingt der Absprung nämlich nicht, kann das Kind beim Zurückschwingen den Kasten quasi abräumen.

⇨ Sicherheitsstellung ist an den Stationen 3 und 5 zu leisten.

▶ **Methode**

▷ **Symbolspiel**: „Wir helfen Tarzan"

▶ **Ablaufschema**

5 Minuten	Aufbau oder Teilaufbau
5 – 10 Minuten	Freie Phase Tickspiel
5 – 10 Minuten	Erarbeitung der Symbolspielhandlung an der Makulaturwand - Handlungsziel
5 – 10 Minuten	Erarbeitung: - Parcours/Fertigkeit
15 – 20 Minuten	Arbeit am Lerngegenstand
5 Minuten	Abschlussbesprechung
5 Minuten	Abbau oder Teilabbau

▶ **Nähere Ausführungen zum Stundenablauf**

▷ **Freie Phase/Sicherheitshinweis**

- Bereits in der freien Phase sollte die Regel: „Immer nur ein Kind ist auf dem Kasten", eingeführt werden.
- Ferner wird die Übung an Station 2 einzelnen Kindern gezeigt (Beschreibung siehe unten).

▷ **Erarbeitung des Handlungsziels für die Kinder an der Makulaturwand**

- Die Lehrkraft zeichnet Bild 1 – 6.
- Die Schüler vermuten, was entsteht: Tarzan, Affe.
- „Wo lebt Tarzan?"
- „Was gibt es im Urwald (Dschungel)?"
- „Dieser Affe heißt Judy? Was können Affen besonders gut?"
- Die Lehrkraft zeichnet Bild 7.
- „Judy hat beim Klettern nicht aufgepasst und ist von einem Baum gefallen. Dabei hat sie sich den Fuß verstaucht. Das tut weh."
- „Nun kann sie sich ihr Futter nicht mehr alleine holen."
- „Was fressen/trinken Affen?"
- „Tarzan hat ihr versprochen, Affenbrot zu holen. Wo glaubst du gibt es Affenbrot?"
- „Affenbrot gibt es nicht beim Bäcker. Affenbrot ist eine Frucht, die am Affenbrotbaum wächst."
- „Kommt, lasst uns Tarzan helfen, Affenbrot für Judy zu holen."

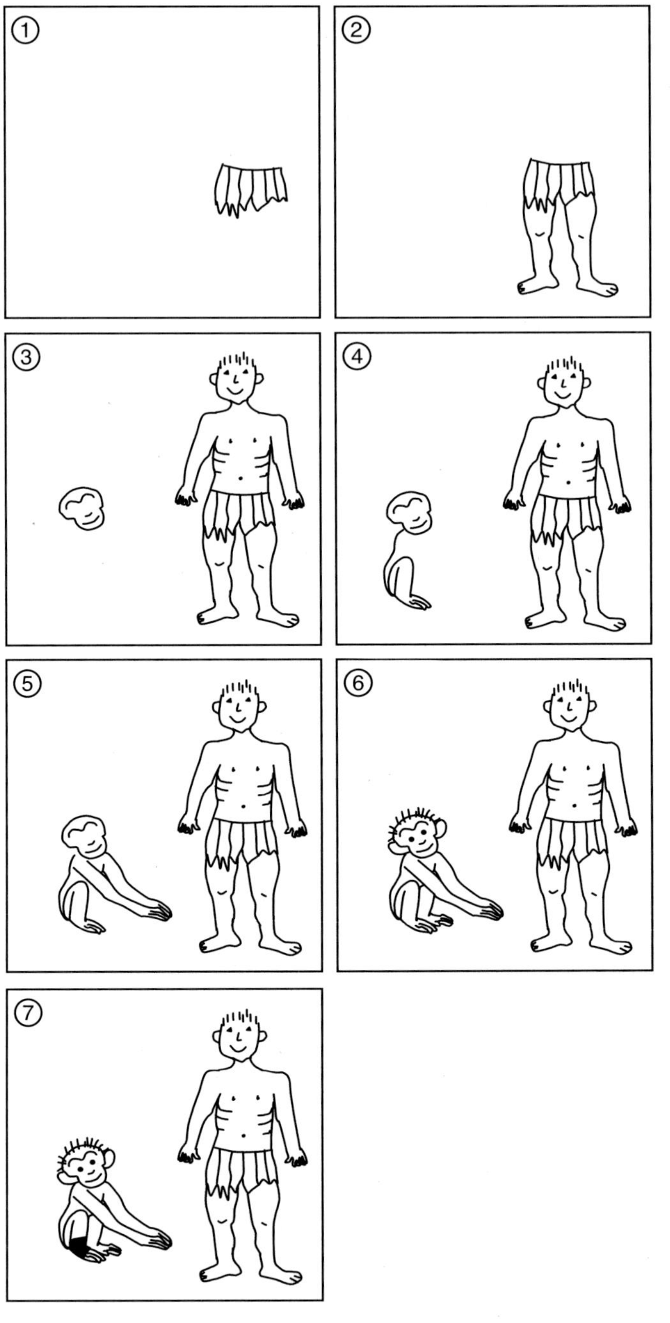

▷ **Erarbeitung des Parcours/der Fertigkeit**

- „Hole immer ein Affenbrot und bringe es zu Judy" (zur Makulaturwand).
- „Der Weg zum Affenbrotbaum geht hier los (Station 1). Lande auf der anderen Seite des Felsens (kleiner Kasten)."
- „Hier (Station 2) musst du mit den Füßen den Sack treffen. Erst dann geht es weiter."
- Die Lehrkraft macht die Übung vor oder lässt sie von einem Kind vormachen und korrigiert gegebenenfalls. (Eine symbolische Überhöhung der Aufgabe ist in der Regel nicht notwendig, da die Übung für sich genommen attraktiv ist und deshalb von den Kindern gerne ausgeführt wird.)

- Alle weiteren Stationen sind hinsichtlich der Aspekte Weg und Fertigkeit aus der vorhergehenden Stunde bekannt.

Abschließende Bemerkungen zur Einheit Schaukeln & Schwingen

Wie aus der Handlungsstrukturanalyse ersichtlich haben wir hier nur einen kleinen Ausschnitt des Lerngegenstandes gewählt.
Betrachtet man jeden Aspekt der Analyse für sich, so ergeben sich eine Vielzahl weiterer Möglichkeiten.

Zum Beispiel:

- Aspekt Ausgangslage/Körperteil/Position:
  Schaukeln im Liegen, Sitzen, Knien, Stehen, im Hang an den Kniekehlen

- Aspekt Schaukeln bzw. Schwingen:
  Schaukelbrett, Schaukelpferd, Tau waagerecht usw.

- Aspekt Fläche:
  von unebener, schräger, beweglicher Fläche

- Aspekt Bewegungsrichtung:
  rückwärts, seitwärts, mit Rotationen

- Aspekt Art/Anzahl:
  hin- und zurück

- Abgang:
  Grätsche, Bücke, Rotation um die Körperlängsachse usw.

- Aspekt Fläche (Landung):
  z.B. auf schräger, beweglicher Fläche

- Aspekt Ziele:
  mit zusätzlichem Zielbezug

Insofern gilt hier wie überall:
Analysieren Sie Ihre Lerngruppe mithilfe der Handlungsstrukturanalyse. Gehen Sie Aspekt für Aspekt durch und versuchen Sie das Handlungsniveau der Kinder zu beschreiben. Hierzu müssen Sie gegebenenfalls Angebote bezogen auf einzelne Aspekte, von denen Sie meinen, sie könnten für Ihre Gruppe relevant sein, zusammenstellen und diese Angebote mit Ihren Kindern ausprobieren. Dabei beobachten Sie die Kinder wiederum mithilfe der Handlungsstrukturanalyse und stellen für nachfolgende Stunden das weitere Förderangebot zusammen.

Auf diese Weise kann das Thema „Schaukeln und Schwingen“ in Abhängigkeit von der Lerngruppe durchaus sechs oder gar noch mehr Stunden umfassen.

8. Stundenbilder zur dynamischen Gesamtkörperkoordination

8.1 Handlungsstrukturanalyse dynamische Gesamtkörperkoordination: Rotation

Handlungsstrukturanalyse
DYNAMISCHE GESAMTKÖRPERKOORDINATION
Rotation

Daten:

Achse Position	Ausgangslage	Art der Fläche	Bewegungsrichtung bzw. Anzahl
▶ **Körperlängsachse** ▷ aus der Bauchlage ▷ aus der Rückenlage ▷ aus dem Sitz/Kniesitz ▷ aus der Hocke ▷ aus dem Stand ▷ aus dem Stütz ▷ aus dem Hang ▶ **Körperquerachse** ▷ aus der Bauchlage ▷ aus der Rückenlage ▷ aus dem Sitz/Kniesitz ▷ aus der Hocke ▷ aus dem Stand ▷ aus dem Stütz ▷ aus dem Hang ▶ **Körpertiefenachse** ▷ in der Bauchlage ▷ in der Rückenlage ▷ aus dem Stand	▶ auf einer Fläche ▶ von einer Fläche auf eine andere Fläche ▶ **aus der Ruhestellung** entsprechend der Struktur der Achsen (aus der Bauchlage, Rückenlage, dem Sitz/Kniesitz ...) ▶ **aus der Bewegung** ▷ aus dem Gehen ▷ aus dem Anlauf ▷ aus der Rotation ▷ aus dem Sprung ▷ aus dem Schwingen ▷ mit impulsunterstützenden Medien - Sprungbrett - Minitramp	▷ • groß • klein ▷ • breit • schmal ▷ • lang • kurz ▷ • hart • nachgebend - weich - federnd ▷ • eben • uneben ▷ • stumpf • rutschig ▷ • ebenerdig • erhöht - bodennah - bodenfern ▷ • waagerecht • schräg - Anstellwinkel eher flach - Anstellwinkel eher steil • senkrecht ▷ • stabil • beweglich - träge - leicht beweglich - in eine Richtung - in alle Richtungen	▶ **Bewegungsrichtung** ▷ vorwärts ▷ rückwärts ▷ abwärts ▷ aufwärts ▷ linksherum ▷ rechtsherum ▶ **Anzahl** ▷ ohne volle Umdrehung (z.B. Aufrichten zum Sitz) ▷ eine Umdrehung ▷ fortwährend zwei – *n*

Automatisierungsgrad

Spalte 1	Spalte 2
▶ Handlungen mit personalisierter Hilfe ▶ Handlungen mit materialisierter Hilfe	▶ eigenständige Handlungen ▶ Simultanhandlungen

Freie Beschreibung:

8.1.1 „Wir sind Seehunde im Zirkus“

Diagnostisch-didaktische Analyse

▶ **Handlungsstrukturanalyse zur dynamischen Gesamtkörperkoordination: Rotation**

Diese Analyse ist die Basis aller weiteren Vertiefungen. Aus ihr werden abgeleitet:

▶ **Lern- und Entwicklungsziel**

Die Kinder sollen die Rotation

- um die Körperlängsachse
- aus der Bauch- und Rückenlage
- aus statischer Ausgangslage
- auf unterschiedlichen Flächen
- abwärts, aufwärts, links- und rechtsherum
- fortwährend

üben und die Fertigkeit automatisieren.

▶ **Bewegungsbeschreibung**

▷ **Rotation um die Längsachse:**

Der Ausführende legt sich der Länge nach auf die Fläche (die Rückenlage ist als Ausgangsposition leichter). Die Beine sollten gestreckt sein, die Arme können gestreckt über dem Kopf liegen (zunächst vorzuziehen) oder vor der Brust verschränkt sein. Wie alle Rotationsbewegungen wird auch diese durch den Kopf eingeleitet, wobei der in Bewegungsrichtung „hinten“ liegende Arm die Rotationsbewegung unterstützt, indem er aktiv in die Bewegungsrichtung geführt wird.

▶ **Häufige Probleme bei der Rotation um die Längsachse**

➲ Die Rotationsbewegung wird im Wesentlichen ohne Beteiligung des Kopfes ausgeführt.

➲ Durch Anheben des Kopfes und Beugung der Hüfte nach jeder Rotation kommt der Ausführende in eine mehr oder weniger starke Sitzhaltung.

➲ In der Rückenlage werden die Beine mehr oder weniger stark angewinkelt.

➲ In der Bauchlage wird der Körper nicht gestreckt.

➲ Der „Schwungarm“ wird nicht unterstützend eingesetzt.

➲ Infolge der oben beschriebenen Aspekte bzw. der unterschiedlichen Beteiligung des Kopf-/Rumpfbereiches und der Beine kommt der Ausführende in eine Schieflage (Gefahr des Herunterfallens von den schiefen Ebenen!).

Didaktisch-methodische Analyse

▶ **Mediale Struktur**

▷ **Parcoursform**: Rundparcours

▷ **Aufbauplan**

▶ **Übungsstruktur**

▷ **Übungsfolge und Stationsbezug**

Station 1 – auf den Turnmatten (schiefe Ebene):

1. um die Körperlängsachse (im Liegen), aus der Rückenlage, auf schräger Fläche (eher flacher Anstellwinkel), abwärts, linksherum
2. wie oben, aber rechtsherum

Station 2 – auf den Turnmatten/denSprungbrettern:

1. um die Körperlängsachse (im Liegen), aus der Rückenlage, auf unebener Fläche, aufwärts, abwärts, linksherum
2. wie oben, aber rechtsherum

Station 3 – auf den Turnmatten:

1. um die Körperlängsachse (im Liegen), aus der Rückenlage, auf ebener Fläche, linksherum
2. wie oben, aber rechtsherum

Station 4 – auf den Turnmatten (Langbänken):

1. um die Körperlängsachse (im Liegen), aus der Rückenlage, auf schräger Fläche (eher flacher Anstellwinkel), abwärts, linksherum
2. wie oben, aber rechtsherum

Station 5 – auf der Saltomatte:

1. um die Körperlängsachse (im Liegen), aus der Rückenlage, auf nachgebender Fläche, linksherum
2. wie oben, aber rechtsherum

Station 6 – auf der Saltomatte (Kastenoberteil):

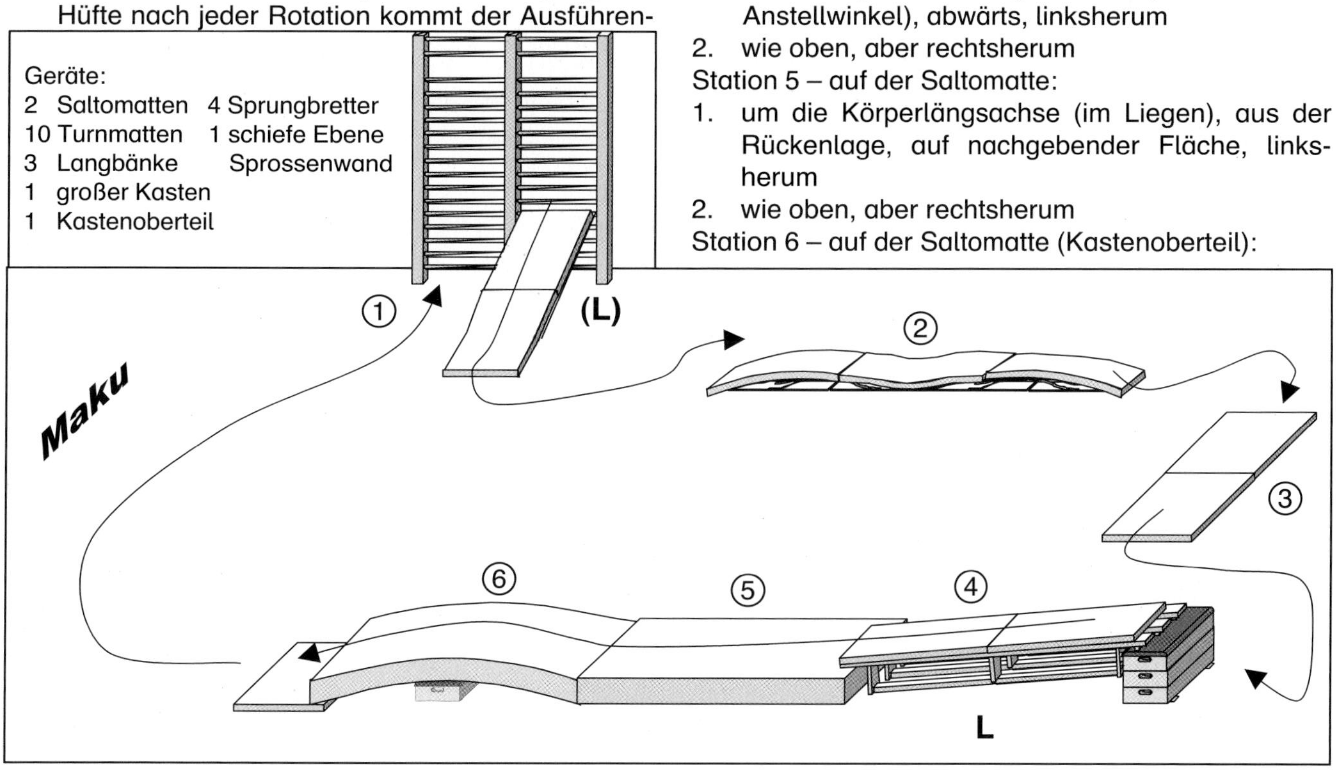

1. um die Körperlängsachse (im Liegen), aus der Rückenlage, auf schräger (eher flacher Anstellwinkel), nachgebender Fläche, aufwärts, abwärts, linksherum
2. wie oben, aber rechtsherum

▷ **Häufigkeit**

3 – *n* Durchgänge pro Übung

▶ **Hilfestellungen oder Sicherheitsstellungen**

▷ **Hilfestellung zur lateralen Rotation**

⇨ Bewusstmachen der Streckung des Körpers zu Beginn und im Verlauf der Rotation.

⇨ Bewusstmachen, dass die Rotation vom Kopf eingeleitet wird.

⇨ Führung/Unterstützung des Kopfes gegebenenfalls durch leichtes Niederhalten, sodass ein Aufrichten in die Sitzhaltung verhindert wird.

⇨ Ansetzen der Hilfestellung am „Schwungarm". Dieser wird locker ergriffen und die Schwungphase aktiv von außen unterstützt (vergleichbar dem „Drehen" eines Leierkastens oder dem Rollen einer Mülltonne).

▷ **Sicherheitsstellungen**

⇨ Sicherheitsstellung ist zunächst an der Station 4 zu leisten und gegebenenfalls an der Station 1.

⇨ Hat man sich überzeugt, dass die Kinder die Übung soweit beherrschen, dass ein Herabfallen von der schiefen Ebene unwahrscheinlich erscheint, kann man sich auch anderen Stationen zuwenden. Zeigen nur einige Kinder noch deutliche Probleme, werden diese aufgefordert sich Hilfe einzufordern. Gleichzeitig beobachtet die Lehrkraft diese Kinder im Rundparcours, sodass sie selbst rechtzeitig zur Stelle ist.

▶ **Methode**

▷ **Symbolspiel**: „Wir sind Seehunde im Zirkus"

▶ **Ablaufschema**

5 Minuten	Aufbau oder Teilaufbau
5 – 10 Minuten	Freie Phase Tickspiel
5 – 10 Minuten	Erarbeitung der Symbolspielhandlung an der Makulaturwand - Handlungsziel - Fertigkeit - Parcours/Ablauf
15 – 20 Minuten	Arbeit am Lerngegenstand
5 Minuten	Abschlussbesprechung
5 Minuten	Abbau oder Teilabbau

▶ **Nähere Ausführungen zum Stundenablauf**

▷ **Erarbeitung des Handlungsziels für die Kinder an der Makulaturwand**

- Die Lehrkraft zeichnet Bild 1 – 3.
- Die Kinder vermuten, was entsteht: Seehunde (Robben).

Zur weiteren Entwicklung der Geschichte, zur Vertiefung der Bedeutungsbeimessung, zur Erweiterung der Begriffsbildung etc. können nachfolgende Fragen erörtert werden:

- „Wo leben Seehunde? Was fressen/trinken Seehunde? Wer von euch mag auch gerne Fisch?"
- „Wie groß sind Seehunde? Wer hat schon einmal einen Seehund gesehen?" usw.
- Die Lehrkraft zeichnet Bild 4 – 6: Zirkus (Manege).
- „Was machen Seehunde im Zirkus? Was für Kunststücke können Seehunde?"
- „Seehunde im Zirkus können besonders gut Rollen."

▷ **Erarbeitung der Fertigkeit**

- „Wer kann das einmal vormachen?"
- Die Lehrkraft gibt Korrekturhinweise bzw. Hilfestellungen: „Was dreht sich zuerst: der Kopf, der Arm oder das Bein?"
- „Zuerst dreht sich der Kopf!"

▷ **Erarbeitung des Parcours**

- „Die Seehunde fangen an dieser Stelle mit ihren Kunststücken an" (Station 1).
- Ein gemeinsames, exemplarisches Durchgehen der Stationen erscheint kaum notwendig. Die Lehrkraft (L) positioniert sich zunächst an der

Station 1 und wechselt dann zur Station 4 und wieder zurück bzw. dorthin, wo Bedarf entsteht (siehe die Anmerkungen unter „Sicherheitsstellungen").

Übung 2 kann an der Station 1 eingeführt werden.

- „Jetzt rollen die Seehunde andersherum."

8.1.2 „Wir baden im Freibad"

Diagnostisch-didaktische Analyse

▶ **Handlungsstrukturanalyse zur dynamischen Gesamtkörperkoordination: Rotation**

Diese Analyse ist die Basis aller weiteren Vertiefungen. Aus ihr werden abgeleitet:

▶ **Lern- und Entwicklungsziel**

Die Kinder sollen die Rotation

- um die **Körperlängsachse**
- aus der Rückenlage, dem Sitz, dem Kniesitz und dem Hang
- aus statischer Ausgangslage
- auf unterschiedlich beweglichen Flächen
- links- und rechtsherum
- fortwährend

üben und die Fertigkeit automatisieren.

Die Kinder sollen die Rotation

- um die **Körperquerachse**
- aus der Rückenlage, dem Kniesitz, der Hocke
- aus statischer Ausgangslage
- auf verschiedenen Flächen
- vorwärts, rückwärts, ohne volle Umdrehung, eine Umdrehung

üben und die Fertigkeit automatisieren.

Die Kinder sollen die Rotation

- um die **Körpertiefenachse**
- in der Bauch- und Rückenlage
- aus statischer Ausgangslage
- auf beweglicher Fläche
- links- und rechtsherum, fortwährend

üben und die Fertigkeit automatisieren.

▶ **Bewegungsbeschreibung**

▷ **Rotation um die Längsachse**

Siehe vorhergehendes Stundenbild.

▷ **Rotation um die Querachse: Rolle-vorwärts**

Zur Einführung der Rotation besonders geeignet: Der Übende kniet auf dem Kasten mit den Knien dicht an der zur Matte zeigenden Kante (die Stirnseite des Kastens). Die Hände werden etwa eine Hand breit vor den Kasten auf die Matte gesetzt. Dabei sind sie etwa schulterbreit voneinander entfernt. Der Oberkörper wird vorgebeugt, der Kopf – Kinn auf die Brust – mit der Stirn quasi gegen den Kasten gelegt. Das Gewicht des Körpers sollte weitgehend mit den Armen abgefangen werden! Durch weiteres Vorbeugen in der „Kugelhaltung" werden die Beine nachgeführt. Auch die Beine sollten gebeugt bleiben (Füße am Gesäß).

▶ **Häufige Probleme bei der Rotation um die Längsachse**

➲ Siehe vorhergehendes Stundenbild.

▶ **Häufige Probleme bei der Rotation um die Querachse: Rolle-vorwärts**

➲ Der Kopf wird nicht mit dem Kinn auf die Brust gelegt, dadurch wird eine Beugung im Rumpf deutlich erschwert oder sogar verhindert.

➲ Der Kopf wird in der Phase des Wiederaufrichtens in den Nacken gelegt. So wird einem aktiven Aufrichten des Oberkörpers entgegengewirkt.

➲ Die Hände stützen zu weit vom Kasten entfernt.

➲ Die Arme werden kaum zum Abstützen eingesetzt, ein Arm oder beide Arme knicken ein, die Hände werden gefaustet oder gar mit den Handgelenken (Außenseite) aufgesetzt. In allen Fällen drückt so das Körpergewicht verstärkt auf den Kopf/Nacken. Die Folge: Verletzungsgefahr.

➲ Die Beine bleiben weitgehend gestreckt oder werden in der Phase des Aufrichtens gestreckt. Dadurch wird ein Aufrichten zum Stand oder ein sofort anschließendes Rollen verhindert. Das Kind bleibt auf dem Rücken oder im Langsitz liegen.

Didaktisch-methodische Analyse

▶ **Mediale Struktur**

▷ **Parcoursform**: Rundparcours

▷ **Aufbauplan** (siehe nächste Seite)

▶ **Übungsstruktur**

▷ **Übungsfolge und Stationsbezug**

Station 1 – auf der Drehscheibe (oder dem Therapiekreisel):

1. um die Körpertiefenachse, in der Bauchlage, auf beweglicher, kleiner Fläche, linksherum
2. wie oben, aber in der Rückenlage
3. wie oben, aber im Sitz
4. wie oben, aber im Kniesitz
5. wie oben, aber rechtsherum

Station 2, 4, 6 – auf den Turnmatten:

1. um die Körperlängsachse (im Liegen), auf schräger Fläche, linksherum
2. wie oben, aber rechtsherum

Station 3 – vom kleinen Kasten:

- Rolle-vorwärts: um die Körperquerachse, aus dem Kniesitz, von erhöhter auf ebenerdige Fläche, vorwärts

Station 4 – auf der Turnmatte (Sprungbrett):

- Rolle-vorwärts: um die Körperquerachse, aus der Hocke, auf schräger Fläche, vorwärts

Station 5 – auf den Turnmatten:

1. um die Körperlängsachse (im Liegen), auf ebenerdiger Fläche, linksherum
2. wie oben, aber: rechtsherum

Station 7 – auf der Saltomatte
1. um die Körperlängsachse (im Liegen), auf nachgebender Fläche, linksherum
2. wie oben, aber rechtsherum

Station 8 – auf der Turnmatte:
- Zappelhandstand zur Kräftigung der Arm- und Schultermuskulatur

Station 9 – an den Schaukelringen:
- um die Körperlängsachse, aus dem Stand/dem Hang, an beweglicher Fläche, linksherum und rechtsherum

▷ **Häufigkeit**

8 Runden, wenn alle Positionen und Bewegungsrichtungen an Station 1 durchgeführt werden sollen.

▶ **Hilfestellungen oder Sicherheitsstellungen**

▷ **Hilfestellung zur Rotation um die Querachse: Rolle-vorwärts**

⇨ Die Lehrkraft kniet seitlich des Kastens etwa im Bereich der Schnittstelle von Kasten und Matte (siehe Markierungspunkt in der folgenden Abbildung). Die – vom Kasten aus gesehen – äußere Hand fasst den Übenden im Nacken und unterstützt so die Kopfstellung bei gleichzeitiger minimaler Schubhilfe. Die andere Hand leistet dosierte Schubhilfe im Bereich des Gesäßes. (Vorsicht, nicht den Übenden „zusammenschieben", d.h. nicht die Belastung im Nackenbereich durch zu stark dosierte Schubhilfe verstärken). Bei kleineren Kindern kann auch anstelle der Schubhilfe am Gesäß ein Unterschenkel umfasst werden. Hier besteht dann die Möglichkeit, das Kind auch während der Rollbewegung am Bein zu halten (siehe: Kopiervorlage S. 166).

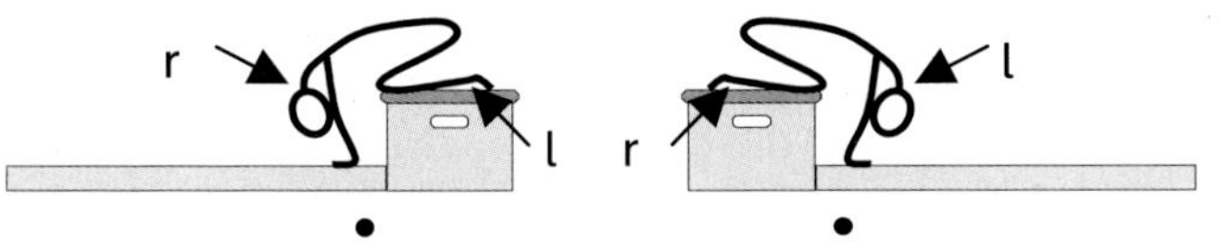

▷ **Sicherheitsstellungen**

⇨ Diese kann wiederum an der Station 6 angezeigt sein.

▶ **Methode**

▷ **Symbolspiel**: „Wir baden im Freibad"

▶ **Ablaufschema**

5 Minuten	Aufbau oder Teilaufbau
5 – 10 Minuten	Freie Phase Tickspiel
5 – 10 Minuten	Erarbeitung der Symbolspielhandlung an der Makulaturwand - Handlungsziel
3 Minuten	Reisephase
5 – 10 Minuten	Erarbeitung: - Parcours - Fertigkeit
15 – 20 Minuten	Arbeit am Lerngegenstand
3 Minuten	Reisephase
5 Minuten	Abschlussbesprechung
5 Minuten	Abbau oder Teilabbau

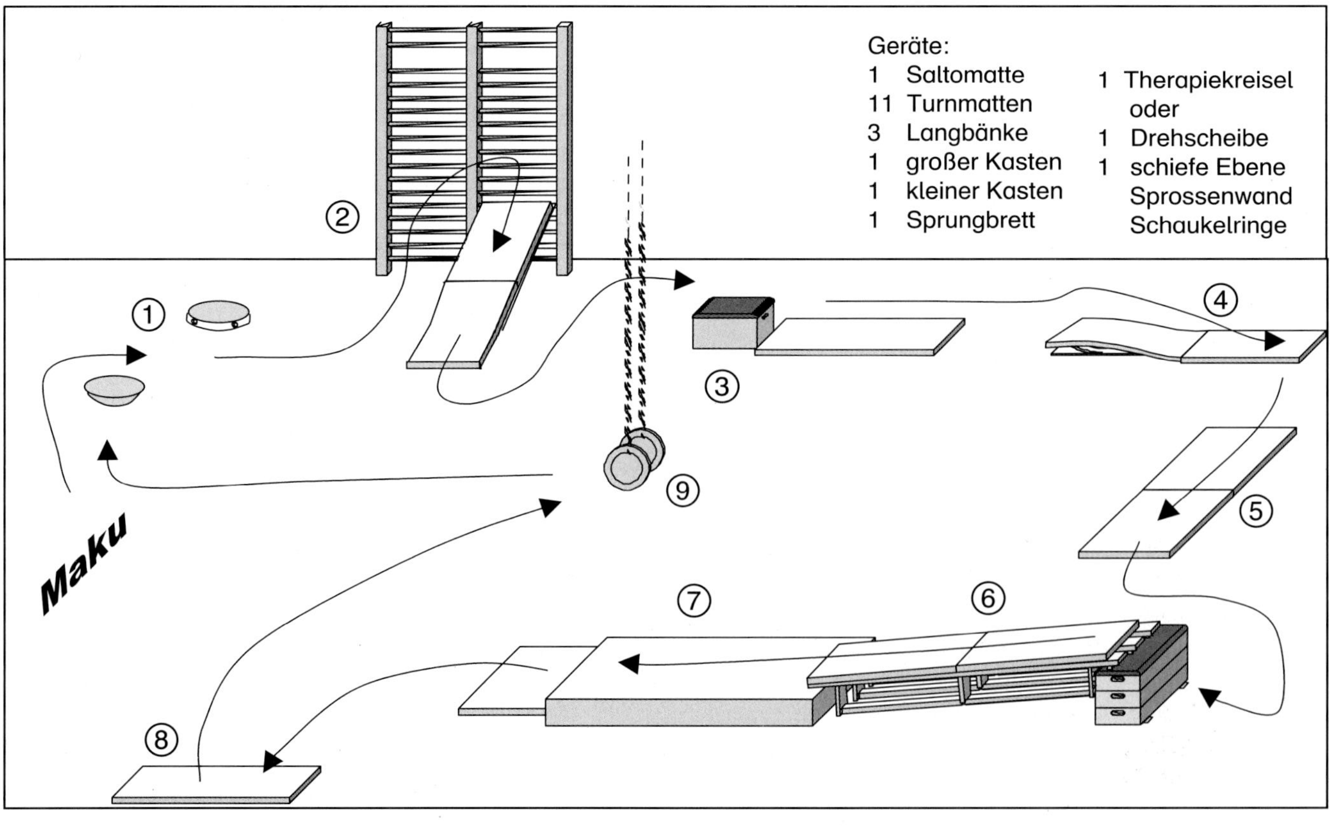

▶ **Nähere Ausführungen zum Stundenablauf**

▷ **Erarbeitung des Handlungsziels für die Kinder an der Makulaturwand**

- Die Lehrkraft zeichnet Bild 1 – 4.
- Die Kinder vermuten, was entsteht: Freibad.

Zur weiteren Entwicklung der Geschichte, zur Vertiefung der Bedeutungsbeimessung, zur Erweiterung der Begriffsbildung etc. können nachfolgende Fragen erörtert werden:

- „Was gibt es im Freibad? Was kann man dort machen? Wer war schon einmal in einem Freibad?“
- Die Lehrkraft zeichnet nach den Äußerungen der Kinder oder von selbst ergänzend die Bilder 4 – 6 (Wasserrutsche, Sprungbrett, Startblock).
- „Ich lade euch zu einem Besuch im Freibad ein!“
- „Wir nehmen den Bus.“ (Bus = umgedrehte Langbank auf zwei Rollbrettern, diese wird von der Lehrkraft mit einem Seil gezogen. → Förderung der statischen Gesamtkörperkoordination).
- Anschließend trifft man sich erneut vor der Makulaturwand.

▷ **Erarbeitung des Parcours/der Fertigkeit**

- Die Kinder sitzen mit Blickrichtung in die Halle.
- Die Lehrkraft geht die einzelnen Stationen ab, erklärt sie oder macht sie vor, bzw. sie wählt ein Kind aus, das die Übung vormacht. (Es sollten nur die Übungen demonstriert werden, die den Kindern nicht klar sein dürften. In diesem Fall: die Drehscheibe, der Zappelhandstand auf der Matte und der „Trockenautomat“, d.h. die Übung an den Ringen).
- „Zuerst müssen wir duschen. Es gibt eine Bauchdusche, eine Rückendusche und eine Sitzdusche.“ Die Lehrkraft oder ein Kind macht die erste Übung vor: sich in der Bauchlage auf die Drehscheibe (den Therapiekreisel) legen und mit den Armen (in Rückenlage mit den Beinen, im Sitz mit den Armen) die Drehbewegung erzeugen.
- „Die Wasserrutsche (Station 2) könnt ihr herunterrollen. Legt euch so hin, wie ein Seehund. Was dreht sich zuerst?“
- „Beim Startblock helfe ich euch.“
- „Bei den anderen Wasserrutschen könnt ihr wieder alleine rutschen.“
- „Hier kann man sich das Wasser aus den Ohren schütteln. Das geht so: ...“ Die Lehrkraft demonstriert den Zappelhandstand.
- „Zuletzt haben wir einen Trockenautomat.“ Die Lehrkraft demonstriert die Übung: Die Ringe, die so eingestellt sind, dass die Kinder sie noch gerade mit den Händen erfassen können, werden mit beiden Händen erfasst und dann dreht man sich links- oder rechtsherum ein. Anschließend werden die Füße vom Boden gelöst: Man trudelt wieder aus. (Gegebenenfalls zwei Ringe zur Verfügung stellen.)
- „Danach könnt ihr wieder von vorne beginnen.“
- Die Lehrkraft positioniert sich zunächst am kleinen Kasten und gibt hier Hilfestellung. Können alle oder einzelne Kinder die Rotation um die Querachse eigenständig leisten, werden sie aufgefordert, dieses auch beim Sprungbrett zu tun (Station 4). Wichtig: Die Füße stehen bereits auf dem Brett, da die Übung sonst deutlich schwerer ausfällt (von ebenerdiger Fläche auf erhöhte Fläche!). Die anderen Flächen sollten in der lateralen Rotation bewältigt werden, es sei denn, die Kinder sind in der Lage, auch hier eine Rotation um die Querachse zu leisten. In diesem Fall sollte die Lehrkraft ihre Position an der schiefen Ebene (Station 6) wählen (dort eventuell den kleinen Kasten zur Seite stellen).
- Die Lehrkraft sagt jeweils die neuen Übungen an.
- Im Verlauf der Stunde kann an der Station 2 folgende Aufgabe zur Übung des Aufrichtens gestellt werden: Die Kinder nehmen die Rückenlage ein, der Kopf liegt an der Sprossenwand, die Hände halten sich an dieser fest. Jetzt werden die Beine angehoben und in Richtung Sprossenwand geführt (Rotation rückwärts, ohne volle Umdrehung). Aus dieser Position werden die Beine mit Schwung wieder „abwärts“ geführt, dabei im Knie so weit gebeugt, dass die Füße an das Gesäß gezogen werden. Dabei wird der Oberkörper aufgerichtet, sodass der Übende in

den Stand kommt. Da die Kinder hier häufig die Beine wieder strecken, setzt die Hilfestellung genau dort an und versucht, die Füße am Gesäß zu halten. Mit der anderen Hand kann das Aufrichten des Oberkörpers unterstützt werden (das Kind am Arm ergreifen und den Impuls unterstützen).

8.1.3 „Schatztaucher"

Diagnostisch-didaktische Analyse

▶ **Handlungsstrukturanalyse zur dynamischen Gesamtkörperkoordination: Rotation**
Diese Analyse ist die Basis aller weiteren Vertiefungen. Aus ihr werden abgeleitet:

▶ **Lern- und Entwicklungsziel**
Die Kinder sollen die Rotation
- um die **Körperquerachse**
- aus der Rückenlage, dem Kniesitz, der Hocke, dem Stand
- aus statischer Ausgangslage
- auf unterschiedlichen Flächen
- vorwärts, rückwärts, ohne volle Umdrehung, eine volle Umdrehung

üben und die Fertigkeit automatisieren.

▶ **Bewegungsbeschreibung**
▷ **Rotation um die Längsachse**
▷ **Rotation um die Querachse: Rolle-vorwärts**
Siehe vorhergehendes Stundenbild.

▷ **Rotation um die Querachse: Rückenschaukel**
Der Ausführende legt sich auf den Rücken, hebt die im Knie gewinkelten Beine an und führt die Oberschenkel durch Heben des Beckens in Richtung Brust. Die Hände umfassen dabei die Schienbeine. Die Arme unterstützen das Aufrichten des Oberkörpers und ziehen diesen und die Beine dichter zusammen. Die im Rücken runde „Pakethaltung" wird durch ein aktives Heben des Kopfes unterstützt. Die Rotation in Form einer Schaukelbewegung wird aus dieser Position durch Bewegungsimpulse des Kopfes und der Hüfte eingeleitet: Der Kopf verstärkt die aktive Aufrichtung, während die gewinkelten Beine in der Hüfte ebenso schnellkräftig ein kurzes Stück geöffnet werden (die Hände halten ihre Position an den Beinen!). Der Bewegungsimpuls aus dem Öffnen der Beine wird sofort wieder abgebremst, der Oberkörper von den Armen und den Bauchmuskeln wieder an die Beine herangezogen. Wurde der Oberkörper gänzlich aufgerichtet, ist das Resultat ein Sitz mit angezogenen Beinen. Gelang die Aufrichtung nicht vollständig, rotiert der Körper zurück. Die Rotationsbewegung nach rückwärts wird durch einen Bewegungsimpuls des Kopfes und durch ein aktives Heben des Beckens unterstützt. Bleibt der Körper in enger „Pakethaltung", sind die nachfolgend notwendigen Rotationsimpulse mit den oben beschriebenen identisch, in ihrer Ausprägung jedoch dezenter.

▷ **Rotation um die Querachse: Rolle-rückwärts**
Geeignet als erste Ausgangslage zur Einführung: Der Ausführende legt sich in Rückenlage mit abwärts gerichtetem Kopf auf die schiefe Ebene. Die Hände, werden mit den Handflächen auf die Oberschenkel gelegt. Dies ist als Hilfestellung gedacht, da die Hände dann, wenn die Arme gewinkelt erhoben und neben den Kopf (Ohren) auf der Fläche aufgesetzt werden, schon in der richtigen Position liegen: Die Daumen zeigen zum Kopf, die Fingerspitzen zu den Schultern. Die Beine werden nun angezogen und quasi „über Kopf" geführt. Durch eine Impulsgebung aus der Hüfte kommt es zu einer Rotationsbewegung, wobei die Arme durch ihre Streckung eine wesentliche Schubhilfe erbringen sollten. Entweder erfolgt ein Aufrichten zum Stand oder die „kugelige" Haltung wird beibehalten (Voraussetzung: Beugehaltung der Beine) und weitere Rollen werden angefügt.

▶ **Häufige Probleme bei der Rotation um die Querachse: Rückenschaukel**
➲ Eine „Pakethaltung" kann nicht eingenommen werden.
➲ Das Kind bleibt in der Pakethaltung nicht auf dem Rücken liegen, sondern kippt nach einer Seite hin um.
➲ Der Kopf kann nicht gehoben und gehalten werden. Dadurch gelingt die Einleitung der Rotationsbewegung (Impulsgebung) nicht.
➲ Die Pakethaltung wird nach der eingeleiteten Rotationsbewegung aufgegeben, d.h., die Arme werden geöffnet, die Beine werden deutlich gestreckt.
➲ Die Koordination der Bewegungsimpulse (Kopf/Oberkörper – Beine/Hüfte) gelingt nicht oder nur unzureichend.

▶ **Häufige Probleme bei der Rotation um die Querachse: Rolle-rückwärts**
➲ Hände werden falsch gesetzt.
➲ Ellenbogen werden abgespreizt und mit auf die Fläche gelegt.
➲ Hände werden gefaustet.
➲ Hände werden im Handgelenk gedreht, sodass die Daumen nach außen zeigen.
➲ Arme leisten keine Schubhilfe.
➲ Der Kopf wird seitlich verdreht.
➲ Eine Impulsgebung findet nicht statt.
➲ Die Beine bleiben gestreckt.

Didaktisch-methodische Analyse

▶ **Mediale Struktur**
▷ **Parcoursform:** Rundparcours
▷ **Aufbauplan** (siehe nächste Seite)

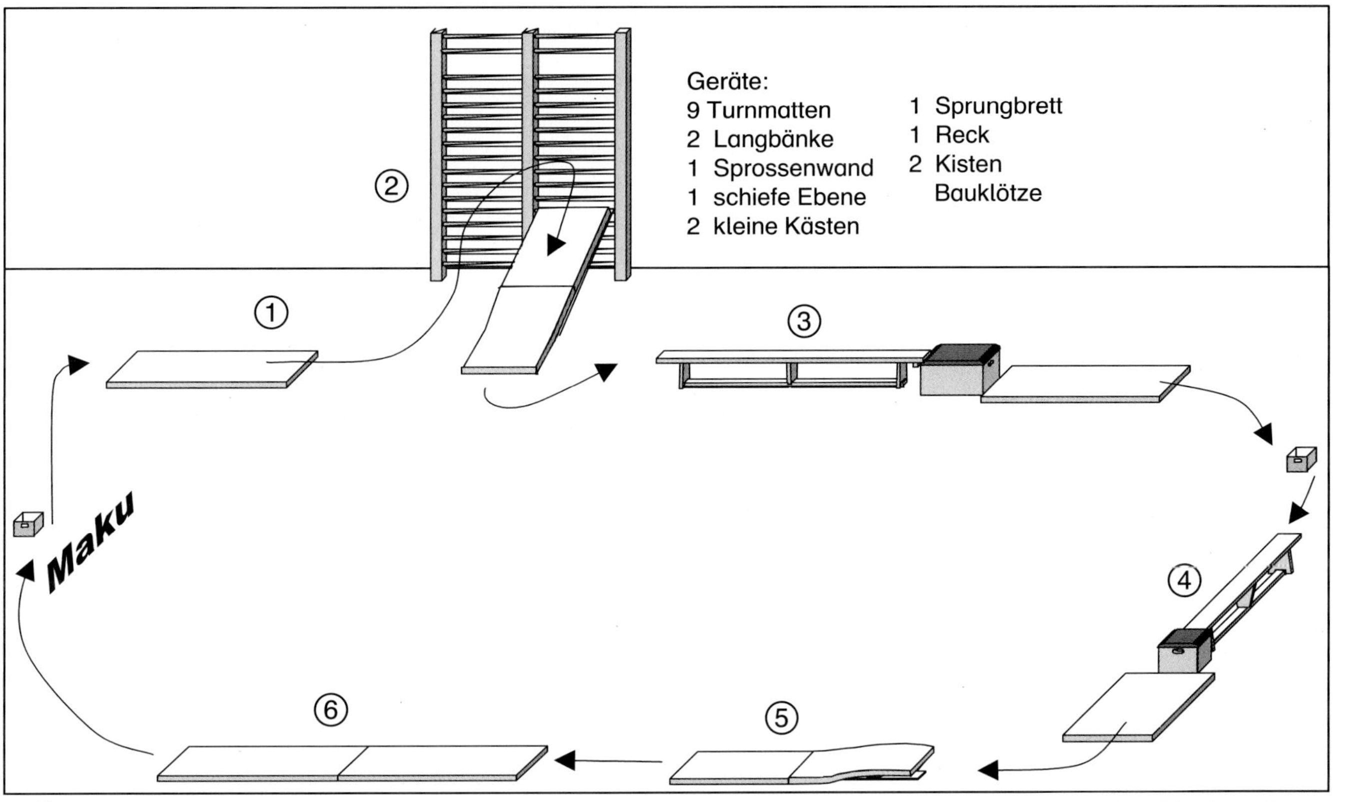

▶ **Übungsstruktur**

▷ **Übungsfolge und Stationsbezug**

Station 1 – auf der Turnmatte:

- Rückenschaukel: um die Körperquerachse, aus der Rückenlage, auf ebenerdiger Fläche, vorwärts, rückwärts, in den Stand

Station 2 – auf der Turnmatte (schiefe Ebene):

1. Rolle-vorwärts: um die Körperquerachse, aus der Hocke, auf schräger Fläche (Anstellwinkel eher flach), vorwärts, eine Umdrehung
2. wie oben, aber aus dem Stand
3. wie oben, aber aus der Rückenlage, rückwärts

Station 3 und 4 – vom kleinen Kasten:

- Rolle-vorwärts: um die Körperquerachse, aus dem Kniesitz, von erhöhter auf ebenerdige Fläche, vorwärts

Station 3 und 4 – auf der Langbank:

- Ziehen in Bauchlage, mit den Armen, vorwärts (zur Kräftigung der Armmuskulatur und der Muskulatur des Schultergürtels)

Station 5 – auf dem Sprungbrett:

- Rolle-vorwärts: um die Körperquerachse, aus der Hocke, auf schräger Fläche, vorwärts

▶ **Hilfestellungen oder Sicherheitsstellungen**

▷ **Hilfestellung zur Rotation um die Querachse**

⇨ Siehe vorhergehendes Stundenbild.

▷ **Hilfestellung zur Rotation um die Querachse: Rückenschaukel**

⇨ Die Lehrkraft kniet vor dem Kind. Sie unterstützt das Heranziehen der Beine an den Oberkörper und damit die Einnahme der „Pakethaltung", indem sie die Arme des Kindes ergreift und diese um dessen Unterschenkel legt („Halt dich hier fest. Nicht loslassen!"). Bleibt das Kind in dieser stabilen Haltung und gelingt die Kopfkontrolle ausreichend – das Kind muss in der Lage sein, den Kopf anzuheben und zu halten – dann kann die Lehrkraft die Impulsgebung zur Rotation dadurch unterstützen, dass sie das Kind seitlich an den Beinen/Knien anfasst und entsprechend vor- und zurückschaukelt.

⇨ Gelingt die Kopfkontrolle nicht, ist eine Unterstützung von der Seite angezeigt. In diesem Fall kniet die Lehrkraft seitlich neben dem Kind (oder wechselt auf diese Position). Eine Hand unterstützt nun das Heben des Kopfes und damit die Rotation vorwärts („Halte deinen Kopf. Der Kopf darf nicht runterfallen!"). Die andere Hand liegt auf den Unterschenkeln bzw. hält die Hände des Kindes in dieser Position (Unterstützung der Pakethaltung) und setzt hier die Rotationsimpulse.

▷ **Hilfestellung zur Rotation um die Querachse: Rolle-rückwärts**

⇨ Die Lehrkraft steht seitlich an der schiefen Ebene korrigiert die Handstellung und unterstützt das Anheben der Beine. Mit der sich „am unteren Ende" der schiefen Ebene befindlichen Hand ergreift sie ein Bein des Kindes am Unterschenkel und unterstützt ziehend die Rotationsbewegung. Bei Anfängern, denen insbesondere bei dieser speziellen Form der Rotation in der Regel eine Bewegungsvorstellung fehlt, kann hier deutlicher Zug notwendig werden. Die sich „am oberen Ende" der schiefen Ebene befindende Hand unterstützt die Rotation durch eine Schubhilfe im Bereich der Schulter bzw. des Nackens.

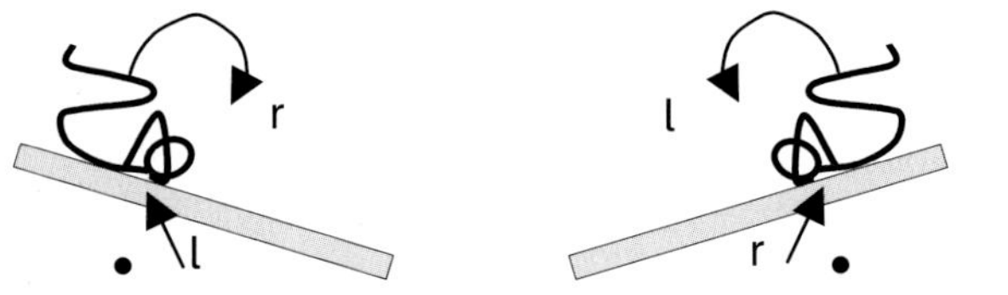

▷ **Sicherheitsstellungen**

⇨ Siehe die vorhergehenden Stundenbilder.

▶ **Methode**

▷ **Symbolspiel**: „Schatztaucher“

▶ **Ablaufschema**

5 Minuten	Aufbau oder Teilaufbau
5 – 10 Minuten	Freie Phase Tickspiel
5 – 10 Minuten	Erarbeitung der Symbolspielhandlung an der Makulaturwand - Handlungsziel
5 Minuten	Erarbeitung: - Parcours/Fertigkeit
15 – 20 Minuten	Arbeit am Lerngegenstand
5 Minuten	Abschlussbesprechung
5 Minuten	Abbau oder Teilabbau

▶ **Nähere Ausführungen zum Stundenablauf**

▷ **Erarbeitung des Handlungsziels für die Kinder an der Makulaturwand**

- Die Lehrkraft zeichnet Bild 1 – 3.
- Die Kinder vermuten, was entsteht: „Taucher“.
- „Was braucht man zum Tauchen?“
- Die Lehrkraft zeichnet Bild 4.
- „In der Taucherflasche ist Sauerstoff (Luft). Wie bekommt der Taucher Sauerstoff? Wie kommt der Sauerstoff in die Flasche?“
- „Was kann man unter Wasser alles sehen?“
- Die Lehrkraft zeichnet ergänzend Bild 5.
- Die Lehrkraft zeichnet Bild 6.
- „Wir können zum Wrack tauchen und den Schatz bergen!“
- „Dreht euch um, bleibt aber sitzen, ich zeige euch, wie das geht.“

▷ **Erarbeitung des Parcours/der Fertigkeit**

- „Zuerst müssen wir die Taucherflaschen mit Sauerstoff (Luft) füllen. Die Füllstation ist hier.“
- Die Lehrkraft geht zur Station 1 und demonstriert die Aufgabe: „Du legst dich auf den Rücken, ziehst die Beine an und umfasst sie mit deinen Armen (Mach dich klein wie ein Paket). Du schaukelst dreimal hin und zurück und versuchst mit Schwung und ohne die Hände zu benutzen aufzustehen. Dann ist die Flasche aufgefüllt.“
- „An der nächsten Station kannst du mit Vorwärtsrollen abtauchen.“
- „Anschließend musst du ein Stück Streckentauchen. Du legst dich auf die Bank und ziehst dich mit beiden Armen vorwärts, bis du wieder mit einer Rolle ganz in die Tiefe zum Schatz tauchst.“
- „Den Schatz bringst du dann zum Schiff, wo du auch deine Flasche wieder füllen musst.“
- Die Lehrkraft positioniert sich zunächst an der Station 2 (schiefe Ebene) und gibt hier Hilfestellung bzw. erarbeitet mit den Kindern nach einigen Durchgängen die Rolle-rückwärts:
- „Wer weiß wie eine Taucherrolle richtig gemacht wird?“ (Station 2) – „Richtig, rückwärts.“

8.1.4 „Astronauten auf Planet Rollo 3“

Diagnostisch-didaktische Analyse

▶ **Handlungsstrukturanalyse zur dynamischen Gesamtkörperkoordination: Rotation**

Diese Analyse ist die Basis aller weiteren Vertiefungen. Aus ihr werden abgeleitet:

▶ **Lern- und Entwicklungsziel**

Die Kinder sollen die Rotation

- um die **Körperquerachse** aus der Rückenlage, dem Kniesitz, der Hocke, dem Stand, dem Stütz
- aus statischer Ausgangslage
- auf unterschiedlichen Flächen
- vorwärts, rückwärts, ohne volle Umdrehung, eine volle Umdrehung

üben und die Fertigkeit automatisieren.

Die Rotation um die Körpertiefenachse und der Zappelhandstand sind zusätzliche Angebote.

▶ **Bewegungsbeschreibung**

▷ **Rotation um die Querachse: Rückenschaukel**

▷ **Rotation um die Querachse: Rolle-vorwärts**

▷ **Rotation um die Querachse: Rolle-rückwärts**

Siehe vorhergehendes Stundenbild.

▷ **Rotation um die Querachse: Rolle-vorwärts am Reck**

Der Übende steht vor der Reckstange und umfasst diese mit opponierten, um die Stange gelegten Daumen. Die Hände sind etwa schulterbreit nebeneinander versetzt. Durch Absprung und gleichzeitiges Hochdrücken mit den Armen und Heranziehen dieser an den Körper wird der Stütz eingenommen. Die Last des Körpers wird von den weitgehend durchgedrückten Armen getragen. Die Rotation wird durch ein Vorbeugen des Kopfes und durch den in der Hüfte abgeknickten Oberkörper eingeleitet. Der Körper liegt weitgehend in der Hüftbeuge auf der Stange. Die weitere Rotation wird durch ein Anheben und Anfersen der Beine eingeleitet. Unterstützt durch eine verstärkte Rumpfbeugung überqueren die Beine die Stange. Das Körpergewicht wird nun wieder von den Armen getragen. Durch Anspannung der Bauch- und Hüftmuskulatur wird die „eingerollte Haltung“ langsam aufgelöst und wieder in den Stand überführt. Wird die Rolle von den Kindern beherrscht, verschmelzen die einzelnen Phasen zu einem „runden“ Bewegungsablauf.

▶ **Häufige Probleme bei der Rotation**

▷ **Häufige Probleme bei der Rotation um die Querachse: Rückenschaukel**

▷ **Häufige Probleme bei der Rotation um die Querachse: Rolle-vorwärts**

▷ **Häufige Probleme bei der Rotation um die Querachse: Rolle-rückwärts**

➲ Siehe jeweils vorhergehendes Stundenbild.

▷ **Häufige Probleme bei der Rotation um die Querachse: Rolle-vorwärts am Reck**

➲ Die Handfassung an der Reckstange erfolgt ohne opponierten Daumen (kein Tunnelgriff bzw. Ristgriff).

➲ Der Stütz kann nicht eingenommen werden. Dem Kind gelingt es nicht in den Stütz zu springen oder den Körper mittels der Armkraft im Stütz zu halten.

➲ Der Kopf leitet die Rotationsbewegung nicht ein.

➲ Der Oberkörper wird zwar vorgebeugt, aber der Kopf wird in den Nacken gelegt (oft eine Angstreaktion).

➲ Das Kind hängt weit vorgebeugt mit eingeknickter Hüfte über der Stange, kann aber die Rotation nicht vollenden, da die Beine gestreckt bleiben und nicht an das Gesäß herangezogen werden. Die Rotation wird in diesem Stadium oft zusätzlich durch einen in den Nacken gelegten Kopf erschwert, da dieser eine Streckung des Oberkörpers provoziert.

➲ Das Kind unterliegt in obiger Lage der Tendenz, die Hände von der Stange zu nehmen. Hierin liegt die eigentliche Gefahr!

➲ Nach vollendeter Rotation wir die Körperspannung abrupt aufgegeben, die Beine „krachen“ zu Boden.

➲ Das Kind hat Angst (überwiegend deshalb, weil es keine Bewegungsvorstellung hat und befürchtet herunterzufallen).

Didaktisch-methodische Analyse

▶ **Mediale Struktur**

▷ **Parcoursform**: Rundparcours

▷ **Aufbauplan** (siehe nächste Seite)

▶ **Übungsstruktur**

▷ **Übungsfolge und Stationsbezug**

Station 1 – auf der Matte an der Wand:

Wandhandstand zur Kräftigung der Arm- und Schultermuskulatur (damit die Kinder bei der Rolle-vorwärts das Gewicht des Körpers mit den Armen aufnehmen können). Der Übende geht vor der Wand in den Vierfüßlerstand, die Beine zeigen zur Wand, der Kopf in den Raum. Die Füße werden direkt gegen die Wand gestellt und „laufen“ an dieser hoch, sodass das Gewicht des Körpers auf den Händen ruht (keine Hohlkreuzbildung!)

Station 2 – auf der Drehscheibe (oder dem Therapiekreisel):

1. um die Körpertiefenachse, in der Bauchlage, linksherum
2. wie oben, aber rechtsherum

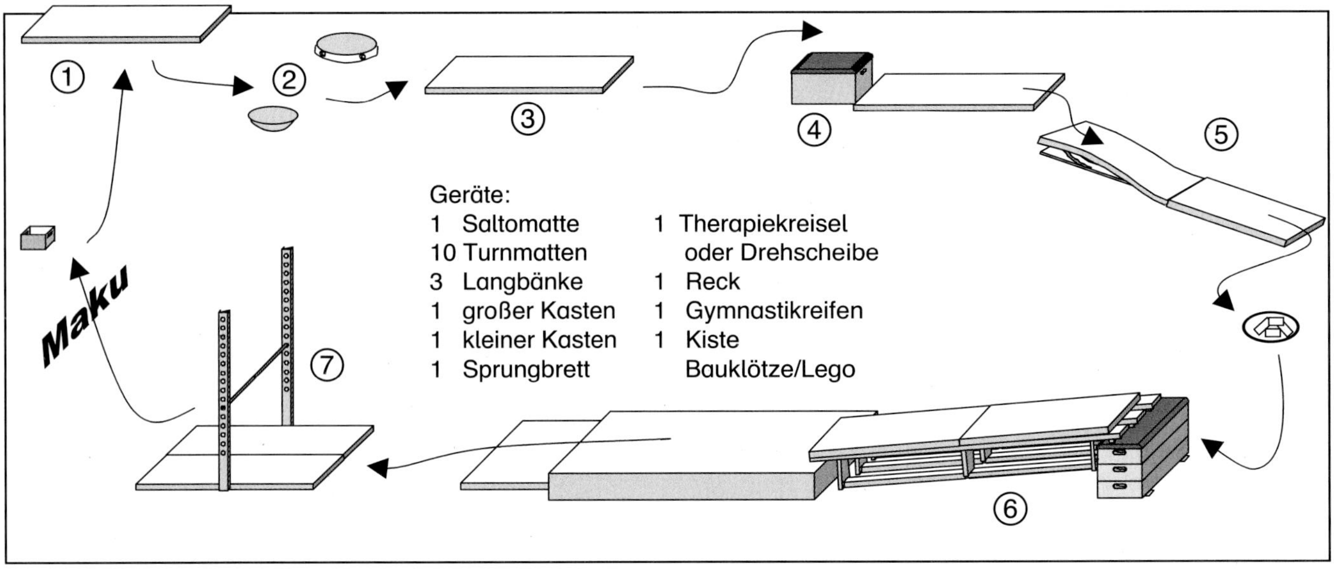

Station 3 – auf der Turnmatte:
- Rückenschaukel: um die Körperquerachse, aus der Rückenlage, auf ebenerdiger Fläche, vorwärts, rückwärts, in den Stand

Station 4 – vom kleinen Kasten:
- Rolle-vorwärts: um die Körperquerachse, aus dem Kniesitz, von erhöhter auf ebenerdige Fläche, vorwärts

Station 5 – auf dem Sprungbrett:
1. Rolle-vorwärts: um die Körperquerachse, aus der Hocke, auf schräger Fläche, vorwärts
2. Rolle-vorwärts: um die Körperquerachse, aus dem Stand, auf schräger Fläche, vorwärts

Station 6 – auf der schiefen Ebene:
1. Rolle-vorwärts: um die Körperquerachse, aus der Hocke, auf schräger Fläche, vorwärts
2. Rolle-vorwärts: um die Körperquerachse, aus dem Stand, auf schräger Fläche, vorwärts
3. Rolle-rückwärts: um die Körperquerachse, aus der Rückenlage, auf schräger Fläche, rückwärts

Station 7 – am Reck:
- Rolle-vorwärts: um die Körperquerachse, aus dem Stütz, um erhöhte Fläche, vorwärts

▶ Hilfestellungen oder Sicherheitsstellungen

▷ Hilfestellung zur Rotation um die Querachse Rückenschaukel, Rolle-vorwärts/-rückwärts
Siehe jeweils vorhergehendes Stundenbild.

▷ Hilfestellung zur Rotation um die Querachse: Rolle-vorwärts am Reck

⇨ Das Kind steht auf der einen, die Lehrkraft (•) auf der anderen Seite der Stange.

⇨ Einnahme des Stütz: Entweder erleichtert ein kleiner Kasten oder ein Sprungbrett die Einnahme des Stütz oder die Lehrkraft greift über die Stange unter die Achseln des Ausführenden und unterstützt so den „Sprung" in den Stütz.

⇨ Rolle-vorwärts: Bei kleinen und unsicheren bzw. ängstlichen Kindern kann die Hilfestellung frontal erfolgen, d.h., man kniet vor der Stange und lässt das Kind aus dem Stütz quasi direkt auf sich zu rotieren, indem man es seitlich am Rumpf unter den Achseln stützt. Das Kind sollte sich in jedem Fall selbst festhalten! Hängt das Kind „kopfüber", wechselt der Griff der einen Hand gleitend über die Schultern auf den Rükken, während die andere Hand Schubhilfe an den Beinen leistet. Das Kind gleitet so über den Arm bzw. die Schulter der Lehrkraft in den sicheren Stand.

⇨ Bei der Hilfestellung von der Seite unterstützt die „innere" Hand im Nackenbereich des Kindes, während die „äußere" Hand die Rotation im Beinbereich begleitet.

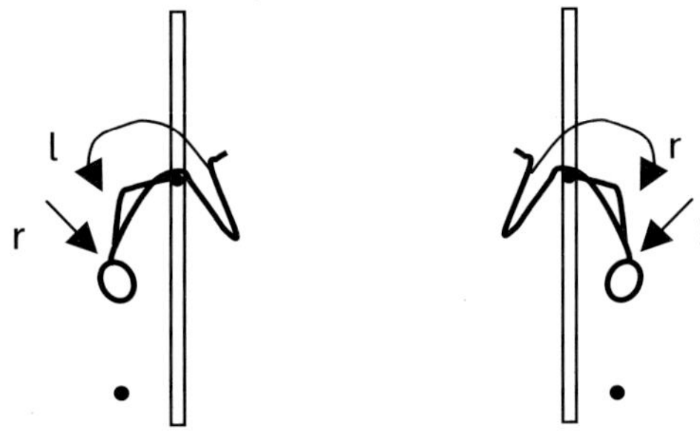

▷ Sicherheitsstellungen

⇨ Am Reck: Als Sicherheitsstellung steht man leicht seitlich. Die „innere" Hand hält das Handgelenk. Lässt das Kind aus irgendwelchen Gründen los, muss mit der Hand am Handgelenk das Fallen insoweit kontrolliert werden, dass ein Aufschlagen mit dem Kopf verhindert wird.

⇨ An der schiefen Ebene: Siehe die vorhergehenden Stundenbilder.

▶ Methode

▷ Symbolspiel: „Astronauten auf Planet Rollo 3"

▶ Ablaufschema

5 Minuten	Aufbau oder Teilaufbau
5 – 10 Minuten	Freie Phase Tickspiel
5 – 10 Minuten	Erarbeitung der Symbolspielhandlung an der Makulaturwand - Handlungsziel

3 Minuten	Reisephase
5 – 10 Minuten	Erarbeitung: - Parcours - Fertigkeit
15 – 20 Minuten	Arbeit am Lerngegenstand
3 Minuten	Reisephase
5 Minuten	Abschlussbesprechung
5 Minuten	Abbau oder Teilabbau

▶ Nähere Ausführungen zum Stundenablauf

▷ Erarbeitung des Handlungsziels für die Kinder an der Makulaturwand

- Die Lehrkraft zeichnet Bild 1 – 3.
- Die Kinder vermuten, was entsteht: Astronaut.

„Was machen Astronauten? Warum hängt der Astronaut an einer Leine? Kann man im Weltall atmen?"

- Die Lehrkraft zeichnet Bild 4.
- „Astronauten brauchen Sauerstoff (Luft). Wer kann erklären, wie der Astronaut Sauerstoff bekommt?"
- „Dieser Punkt hier auf der Brust ist die Sauerstoffanzeige. Hat der Astronaut genügend Sauerstoff, leuchtet der Punkt grün. Geht der Sauerstoff zu Ende, blinkt der Punkt rot. Dann muss der Astronaut schnell in sein Raumschiff zurück."
- Die Lehrkraft zeichnet Bild 5.
- „Was ist ein Planet?"
- Die Lehrkraft zeichnet Bild 6.
- „Dieser Planet heißt Rollo 3."
- „Auf Rollo 3 sollen die Astronauten Gesteinsproben für die Forscher sammeln."
- „Wir fliegen mit einer Rakete zum Planeten Rollo 3 und sammeln Gesteinsproben."
- „Zieht eure Raumanzüge an. Wer fertig ist, bekommt von mir das Sauerstoffgerät."
- Die Lehrkraft klebt jedem Kind einen kleinen grünen Klebepunkt so auf die Brust, dass es diesen, wenn es das Kinn zur Rolle auf die Brust legt, sehen kann. (Alternativ kann ein einfacher Streifen Klebeband verwendet werden.)

▷ Erarbeitung der Reisephase

- Die Lehrkraft oder ein Kind stellt sich breitbeinig vor die (anderen) Kinder.
- „Steigt in die Rakete ein."
- Das erste Kind krabbelt durch die Beine und stellt sich ebenfalls breitbeinig hinter die Lehrkraft (bzw. das erste Kind). Alle anderen Kinder bilden entsprechend die Rakete (vereinfacht: hintereinander aufstellen lassen).
- Nach dem Count-down („10, 9 ... 0, Feuer!") fliegt die Rakete los, d.h., die Lehrkraft oder das erste Kind läuft los, die anderen Kinder laufen hinterher.

▷ Erarbeitung des Parcours/der Fertigkeit

- Die Rakete landet wieder vor der Makulaturwand.
- „Zuerst müssen die Astronauten prüfen, ob nichts aus dem Raumanzug fällt. Das geht so."
- Die Lehrkraft oder ein Kind macht den „Wandstand" vor (siehe die Beschreibung unter „Übungsstruktur").
- „Dann müssen die Astronauten ihr Sauerstoffgerät aufladen." (Übung auf der Drehscheibe/dem Therapiekreisel, der Ablauf ist den Kindern aus der letzten Stunde bekannt).
- „Der Ausstieg aus dem Raumschiff erfolgt über diese Astronautenabschussrampe. Der Astronaut legt sich mit dem Rücken auf die Abschussrampe (Station 3)."
- Die Lehrkraft demonstriert die Übung und gibt Hilfestellung (Beschreibung der Rückenschaukel unter „Bewegungsbeschreibung").
- „Wer schafft es aufzustehen ohne die Arme zu benutzen?"
- „Dann geht es auf den Planeten Rollo 3. Hier müssen die Astronauten rollen."
- „Sammelt einen Stein ein und bringt ihn zum Raumschiff."
- „Achtet vor jeder Rolle darauf, ob eure Sauerstoffanzeige noch grün leuchtet (Kopf auf die Brust)! Sonst müsst ihr schnell in das Raumschiff und euer Sauerstoffgerät wieder aufladen." (Wurde ein einfacher Klebestreifen verwendet: „Achtet vor jeder Rolle darauf, ob eure Sauerstoffanzeige schon rot leuchtet.")

- Die Lehrkraft positioniert sich zunächst am kleinen Kasten und gibt hier Hilfestellung. Die Sicherheit an der schiefen Ebene (Station 6) muss aber gewährleistet sein (Station im Blick haben). Sind die Kinder am Reck angelangt (Station 7), erfolgt hier die Hilfestellung.
- Kinder, die noch keine Rolle-vorwärts können, sollen bei den anderen Flächen auf die laterale Rotation zurückgreifen, so keine Hilfestellung durch die Lehrkraft erfolgen kann.
- **Wichtig:** Kinder, die Schwierigkeiten bei der Ausführung haben, sollen lernen, die Hilfe der Lehrkraft einzufordern.

8.1.5 „Wir reparieren die Bohrinsel"

Diagnostisch-didaktische Analyse

▶ **Handlungsstrukturanalyse zur dynamischen Gesamtkörperkoordination: Rotation**

Diese Analyse ist die Basis aller weiteren Vertiefungen. Aus ihr werden abgeleitet:

▶ **Lern- und Entwicklungsziel**

Die Kinder sollen die Rotation
- um die **Körperquerachse**
- aus der Rückenlage, der Hocke, dem Stand, aus dem Stütz
- aus statischer Ausgangslage
- auf unterschiedlichen Flächen
- vorwärts, rückwärts, ohne volle Umdrehung, eine Umdrehung

üben und die Fertigkeit automatisieren.

Die Rotation um die Körperlängsachse wird hier zusätzlich, d.h. nicht im Sinne des Schwerpunktes angeboten.

▶ **Bewegungsbeschreibung**

▷ **Rotation um die Längsachse**

▷ **Rotation um die Querachse: Rückenschaukel**

▷ **Rotation um die Querachse: Rolle-vorwärts**

▷ **Rotation um die Querachse: Rolle-rückwärts**

Siehe jeweils das vorhergehende Stundenbild.

▷ **Rotation um die Querachse: Rolle-rückwärts am Reck: Aufschwung**

Der Übende steht vor der Reckstange und umfasst sie mit opponierten, um die Stange gelegten Daumen. Die Hände sind etwa schulterbreit nebeneinander versetzt, die Arme sind (i.d.R.) vor der Brust gebeugt. Das Schwungbein, dem das zweite Bein unmittelbar nachfolgt, wird nun in weitgehend gestreckter Form in Richtung Stange geführt. Die Arme werden noch weiter gebeugt, der Körper an die Stange herangezogen. Ist der Schwung und die Körperspannung im Bereich des Rumpfes (Stabilisierung der „eingerollten" Haltung) ausreichend und leisten die Arme die nötige Haltearbeit bzw. „Zughilfe", gelangt der Übende in den Stütz. Durch einen leichten Schwungimpuls – resultierend aus einem Einknicken in der Hüfte und einer anschließenden Streckung bei gleichzeitigem Anstoßen mit den Armen – „springt" der Übende in den Stand.

▶ **Häufige Probleme bei der Rotation**

▷ **Häufige Probleme bei der Rotation um die Querachse: Rückenschaukel**

▷ **Häufige Probleme bei der Rotation um die Querachse: Rolle-vorwärts**

▷ **Häufige Probleme bei der Rotation um die Querachse: Rolle-rückwärts**

▷ **Häufige Probleme bei der Rotation um die Querachse: Rolle-vorwärts am Reck**

➲ Siehe jeweils vorhergehendes Stundenbild.

▷ **Häufige Probleme bei der Rotation um die Querachse: Rolle-rückwärts (Aufschwung) am Reck**

➲ Der Daumen wird nicht in Opposition gebracht.
➲ Die Arme können während der Schwungphase nicht gebeugt gehalten werden.
➲ Mit gestreckten Armen kann lediglich der Fuß des Schwungbeins an die Stange gebracht werden.
➲ Die Armkraft reicht nicht aus, den Körper an der Stange emporzuziehen.
➲ Der Impuls ist zu stark und der Übende gelangt nicht in den Stütz, er rotiert gleich in den Stand.

Didaktisch-methodische Analyse

▶ **Mediale Struktur**

▷ **Parcoursform**: Rundparcours

▷ **Aufbauplan** (siehe nächste Seite)

▶ **Übungsstruktur**

▷ **Übungsfolge und Stationsbezug**

Station 1 – auf den Matten:
um die Körperlängsachse (im Liegen), linksherum, fortwährend und anschließend:
Rückenschaukel: um die Körperquerachse, aus der Rückenlage, auf ebenerdiger Fläche, vorwärts, rückwärts, in den Stand

Station 2 – auf der schiefen Ebene:
1. Rolle-vorwärts: um die Körperquerachse, aus der Hocke, auf schräger Fläche, vorwärts
2. wie oben, aber aus dem Stand
3. Rolle-rückwärts: um die Körperquerachse, aus der Rückenlage, rückwärts
4. wie oben, aber aus der Hocke

Station 3 und 4 – auf den Matten, dem Sprungbrett:
Rolle-vorwärts: um die Körperquerachse, aus der Hocke, vorwärts

Station 5 – am Reck:
1. Rolle-vorwärts: um die Körperquerachse, aus dem Stütz, vorwärts
2. Rolle-rückwärts: um die Körperquerachse, aus dem Stand, rückwärts

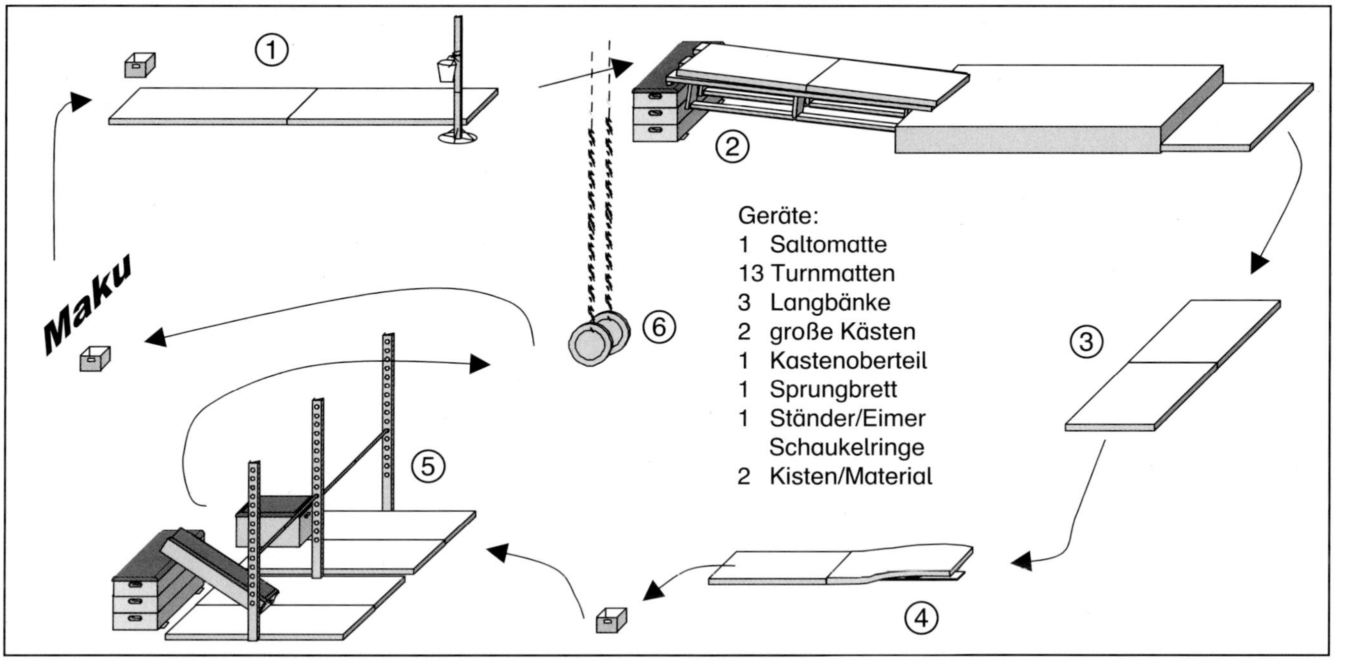

Station 6 – an den Ringen:
- um die Körperlängsachse (im Stand/im Hang), linksherum, rechtsherum

▷ **Häufigkeit**
5 – *n* Durchgänge

▶ **Hilfestellungen oder Sicherheitsstellungen**
▷ **Hilfestellung zur Rotation um die Längsachse**
▷ **Hilfestellung zur Rotation um die Querachse: Rückenschaukel, Rolle-vorwärts/-rückwärts**
Siehe jeweils vorhergehendes Stundenbild.

▷ **Hilfestellung zur Rotation um die Querachse: Rolle-rückwärts (Aufschwung) am Reck**
⇨ Bei Anfängern kommt es hier häufig zu folgender Bewegungsausführung: Der Übende hängt mit gestreckten Armen an der Stange, wobei er ein Bein anhebt und versucht, mit diesem die Stange zu berühren. Die seitlich zum Übenden, aber auf der gleichen Seite stehende Lehrkraft ergreift und hält dieses Bein mit der von der Stange abgewandten Hand, sodass das Kind das andere Bein ebenfalls in Richtung Stange bringen kann. Durch unterstützenden Zug der Lehrkraft und zeitgleichen Armzug des Kindes gelangt es zunächst in eine quasi senkrechte, über Kopf hängende Haltung. Die Beine werden in dem Moment nach „hinten" über die Stange geführt, wenn die Hüfte sich auf deren Höhe befindet. Zeitgleich wird mit der zur Stange weisenden Hand am Oberkörper Schubhilfe geleistet.

Besser:
⇨ Das Kind hält die Arme während der Schwungphase gebeugt. So braucht nur die Impulsgebung unterstützt zu werden.

▷ **Sicherheitsstellungen**
Befindet sich die Lehrkraft an Station 2, so ist für Station 5 zu bedenken:
- Die Kinder können den Aufschwung bzw. eine Rolle-vorwärts eigenständig ohne Hilfestellung leisten (bis auf wenige Ausnahmen, denen die Lehrkraft dann hilft).
- Sind die Kinder dazu nicht in der Lage, so muss die Station zunächst gesperrt werden oder ganz darauf verzichtet werden. Sie kann dann den Schwerpunkt einer weiteren Stunde darstellen.

Befindet sich die Lehrkraft an Station 5, so ist für Station 2 wegen der Gefahr des Herabfallens zu bedenken:
- die Kinder können die Rolle-rückwärts eigenständig leisten,
- ist das nicht der Fall führen die Kinder eine Rolle-vorwärts aus oder
- sie bewältigen die Station mit lateraler Rotation.

▶ **Methode**
▷ **Symbolspiel**: „Wir reparieren die Bohrinsel"

▶ **Ablaufschema**

5 Minuten	Aufbau oder Teilaufbau
5 – 10 Minuten	Freie Phase Tickspiel
5 – 10 Minuten	Erarbeitung der Symbolspielhandlung an der Makulaturwand - Handlungsziel
5 – 10 Minuten	Erarbeitung: - Parcours/ Fertigkeit
15 – 20 Minuten	Arbeit am Lerngegenstand
5 Minuten	Abschlussbesprechung
5 Minuten	Abbau oder Teilabbau

▶ Nähere Ausführungen zum Stundenablauf

▷ Erarbeitung des Handlungsziels für die Kinder an der Makulaturwand

- Die Lehrkraft zeichnet Bild 1 – 6.
- Die Kinder vermuten, was entsteht: Bohrinsel (siehe nächste Seite).
- „Was ist eine Bohrinsel? Wonach wird auf einer Bohrinsel gebohrt? Wie kommt das Öl von der Bohrinsel an Land? Wofür brauchen wir das Öl?"
- „Diese Bohrinsel hat gerade einen schweren Sturm überstanden. Leider ist ein Bein der Bohrinsel abgebrochen. Die Insel droht nun umzukippen!"
- „Um das Bein reparieren zu können brauchen wir erfahrene Taucher. Die müssen zum Meeresboden tauchen und das Bein Stück für Stück wieder aufbauen."
- „Dreht euch um, bleibt aber sitzen, ich zeige euch, wo wir die Sauerstoffflaschen aufladen können."

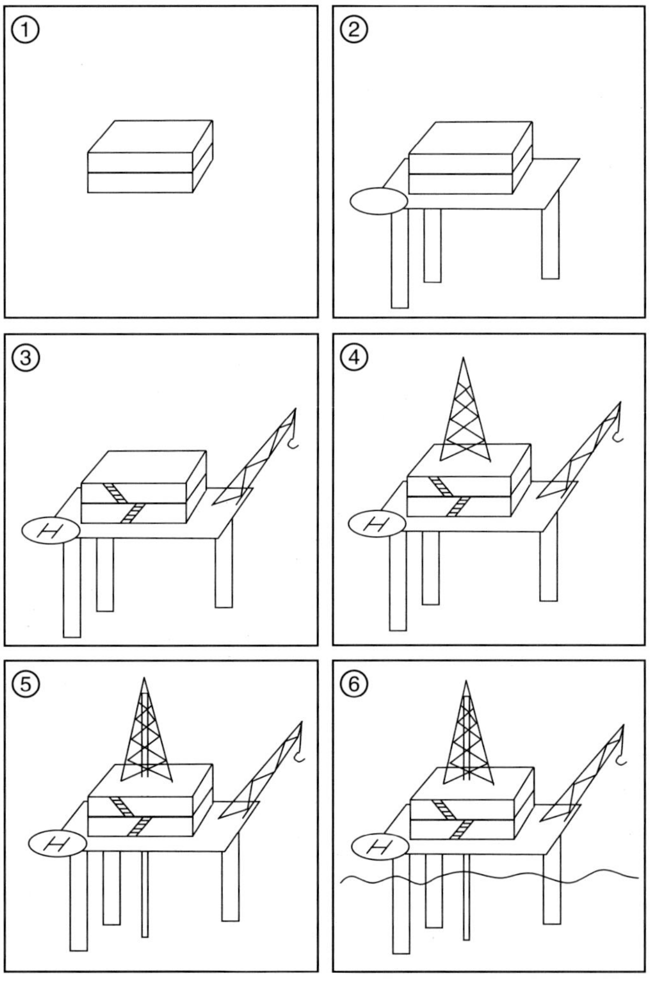

▷ Erarbeitung des Parcours/der Fertigkeit

- Die Lehrkraft demonstriert die Übung, gibt Hilfestellung (Beschreibung der Rückenschaukel unter „Bewegungsbeschreibung"): „Ihr legt euch hier auf den Rücken, schaukelt dreimal hin und her und steht dann, ohne dass ihr euch mit den Händen abstützt, auf. Dann ist eure Sauerstoffflasche gefüllt."
- „Wie geht es wohl weiter?"
- „Hier (Station 2) tauchen wir von unserem Schiff in das Wasser. Hier (Station 3) müsst ihr noch ein Stück zur Bohrinsel tauchen. Legt euch auf die Bank und zieht euch mit den Armen vorwärts. Am Ende taucht ihr ab."
- „Legt immer ein Ersatzteil auf das nächste. Dann taucht ihr zurück zum Schiff, holt ein neues Ersatzteil und bringt es wieder zur Bohrinsel."
- Die Lehrkraft positioniert sich zunächst an der Station 2 und gibt hier Hilfestellung. Möglicherweise pendelt sie zwischen der Station 2, 3 und 4 hin und her und gibt den Kindern jeweils die Hilfestellung, die diese benötigen.
- Im Verlauf der Stunde führt die Lehrkraft an der Station die Rolle-rückwärts ein, die nur an dieser Station ausgeführt wird.

8.2 Handlungsstrukturanalyse dynamische Gesamtkörperkoordination: Gangarten

Handlungsstrukturanalyse
DYNAMISCHE GESAMTKÖRPERKOORDINATION
Gangarten

Daten:

Art der Fortbewegung		**Art der Fläche**	**Bewegungs-richtung**
basale Fortbewegungsarten	Gangarten		
▷ Ziehen/Schieben in Bauchlage ▷ Robben - Seitendominanz - keine Seitendominanz ▷ Krabbeln - Nachstellschritt - gekreuzte Koordination ▷ Sitzrutschen	▷ Krebsgang ▷ Kniegang - Nachstellschritt - gekreuzte Koordination ▷ Vierfüßlergang ▷ Seitgang - Nachstellschritt - gekreuzte Koordination ▷ Gang - Nachstellschritt - gekreuzte Koordination - aufrecht/gebeugt ▷ Zehen-Fersen-Gang - Nachstellschritt - gekreuzte Koordination ▷ Zehenballengang - Nachstellschritt - gekreuzte Koordination ▷ Fersengang - Nachstellschritt - gekreuzte Koordination	▷ • groß • klein ▷ • breit • schmal ▷ • lang • kurz ▷ • hart • nachgebend - weich - federnd ▷ • eben • uneben ▷ • stumpf • rutschig ▷ • ebenerdig • erhöht - bodennah - bodenfern ▷ • waagerecht • schräg - Anstellwinkel eher flach - Anstellwinkel eher steil • senkrecht ▷ • stabil • beweglich - träge/leicht beweglich - in eine/alle Richtung(en)	▷ vorwärts ▷ seitwärts ▷ rückwärts ▷ links ▷ rechts ▷ aufwärts ▷ abwärts

Automatisierungsgrad	
Spalte 1	Spalte 2
▶ Handlungen mit personalisierter Hilfe ▶ Handlungen mit materialisierter Hilfe	▶ eigenständige Handlungen ▶ Simultanhandlungen

Freie Beschreibung:

8.2.1 „Wir helfen Kleiner Feder"

Diagnostisch-didaktische Analyse

▶ **Handlungsstrukturanalyse zur dynamischen Gesamtkörperkoordination: Gangarten**

Diese Analyse ist die Basis aller weiteren Vertiefungen. Aus ihr werden abgeleitet:

▶ **Lern- und Entwicklungsziel**

Die Kinder sollen
- das Ziehen/Schieben in Bauchlage, Robben, Krabbeln, Sitzrutschen, den Krebsgang, den Vierfüßlergang
- auf unterschiedlichen Flächen
- vorwärts, rückwärts, aufwärts, abwärts

üben und die Fertigkeiten automatisieren.

▶ **Bewegungsbeschreibung**

▷ **Ziehen/Schieben in Bauchlage**

Schieben (rückwärts):
Der Ausführende legt sich der Länge nach auf die Fläche. Der Kopf wird leicht angehoben und in Mittelstellung fixiert gehalten. Der Oberkörper wird so weit aufgerichtet, dass die Arme angewinkelt werden können und die Hände seitlich in Höhe der Schultern liegen. Die Hände sind geöffnet, die Handfläche liegt plan und fest auf. Durch Kraftaufnahme auf die Hände wird der Oberkörper aufgerichtet und bei entsprechend rutschigem Untergrund (und Kleidung) wird der Körper durch gleichzeitiges Strecken der Arme nach rückwärts geschoben.
Ziehen (vorwärts):
Der Ausführende legt sich der Länge nach auf die Fläche. Der Kopf (Oberkörper) wird leicht angehoben und in Mittelstellung fixiert gehalten. Die Arme werden lang gestreckt. Die Hände ergreifen ein Objekt (krallen sich in den Boden, ergreifen ein Seil, einen Stuhl, Turngerät etc.) und ziehen den Körper durch gleichzeitiges Anwinkeln der Arme vorwärts.

▷ **Robben**

Ausgangsstellung:
Der Ausführende legt sich der Länge nach auf die Fläche. Der Oberkörper ruht auf den gewinkelten Armen, die von der Schulter in etwa senkrecht abwärts ausgerichtet sind. Die Unterarme werden diagonal zur Mitte gehalten, sodass sich die Hände unterhalb des Kopfes befinden. Die Hände sind geöffnet oder werden zur Faust geballt. Die Beine sind mehr oder weniger gestreckt.
Fortbewegung mit gekreuzter Koordination:
Beispielsweise wird das Körpergewicht auf den linken Arm verlagert, der rechte Arm nach vorn geführt und gleichzeitig das linke Bein gebeugt und seitlich am Körper nach vorn (in die Bewegungsrichtung) geführt, ohne dass das Gesäß dabei deutlich angehoben wird. Anschließend wird das Gewicht auf den nach vorne geführten Arm verlagert und der Körper von diesem „herangezogen", bis die Achse Schulter/Oberarm wieder „senkrecht" ausgerichtet ist bzw. der Arm sogar leicht unter den Oberkörper gezogen ist. Diese Fortbewegung wird durch das Strecken des gewinkelten Beins unterstützt. Anschließend erfolgt der Vorgang mit dem anderen Arm und dem gegenläufigen Bein. Möglich ist eine Seitendominanz. So können sowohl der Arm als auch das Bein nur einer Seite zur Fortbewegung eingesetzt werden, während der andere Arm im Wesentlichen zur Stabilisierung des Gleichgewichts in der Ausholphase dient, oder die Fortbewegung wird vornehmlich mit einem Arm und dem gegenläufigen Bein durchgeführt. Beide Varianten verhindern das so genannte kreuzdiagonale Bewegungsmuster (mit gekreuzter Koordination), das für das eigentliche Gehen notwendig ist.

▷ **Krabbeln**

Das Körpergewicht ruht im Wesentlichen auf den Händen und den Knien. Durch eine seitliche Verlagerung des Körpergewichtes vor allem im Oberkörper wird das Gewicht nun auf eine Seite (Oberkörper) bzw. die Gegenseite (Hüfte/Gesäß) verlagert. Der von der stabilisierenden Haltearbeit frei gewordene Arm wird vorgestellt und das Bein der Gegenseite wird nachgezogen (mit gekreuzter Koordination). Beide übernehmen abschließend die Haltearbeit. So können die jetzt frei gewordenen Extremitäten ihrerseits vorgestellt werden (usw.). Beim so genannten Passgang (Krabbeln mit Nachstellschritten) wird jeweils eine Seite (Arm und Bein) zum Krabbeln eingesetzt.

▷ **Sitzrutschen**

Ausgangsstellung:
Der Ausführende sitzt mit leicht gewinkelten Beinen auf der Fläche, wobei die Knie weitgehend parallel stehen. Die Hände werden seitlich neben dem Gesäß (bei Bewegungsrichtung vorwärts) oder leicht seitlich hinter dem Gesäß (bei Bewegungsrichtung rückwärts) aufgestützt.
Fortbewegung:
Durch Kraftaufnahme auf die Hände wird der Körper von der Fläche gehoben, sodass das Gewicht nun auf den Händen und den Füßen ruht. Dabei wird der Körper durch Anwinkeln oder Strecken der Beine entweder vorwärts oder rückwärts verlagert (Drehpunkt ist die Schulter) und abgesetzt. Anschließend werden Arme und Beine wieder je nach Bewegungsrichtung in der Ausgangsstellung platziert.

▷ **Krebsgang**

Ausgangsstellung:
Die Ausgangslage entspricht dem des Sitzrutschens.
Fortbewegung:
In der Regel wird die Fortbewegung mit gekreuzter Koordination durchgeführt, d.h., es findet eine Verlagerung des Körpergewichts auf einen Arm und das Bein der Gegenseite statt, während die von der Haltearbeit frei gewordenen Extremitäten vor- oder zu-

rückgestellt werden. Anschließend erfolgt der Vorgang mit den anderen beiden Extremitäten. Die Verlagerung des Körpergewichts im Oberkörper ist deutlich als seitliche Pendelbewegung sichtbar.

▷ **Vierfüßlergang**
Ausgangsstellung:
Das Körpergewicht ruht auf Händen und Füßen.
Fortbewegung:
Die Bewegungsbeschreibung entspricht dem Krabbeln (dort: Knie, hier: Füße).

▶ **Häufige Probleme bei den beschriebenen Fortbewegungsarten**

➲ Die Kraft in den Armen reicht nicht aus, um den Körper zu tragen (besonders beim Krebsgang) oder ihn zu „ziehen“ (besonders beim Ziehen in Bauchlage oder beim Robben).
➲ Das Gleichgewicht kann in der Ausgangsstellung nicht gehalten werden.
➲ Die zur gekreuzten Koordination notwendigen Verlagerungen des Körpergewichtes führen zum Gleichgewichtsverlust.
➲ Die gekreuzte Koordination kann (noch) nicht geleistet werden. Die Fortbewegung wird mit Nachstellschritten ausgeführt.
➲ Die Bewegung wird sehr langsam ausgeführt.

Didaktisch-methodische Analyse

▶ **Mediale Struktur**
▷ **Parcoursform**: Rundparcours
▷ **Aufbauplan**

▶ **Übungsstruktur**
▷ **Übungsfolge und Stationsbezug**
alle Stationen (s.u.):

1. Ziehen in Bauchlage auf ebenerdiger (Station 3, 4, 7), nachgebender (Station 1), erhöhter (Station 5, 6), schräger (Station 2, 9), schräg-nachgebender Fläche (Station 8), vorwärts, aufwärts (Station 2a, 8), abwärts (Station 2b, 9)
2. wie oben, aber: Schieben in Bauchlage
3. wie oben, aber: Robben
4. wie oben, aber: Krabbeln, vorwärts/rückwärts
5. wie oben, aber: Sitzrutschen, vorwärts/rückwärts
6. wie oben, aber: Krebsgang, vorwärts/rückwärts
7. wie oben, aber: Vierfüßlergang, vorwärts/rückwärts

▷ **Häufigkeit**
11 Durchgänge

▶ **Hilfestellungen oder Sicherheitsstellungen**
▷ **Hilfestellung zu den Fortbewegungsarten**

⇨ Eine „klassische“ Hilfestellung existiert für diese basalen Fortbewegungsarten nicht.
⇨ Für die Präsentation der Aufgabe kann natürlich festgehalten werden, dass über das Vormachen der Bewegung eine Bewegungsvorstellung leichter zu erreichen ist als über bildliche oder sprachliche Aufgabenpräsentationen.
⇨ Im Detail können aus den Bewegungsbeschreibungen die „Eckpunkte“ der Bewegung herausgelöst, mit den konkreten Lösungen des Kindes verglichen und daraus Korrekturhinweise abgeleitet werden.

▷ **Sicherheitsstellungen**

⇨ Eine Sicherheitsstellung im eigentlichen Sinne erscheint bei diesem Aufbau und den geplanten Übungen nicht zwingend angezeigt.

▶ **Methode**
▷ **Symbolspiel**: „Wir helfen Kleiner Feder“

▶ **Ablaufschema**

5 Minuten	Aufbau oder Teilaufbau
5 – 10 Minuten	Freie Phase Tickspiel
5 – 10 Minuten	Erarbeitung der Symbolspielhandlung an der Makulaturwand - Handlungsziel - Parcours/Ablauf - Fertigkeit

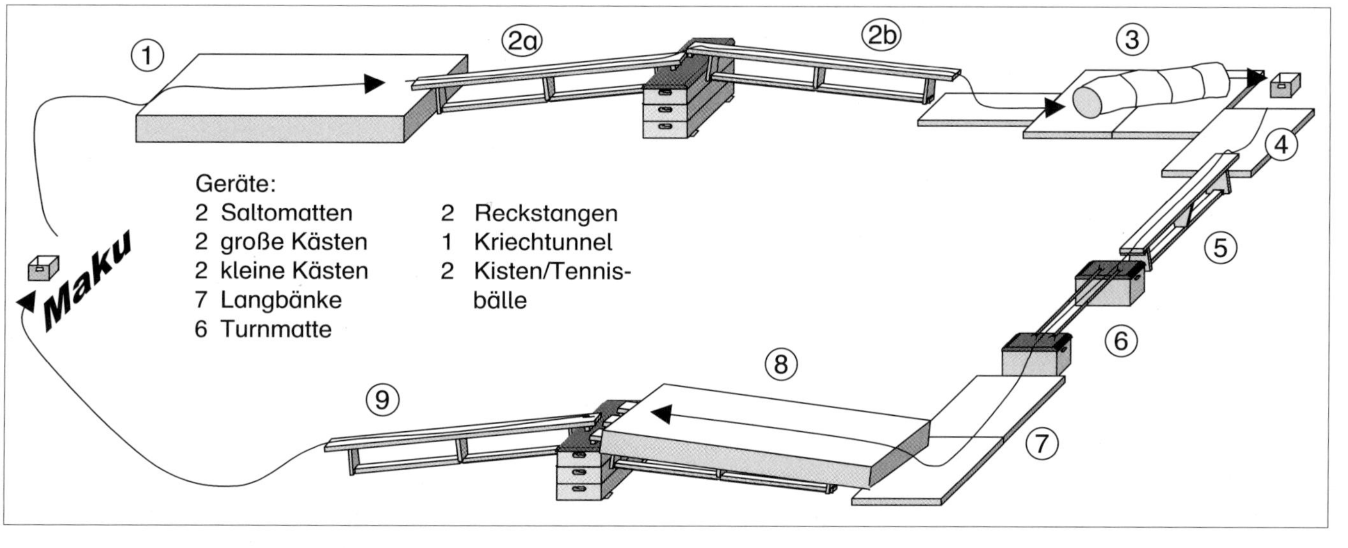

15 – 20 Minuten	Arbeit am Lerngegenstand
5 Minuten	Abschlussbesprechung
5 Minuten	Abbau oder Teilabbau

▶ Nähere Ausführungen zum Stundenablauf

▷ Erarbeitung des Handlungsziels für die Kinder an der Makulaturwand

- Die Lehrkraft zeichnet Bild 1–6.
- Die Kinder vermuten, was entsteht: Indianer.

- „Was weißt du über Indianer?"
- „Dieser Indianer heißt Kleine Feder."
- „Er sieht nicht glücklich aus. Was könnte passiert sein?"
- „Kleine Feder hatte von seinem Vater, dem Häuptling Große Feder einen Auftrag bekommen. Er sollte in der Nacht den Schatz bewachen. Aber Kleine Feder wurde so müde und am Ende ist er eingeschlafen."
- „Da sind die Cowboys gekommen und haben den Schatz geklaut. Nun hat Kleine Feder Angst, dass sein Vater wütend wird."
- Ich weiß, wo die Cowboys den Schatz versteckt haben. Er wird vom Müden Sam bewacht. Warum heißt der wohl der Müde Sam?"
- „Richtig, weil er immer schläft. Wenn wir ganz leise schleichen, dann wacht er nicht auf und wir können den Schatz zurückholen."
- „Kommt mit."

▷ Erarbeitung des Parcours

- „Wir müssen ganz leise sein und schleichen, damit der Müde Sam nicht aufwacht. Holt immer einen Goldklumpen und bringt ihn hier her (Kiste).
- Ein gemeinsames exemplarisches Durchgehen der Stationen erscheint kaum notwendig. Die Lehrkraft positioniert sich zunächst an der Station 1 und wechselt dann je nach Bedarf zu den anderen Stationen.

▷ Erarbeitung der Fertigkeit

- Die Lehrkraft gibt Korrekturhinweise bzw. Hilfestellungen.
- Nach jeder Runde wird die neue Übung angesagt: „Jetzt schleichen die Indianer so."

8.2.2 „Mit den Indianern auf Jagd"

Diagnostisch-didaktische Analyse

▶ Handlungsstrukturanalyse zur dynamischen Gesamtkörperkoordination: Gangarten

Diese Analyse ist die Basis aller weiteren Vertiefungen. Aus ihr werden abgeleitet:

▶ Lern- und Entwicklungsziel

Die Kinder sollen
- den Seitgang, Gang
- auf unterschiedlichen Flächen
- vorwärts, rückwärts, aufwärts, abwärts, nach links, nach rechts

üben und die Fertigkeiten automatisieren.

▶ Bewegungsbeschreibung

▷ Seitgang

Beim Seitgang handelt es sich um die in der Regel zuerst entwickelte Gangart. Die Kinder haben sich mithilfe eines Gegenstandes, z.B. an einem Tisch, aufgerichtet und beginnen nun, sich seitwärts mit Nachstellschritten unter Abstützen an dem Gegenstand fortzubewegen. Durch eine breite Beinstellung kann der Körper sowohl in der Bewegungsrichtung vorne-hinten als auch zu den Seiten gut ausbalanciert werden. Später kann diese Fortbewegungsart ohne Abstützen und auch mit gekreuzter Koordination (nach links oder nach rechts) durchgeführt werden.

▷ Gang

Nachfolgend zum Seitgang entwickelt sich der Gang. Die Kinder laufen zunächst sehr breitbeinig und meist mit erhobenen Armen (Gleichgewichtsreaktionen) ein paar Schritte vorwärts.
Bei begrenzten oder erhöhten Flächen sind zunächst Nachstellschritte zu beobachten. Jeweils ein Fuß wird in leichter Schrittstellung vorgestellt und der andere nachgezogen. Nachstellschritte sind deshalb sachlogisch leichter, weil das Kind so die Phase des „dynamischen Einbeinstandes" vermeidet, die bei der

gekreuzten Koordination notwendig auftritt. (Durch die begrenzte Fläche kann das Kind nicht breitbeinig gehen und hat somit größere Schwierigkeiten, den Körper seitlich zu stabilisieren bzw. die Bewegungsimpulse in diese Richtung auszugleichen.)
Unsicherheit oder „Angst“ führen bei erhöhten Flächen oft zu einer Verlagerung des Körperschwerpunktes nach unten und somit zum Erscheinungsbild des gebeugten Ganges.

▷ **Häufige Probleme bei den beschriebenen Fortbewegungsarten**

- Das Gehen ist von deutlichen Gleichgewichtsreaktionen im Bereich der Arme bzw. des Oberkörpers begleitet.
- Die gezeigten Gleichgewichtsreaktionen verstärken eher den Gleichgewichtsverlust, d.h., sie sind von der Bewegungsrichtung, in die sie durchgeführt werden, und von ihrem Ausmaß her nicht angemessen (überhastet oder verlangsamt).
- Beim Gehen, besonders beim Zehen-Fersen-Gang, muss das Kind immer wieder seitlich mit einem Bein eine Stützreaktion durchführen, um den Körper zu stabilisieren. Das Kraftmaß dieser Stützreaktion ist gegebenenfalls nicht ausreichend, das Gleichgewicht bricht zusammen.
- Das Gehen erfolgt mit Nachstellschritten, die gekreuzte Koordination wird nicht geleistet.
- Begleitend zum Gehen (besonders beim Zehen-Fersen-Gang) treten assoziierte Reaktionen, wie Speichelfluss, Zungenbewegungen, Verdrehungen im Bereich der Hände oder Arme (Einwärtsdrehungen: Pronationsmuster oder Auswärtsdrehungen: Supinationsmuster), Zehenkrallen etc., auf.
- Die Beine werden beim Gehen (besonders beim Zehen-Fersen-Gang) im Hüft- und Kniegelenk sehr versteift. Damit gehen oft Verdrehungen im Bereich des Oberkörpers einher, da mit dessen Hilfe versucht wird, die Bewegungsimpulse in Richtung Gleichgewichtserhalt auszugleichen.
- Die Bewegungsrichtung rückwärts bereitet deutliche Probleme oder eine Fortbewegung in diese Richtung kann nicht geleistet werden.
- Der Körperschwerpunkt wird deutlich nach unten verlagert.

Didaktisch-methodische Analyse

▶ **Mediale Struktur**

▷ **Parcoursform**: Rundparcours

▷ **Aufbauplan**

▶ **Übungsstruktur**

▷ **Übungsfolge und Stationsbezug**

alle Stationen (s.u.):

1. freier Zugang, d.h., die Kinder bewältigen den Parcours in selbst gewählter Fortbewegungsart
2. Seitgang mit Nachstellschritten auf ebenerdiger (Station 2), erhöhter (Station 3, 4, 6, 7, 8, 9) und schräger Fläche (Station 5), nach links, aufwärts, abwärts
3. wie oben, aber: nach rechts
4. wie oben, aber: Gang mit gekreuzter Koordination auf ebenerdiger (Station 2), erhöhter (Station 3, 4, 6, 7, 8, 9) und schräger Fläche, vorwärts, aufwärts, abwärts (Station 5)
5. wie oben, aber: rückwärts

▷ **Häufigkeit**

2 – 3 Durchgänge pro Übung

Geräte:

2 große Kästen	1 Linie auf dem Boden	1 Reckpfosten	2 Kisten/Tennisringe
2 kleine Kästen	1 Befestigungsmöglichkeit an der Wand (hier: Kletterstange)	2 Reckstangen	1 „Grillstange“
6 Langbänke		2 Bananenkartons	1 Gymnastikreifen
		2 Taue/Seile	Rollbretter

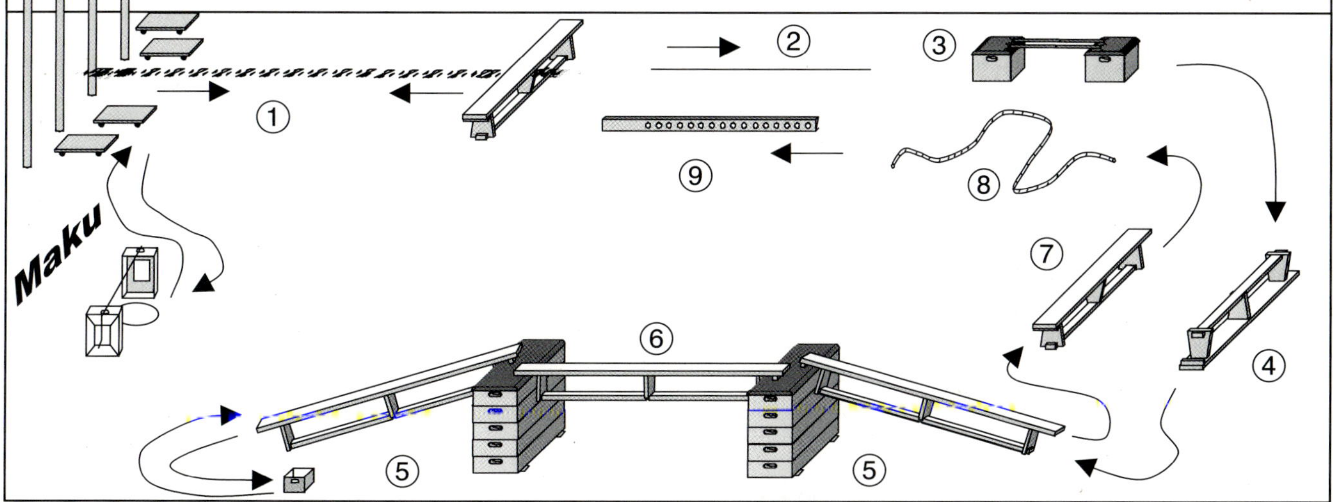

▶ Hilfestellungen oder Sicherheitsstellungen

▷ Hilfestellung zu den Fortbewegungsarten

Die Hilfestellung orientiert sich am Grad der Automatisierung:

- ➲ Hilfestellung mit personalisierter Unterstützung: Die Lehrkraft geht selbst rückwärts vor dem Kind und reicht diesem beide Hände. Das Kind legt seine Hände hinein. Die Lehrkraft sollte das Kind so wenig wie möglich festhalten. Besser ist es, dass das Kind sich an den Händen der Lehrkraft festhält. Das heißt, nicht die Lehrkraft bestimmt die Unterstützungsimpulse, sondern das Kind (und die Lehrkraft unterstützt es erst dann mit Gegenkraft).

- ➲ Die Lehrkraft geht vor dem Kind rückwärts und hält die eigenen Arme lediglich als „Angebot" hin. Das Kind hält die eigenen Hände ein kleines Stück über den Händen der Lehrkraft. Es kann im Bedarfsfall sofort zufassen.
- ➲ Die Lehrkraft bietet nur den Unterarm als Festhaltemöglichkeit an.
- ➲ Die Lehrkraft geht hinter dem Kind, die Hände unterstützen seitlich, quasi „unter" den Achseln, sodass das Kind die eigenen Hände für Ausgleichsbewegungen (Gleichgewichtsreaktionen) frei benutzen kann.
- ➲ Das Kind fasst eine Hand (drei Finger oder nur noch den kleinen Finger) der seitlich neben dem Gerät gehenden Lehrkraft.
- ➲ Die Lehrkraft erfasst das Kind nur am T-Shirt im Bereich des Rückens. Bei dieser Art der Hilfestellung muss sofort auf seitliche Bewegungsimpulse reagiert werden (sonst hat man eventuell nur noch das Hemd in der Hand, während das Kind auf dem Boden liegt). Dennoch ist diese Art der (geringen) Unterstützung geeignet, da das Kind weitgehend alleine „balanciert" und dennoch eine sofortige Eingriffsmöglichkeit seitens der Lehrkraft besteht.
- ➲ Die Hilfestellung wird in der oben geschilderten Weise mittels eines Gymnastikstabes geleistet.
- ➲ Der Aufbau ermöglicht ein Abstützen an der Wand, einem anderen Gerät, einem gespannten Seil usw.

▷ Sicherheitsstellungen

- ➲ Eine Sicherheitsstellung kann an der Station 6 angezeigt sein, zumal die Kinder hier ihren Hin- und Rückweg organisieren müssen (warten, einander vorbeilassen ...).

▶ Methode

▷ **Symbolspiel**: „Mit den Indianern auf Jagd"

▶ Ablaufschema

5 Minuten	Aufbau oder Teilaufbau
5 – 10 Minuten	Freie Phase Tickspiel
5 – 10 Minuten	Erarbeitung der Symbolspielhandlung an der Makulaturwand - Handlungsziel
5 – 10 Minuten	Erarbeitung: - Parcours - Fertigkeit
15 – 20 Minuten	Arbeit am Lerngegenstand
5 Minuten	Abschlussbesprechung
5 Minuten	Abbau oder Teilabbau

▶ Nähere Ausführungen zum Stundenablauf

▷ Erarbeitung des Handlungsziels für die Kinder an der Makulaturwand

- Die Lehrkraft zeichnet Bild 1 – 4.
- Die Kinder vermuten, was entsteht: Insel, Zelt (Tipi), Indianer, Kanu, Lagerfeuer.

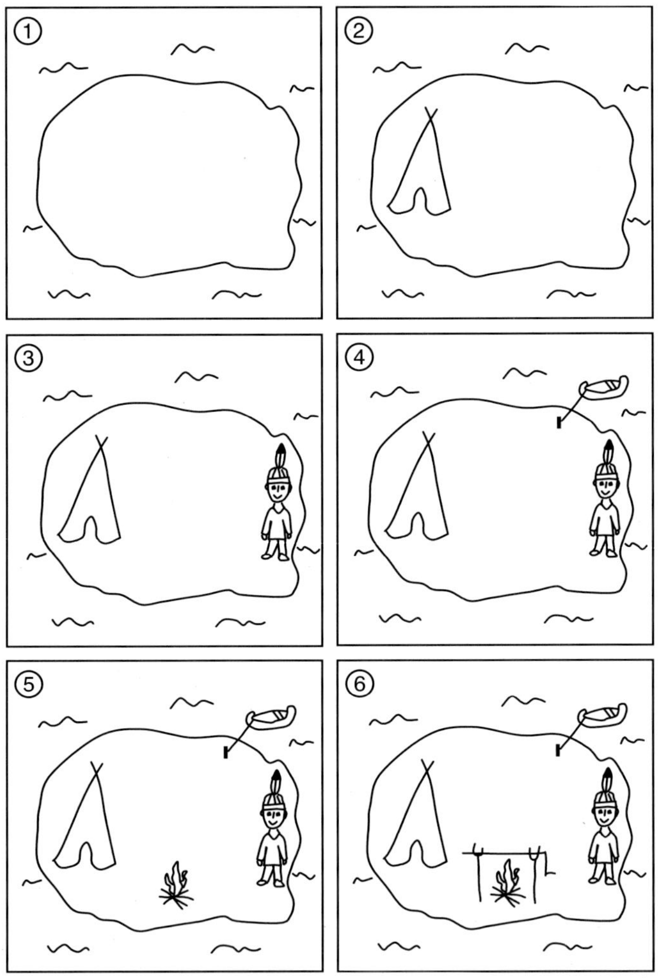

- „Kleine Feder lebt im Sommer mit seinem Stamm auf einer kleinen Insel im Fluss."
- „Alle Fleischvorräte sind aufgebraucht."
- „Was jagen Indianer, was glaubst du?"
- „Wir gehen auf Büffeljagd."
- „Kleine Feder kann nicht mit auf die Jagd gehen. Er muss aufpassen, dass das Lagerfeuer nicht ausgeht."
- „Hier ist der Grill (2 Bananenkartons o.Ä. und eine Stange sowie ein roter Gymnastikreifen), hier können wir die Beute grillen (die Tennisringe an die Stange hängen)."

▷ **Erarbeitung des Parcours**

- Der Parcours kann vom Platz aus (die Kinder drehen sich zur Halle um) erklärt werden.
- „Zuerst müssen wir von der Insel mit den Kanus an Land fahren."
- Die Lehrkraft demonstriert: „Die Kanus müssen an Land gezogen werden, damit sie nicht abtreiben" (in den unteren Holm der Langbank einhängen).
- „Wie geht der Weg zu den Büffeln wohl weiter?"
- „Es geht immer außen weiter bis zur großen Schlucht. Dahinter findet ihr die Büffelherde."
- „Der Rückweg zur Kleinen Feder führt wieder über die Schlucht. Passt auf, dass ihr gut aneinander vorbei kommt."
- „Wie geht es nach der Schlucht weiter?"
- „Dann bringt jeder seinen Büffel mit dem Kanu zur Insel, hängt ihn an den Grill und geht wieder auf die Jagd."
- Die Lehrkraft positioniert sich an der Station 6 und kann von hier aus zunächst den Ablauf des Parcours kontrollieren.

▷ **Erarbeitung der Fertigkeit**

- Nach der ersten Runde gibt sie die Übungen vor: „Die Indianer gehen jetzt so ... (Übung 2, 3 usw.) zur Jagd."

8.2.3 „Wir holen Blätter für Ele"

Diagnostisch-didaktische Analyse

▶ **Handlungsstrukturanalyse zur dynamischen Gesamtkörperkoordination: Gangarten**

Diese Analyse ist die Basis aller weiteren Vertiefungen. Aus ihr werden abgeleitet:

▶ **Lern- und Entwicklungsziel**

Die Kinder sollen

- den Seitgang, Gang, Zehen-Fersen-Gang
- auf ebenerdiger, erhöhter, schräger Fläche
- vorwärts, rückwärts, aufwärts, abwärts, nach links, nach rechts

üben und die Fertigkeiten automatisieren.

▶ **Bewegungsbeschreibung**

▷ **Seitgang**

▷ **Gang**

Siehe vorhergehendes Stundenbild.

▷ **Zehen-Fersen-Gang**

Beim Zehen-Fersen-Gang wird entsprechend der Bezeichnung immer die Ferse des einen Fußes direkt vor die Zehen(-spitze) des anderen Fußes gesetzt. Durch die damit verbundene Einschränkung des seitlichen Abstützens und die Phase des „dynamischen Einbeinstandes" erfordert diese Fortbewegungsart ein hohes Maß an Körperkoordination.
Auch der Zehen-Fersen-Gang kann mit Nachstellschritten ausgeführt werden. Im Unterschied zum Gang mit Nachstellschritten werden die Füße hier in einer Linie hintereinander geführt.

▶ **Häufige Probleme bei den beschriebenen Fortbewegungsarten**

➲ Siehe vorhergehendes Stundenbild.

Geräte:

1 Saltomatte	6 kleine Kästen	1 Gymnastikreifen
1 Reckpfosten	5 Langbänke	1 Leiter
2 große Kästen	4 Reckstangen	1 Kiste/„Blätter"
	Schwingtaue	1 Seil

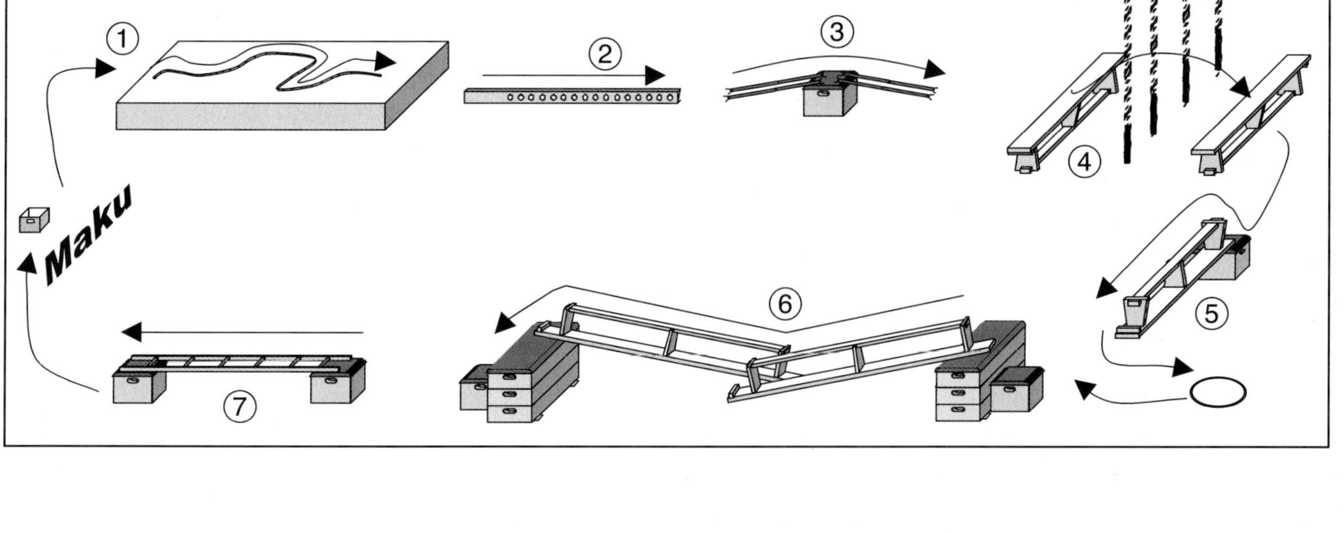

Didaktisch-methodische Analyse

▶ **Mediale Struktur**

▷ **Parcoursform**: Rundparcours

▷ **Aufbauplan**

▶ **Übungsstruktur**

▷ **Übungsfolge und Stationsbezug**

alle Stationen (s.u.):

1. freier Zugang, d.h., die Kinder bewältigen den Parcours in einer selbst gewählten Fortbewegungsart
2. Seitgang mit Nachstellschritten auf schmal-nachgebender (Station 1), erhöhter (Station 2, 7) und schräger Fläche (Station 3, 5, 6), nach links, aufwärts (Station 3, 6), abwärts (Station 3, 5, 6)
3. wie oben, aber: nach rechts
4. Gang mit gekreuzter Koordination auf schmal-nachgebender (Station 1), erhöhter (Station 2, 7) und schräger Fläche (Station 3, 5, 6), vorwärts, aufwärts (Station 3, 6), abwärts (Station 3, 5, 6)
5. wie oben, aber: rückwärts
6. wie oben, aber: Zehen-Fersen-Gang mit gekreuzter Koordination vorwärts/rückwärts

▶ **Hilfestellungen oder Sicherheitsstellungen**

▷ **Hilfestellung zu den Fortbewegungsarten**

⇨ Siehe jeweils vorhergehendes Stundenbild.

▷ **Sicherheitsstellungen**

⇨ Sicherheitsstellung und wahrscheinlich auch Hilfestellung erscheint zunächst an der Station 6 notwendig.

▶ **Methode**

▷ **Symbolspiel**: „Wir holen Blätter für Ele"

▶ **Ablaufschema**

5 Minuten	Aufbau oder Teilaufbau
5 – 10 Minuten	Freie Phase Tickspiel
5 – 10 Minuten	Erarbeitung der Symbolspielhandlung an der Makulaturwand - Handlungsziel
3 Minuten	Reisephase
5 – 10 Minuten	Erarbeitung: - Parcours - Fertigkeit
15 – 20 Minuten	Arbeit am Lerngegenstand
3 Minuten	Reisephase
5 Minuten	Abschlussbesprechung
5 Minuten	Abbau oder Teilabbau

▶ **Nähere Ausführungen zum Stundenablauf**

▷ **Erarbeitung des Handlungsziels für die Kinder an der Makulaturwand**

- Die Lehrkraft zeichnet Bild 1 – 4.
- Die Kinder vermuten, was entsteht: Elefant.

Zur weiteren Entwicklung der Geschichte, zur Vertiefung der Bedeutungsbeimessung, zur Erweiterung der Begriffsbildung etc. können nachfolgende Fragen erörtert werden:

- „Wo leben Elefanten?"
- „Was fressen/trinken Elefanten?"
- Die Lehrkraft zeichnet Bild 5.
- „Dieser Elefant lebt im Zoo. Das hier ist die Tierpflegerin Tina. Der Elefant heißt Ele."
- „Tina ist ganz verzweifelt."
- „Ele hat solche Bauchschmerzen. Dagegen helfen nur ganz besondere Blätter, die es nur in Afrika gibt. Die Blätter sehen so aus." Die Lehrkraft zeichnet Bild 6.
- „Tina würde gerne nach Afrika fahren und die Blätter besorgen, aber sie muss bei Ele bleiben."
- „Wir fahren nach Afrika und holen Blätter für Ele!"
- „Wie kommen wir nach Afrika?"

▷ **Erarbeitung der Reisephase**

- Die Lehrkraft oder ein Kind stellt sich breitbeinig vor die (anderen) Kinder.
- „Steigt in das Flugzeug ein."
- Das erste Kind krabbelt durch die Beine und stellt sich ebenfalls breitbeinig dahinter. Alle anderen Kinder bilden entsprechend das Flugzeug (vereinfacht: hintereinander aufstellen lassen).
- „Wir müssen das Flugzeug überprüfen. Fahrt mal das rechte Fahrwerk (Bein) aus, das linke

Fahrwerk, den rechten Flügel (Arm), den linken Flügel."
- Anschließend fliegt das Flugzeug los, d.h., die Lehrkraft oder das erste Kind laufen los, die anderen Kinder hinterher.

▷ **Erarbeitung des Parcours/der Fertigkeit**
- Das Flugzeug landet wieder vor der Makulaturwand.
- Ein Abgehen oder Erläutern einzelner Stationen erscheint nicht notwendig.
- „Der Weg zu den Blättern geht hier (Station 1) los. Holt immer ein Blatt und bringt es zu dieser Kiste."
- Die Lehrkraft bezieht Position an der Station 6 (Sicherheitsstellung bzw. Hilfestellung).
- Sie gibt von hier die Übungen vor.

▷ **Erarbeitung der Reisephase**
- Die Rückreise verläuft analog zur Hinreise.

▷ **Abschlussbesprechung**
- Die Blätter für Ele werden Tina gegeben.

8.2.4 „Detektive"

Diagnostisch-didaktische Analyse

▶ **Handlungsstrukturanalyse zur dynamischen Gesamtkörperkoordination: „Gangarten"**
Diese Analyse ist die Basis aller weiteren Vertiefungen. Aus ihr werden abgeleitet:

▶ **Lern- und Entwicklungsziel**
Die Kinder sollen
- den Seitgang, Gang, Zehen-Fersen-Gang
- auf unterschiedlichen Flächen
- vorwärts, rückwärts, aufwärts, abwärts, nach links, nach rechts

üben und die Fertigkeiten automatisieren.

▶ **Bewegungsbeschreibung**
▷ **Seitgang**
▷ **Gang**
▷ **Zehen-Fersen-Gang**
Siehe vorhergehendes Stundenbild.

▶ **Häufige Probleme bei den Fortbewegungsarten**
➲ Siehe vorhergehendes Stundenbild.

Didaktisch-methodische Analyse

▶ **Mediale Struktur**
▷ **Parcoursform**: Rundparcours
▷ **Aufbauplan**

Geräte:
- 2 Saltomatten
- 1 Reckstange
- 1 Reckpfosten
- 8 Turnmatten
- 5 Langbänke
- 1 Barren
- 3 große Kästen
- 1 Kastenoberteil
- 2 Sprungbretter
- 1 Schaukelringe
- 4 Seile
- 9 Medizinbälle
- 8 Gymnastikstäbe (2 zur Befestigung der Langbank in den Ringen)
- 2 Kiste/Bauklötze
- 1 Dreieck vom Lünekombinator o.Ä.
- 2 Fußspuren (siehe Kopiervorlage, S.166)

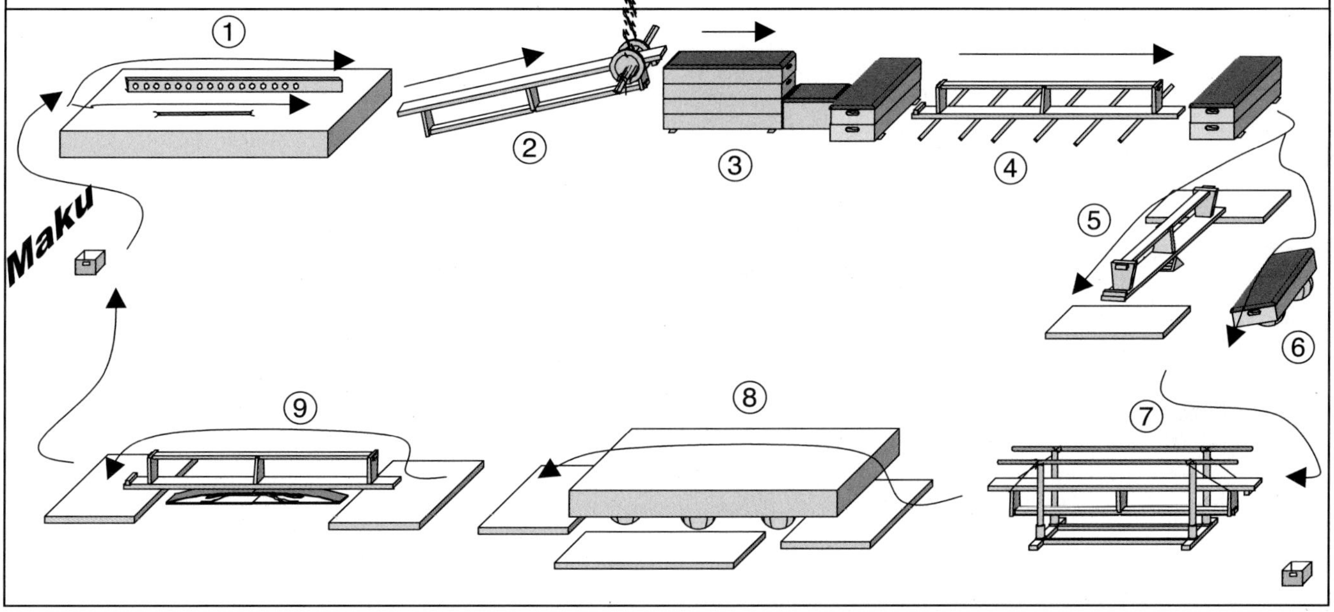

▶ Übungsstruktur

▷ Übungsfolge und Stationsbezug

alle Stationen (s.u.):

1. freier Zugang, d.h., die Kinder bewältigen den Parcours in selbst gewählter Fortbewegungsart
2. Seitgang mit Nachstellschritten auf erhöhter (Station 3), schmal-beweglicher (Reckstange an Station 1) bzw. erhöht-beweglicher (Reckpfosten an Station 1, 4, 6, 7), schräg-beweglicher (Station 2, 5, 9) und nachgebend-beweglicher Fläche (Station 8), nach links, aufwärts, (Station 2, 5, 9), abwärts (Station 5, 9)
3. wie oben, aber: nach rechts
4. wie oben, aber: Gang mit gekreuzter Koordination, vorwärts/rückwärts
5. wie oben, aber: Zehen-Fersen-Gang mit gekreuzter Koordination, vorwärts/rückwärts

▷ Häufigkeit

2 – 3 Durchgänge pro Übung

▶ Hilfestellungen oder Sicherheitsstellungen

▷ Hilfestellung zu den Fortbewegungsarten

⇨ Siehe jeweils vorhergehendes Stundenbild.

▷ Sicherheitsstellungen

⇨ Sicherheitsstellung und wahrscheinlich auch Hilfestellung erscheint zunächst an der Station 4 notwendig.

▶ Methode

▷ Symbolspiel: „Detektive“

▶ Ablaufschema

5 Minuten	Aufbau oder Teilaufbau
5 – 10 Minuten	Freie Phase Tickspiel
5 – 10 Minuten	Erarbeitung der Symbolspielhandlung an der Makulaturwand - Handlungsziel
5 – 10 Minuten	Erarbeitung: - Parcours - Fertigkeit
15 – 20 Minuten	Arbeit am Lerngegenstand
5 Minuten	Abschlussbesprechung
5 Minuten	Abbau oder Teilabbau

▶ Nähere Ausführungen zum Stundenablauf

▷ Erarbeitung des Handlungsziels für die Kinder an der Makulaturwand

- Die Lehrkraft zeichnet Bild 1 – 5 (siehe rechte Spalte).
- Die Kinder vermuten, was entsteht: Detektiv.

Zur weiteren Entwicklung der Geschichte, zur Vertiefung der Bedeutungsbeimessung, zur Erweiterung der Begriffsbildung etc. können nachfolgende Fragen erörtert werden:

- „Was machen Detektive?“
- „Dieser Detektiv heißt Paul Spürnase.“
- „Er hat einen Auftrag bekommen. Er soll das Geld wieder beschaffen, dass der Bankräuber Ede Klau gestohlen hat.“
- Die Lehrkraft zeichnet Bild 6.
- „Paul Spürnase hat schon eine Spur. Die Fußspuren von Ede führen uns zum Geldversteck.“

▷ Erarbeitung des Parcours

- Eine Erarbeitung des Weges dürfte sich erübrigen. Lediglich der Hinweis auf die gleichrangigen Möglichkeiten an Station 1 und 5/6 könnte notwendig sein.

▷ Erarbeitung des der Fertigkeit

- Die Lehrkraft legt jetzt die Fußspuren (Kopiervorlage im Anhang Seite 166) an der Station 1 aus.
- „Hier ist Ede losgegangen. Auf dem Weg findet ihr bestimmt das Versteck mit dem Geld. Nehmt ein Geldstück mit und legt es in diese Kiste (die vor der Makulaturwand steht).
- Die einzelnen Übungen können durch entsprechende Ausrichtung der Fußspuren vorgegeben werden. „Jetzt ist Ede seitwärts gegangen. Macht es genauso.“

▷ Abschlussbesprechung

- Hier könnte überlegt werden, wofür man die Belohnung der Bank verwenden möchte.

8.2.5 „Wir entladen die Padua"

Diagnostisch-didaktische Analyse

▶ Handlungsstrukturanalyse zur dynamischen Gesamtkörperkoordination: Gangarten

Diese Analyse ist die Basis aller weiteren Vertiefungen. Aus ihr werden abgeleitet:

▶ Lern- und Entwicklungsziel

Die Kinder sollen
- den Gang
- auf schräger, kombinierter Fläche
- vorwärts, rückwärts, aufwärts, abwärts
- mit Simultanhandlung (dem Transport von Gegenständen auf einer Frisbeescheibe)

üben und die Fertigkeiten automatisieren.

▶ Bewegungsbeschreibung

▷ Seitgang

▷ Gang

▷ Zehen-Fersen-Gang

Siehe vorhergehendes Stundenbild.

▶ Häufige Probleme bei den Fortbewegungsarten

➲ Siehe vorhergehendes Stundenbild.

Didaktisch-methodische Analyse

▶ Mediale Struktur

▷ Parcoursform: Parcours mit identischem Hin- und Rückweg

▷ Aufbauplan

▶ Übungsstruktur

▷ Übungsfolge und Stationsbezug

alle Stationen (s.u.):
1. freier Zugang, d.h., die Kinder bewältigen den Parcours in selbst gewählter Fortbewegungsart
2. Gang mit gekreuzter Koordination auf schräger (Station 1, 2a, 2b, 3), schräg-beweglicher Fläche (Station 4), aufwärts, abwärts mit Simultanhandlung (Tragen von Gegenständen auf einer Frisbeescheibe)
3. wie oben, aber: rückwärts

▷ Häufigkeit

3 – 4 Durchgänge pro Übung

▶ Hilfestellungen oder Sicherheitsstellungen

▷ Hilfestellung zu den Fortbewegungsarten

⇨ Siehe jeweils vorhergehendes Stundenbild.

▷ Sicherheitsstellungen

⇨ Sicherheitsstellung und wahrscheinlich auch Hilfestellung könnte an der Station 2a notwendig sein.

▶ Methode

▷ Symbolspiel: „Wir entladen die Padua"

▶ Ablaufschema

5 Minuten	Aufbau oder Teilaufbau
5 – 10 Minuten	Freie Phase Tickspiel
5 – 10 Minuten	Erarbeitung der Symbolspielhandlung an der Makulaturwand - Handlungsziel
5 – 10 Minuten	Erarbeitung: - Parcours - Fertigkeit
15 – 20 Minuten	Arbeit am Lerngegenstand
5 Minuten	Abschlussbesprechung
5 Minuten	Abbau oder Teilabbau

▶ Nähere Ausführungen zum Stundenablauf

▷ Erarbeitung des Handlungsziels für die Kinder an der Makulaturwand

- Die Lehrkraft zeichnet Bild 1 – 5 (siehe nächste Seite).
- Die Kinder vermuten, was entsteht: Schiff am Kai, die Padua.
- „Der Kapitän der Padua hat ein Problem. Was könnte passiert sein, was glaubst du?"
- „Der Ladebaum (Begriff klären) der Padua ist leider kaputtgegangen. Das dauert lange, bis der wieder repariert ist."
- „Der Kapitän hat Lebensmittel an Bord, die müssen unbedingt entladen werden."
- Die Lehrkraft zeichnet Bild 6.

Geräte:
3 große Kästen
4 kleine Kästen
5 Langbänke
2 Turnmatten
4 Reckstangen
Frisbeescheiben
2 Kisten/Bauklötze etc.
1 Dreieck vom Lünekombinator o.Ä.

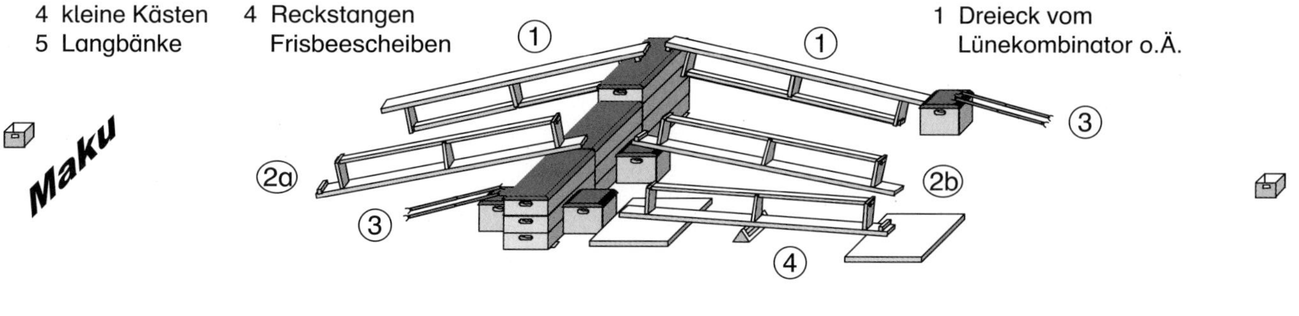

- „Der Kapitän hat hier zwei Gangways (Begriff klären) aufgebaut, über die man das Schiff entladen kann. Allerdings ohne Geländer und Stufen!"
- „Zum Entladen gibt es diese Arbeitsgeräte (die Frisbeescheiben)."

▷ **Erarbeitung des Parcours**

- „Nehmt immer ein Stück, transportiert es mit der Frisbeescheibe vom Schiff an Land und legt es dort in die Kiste. Dann holt ein neues Stück."

▷ **Erarbeitung der Fertigkeit**

- Eine eigentliche Erarbeitung der Fertigkeit erübrigt sich. Im Mittelpunkt steht hier eher die Erweiterung der Simultanhandlung:
- Die Frisbeescheibe kann als „Schüssel" benutzt werden, sodass der Rand das Herabfallen oder Herabrollen der Gegenstände etwas erschwert. Hält man sie andersherum ist das Tragen von Gegenständen wesentlich schwerer.
- Reissäckchen oder Bauklötze sind auf der Frisbeescheibe leichter zu transportieren als Tennisbälle. Zwei Bauklötze aufeinander gestellt sind wiederum schwieriger als ein einzelner zu transportieren usw.
- Tennisringe lassen sich auch gut auf dem Kopf balancieren. In den Tennisring kann dann ein Tennisball gelegt werden etc.

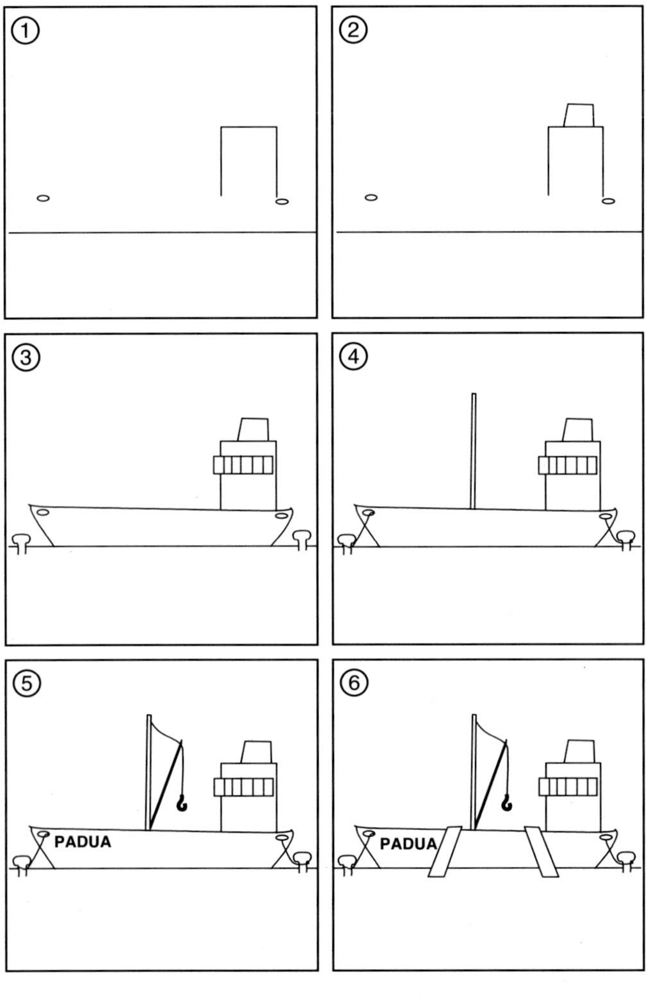

8.3 Handlungsstrukturanalyse dynamische Gesamtkörperkoordination: Klettern & Steigen

Handlungsstrukturanalyse
DYNAMISCHE GESAMTKÖRPERKOORDINATION
Klettern & Steigen

Daten:

Art der Bewegung	Art der Fläche	Art der Griffmöglichkeit	Bewegungs-richtung
▶ Klettern Arm- und Beineinsatz ▷ Nachstellschritt/-griff Fuß und/oder Hand einer Seite werden vorgestellt, die der anderen Körperseite auf die gleiche Ebene nachgeführt. ▷ „Passgang“ Fuß und Hand einer Körperseite werden „zeitgleich“ vorgestellt. Danach wird die andere Seite vorgestellt usw. ▷ gekreuzte Koordination z.B. linke Hand und rechter Fuß werden vorgestellt. Danach werden die rechte Hand und der linke Fuß vorgestellt usw. ▶ Steigen vorwiegend Beineinsatz ▷ Nachstellschritt ▷ gekreuzte Koordination **Anmerkung**: Klettern & Steigen unterscheidet sich von den Gangarten durch einen aktiveren Arm- oder Beineinsatz. Die Übergänge sind hierbei fließend.	▷ • groß • klein ▷ • breit • schmal ▷ • lang • kurz ▷ • hart • nachgebend - weich - federnd ▷ • eben • uneben ▷ • stumpf • rutschig ▷ • ebenerdig • erhöht - bodennah - bodenfern ▷ • waagerecht • schräg - Anstellwinkel eher flach - Anstellwinkel eher steil • senkrecht ▷ • stabil • beweglich - träge/leicht beweglich - in eine/alle Richtung(en) ▷ • überhängend ▷ • gestuft: - kleinere Abstände - größere Abstände - Stufen in einer Ebene - Stufen versetzt	▷ Palmargriff ▷ Tunnelgriff - Kammgriff - Ristgriff ▷ nur mit den Fingern ▷ nur mit der Handfläche an: ▷ • breiter • schmaler ▷ • großer • kleiner ▷ • langer • kurzer ▷ • harter • nachgebend. weich/federnd ▷ • ebener • unebener ▷ • stumpfer • rutschiger ▷ • waagerechter • schräger - Anstellwinkel eher flach - Anstellwinkel eher steil • senkrechter ▷ • beweglicher - träge/leicht beweglich - in eine/alle Richtung(en)	▷ vorwärts ▷ seitwärts ▷ rückwärts ▷ aufwärts - Kopf voran - Füße voran ▷ abwärts - Füße voran - Kopf voran ▷ (hin-)über

Automatisierungsgrad

Spalte 1	Spalte 2
▶ Handlungen mit personalisierter Hilfe ▶ Handlungen mit materialisierter Hilfe	▶ eigenständige Handlungen ▶ Simultanhandlungen

Freie Beschreibung:

8.3.1 „Bergsteiger"

Diagnostisch-didaktische Analyse

▶ Handlungsstrukturanalyse zur dynamischen Gesamtkörperkoordination: Klettern & Steigen

Diese Analyse ist die Basis aller weiteren Vertiefungen. Aus ihr werden abgeleitet:

▶ Lern- und Entwicklungsziel

Die Kinder sollen
- das Klettern im Nachstellschritt/-griff, im Passgang
- das Steigen mit gekreuzter Koordination
- an unterschiedlichen Flächen
- mit unterschiedlichen Griffmöglichkeiten
- vorwärts, seitwärts, aufwärts, abwärts (über)

üben und automatisieren.

▶ Bewegungsbeschreibung

▷ Klettern

Klettern ist dadurch gekennzeichnet, dass durch weitgehend gleichgewichtigen Einsatz von Armen und Beinen Höhe gewonnen oder abgebaut wird bzw. Hindernisse überwunden werden.[1] Als Grundformen des Kletterns lassen sich das Klettern mit Nachstellschritten bzw. -griffen, das Klettern im „Passgang" und das Klettern mit gekreuzter Koordination unterscheiden.

Das Klettern beginnt jeweils aus einer Ausgangsstellung. Diese ist abhängig von der zu erkletternden oder zu überwindenden Fläche und der Größe (bzw. dem Alter) des Kletterers.

Beim Klettern an gestuften Flächen wie Treppen oder schräg gestellten Leitern nehmen die Abstände zwischen den Stufen, die Tiefe der Stufen und die Größe des Kletterers Einfluss auf die Ausgangsstellung (und die Art des Kletterns). Sehr kleine Kinder bewältigen eine Treppe eher ausgehend von einem Vierfüßlerstand und anschließendem Klettern, während ältere Kinder eine Standposition als Ausgangslage wählen und anschließend die Treppe steigend bewältigen. Bei schrägen Flächen (z.B. einer eingehängten Langbank) wird in Abhängigkeit vom Alter (bzw. der Größe) des Kindes und von der Steilheit des Anstellwinkels eher ein Vierfüßlerstand oder eine Standposition als Ausgangsstellung gewählt werden.

Der Körperschwerpunkt ist beim Klettern an mehr oder weniger beweglichen, senkrechten Flächen (z.B. einer Strickleiter) nahe an die senkrechte Fläche zu bringen.

Klettert man mit einem höheren Tempo beispielsweise eine Leiter hinauf oder hinab, so werden die Beine in der Regel in größerer Frequenz eingesetzt als die Arme. Beim Klettern an Leitern o.Ä. sollte der Tunnelgriff eingesetzt werden, d.h., die Stange (u.Ä.) sollte mit opponiertem Daumen umfasst werden. Wird der Daumen nicht in Opposition gebracht, also auf die gleiche Seite wie die übrigen Finger gelegt (Palmares Greifen), besteht eine deutlich größere Gefahr des Abrutschens.

▷ Klettern mit Nachstellschritten bzw. -griffen

Bei der entwicklungspsychologisch betrachtet frühen Form „Klettern mit Nachstellschritten bzw. -griffen" greift der Ausführende sowohl beim Aufwärts- als auch beim Abwärtsklettern mit einer Hand vor (Tunnelgriff s.o.) und stellt anschließend in der Regel das Bein der gleichen Körperseite vor. Anschließend zieht er die Hand und den Fuß der anderen Körperseite auf die jeweils gleiche Stufe nach. Danach beginnt der Vorgang erneut. Überwiegend bevorzugen die Kinder immer eine Seite, die vorgestellt, und eine Seite, die nachgezogen wird. Möglich ist aber auch, dass das Vorstellen/Nachziehen im Wechsel der Körperseiten erfolgt.

▷ Klettern im „Passgang"

Diese Art des Kletterns wird überwiegend an senkrecht stehenden Leitern angewandt. Der Ausführende beginnt das Klettern, indem er das Körpergewicht komplett auf eine Körperseite verlagert, die Hand der anderen Körperseite vorstellt (Tunnelgriff s.o.) und minimal verzögert, quasi „zeitgleich" das Bein der gleichen Körperseite ebenfalls vorstellt. Anschließend wird das Körpergewicht auf diese Körperseite verlagert und die Extremitäten der wiederum von Halte- bzw. Stützarbeit entlasteten Körperseite vorgestellt usw. Durch die jeweilige Verlagerung des Körpergewichtes zu einer Seite entsteht eine leichte Schaukelbewegung, deren Schwung beim Heranziehen des Armes bzw. beim Steigen des Beines unterstützend genutzt werden kann. Sowohl beim Aufwärts- als auch beim Abwärts-Klettern sollte mit dem Arm begonnen werden.

▷ Klettern mit gekreuzter Koordination

Ausgehend von einem 4er-Kontakt wird das Körpergewicht „diagonal" auf eine Hand und einen Fuß, z.B. die linke Hand und den rechten Fuß, verlagert. Anschließend greift die Hand der anderen Seite vor (Tunnelgriff: s.o.) – in unserem Beispiel die rechte – und etwa zeitgleich steigt der andere Fuß – hier der linke – ebenfalls vor (zeitweiliger 2er-Kontakt). Nun erfolgt wiederum eine Verlagerung des Körpergewichtes auf die vorgestiegenen Extremitäten (kurzzeitiger 4er-Kontakt) und die andere Hand bzw. der andere Fuß werden nun ihrerseits vorgestellt bzw. steigen vor (erneuter kurzzeitiger 2er-Kontakt).

▷ Klettern mithilfe eines Seils (Kletterstange)

Bei dieser Form des Kletterns wird das Seil als Griffmöglichkeit für die Hände genutzt, während die Beine auf einer anderen Fläche klettern. Die nach-

[1] Der Übergang vom Vierfüßlergang zum Klettern ist bestimmt durch den Neigungswinkel der Fläche und ergibt sich aus dem benötigten Kraftaufwand. Der Übergang ist demnach individuell fließend.

folgende Bewegungsbeschreibung bezieht sich exemplarisch auf das Klettern an einer senkrechten Fläche (z.B. einer entsprechend gestellten Saltomatte) unter Verwendung eines Seils.
Der Ausführende ergreift das Seil mit übereinander versetzten Griffen (seitlich gesetzte Tunnelgriffe s.o.) etwa in Brusthöhe. Er stemmt einen Fuß gegen die Fläche, beugt die Arme etwas an, legt den Oberkörper zurück und stemmt den zweiten Fuß gegen die Fläche. Das Körpergewicht wird nun von den Füßen und den Händen getragen.
Entscheidend für das Bewahren der Haltung an der Fläche ist einerseits die Relation zwischen der Stützkraft der Beine und der Haltekraft der Arme und andererseits die Körperlage. Je näher der Körperschwerpunkt an die Fläche geführt wird, desto mehr Gewicht kann auf die Beine verlagert werden. Um aber nicht mit den Füßen abzurutschen, muss der Kletterer sich mit den Füßen gegen die Fläche bzw. von dieser wegstemmen. Je weiter der Oberkörper dabei nach „hinten" verlagert wird, desto mehr müssen die Arme Haltekraft übernehmen oder beim Hochziehen des Körpers Kraft aufwenden. Folglich muss der Kletterer eine gewisse Balance zwischen der „Rücklage" und der „Standposition" finden. Dabei sollte der Oberkörper über eine entsprechende Beugung in der Hüfte eher aufgerichtet bleiben. Das Klettern selbst erfolgt als Passgang oder als gekreuzte Koordination (s.o.)

Das Klettern mithilfe einer Kletterstange und einer weiteren Fläche für die Füße verläuft weitgehend identisch.

▷ **Klettern an einer Kletterstange oder einem Seil**
Der Ausführende ergreift die Kletterstange oder das senkrecht hängende Seil etwa in Kopfhöhe mit beiden Händen, die übereinander versetzt angeordnet werden (Tunnelgriff: s.o.). Über einen kleinen Sprung bei gleichzeitigem Hochziehen am Seil mit den Armen klammert sich der Kletterer mit gebeugten Armen und gebeugten Beinen an der Stange oder dem Seil fest. Durch ein Einklemmen des Klettergerätes mit den Beinen greifen die Hände entweder gleichzeitig oder nacheinander vor und ziehen den Körper, unterstützt durch ein Strecken der Beine, empor. Abwärts kehrt sich der gesamte Vorgang um.

▶ **Häufige Probleme beim Klettern**

- ➲ Der Tunnelgriff wird nicht angewandt. Die Kinder umgreifen z.B. eine Stange nicht mit opponiertem Daumen, sondern legen den Daumen auf die gleiche Seite wie die übrigen Finger (Palmares Greifen).
- ➲ Die Kraft der Arme oder eines einzelnen Arms reicht nicht aus den Körper zu halten oder „heranzuziehen".
- ➲ Die Kraft zum Stütz der Beine reicht nicht aus.
- ➲ Die Kraft der Beine reicht nicht aus, den Körper beim Klettern aufzurichten.
- ➲ Die Koordination der Armbewegungen, der Beinbewegungen oder der Arm- und Beinbewegungen bereitet Probleme.
- ➲ Während der Verlagerung des Körpergewichts beim „Passgang" kommt der Kletterer aus dem Gleichgewicht und schwingt zu einer Seite.
- ➲ Beim Abwärtsklettern werden die Arme nicht vorgesetzt bzw. nachgeführt. Das Kind hängt gegebenenfalls an den Armen, die Beine finden keinen Halt mehr.
- ➲ Der Körperschwerpunkt wird beim Klettern mit dem Seil zu nah an die Fläche gebracht, die Füße rutschen ab.
- ➲ Der Körperschwerpunkt wird beim Klettern mit dem Seil zu weit von der Fläche entfernt, die Arme können den Körper nicht mehr halten.
- ➲ Aufgrund von Angst gelingt das Klettern oder Überwinden eines Hindernisses nicht.

Didaktisch-methodische Analyse

▶ **Mediale Struktur**
▷ **Parcoursform**: Rundparcours
▷ **Aufbauplan** (siehe nächste Seite)

▶ **Übungsstruktur**
▷ **Übungsfolge und Stationsbezug**
Station 1 – mithilfe der Kletterstangen über den großen Kasten (4 Kastenteile):
- Klettern im Passgang, an der Kletterstange und dem großen Kasten (senkrechte Flächen), Verwendung des Tunnelgriffs, vorwärts, aufwärts, abwärts (über)

Station 2 – mithilfe der Sprossenwand über den großen Kasten (5 Kastenteile):
- Klettern im Passgang, an der Sprossenwand (senkrechte, gestufte Fläche mit kleineren Abständen), Verwendung des Tunnelgriffs, vorwärts, aufwärts, abwärts, mit Nachstellschritten/-griffen, seitwärts

Station 3a – die Strickleiter an der Saltomatte/Sprossenwand erklettern:
- Klettern im Passgang, an der Strickleiter (senkrechte, bewegliche, gestufte Fläche mit größeren Abständen), Verwendung des Tunnelgriffs, vorwärts, aufwärts

Station 3b – mit dem Seil die Saltomatte/Sprossenwand erklettern:
- Klettern im Passgang, am Seil (bewegliche Fläche), an der Saltomatte (senkrechte, nachgebende Fläche), Verwendung des Tunnelgriffs, vorwärts, aufwärts

Station 4 – Sprossenwand abwärts klettern:
- wie Station 2, aber: nur abwärts

Station 5 – von Langbank zu Langbank schwingen:
- zur Stärkung der Haltekraft in den Armen (additives Angebot).

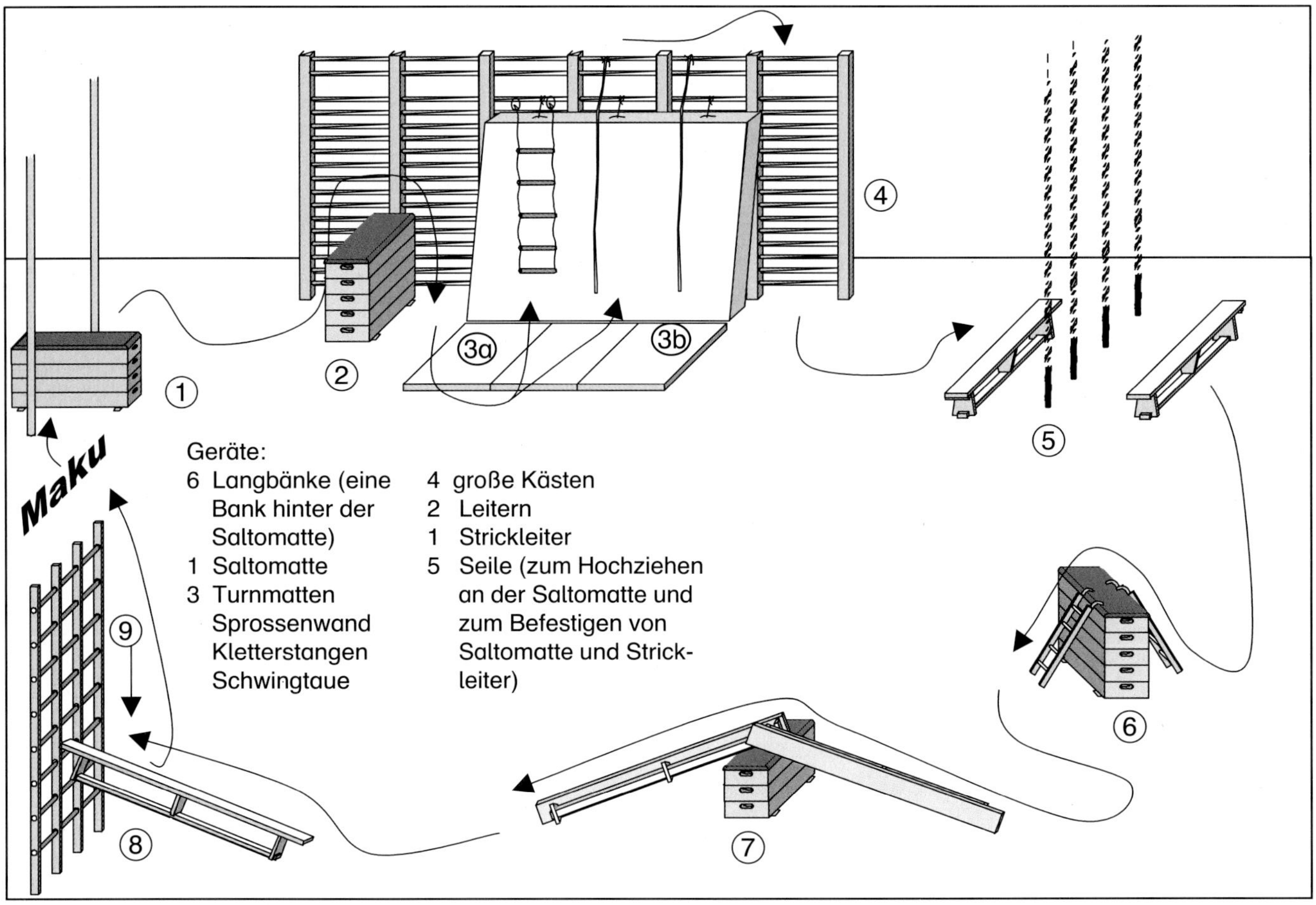

Station 6 – den großen Kasten überklettern:

- Klettern im Passgang, an der Leiter (schräge, gestufte Fläche mit kleineren Abständen), Verwendung des Tunnelgriffs, vorwärts, aufwärts, abwärts (über)

Station 7 – über die Langbank auf den großen Kasten und über die Langbank wieder hinabklettern:

- Klettern mit Nachstellschritt/-griff, an der Langbank (schräge Fläche), Verwendung des Tunnelgriffs, seitwärts, aufwärts, abwärts (über)

Station 8 – über die Langbank auf die Gitterleiter:

1. Klettern mit gekreuzter Koordination, an der Langbank (schräge Fläche), Verwendung des Tunnelgriffs, vorwärts, aufwärts
   Die Kinder werden die Langbank, so wie sie aufgebaut ist, im Vierfüßlergang bewältigen (Eher ein Angebot aus dem Bereich Gangarten. Je steiler die Bank gestellt wird desto dominanter wird der Aspekt „Klettern“
2. Steigen mit gekreuzter Koordination, auf der Langbank (schräger Fläche), vorwärts, aufwärts

Station 9 – die Gitterleiter herabklettern:

- wie Station 4, aber senkrechte, gestufte Fläche mit größeren Abständen

▷ Häufigkeit

4 – 6 Durchgänge

▶ Hilfestellungen oder Sicherheitsstellungen

▷ Hilfestellung zum Klettern

⇨ Hinweise darauf, wo die Hände oder Füße platziert werden sollten.

⇨ Hinweis auf die Verwendung des Tunnelgriffs. Die Daumen befinden sich in Oppositionsstellung, d.h., beispielsweise eine Stange wird im wahrsten Sinne des Wortes umfasst.

⇨ Unterstützung der Koordination der Arme oder Beine, gegebenenfalls durch Berührungsimpulse.

⇨ Hinweise darauf, dass die Hände (möglichst) zuerst gesetzt werden; insbesondere beim Abwärtsklettern und beim Klettern an der Strickleiter (bei dem sich dadurch die aufgerichtete Haltung ergibt).

▷ Hilfestellung zum Klettern mithilfe eines Seils (einer Kletterstange)

⇨ Hinweise auf die Relation von Rücklage und Standposition („Lehn dich nicht so weit zurück! Zieh dich näher an die Matte heran!“).

⇨ Direkte Hilfestellung: Die Lehrkraft stellt sich hinter das Kind. Dieses ergreift das Seil und stellt den ersten Fuß gegen die Fläche. Die Lehrkraft begleitet das Hochziehen und Einnehmen der Kletterposition, indem sie das Kind unter den Achseln fasst und so die Einnahme der Position unterstützt. Die Hüftbeugung und das weitere Klettern können dadurch abgesichert werden, dass die Arme der Lehrkraft unter den Achseln des Kindes durchgleiten und die Lehrkraft zudem einen Fuß gegen die

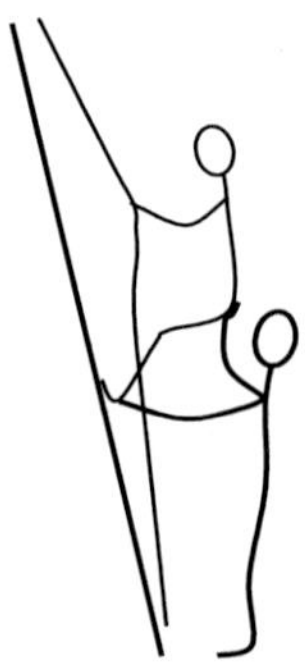

Fläche stemmt. Auf diese Weise umfasst sie das Kind sicher und verhindert durch ihr Knie ein Herabfallen des Kindes. Durch Hinweise und Berührungsimpulse seitens der Lehrkraft kann das wechselseitige Übergreifen der Hände angebahnt oder unterstützt werden. Das für das Übergreifen der Hände notwendige Heranziehen an die Fläche kann aus dieser Hilfestellung heraus durch den Oberkörper der Lehrkraft gut unterstützt werden. Hat das Kind etwas an Höhe gewonnen, kann die Lehrkraft eine normale Standposition einnehmen und mit einer Hand am Gesäß oder Rücken des Kindes Schubhilfe leisten. Mit der anderen Hand kann sie zunächst einen Fuß (später beide Füße) des Kindes an der Ferse ergreifen und für eine Sicherung (bzw. Schubhilfe) durch ein „gegen die Fläche Drükken" sorgen.

▷ **Hilfestellung zum Klettern am Seil oder an der Stange**

⇨ Die Lehrkraft kann auch hier das Hochziehen und Einnehmen der Kletterposition unterstützen, indem sie das Kind unter den Achseln fasst und „hochhebt". Die weitere Hilfestellung gestaltet sich als Schubhilfe (und Sicherung) im Bereich des Gesäßes bzw. durch „Fixieren" der Füße an der Stange.

▷ **Sicherheitsstellungen**

⇨ Die Notwendigkeit von Sicherheitsstellungen beim Klettern und Steigen ist von den Fertigkeiten der Kinder abhängig (dies gilt stets, hier aber in einem besonderen Maße).

⇨ Eine Sicherheitsstellung kann bei der Station 7 notwendig sein. Hier sind gegebenenfalls einzelne Kinder beim Klettern zu begleiten. Mehr Sicherheit, d.h. eine bessere Möglichkeit zum Eingreifen, bietet die Stellung im Rücken des Kindes. Aus kommunikativen und emotionalen Gründen ist möglicherweise die frontale Stellung vorzuziehen.

⇨ Ist vorherzusehen, dass die Lehrkraft an eine Station gebunden ist, müssen die Kinder den Rest des Parcours alleine durchlaufen können. Dabei kann natürlich kurzfristige Sicherheits- oder Hilfestellung an einem anderen Gerät gegeben werden. Gegebenenfalls muss eine Station befristet gesperrt werden.

⇨ Auch hier gilt: Die Kinder sollen lernen, sich selbst einzuschätzen, und Hilfe- oder Sicherheitsstellung einfordern, wenn sie welche benötigen.

▶ **Methode**

▷ **Symbolspiel**: „Bergsteiger"

▶ **Ablaufschema**

5 Minuten	Aufbau oder Teilaufbau
5 – 10 Minuten	Freie Phase Tickspiel
5 – 10 Minuten	Erarbeitung der Symbolspielhandlung an der Makulaturwand - Handlungsziel - Parcours/Fertigkeit
15 – 20 Minuten	Arbeit am Lerngegenstand
5 Minuten	Abschlussbesprechung
5 Minuten	Abbau oder Teilabbau

▶ **Nähere Ausführungen zum Stundenablauf**

▷ **Erarbeitung des Handlungsziels für die Kinder an der Makulaturwand**

- Die Lehrkraft zeichnet Bild 1 – 6.
- Die Kinder vermuten, was entsteht: Bergsteiger.

- „Wer von euch ist schon einmal in den Bergen gewesen?"
- „Was braucht man zum Bergsteigen?"
- „Kannst du erklären, wie man das Seil benutzt, um auf den Berg zu klettern?"
- „Ist Bergsteigen gefährlich?"
- „Wir machen heute Ferien in den Bergen, dann können wir auch einmal Bergsteigen."

▷ **Erarbeitung des Parcours/der Fertigkeit**
- „Unsere Bergtour geht hier los (Station 1)."
- Die Lehrkraft demonstriert mit einem Kind wie der ‚Berg' bewältigt wird, indem sie die entsprechende Hilfestellung und Hinweise zum Erklettern gibt.
- „Ihr klettert danach an der Wand über den zweiten Berg (Station 2) zum großen blauen Berg (Station 3).
- Nachdem die Lehrkraft an Station 1 die Hilfestellung durchgeführt hat, wechselt sie zur Station 3 und hilft dort. Durch das Alternativangebot der Strickleiter sollte der Bewegungsfluss auch für die Kinder gewährleistet sein, die es noch nicht schaffen, die Matte mithilfe des Seiles zu erklettern.
- Die weitere Erarbeitung der Fertigkeit erfolgt durch die direkte Hilfestellung an den Stationen 1 und 3b. Ferner sollte die Lehrkraft auf die richtige Grifftechnik, den Tunnelgriff, achten, bei dem sich der Daumen in Oppositionsstellung befindet.
- Möglicherweise hat die Lehrkraft bei einigen Kindern Sicherheitsstellung an der Station 7 zu leisten.
- Im Verlauf der Stunde könnte die Langbank an Station 8 schräger gestellt werden.

8.3.2 „Aufforsten im Gebirge"

Diagnostisch-didaktische Analyse

▶ **Handlungsstrukturanalyse zur dynamischen Gesamtkörperkoordination: Klettern & Steigen**

Diese Analyse ist die Basis aller weiteren Vertiefungen. Aus ihr werden abgeleitet:

▶ **Lern- und Entwicklungsziel**

Die Kinder sollen
- das Klettern im Nachstellschritt/-griff, im Passgang, mit gekreuzter Koordination
- an unterschiedlichen Flächen
- mit unterschiedlichen Griffmöglichkeiten
- vorwärts, seitwärts, rückwärts, aufwärts, abwärts (über)

üben und automatisieren.

▶ **Bewegungsbeschreibung**

▷ **Klettern**

▷ **Klettern mit Nachstellschritten bzw. -griffen**

▷ **Klettern im „Passgang"**

▷ **Klettern mit gekreuzter Koordination**

▷ **Klettern mithilfe eines Seils (Kletterstange)**
Siehe jeweils das vorherige Stundenbild.

▶ **Häufige Probleme beim Klettern**

➲ Siehe das vorherige Stundenbild.

Didaktisch-methodische Analyse

▶ **Mediale Struktur**

▷ **Parcoursform**: Rundparcours

▷ **Aufbauplan** (siehe nächste Seite)

▶ **Übungsstruktur**

▷ **Übungsfolge und Stationsbezug**

Station 1 – mithilfe der Kletterstangen über den großen Kasten (5 Kastenteile):
- Klettern im Passgang, an der Kletterstange und dem großen Kasten (senkrechte Flächen), Verwendung des Tunnelgriffs, vorwärts, aufwärts, abwärts (über)

Station 2a – c – über die Langbank auf die Sprossenwand seitwärts zur zweiten Bank und wieder hinab:
- Station 2a: Klettern mit gekreuzter Koordination, auf der Langbank (schräge Fläche), Verwendung des Tunnelgriffs, vorwärts, aufwärts
- Station 2b: Klettern mit Nachstellschritten/Nachstellgriffen, an der Sprossenwand (senkrechte Fläche), Verwendung des Tunnelgriffs, seitwärts
- Station 2c: wie 2a, aber: 1. rückwärts, abwärts
2. vorwärts, abwärts

Station 3 – mit dem Seil die Saltomatte/Sprossenwand erklettern:
- Klettern im Passgang, am Seil (bewegliche Fläche), entlang der Saltomatten (senkrechte, nachgebende Fläche), Verwendung des Tunnelgriffs, vorwärts, aufwärts

Station 4 – die Sprossenwand abwärts klettern:
- Klettern im Passgang, an der Sprossenwand (senkrechte, gestufte Fläche mit kleineren Abständen), Verwendung des Tunnelgriffs, vorwärts, abwärts

Station 5 – mithilfe der Taue über den Kasten (3 Kastenteile) klettern:
- wie Station 1, aber: am Seil (bewegliche Fläche)

Station 6 – den großen Kasten überklettern:
- Klettern im Passgang, an der Leiter (schräge, gestufte Fläche mit kleineren Abständen), Verwendung des Tunnelgriffs, vorwärts, aufwärts, abwärts (über)

Station 7 – über die Langbank auf den großen Kasten klettern (4 Kastenteile) und über die zweite Langbank wieder hinabklettern:
- Klettern mit Nachstellschritt/-griff, an der Langbank (schräge Fläche), Verwendung des Tunnelgriffs, seitwärts, aufwärts, abwärts (über)

Station 8 – über die Langbank auf die Gitterleiter:
- Steigen mit gekreuzter Koordination, auf der Langbank (schräge Fläche), vorwärts, aufwärts

Station 9 – die Gitterleiter herabklettern:
- wie Station 4, aber: senkrechte, gestufte Fläche mit größeren Abständen

▷ **Häufigkeit**

4 – 6 Durchgänge

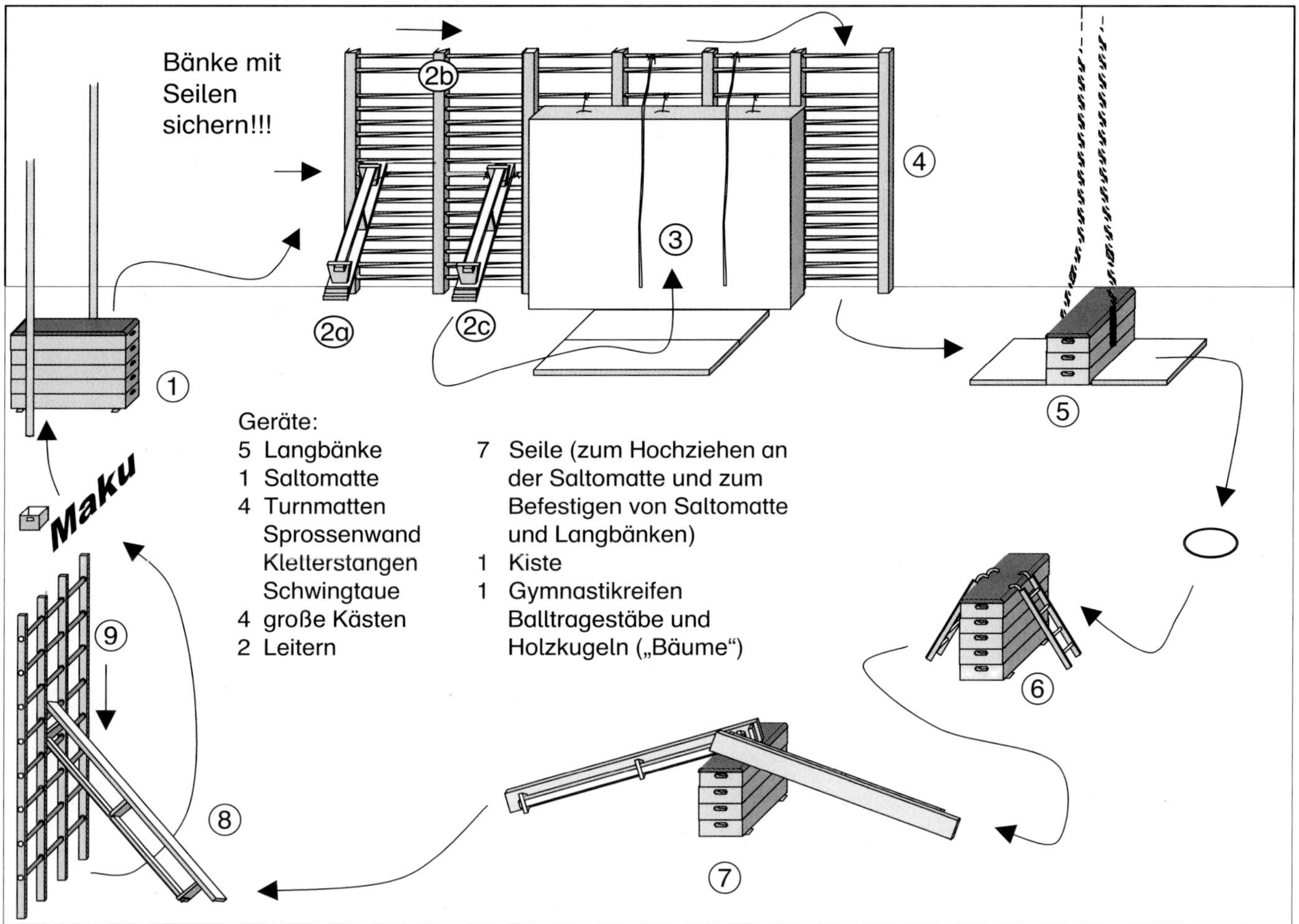

▷ **Sicherheitsstellungen**

⇨ Sicherheitsstellung kann erforderlich sein an den Stationen 3, 7 und 8.

▶ **Methode**

▷ **Symbolspiel**: „Aufforsten im Gebirge"

▶ **Ablaufschema**

5 Minuten	Aufbau oder Teilaufbau
5 – 10 Minuten	Freie Phase Tickspiel
5 – 10 Minuten	Erarbeitung der Symbolspielhandlung an der Makulaturwand - Handlungsziel - Parcours/Fertigkeit
15 – 20 Minuten	Arbeit am Lerngegenstand
5 Minuten	Abschlussbesprechung
5 Minuten	Abbau oder Teilabbau

▶ **Nähere Ausführungen zum Stundenablauf**

▷ **Erarbeitung des Handlungsziels für die Kinder an der Makulaturwand**

- Die Lehrkraft zeichnet Bild 1 – 4 (siehe nächste Seite).
- Die Kinder vermuten, was entsteht: Berge, Zaun, kleine Bäume.
- „Warum steht hier ein Zaun?"
- Die Lehrkraft zeichnet Bild 5 und 6.
- „Eine große Lawine hat alle Bäume zu Fall gebracht. Der Förster hat neue Bäume gepflanzt. Den Zaun hat er aufgestellt, damit die Tiere die neu gepflanzten Bäume nicht kahl fressen."
- „Sind schon genügend Bäume gepflanzt?"
- „Wir helfen die Bäume zu pflanzen!"
- „Dies (die Lehrkraft zeigt einen Balltragestab) ist welcher Teil vom Baum?"
- Die Lehrkraft stellt den Balltragestab auf den Boden, nimmt eine Holzkugel und setzt diese auf den Stab: „Wie nennt man diesen Teil des Baumes?" (Möglich: Verweis auf die Zeichnung an der Makulaturwand.)
- „Du nimmst zuerst einen Stamm und bringst ihn auf den Berg. Danach holst du dir die Krone."

▷ **Erarbeitung des Parcours/Fertigkeit**

- „Wo ist der Zaun, wo die Bäume gepflanzt werden sollen?"
- „Hier geht es los (Station 1)."
- Eine Erarbeitung des Parcours erscheint überflüssig. Ein Hinweis für das erste Kind, wie der Weg an der Station 2 geplant ist, dürfte ausreichen. Der Rest ist bis auf die Station 5 bekannt. Die Vorgehensweise an dieser Station, die ja analog zu der an Station 1 ist, kann die Lehrkraft im Verlauf der Stunde demonstrieren bzw. durch direkte Hilfestellung erarbeiten.

- Möglich ist auch, die Strickleiter wie in der vorhergehenden Stunde an der Station 3 einzusetzen. Dadurch dürften die Kinder in der Lage sein, die Station auch ohne Hilfe zu bewältigen.

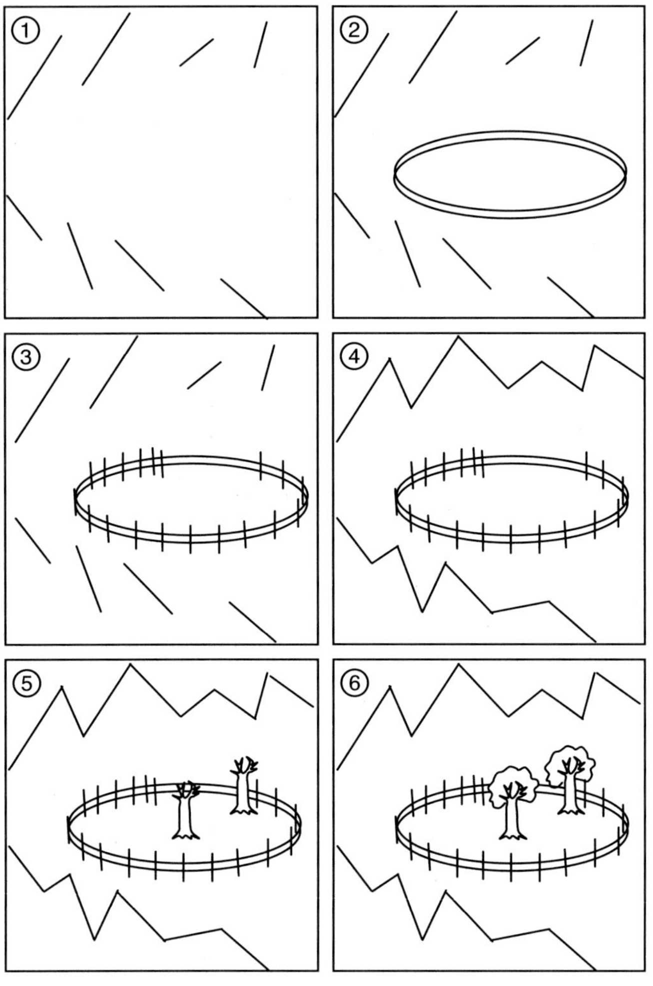

8.3.3 „Ersatzteile für den Rettungshubschrauber“

Diagnostisch-didaktische Analyse

▶ **Handlungsstrukturanalyse zur statischen Gesamtkörperkoordination: Klettern & Steigen**

Diese Analyse ist die Basis aller weiteren Vertiefungen. Aus ihr werden abgeleitet:

▶ **Lern- und Entwicklungsziel**

Die Kinder sollen
- das Klettern im Nachstellschritt/-griff, im Passgang, mit gekreuzter Koordination
- an unterschiedlichen Flächen
- mit unterschiedlichen Griffmöglichkeiten
- vorwärts, seitwärts, rückwärts, aufwärts, abwärts (über)

üben und automatisieren.

▶ **Bewegungsbeschreibung**

▷ **Klettern**

▷ **Klettern mit Nachstellschritten bzw. -griffen**

▷ **Klettern im „Passgang“**

▷ **Klettern mit gekreuzter Koordination**

▷ **Klettern mithilfe eines Seils (Kletterstange)**

Siehe jeweils das vorherige Stundenbild.

▶ **Häufige Probleme beim Klettern**

➲ Siehe das vorherige Stundenbild.

Didaktisch-methodische Analyse

▶ **Mediale Struktur**

▷ **Parcoursform**: Rundparcours

▷ **Aufbauplan** (siehe nächste Seite)

▶ **Übungsstruktur**

▷ **Übungsfolge und Stationsbezug**

Station 1 – mithilfe der Kletterstangen über den großen Kasten (5 Kastenteile):
- Klettern im Passgang, an der Kletterstange und dem großen Kasten (senkrechte Flächen), Verwendung des Tunnelgriffs, vorwärts, aufwärts, abwärts (über)

Station 2 – auf der Reckstange:
- Klettern mit Nachstellschritten/-griffen auf der Reckstange (erhöhte Fläche), Verwendung des Tunnelgriffs, seitwärts

Station 3 – auf dem Seil:
- Klettern mit Nachstellschritten/-griffen an dem Seil (bewegliche Fläche), Verwendung des Tunnelgriffs, seitwärts

Station 4a – die Strickleiter an der Saltomatte/Sprossenwand erklettern:
- Klettern im Passgang, an der Strickleiter (senkrechte, bewegliche, gestufte Fläche mit größeren Abständen), Verwendung des Tunnelgriffs, vorwärts, aufwärts

Station 4b – mit dem Seil die Saltomatte/Sprossenwand erklettern:
- Klettern im Passgang, am Seil (bewegliche Fläche), entlang der Saltomatte (senkrechte, nachgebende Fläche), Verwendung des Tunnelgriffs, vorwärts, aufwärts

Station 5 – die Sprossenwand abwärts klettern:
- Klettern im Passgang, an der Sprossenwand (senkrechte, gestufte Fläche mit kleineren Abständen), Verwendung des Tunnelgriffs, vorwärts, abwärts

Station 6 – mithilfe der Taue über den Kasten (4 Kastenteile) klettern:
- wie Station 1, aber: am Seil (bewegliche Fläche)

Station 7 – über die Langbank auf den großen Kasten klettern (5 Kastenteile) und über die zweite Langbank wieder hinabklettern:
- Klettern mit Nachstellschritt/-griff, an der Langbank (schräge Fläche), Verwendung des Tunnelgriffs, seitwärts, aufwärts, abwärts (über)

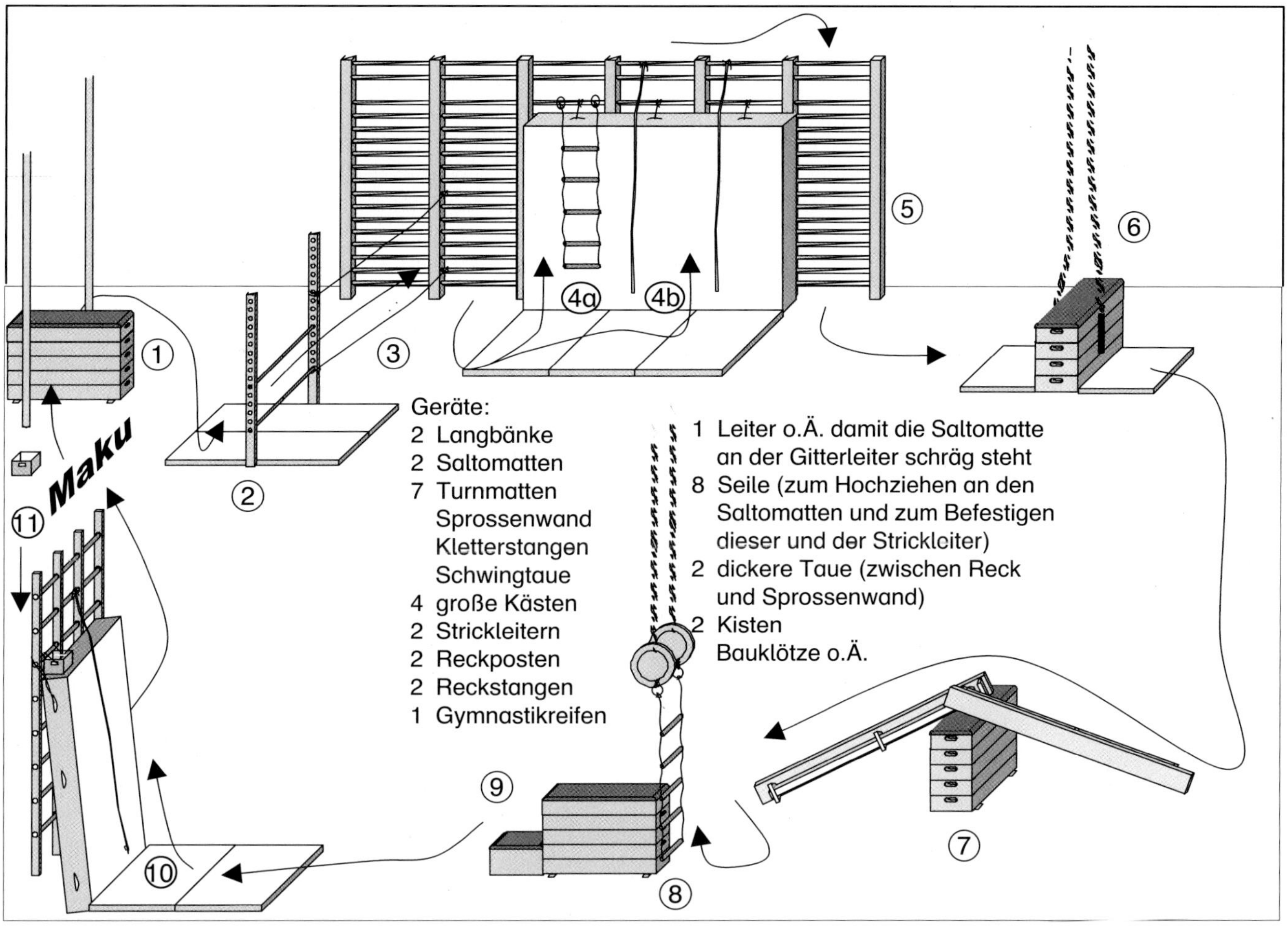

Station 8 – über die Strickleiter auf den großen Kasten klettern:

- Klettern im Passgang, an der Strickleiter (bewegliche, gestufte Fläche mit größeren Abständen), Verwendung des Tunnelgriffs, vorwärts, aufwärts

Station 9 – vom großen Kasten über den kleinen Kasten auf den Boden klettern:

- Steigen mit gekreuzter Koordination, auf den Kästen (gestufte Fläche mit großen Abständen), vorwärts, abwärts

Station 10 – mit dem Seil die Saltomatte/Gitterleiter erklettern:

- Klettern im Passgang, am Seil (bewegliche Fläche), entlang der Saltomatten (schräge, nachgebende Fläche), Verwendung des Tunnelgriffs, vorwärts, aufwärts

Station 11 – die Gitterleiter herabklettern:

- wie Station 4, aber senkrechte, gestufte Fläche mit größeren Abständen

▷ **Häufigkeit**

4 – 6 Durchgänge

▶ **Hilfestellungen oder Sicherheitsstellungen**

⇨ Siehe auch die vorhergehenden Stundenbilder.

⇨ Die Lehrkraft wird weitgehend an die Station 10 gebunden sein.

▶ **Methode**

▷ **Symbolspiel**: „Ersatzteile für den Rettungshubschrauber“

▶ **Ablaufschema**

5 Minuten	Aufbau oder Teilaufbau
5 – 10 Minuten	Freie Phase Tickspiel
5 – 10 Minuten	Erarbeitung der Symbolspielhandlung an der Makulaturwand - Handlungsziel - Parcours/Fertigkeit
15 – 20 Minuten	Arbeit am Lerngegenstand
5 Minuten	Abschlussbesprechung
5 Minuten	Abbau oder Teilabbau

▶ **Nähere Ausführungen zum Stundenablauf**

▷ **Erarbeitung des Handlungsziels für die Kinder an der Makulaturwand**

- Die Lehrkraft zeichnet Bild 1 – 4 (siehe nächste Seite).
- Die Kinder vermuten, was entsteht: Berg, „Krankenhaus“.
- „Glaubst du, dass es auf dem Berg ein Krankenhaus gibt?“
- „Das ist das Haus der Bergwacht. Wofür ist die Bergwacht da? Passt sie auf, dass der Berg nicht wegläuft?“
- Die Lehrkraft zeichnet Bild 5 – 6.

- Die Kinder vermuten, was entsteht: Rettungshubschrauber.
- „Wofür braucht man einen Rettungshubschrauber?"
- „Der Hubschrauber hat es gerade noch geschafft. Als er gelandet ist, hat es einen Knall gegeben und aus dem Motorraum ist Rauch aufgestiegen: Motorschaden!"
- „Wir müssen Ersatzteile zum Hubschrauber bringen!"

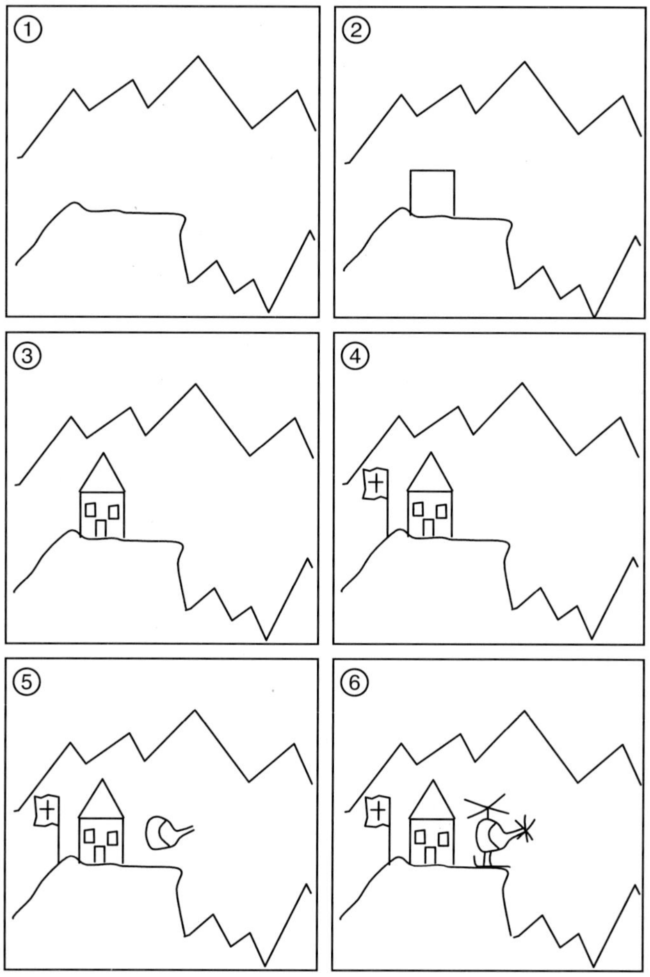

▷ **Erarbeitung des Parcours/der Fertigkeit**

- „Wo ist der Berg, auf dem der Hubschrauber gelandet ist?"
- „Richtig, auf dem großen Berg (Station 10)."
- „Die Ersatzteile sind in dieser Kiste. Nehmt immer ein Teil und bringt es auf den Berg."
- „Hier geht es los (Station 1)."
- Der Parcours dürfte den Kindern aus den letzten Stunden bekannt sein, sodass weitere Erklärungen nicht notwendig erscheinen.
- Die weitere Erarbeitung der Fertigkeit erfolgt durch die direkte Hilfestellung an den Stationen, insbesondere an der Station 10. Ferner sollte die Lehrkraft auf die richtige Grifftechnik, den Tunnelgriff achten (Daumen in Oppositionsstellung).

8.3.4 „Seilbahn in Not"

Diagnostisch-didaktische Analyse

▶ **Handlungsstrukturanalyse zur statischen Gesamtkörperkoordination: Klettern & Steigen**

Diese Analyse ist die Basis aller weiteren Vertiefungen. Aus ihr werden abgeleitet:

▶ **Lern- und Entwicklungsziel**

Das Lernziel ist identisch mit dem der vorhergehenden Stunde.

▶ **Bewegungsbeschreibung**

▷ **Klettern**

▷ **Klettern mit Nachstellschritten bzw. -griffen**

▷ **Klettern im „Passgang"**

▷ **Klettern mit gekreuzter Koordination**

▷ **Klettern mithilfe eines Seils (Kletterstange)**

Siehe jeweils das vorherige Stundenbild.

▶ **Häufige Probleme beim Klettern**

➲ Siehe das vorherige Stundenbild.

Didaktisch-methodische Analyse

▶ **Mediale Struktur**

▷ **Parcoursform**: Rundparcours

▷ **Aufbauplan** (siehe nächste Seite)

▶ **Übungsstruktur**

▷ **Übungsfolge und Stationsbezug**

Die Übungsstruktur ist identisch mit der vorhergehenden Stunde.

▷ **Häufigkeit**

4 – 6 Durchgänge

▶ **Hilfestellungen oder Sicherheitsstellungen**

⇨ Siehe auch die vorhergehenden Stundenbilder.

⇨ Die Lehrkraft wird weitgehend an die Station 10 gebunden sein.

▶ **Methode**

▷ **Symbolspiel**: „Seilbahn in Not"

▶ **Ablaufschema**

5 Minuten	Aufbau oder Teilaufbau
5 – 10 Minuten	Freie Phase Tickspiel
5 – 10 Minuten	Erarbeitung der Symbolspielhandlung an der Makulaturwand - Handlungsziel - Parcours/Fertigkeit
15 – 20 Minuten	Arbeit am Lerngegenstand
5 Minuten	Abschlussbesprechung
5 Minuten	Abbau oder Teilabbau

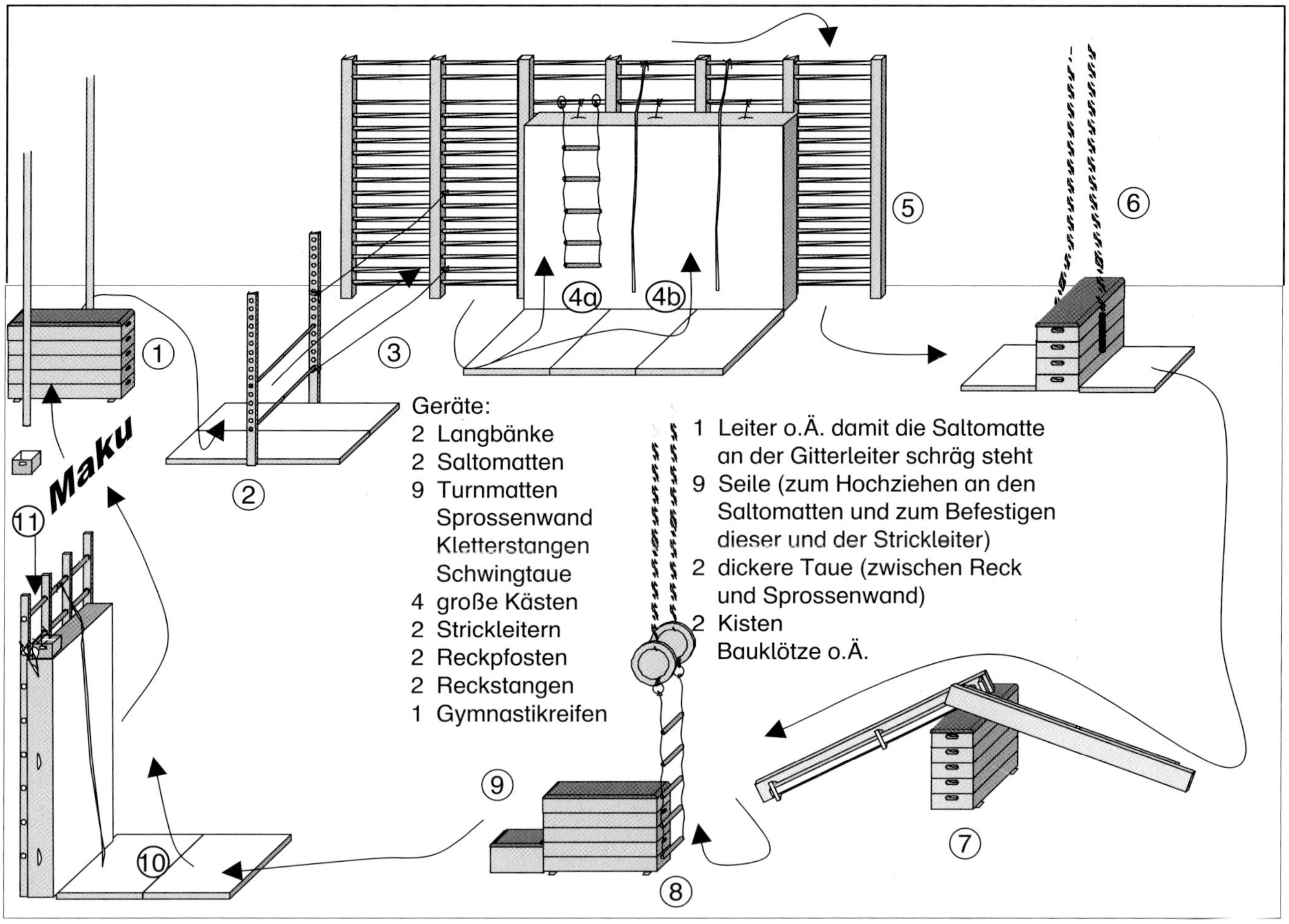

▶ **Nähere Ausführungen zum Stundenablauf**

▷ **Erarbeitung des Handlungsziels für die Kinder an der Makulaturwand**

- Die Lehrkraft zeichnet Bild 1 – 4.
- Die Kinder vermuten, was entsteht: Berge, Seilbahn.
- „Wer ist schon einmal mit einer Seilbahn gefahren?“
- „Was wollen die Leute auf dem Berg?“
- „Wie funktioniert eine Seilbahn?“
- „In dieser Seilbahn sind 15 Touristen. Die wollten die Aussicht genießen und wandern.“
- „Mitten auf der Strecke ist die Seilbahn plötzlich stehen geblieben! Der Motor der Seilbahn ist kaputtgegangen!“
- „Jetzt sitzen sie da und können nicht mehr vor und zurück.“
- „Wir müssen Ersatzteile für den Motor auf den Berg tragen!“

▷ **Erarbeitung des Parcours/der Fertigkeit**

- „Die Ersatzteile sind in dieser Kiste. Nehmt immer ein Teil und bringt es auf den Berg (Station 10/11).“
- Weitere Aspekte, siehe die vorhergehenden Stundenbilder.

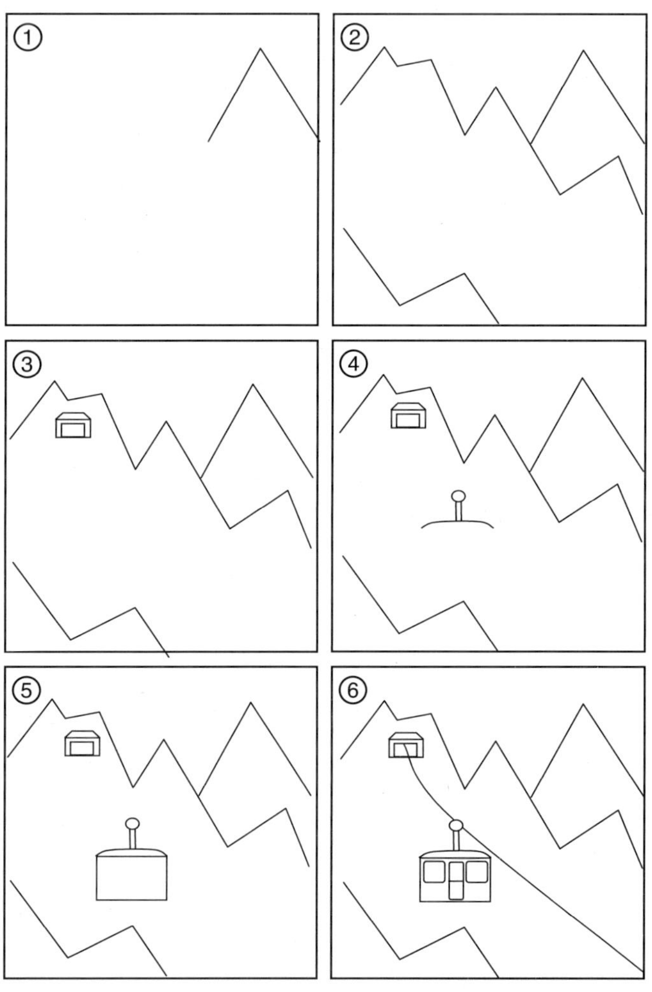

8.4 Handlungsstrukturanalyse dynamische Gesamtkörperkoordination: Springen

Handlungsstrukturanalyse
DYNAMISCHE GESAMTKÖRPERKOORDINATION
Springen

Daten:

Anlauf

Ausgangslage

▶ aus der Ruhestellung

▶ aus der Bewegung
▷ Gehen
▷ Laufen
- langsam
- schnell

Absprung

Sprungbein

▶ beidbeinig

▶ linkes Bein
▷ dominant
▷ kontradominant

▶ rechtes Bein
▷ dominant
▷ kontradominant

▶ aus:
▷ Lage*
▷ Sitz*
▷ Kniesitz*
▷ Kniestand*
* durch Bewegungsimpuls/Abdrücken mit den Armen
▷ Hocke
▷ Hang

Fläche/Impulsunterstützung

▷ • groß • klein
▷ • breit • schmal
▷ • lang • kurz
▷ • hart
• nachgebend - weich - federnd
▷ • eben • uneben
▷ • stumpf • rutschig
▷ • ebenerdig • erhöht
- bodennah - bodenfern
▷ • waagerecht
• schräg
Anstellwinkel - eher flach - eher steil
• senkrecht
▷ • stabil
• beweglich - träge - leicht beweglich
- in eine - alle Richtungen
▶ Fläche mit Impulsunterstützung
- leicht federnd (Sprungbrett)
- stark federnd (Trampolin)

Flugphase

Bewegungsrichtung

▷ auf der Stelle
▷ vorwärts
▷ seitwärts
▷ rückwärts
▷ Rotationen um die
• Körperlängsachse
• Körperquerachse
• Körpertiefenachse

Dimension

▷ herunter
▷ weit
▷ hoch
▷ Kombinationen *
- weit-hoch
- weit-herunter
- hoch-weit
- herunter-weit

* Der dominante Aspekt steht an erster Stelle.

Art/Anzahl der Sprünge

▷ einfacher Sprung
▷ Strecksprung
▷ Anhocken/Anfersen
▷ Grätsche/Bücke/Flugrolle/Salto
▷ Weitsprung
• Schrittsprung • Hocksprung
• Hangsprung • Laufsprung
▷ Hochsprung
• Scherensprung
• Straddle • Flop
▷ Stützsprung
• in den Stütz • Hockwende
• Rad/Radwende
• Handstandüberschlag
▷ Seilsprünge
▷ ein Sprung
▷ fortwährend

Landung

Art

▷ Knie
▷ Hocke
▷ Stand
▷ Sitz
▷ Bauch
▷ Rücken

Fläche/Ziele

▷ • groß • klein
▷ • breit • schmal
▷ • lang • kurz
▷ • hart
• nachgebend
- weich - federnd
▷ • eben • uneben
▷ • stumpf • rutschig
▷ • ebenerdig • erhöht
- bodennah
- bodenfern
▷ • waagerecht • schräg
- Anstellwinkel eher flach
- Anstellwinkel eher steil
• senkrecht
▷ • stabil • beweglich
- träge - leicht beweglich
- in eine - alle Richtungen
▷ ohne Zielbezug
▷ mit Zielbezug

Automatisierungsgrad

Spalte 1	Spalte 2
▶ Handlungen mit personalisierter Hilfe ▶ Handlungen mit materialisierter Hilfe	▶ eigenständige Handlungen ▶ Simultanhandlungen

Freie Beschreibung:

8.4.1 „Fallschirmspringen“

Diagnostisch-didaktische Analyse

▶ **Handlungsstrukturanalyse zur dynamischen Gesamtkörperkoordination: Springen**

Diese Analyse ist die Basis aller weiteren Vertiefungen. Aus ihr werden abgeleitet:

▶ **Lern- und Entwicklungsziel**

Die Kinder sollen das Springen
- aus der Ruhestellung, aus der Bewegung, dem Laufen
- einbeinig, mit freigestelltem Bein
- von unterschiedlichen Flächen, ohne Impulsunterstützung
- vorwärts
- weit, herunter
- als einfachen Sprung
- ein Sprung
- Landung im Stand
- auf unterschiedliche Flächen
- ohne und mit Zielbezug

üben und die Fertigkeit automatisieren.

Ferner sollen die Kinder das Springen
- aus dem Hang und
- aus dem Schwingen

üben und die Fertigkeit automatisieren.

(Die Station zum Balancieren wird hier zusätzlich, d.h. nicht im Sinne des Schwerpunktes angeboten. Da derartige Stunden oft einen gewissen „drive“ bekommen, soll diese Station verhindern, dass die Kinder „durch den Parcours jagen“).

▶ **Bewegungsbeschreibung**

▷ **Absprung beim Niedersprung**

Der Absprung beim Niedersprung steht nicht im Vordergrund der Betrachtung. Grundsätzlich kann dieser einbeinig (in der Regel) oder beidbeinig durchgeführt werden. Bei größeren Höhen oder Angst kann das Springen aus der Sitzposition durch Abdrücken mit den Armen erfolgen. Ferner ergibt sich die Möglichkeit, aus der Bauchlage die Füße langsam in Richtung Boden gleiten zu lassen und nur das letzte Stück springend zurückzulegen.

▷ **Landung im Stand**

Die Bewegungsenergie des fallenden Körpers wird durch eine „bremsende“ Beugung in den Knien und der Hüfte aufgezehrt und der Körper so „abgefedert“. Der Oberkörper wird dabei leicht vorgebeugt gehalten und „versteift“. Der Kopf wird leicht vorgeneigt gehalten und durch die Nacken- und Halsmuskulatur „fixiert“. (Merksatz: „Po unten, Kopf oben!“)

Die Arme werden leicht gebeugt gehalten. Sie sollten bereit sein, den Körper bei der Landung durch Abstützen mit abzufangen.

Die Beine setzen in Abhängigkeit von der Sprungtechnik, der Dimension und der nach dem Sprung folgenden Bewegungshandlung entweder zeitgleich (z.B. Niedersprünge, bestimmten Weitsprungtechniken) oder nacheinander auf (z.B. Schrittsprünge).

▶ **Häufige Probleme beim Springen**

▷ **Häufige Probleme bei der Landung im Stand**

➲ Knie und Hüfte werden bei der Landung eher gestreckt, der Körper wird dadurch kaum abgefedert. Dies kann zu Stauchungen im Bereich der Wirbelsäule führen.

➲ Der Kopf wird
- in den Nacken gelegt bzw.
- nur unzureichend von der Nacken- und Halsmuskulatur „fixiert“, sodass es zu einem „Nicken“ kommt. Beides kann zu Verletzungen im Bereich der Halswirbelsäule führen.

➲ Die Hüfte wird im Verhältnis zu den Knien übermäßig gebeugt (Haltung: „Po oben, Kopf unten“). Ein „Abbremsen“ der Bewegungsenergie über die Hüftbeugung findet kaum statt. Diese Form der Landung geht in der Regel einher mit einem Aufstützen der Hände.

➲ Bei der Landung wird der Rücken zum „Hohlkreuz“ durchgestreckt. Auch hier kann es zu Stauchungen der Wirbelsäule kommen.

➲ Die Stützreaktion der Beine ist aufgrund von Kraftmangel nicht ausreichend, der Körper wird nicht genügend abgefedert. Hieraus kann ein Aufschlagen des Kinns auf den Knien resultieren.

➲ Die Arme werden beim Fallen nur unzureichend im Sinne der Stützreaktion eingesetzt.

➲ Bei der Landung werden die Beine nicht zeitgleich aufgesetzt, sondern nacheinander. Dies ist bei Weit- oder Hochsprüngen kein Fehler im eigentlichen Sinne. Bei Niedersprüngen hingegen ist eine beidbeinige Landung anzustreben.

➲ Die Landung erfolgt nicht „auf den Punkt“, d.h., nach dem Sprung gelingt es dem Kind nicht stehen zu bleiben (das Gleichgewicht zu halten). Die Folgen: „Durchlaufen“, „stabilisierende Schritte“, „Umfallen mit Abstützen der Arme“ oder gar keine Stützreaktion, d.h. „ohne Abstützen mit den Armen“.

Didaktisch-methodische Analyse

▶ **Mediale Struktur**

▷ **Parcoursform**: Rundparcours

▷ **Aufbauplan** (siehe nächste Seite)

▶ **Übungsstruktur**

▷ **Übungsfolge und Stationsbezug**

Station 1 – von der schiefen Ebene:
1. Niedersprung: aus der Bewegung, dem Laufen, einbeinig, von schräger Fläche, vorwärts, weit, als ein einfacher Sprung, Landung im Stand auf ebenerdiger Fläche
2. wie oben, aber: mit Zielbezug (Gummiplatte)

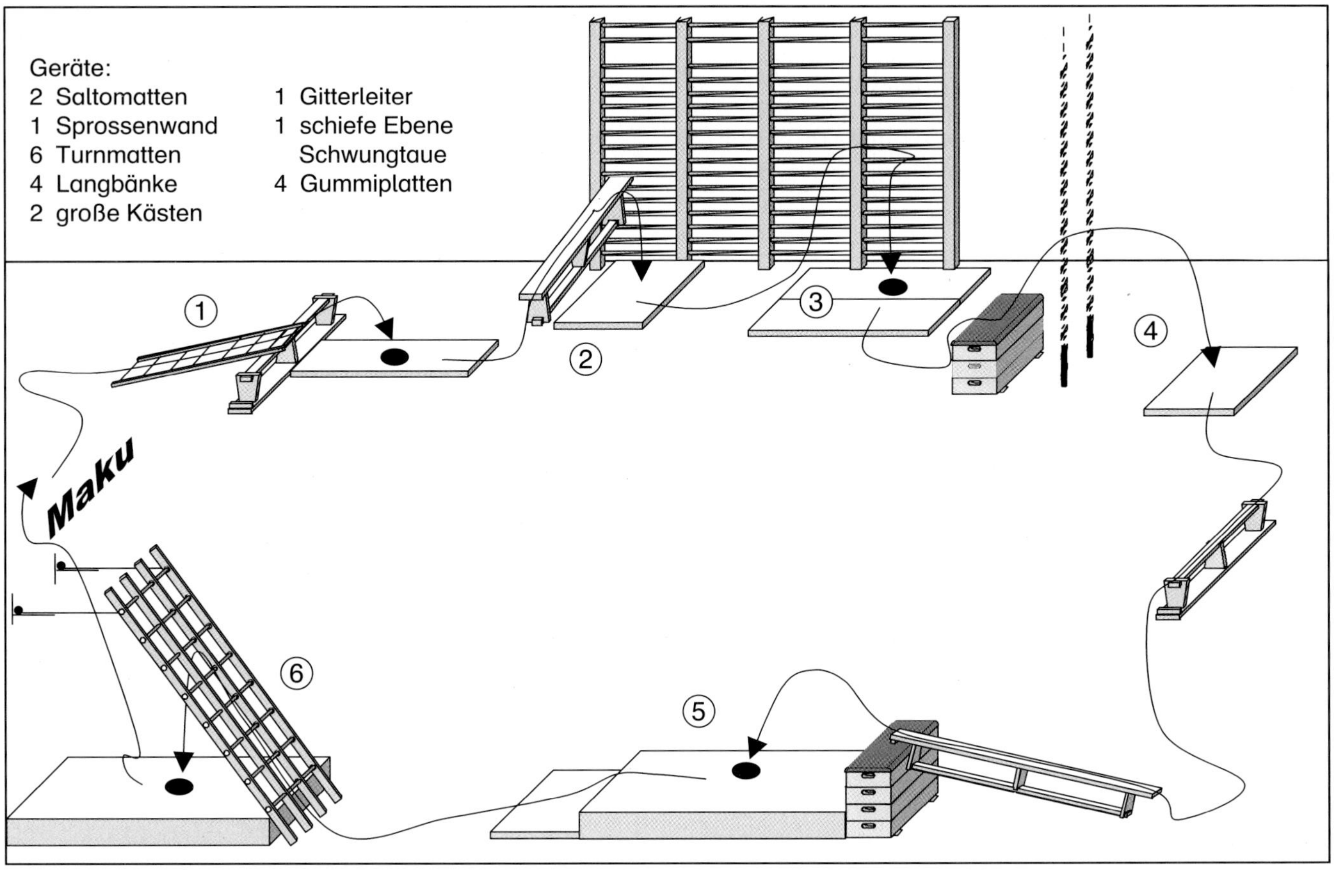

Station 2 – von der Bank:

- Niedersprung: aus der Ruhestellung, mit freigestelltem Sprungbein, von schräger Fläche, herunter, als ein einfacher Sprung, Landung im Stand auf ebenerdiger Fläche

Station 3 – von der Sprossenwand:

1. Niedersprung: aus der Ruhestellung, mit freigestelltem Sprungbein, von erhöhter Fläche, herunter, als ein einfacher Sprung, Landung im Stand, auf ebenerdiger Fläche
2. wie oben, aber: mit Zielbezug (Gummiplatte)

Station 4 – von den Tauen:

- Niedersprung: aus dem Schwingen, beidhändig mit versetztem Griff, am gleichen Objekt (am Tau), von erhöhter Fläche, vorwärts, ein passiver Schwung, Abgang als einfacher Sprung am Umkehrpunkt vorne, Landung im Stand, auf ebenerdiger Fläche

Station 5 – vom großen Kasten (Langbank):

1. Niedersprung: aus der Bewegung, dem Laufen, von schräger Fläche, vorwärts, weit, als ein einfacher Sprung, Landung im Stand, auf nachgebender Fläche
2. wie oben, aber: mit Zielbezug (Gummiplatte)

Station 6 – von der Gitterleiter:

1. aus dem Hang, beidhändig, Ristgriff, am gleichen Objekt (der Sprosse), senkrecht abwärts, ohne Schwung, Abgang als einfacher Sprung, am Ruhepunkt, Landung im Stand, auf nachgebender Fläche
2. wie oben, aber: mit Zielbezug (Gummiplatte)

▷ **Häufigkeit**

6 – *n* Durchgänge pro Übung

▶ **Hilfestellungen oder Sicherheitsstellungen**

▷ **Hilfestellung: Landung im Stand**

Die Kriterien der Ausführung werden erarbeitet:

⇨ Die Übung wird demonstriert und das Kind aufgefordert, auf bestimmte Aspekte zu achten.

⇨ Die Eckpunkte der Bewegung werden über Bilder (siehe die Piktogramme, S. 120) veranschaulicht.

Direkte Hilfestellung

⇨ Das Abbremsen mit den Beinen, d.h. die Kraftaufnahme durch die Beine kann wie folgt verdeutlicht werden: Die Lehrkraft stellt sich hinter das Kind. Sie legt ihre Hände auf die Schultern des Kindes und fordert es auf, etwas in die Knie zu gehen. Die Lehrkraft verstärkt die Beugung der Knie nun durch Druck auf die Schultern des Kindes und fordert es gleichzeitig auf, gegen den Druck zu arbeiten. Dieses Gegenanarbeiten kann man als „Bremse" bezeichnen („Hast du deine Bremse angeschaltet?") und auf das Abbremsen des Körpers bei der Landung beziehen.

▷ **Sicherheitsstellungen**

⇨ Sicherheitsstellung (und gegebenenfalls Hilfestellung) ist zunächst unbedingt bei der Station 6 (der Gitterleiter) zu leisten. Hier sind als Regeln einzuführen:

- Die Leiter wird nur in der Mittelsektion erklettert.

- Es wird nur aus der Mittelsektion abgesprungen. (Sonst besteht die Gefahr, dass die Kinder an den Rand der Matte oder daneben springen.)
- Das zweite Kind erklettert die Leiter erst dann, wenn das erste Kind gesprungen ist. Hierin besteht vielleicht die größte Gefahr: Ein Kind hat die Matte noch nicht verlassen und das nächste Kind springt bereits ab.
- Gesprungen wird aus dem Hang ohne zu schwingen (siehe Lernziel, S. 117). Die Kinder müssen die Leiter bis zu der von ihnen gewählten Höhe erklettern und sich auf die Stange setzen. Die Hände halten sich an der darüber liegenden Stange fest, die Daumen sind unten um die Stange gelegt! Beide Beine stecken zwischen zwei Sprossen. Aus dieser Position gleitet das Kind durch Kraftaufnahme der Arme langsam in den Hang.

⇨ Hilfestellung beim Absprung: Die Lehrkraft steht auf der Saltomatte und stabilisiert das Kind an den Beinen oder der Hüfte. Anschließend lässt das Kind los und springt so ab. Durch Anfassen an der Hüfte oder unter den Achseln kann die Lehrkraft den Sprung des Kindes abfangen (die Lehrkraft muss dabei selbst in die Hocke gehen).

⇨ Hat sich die Lehrkraft überzeugt, dass die Kinder an dieser Station sicher springen und sich an den vorgegeben Ordnungsrahmen halten, kann sie sich auch anderen Stationen zuwenden und dort auf die Verbesserung des Aspektes Landung hinwirken.

⇨ Wichtig: Die Kinder sollen lernen sich einzuschätzen. Sie wählen ihre Höhe also zunächst selbst. Aus der Einschätzung des Landeverhaltens kann die Lehrkraft einzelne Kinder auffordern, auch einmal eine größere Höhe zu probieren.

▶ Methode

▷ **Symbolspiel**: „Fallschirmspringer“

▶ Ablaufschema

5 Minuten	Aufbau oder Teilaufbau
5 – 10 Minuten	Freie Phase Tickspiel
5 – 10 Minuten	Erarbeitung der Symbolspielhandlung an der Makulaturwand - Handlungsziel
5 Minuten	Erarbeitung: - Fertigkeit - Parcours/Ablauf
15 – 20 Minuten	Arbeit am Lerngegenstand
5 Minuten	Abschlussbesprechung
5 Minuten	Abbau oder Teilabbau

▶ Nähere Ausführungen zum Stundenablauf

▷ **Freie Phase**

- Während der freien Phase muss die Lehrkraft die Vorgehensweise an der Station 6 (der Gitterleiter) einführen oder auf die Einhaltung der bereits erarbeiteten Regeln achten (siehe Sicherheitsstellungen!).

▷ **Erarbeitung des Handlungsziels für die Kinder an der Makulaturwand**

- Die Lehrkraft zeichnet Bild 1 – 6.
- Die Kinder vermuten, was entsteht: Fallschirmspringer.

Zur weiteren Entwicklung der Geschichte, zur Vertiefung der Bedeutungsbeimessung, zur Erweiterung der Begriffsbildung etc. können nachfolgende Fragen erörtert werden:

- „Wer hat schon einmal einen Fallschirmspringer gesehen?“
- „Was braucht man zum Fallschirmspringen?“
- „Wie funktioniert das Fallschirmspringen?“ (Der richtige Fachbegriff ist Aufziehleine!)

▷ **Erarbeitung der Fertigkeit 1**

- „Wie landen Fallschirmspringer?“
- Die Lehrkraft zeichnet oder präsentiert die beiden Landemöglichkeiten (Vorlagen im Anhang, Seite 165).
- „Wer von den beiden landet richtig?“
- „Bei der Landung soll der Kopf oben und der Po unten sein!“

▷ **Erarbeitung des Parcours**

- „Habt ihr eure Helme aufgesetzt und die Fallschirme umgeschnallt?"
- „Hier ist das erste Flugzeug."
- Die Lehrkraft geht nach und nach mit den Kindern die Stationen ab.
- An der Station 1 lässt sie gegebenenfalls nochmals ein Kind die Landung demonstrieren oder macht sie selbst vor.
- Station 2: „Hier kann man aus verschiedenen Höhen aus dem Flugzeug springen. (Hat man die Ziffern von 1 – 3 auf die Bank geklebt, kann man von der Tür 1 = „unten", Tür 2 = „Mitte" oder Tür 3 = „ganz oben" aus dem Flugzeug springen.)
- Station 3: „Hier kannst du dir aussuchen, aus welcher Höhe (Sprosse) du aus dem Flugzeug springst." (Anreiz: Die Sprossen an der Seite mit Klebestreifen versehen, auf denen die Nummer der Sprosse (Höhe) steht: „Springst du von der fünften oder von der sechsten Sprosse?").
- Die Stationen 5 und 6 müssen i.d.R. nicht erklärt werden (siehe aber unbedingt die Hinweise unter Sicherheitsstellungen).
- Die Lehrkraft sollte auch in dieser Phase zunächst an der Gitterleiter Hilfe- oder Sicherheitsstellung geben. Hat sie sich überzeugt, dass die Kinder an dieser Station sicher springen und sich an den vorgegeben Ordnungsrahmen halten, kann sie sich auch anderen Stationen zuwenden und dort auf die Verbesserung des Aspektes Landung hinwirken.

▷ **Erarbeitung der Fertigkeit 2**

- Nach zwei bis drei Durchgängen treffen sich alle wieder vor der Makulaturwand:
- Die Lehrkraft zeichnet Bild 7.
- „Einige Fallschirmspringer schaffen es, genau auf dem Punkt zu landen. Versucht es auch."
- Die Lehrkraft legt die Gummiplatten aus (siehe Skizze, S.118).

8.4.2 „Wir helfen der Maus Susi"

Diagnostisch-didaktische Analyse

▶ **Handlungsstrukturanalyse zur dynamischen Gesamtkörperkoordination: Springen**

Diese Analyse ist die Basis aller weiteren Vertiefungen. Aus ihr werden abgeleitet:

▶ **Lern- und Entwicklungsziel**

Die Kinder sollen das Springen
- aus der Ruhestellung, aus der Bewegung, aus dem Laufen
- einbeinig, mit freigestelltem Bein
- von unterschiedlichen Flächen
- ohne Impulsunterstützung
- vorwärts
- weit, herunter
- als einfachen Sprung
- ein Sprung
- Landung im Stand
- auf unterschiedliche Flächen
- ohne und mit Zielbezug

üben und die Fertigkeit automatisieren.

Ferner sollen die Kinder das Springen
- aus dem Hang und
- aus dem Schwingen

üben und die Fertigkeit automatisieren.
(Die Station A, an der die Kinder einen Wandhandstand zur Kräftigung der Arm- und Schultermuskulatur durchführen sollen, wird additiv, d.h. nicht im Sinne des Schwerpunktes angeboten.)

▶ **Bewegungsbeschreibung**
▷ **Absprung**
▷ **Landung im Stand**
Siehe jeweils das vorhergehende Stundenbild.

▶ **Häufige Probleme beim Springen**
▷ **Häufige Probleme bei der Landung im Stand**
➲ Siehe vorhergehendes Stundenbild.

Didaktisch-methodische Analyse

▶ **Mediale Struktur**

▷ **Parcoursform**: Rundparcours

▷ **Aufbauplan**

▶ **Übungsstruktur**

▷ **Übungsfolge und Stationsbezug**

Station 1 – von der schiefen Ebene:
- Niedersprung: aus der Bewegung, dem Laufen, einbeinig, von schräger Fläche, vorwärts, weit, als ein einfacher Sprung, Landung im Stand, auf ebenerdiger Fläche mit Zielbezug (Gummiplatte)

Station 2 – von der Bank:
- Niedersprung: aus der Ruhestellung, mit freigestelltem Sprungbein, herunter, als ein einfacher Sprung, Landung im Stand auf ebenerdiger Fläche

Station 3 – von der Sprossenwand:
- Niedersprung: aus der Ruhestellung, bei freigestelltem Sprungbein, herunter, als ein einfacher Sprung, Landung im Stand auf ebenerdiger Fläche mit Zielbezug (Gummiplatte)

Station 4 – von den Tauen:
- Niedersprung: aus dem Schwingen, beidhändig mit versetztem Griff, am gleichen Objekt, am Tau, von erhöhter Fläche, vorwärts, ein passiver Schwung, Abgang als einfacher Sprung am Umkehrpunkt vorne, Landung im Stand, auf ebenerdiger Fläche

Station 5 – vom großen Kasten:
- Niedersprung: aus der Ruhestellung, mit freigestelltem Sprungbein, von erhöhter Fläche, vorwärts, herunter, als ein einfacher Sprung, Landung im Stand auf ebenerdiger Fläche

Station 6 – vom großen Kasten:
- Niedersprung: aus der Bewegung, dem Laufen, einbeinig, von schräger Fläche, vorwärts, weit, als ein einfacher Sprung, Landung im Stand auf nachgebender Fläche mit Zielbezug (Gummiplatte)

Station 7 – von der Gitterleiter:
- Niedersprung: aus dem Hang, beidhändig, Ristgriff, am gleichen Objekt, der Sprosse, senkrecht abwärts, ohne Schwung, Abgang als einfacher Sprung, am Ruhepunkt, Landung im Stand, auf nachgebender Fläche mit zusätzlichem Zielbezug (Gummiplatte)

▷ **Häufigkeit**

6 – *n* Durchgänge

▶ **Hilfestellungen oder Sicherheitsstellungen**

▷ **Hilfestellung: Landung im Stand**

⇨ Siehe vorhergehendes Stundenbild.

▷ **Sicherheitsstellungen**

⇨ Siehe vorhergehendes Stundenbild.

▶ **Methode**

▷ **Symbolspiel**: „Wir helfen der Maus Susi"

▶ **Ablaufschema**

5 Minuten	Aufbau oder Teilaufbau
5 – 10 Minuten	Freie Phase Tickspiel

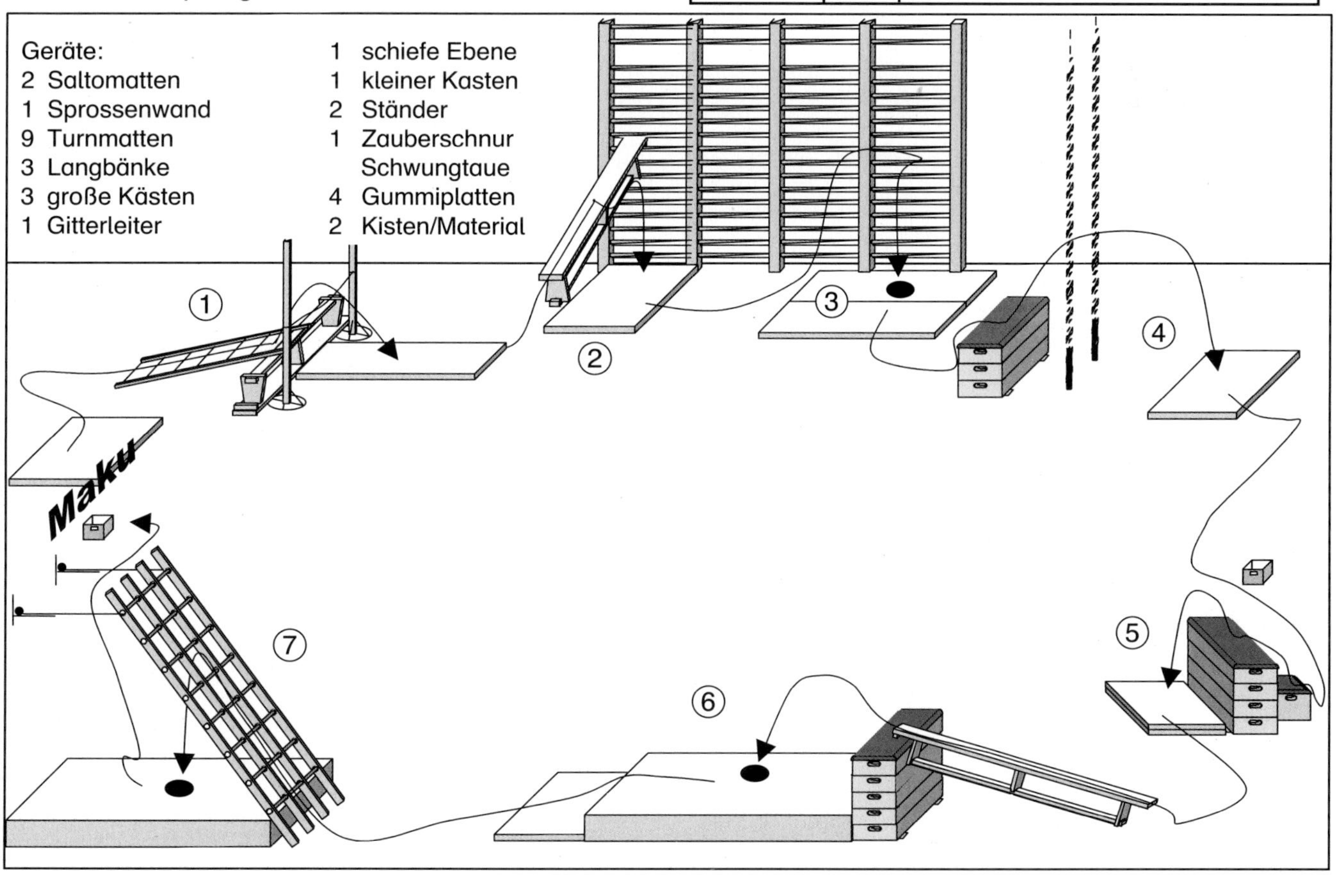

5 – 10 Minuten	Erarbeitung der Symbolspielhandlung an der Makulaturwand - Handlungsziel
5 – 10 Minuten	Erarbeitung: - Parcours/Fertigkeit
15 – 20 Minuten	Arbeit am Lerngegenstand
5 Minuten	Abschlussbesprechung
5 Minuten	Abbau oder Teilabbau

▶ Nähere Ausführungen zum Stundenablauf

▷ Erarbeitung des Handlungsziels für die Kinder an der Makulaturwand

- Die Lehrkraft zeichnet Bild 1 – 4.
- Die Kinder vermuten, was entsteht: Zauberer.

- „Ist das ein freundlicher Zauberer?“
- „Der Zauberer heißt Ärger Ärger. Richtig böse ist er nicht, aber er ärgert gerne andere Leute.“
- Die Lehrkraft zeichnet Bild 5 – 6.
- „Was glaubst du, was der Zauberer Ärger Ärger mit der kleinen Maus gemacht hat?“
- „Der Zauberer hat den ganzen Käsevorrat (hier: Bauklötze o.Ä.) weggezaubert.“
- „Wir könnten den Zauberer ärgern (und der Maus helfen).“
- „Den Käsevorrat hat der Zauberer hinter die Berge gezaubert. Außerdem hat er Alarmanlagen aufgestellt. Nur wenn man die ausschaltet, kann man den Käse wiederholen.“

▷ Erarbeitung des Parcours/der Fertigkeit

- „Hier ist die erste Alarmanlage“ (eine Markierung an der Wand, so hoch angebracht, dass die Kinder sie im Wandhandstand mit den Füßen erreichen können).
- „Diese Alarmanlage müssen wir so ausschalten (Die Lehrkraft oder ein Kind machen es vor): Du gehst auf allen Vieren, die Füße zeigen zur Wand und das Gesicht schaut in die Halle. Jetzt laufen deine Beine an der Wand hoch. Mit dem Fuß schaltest du die Alarmanlage aus.“

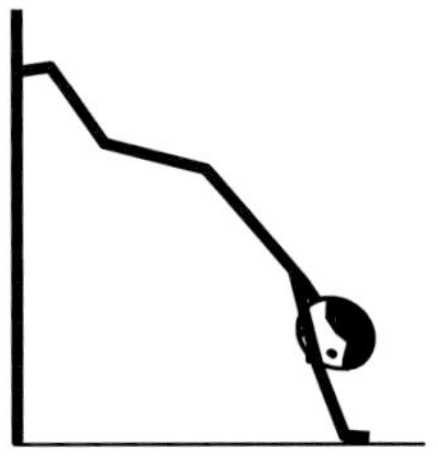

- „Die anderen Alarmanlagen sind die runden Gummiplatten. Ihr müsst genau auf den Platten landen.“
- „Wer weiß noch, wie man richtig landet?“ (Kopf oben, Po unten; siehe vorhergehendes Stundenbild. Die Piktogramme verwenden!).
- Eine weiter Erarbeitung des Parcours erscheint überflüssig.
- Nochmals der Hinweis: Die Lehrkraft sollte zunächst an der Gitterleiter Hilfe- oder Sicherheitsstellung geben. Hat sie sich überzeugt, dass die Kinder an dieser Station sicher springen und sich an den vorgegebenen Ordnungsrahmen halten, kann sie sich auch anderen Stationen zuwenden und hier auf dic Vørbesserung des Aspektes Landung hinwirken.

Nur Wiederholung übt!

Der Aufbau dieser Stunde unterscheidet sich auch deshalb kaum von der vorhergehenden Stunde.
Variiert wird die Anordnung der Höhe bei den Stationen 1, 2 und 6. Neu ist die Station 5.
Voraussichtlich werden die Kinder zudem ihre Absprunghöhe an den Stationen 3 und 7 steigern.
Haben Sie bei Ihren Kindern bei irgendeinem Stundenbild den Eindruck, diese bedürften weiterer Übung, dann handeln Sie entsprechend: Verändern Sie den Aufbau nur geringfügig, denken Sie sich eine eigene Verpackung, d.h. eine Spielhandlung aus und los geht es!
Nur Wiederholung übt, gibt ein Gefühl des eigenen Könnens und der Sicherheit!

8.4.3 „Wir besuchen das Känguru Skippy“

Diagnostisch-didaktische Analyse

▶ **Handlungsstrukturanalyse zur dynamischen Gesamtkörperkoordination: Springen**
Diese Analyse ist die Basis aller weiteren Vertiefungen. Aus ihr werden abgeleitet:

▶ **Lern- und Entwicklungsziel**
Die Kinder sollen das Springen
- aus der Ruhestellung
- beidbeinig
- von unterschiedlichen Flächen
- ohne und mit Impulsunterstützung
- vorwärts
- weit, hoch, herunter
- ein Sprung, fortwährend
- Landung im Stand
- auf unterschiedliche Flächen
- ohne Zielbezug

üben und die Fertigkeit automatisieren.
(Die Station zum Balancieren und das Schwingen werden hier zusätzlich, also nicht im Sinne des Schwerpunktes angeboten).

▶ **Bewegungsbeschreibung**
▷ **Absprung: beidbeinig**
Die Füße stehen parallel, etwa eine Handbreit entfernt voneinander. Durch ein leichtes Beugen in den Knien und der Hüfte verbunden mit einem leichten Vorbeugen des Oberkörpers kommt es anschließend durch impulsartiges Strecken der Beine, insbesondere der Fußgelenke, zu einem Abstoßen vom Untergrund. Die Arme sind zu Beginn (parallel zur Beugung s.o.) mehr oder weniger gestreckt, vollführen dann seitlich am Körper eine kleine Kreisbewegung nach „hinten“ und werden anschließend zeitgleich zur Streckung des Körpers impulsartig nach „vornoben“ geführt. Befinden sich die Hände etwa auf Brust-/Halshöhe wird der Armschwung abrupt abgebremst.

▷ **Springen in das Sprungbrett**
Die Federwirkung des Brettes wird dann optimal genutzt, wenn der Einsprung beidbeinig, kraftbetont erfolgt und die Verweildauer auf dem Brett vergleichsweise kurz ist. Letzteres wird dadurch erreicht, dass der Körper im Moment der Landung „versteift“ wird.

▶ **Häufige Probleme beim Springen**
▷ **Häufige Probleme beim beidbeinigen Absprung**
➲ Die Kinder springen nicht mit beiden Beinen gleichzeitig ab, sondern heben die Füße kurz hintereinander vom Boden.
➲ Der Sprung(-impuls) wird kaum durch die Bein- bzw. Fußmuskulatur erzeugt, sondern weitgehend durch ein „Hochziehen“ des Oberkörpers.
➲ Eine Streckung der Hüfte wird nicht durchgeführt.
➲ Der Oberkörper, vor allem der Armbereich, wird nicht zur Sprungunterstützung eingesetzt. Es findet kein schwungvolles „Hochreißen“ und abruptes „Abbremsen“ der Arme statt.
➲ Die Armbewegungen können nicht zur Sprungbewegung aus den Beinen koordiniert werden. Die Armbewegungen erfolgen genau entgegengesetzt.
➲ Die zur Verfügung stehende Kraft ist eher gering.

▷ **Häufige Probleme beim Springen auf dem Sprungbrett**
➲ Die Kinder springen mit „weicher“ Landung auf das Brett. Dadurch wird die Verweildauer zu lang, d.h., die Federwirkung des Brettes wird aufgehoben.
➲ Die Kinder landen mit einem Bein auf dem Brett und springen entsprechend ab. In diesem Fall kann die Federwirkung kaum genutzt werden, das Brett dient so eher als Rampe.

Didaktisch-methodische Analyse

▶ **Mediale Struktur**
▷ **Parcoursform**: Rundparcours
▷ **Aufbauplan** (siehe nächste Seite)

▶ **Übungsstruktur**
▷ **Übungsfolge und Stationsbezug**
Station 0 – Gymnastikreifen:
Während der Reisephasen:
- Beidbeiniges Springen: aus der Ruhestellung, von ebenerdiger Fläche, weit, fortwährend, Landung im Stand, auf ebenerdiger Fläche

Station 1 – von Matte zu Matte:
- Beidbeiniges Springen: aus der Ruhestellung, von ebenerdiger Fläche, vorwärts, weit, ein einfacher Sprung, Landung im Stand, auf ebenerdiger Fläche

Station 2 – auf den Bänken:
- Beidbeiniges Springen: aus der Ruhestellung, von schräger Fläche, vorwärts, hoch bzw. herunter, fortwährend, Landung im Stand, auf schräger Fläche

Station 3 – auf die Bänke:
- Beidbeiniges Springen: aus der Ruhestellung, von ebenerdiger Fläche, vorwärts, hoch, ein einfacher Sprung, Landung im Stand (hier sollen sich die Kinder zusätzlich am Seil hochziehen)

Station 4 – an der Kastentreppe:
- Beidbeiniges Springen: aus der Ruhestellung, von ebenerdiger/erhöhter Fläche, vorwärts, hoch, ein Sprung/fortwährend, Landung im Stand, auf erhöhter Fläche

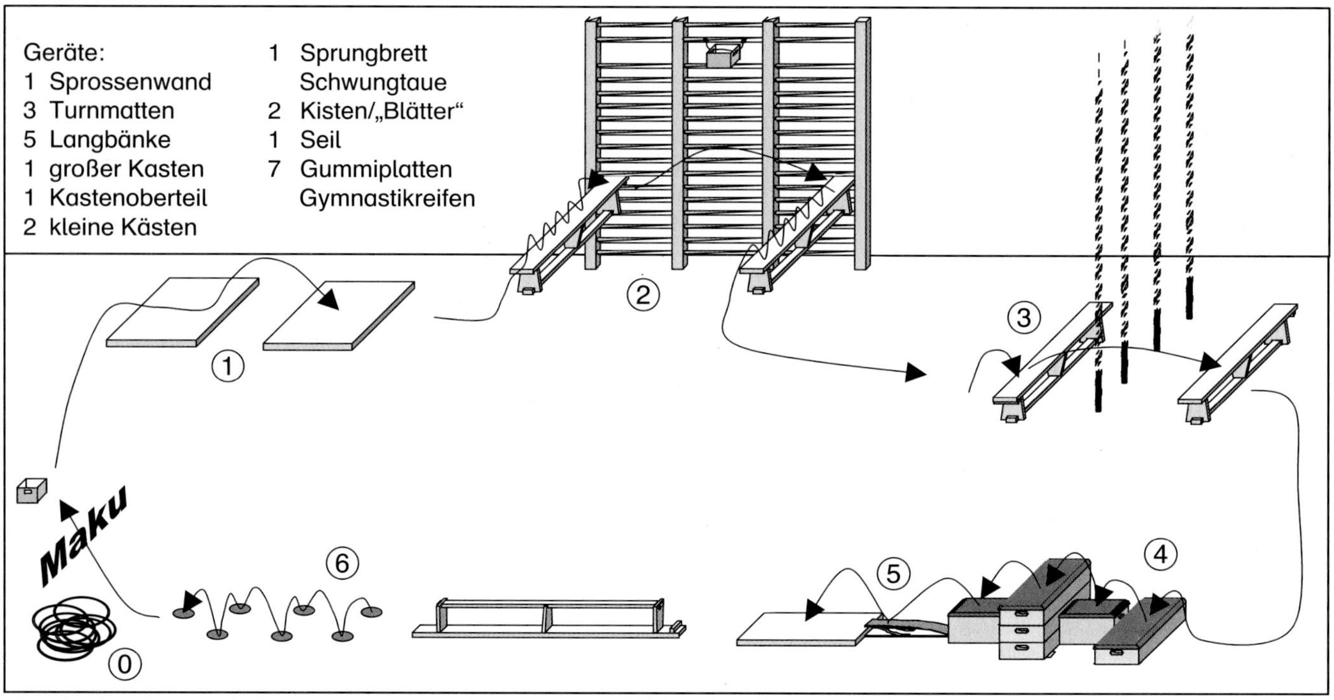

Station 5 – auf das Sprungbrett und zur Matte:

- Beidbeiniges Springen: aus der Ruhestellung, von erhöhter Fläche, mit Impulsunterstützung (Sprungbrett), vorwärts, weit, ein einfacher Sprung, Landung im Stand, auf ebenerdiger Fläche

▷ **Häufigkeit**

8 – *n* Durchgänge pro Übung

▶ **Hilfestellungen oder Sicherheitsstellungen**

▷ **Hilfestellung Landung im Stand**

⇨ Siehe vorhergehendes Stundenbild.

▷ **Hilfestellung: beidbeiniger Absprung**

⇨ Zur direkten Hilfestellung beim beidbeinigen Absprung steht die Lehrkraft vor dem Übenden. Soll das Kind auf ein Hindernis springen, steht die Lehrkraft dort bereit. Sie reicht dem Übenden beide Hände. Auf ein verabredetes Kommando (z.B. „1, 2, 3") springt das Kind hoch. Die Lehrkraft unterstützt den Sprung begleitend durch eine Zughilfe an den Armen. Die Hilfestellung kann auch von hinten durch Unterstützung des Sprungs in Form einer Schub- bzw. Hubhilfe in Bereich der Hüfte erfolgen.

⇨ Mit sprachlichen Impulsen wie „Jetzt!", „Hopp!" wird der Absprung unterstützt.

▷ **Hilfestellung: Sprungbrett**

⇨ Hier ist den Kindern zu verdeutlichen, dass die Federwirkung des Brettes nur genutzt werden kann, wenn der Körper bei der Landung auf dem Brett „versteift" wird. Diese Landung steht somit im Gegensatz zur bisher erarbeiteten Landeform! (vgl. S. 117).

▷ **Sicherheitsstellungen**

⇨ Eine Sicherheitsstellung an den Stationen erscheint nicht zwingend.

▶ **Methode**

▷ **Symbolspiel**: „Wir besuchen das Känguruh Skippy"

▶ **Ablaufschema**

5 Minuten	Aufbau oder Teilaufbau
5 – 10 Minuten	Freie Phase Tickspiel
5 – 10 Minuten	Erarbeitung der Symbolspielhandlung an der Makulaturwand - Handlungsziel 1
3 – 5 Minuten	Reisephase
5 Minuten	Erarbeitung - Handlungsziel 2 - Fertigkeit - Parcours/Ablauf
15 – 20 Minuten	Arbeit am Lerngegenstand
3 – 5 Minuten	Reisephase
5 Minuten	Abschlussbesprechung
5 Minuten	Abbau oder Teilabbau

▶ **Nähere Ausführungen zum Stundenablauf**

▷ **Erarbeitung des Handlungsziels für die Kinder an der Makulaturwand 1**

- Die Lehrkraft zeichnet Bild 1 – 6 (siehe nächste Seite).
- Die Kinder vermuten, was entsteht: Känguru.
- „Was weißt du über Kängurus? Wie groß sind Kängurus? Was fressen/trinken Kängurus?"
- „Wo leben Kängurus?"
- „Was können Kängurus besonders gut?"

- „Kängurus springen mit beiden Beinen!“
- „Dieses Känguru heißt Skippy. Wir sollen es besuchen kommen.“

▷ **Erarbeitung der Reisephase**

- „Wie kommen wir nach Australien?“
- „Mit dem Flugzeug. Unser Flugzeug ist hier: Jeder nimmt sich einen Reifen, steigt hinein und hält ihn an der Seite fest.“
- „Stellt euch alle hinter mir auf.“
- Die Lehrkraft demonstriert, wie geflogen wird. Sie legt ihren Reifen auf den Boden, fordert das erste Kind in der Reihe auf, beidbeinig in diesen Reifen und gleich wieder aus dem Reifen zu springen. Im Anschluss soll es den eigenen Reifen niederlegen und aus ihm springen. Abschließend soll sich das Kind hinten in der Reihe anstellen. Das nächste Kind verfährt entsprechend. Liegen alle Reifen am Boden demonstriert die Lehrkraft den weiteren Ablauf. Sie springt beidbeinig in ihren Reifen und nimmt ihn auf. Dann springt sie nach und nach in die Reifen der Kinder, bis sie beim letzten anlangt. Hier leitet sie den Rückweg ein, indem sie aus dem letzten Reifen springend die Richtung ändert. Nach dem dritten Durchgang springen alle Kinder nacheinander in den Reifen der Lehrkraft, legen ihren Reifen darauf (das Flugzeug landet) und treffen sich wieder vor der Makulaturwand.

▷ **Erarbeitung des Handlungsziels für die Kinder an der Makulaturwand 2**

- „Wie war der Flug, was hast du gesehen, als du aus dem Fenster geguckt hast?“
- Die Lehrkraft zeichnet Bild 7.

- „Skippy hat Pech gehabt. Es ist beim Springen mit dem Fuß umgeknickt.“
- „Nun kann es sich gar nichts mehr zu fressen besorgen.“
- „Ihr wollt helfen? Gut, ich zeige euch den Weg.“

▷ **Erarbeitung des Parcours/der Fertigkeit**

- „Wir müssen genauso springen wie ein Känguru. Kannst du das einmal vormachen?“
- „Hier müssen wir über den Graben springen (Station 1). Du nimmst deine Arme ganz nach hinten (die Lehrkraft demonstriert), holst Schwung und springst los. Wenn die Arme vorne sind, bremst du sie ab.“ (Als Hilfestellung kann man die Armbewegung direkt am Kind zeigen, indem man einen Arm ergreift und entsprechend führt).
- „Die Landung kennt ihr. Wo ist der Kopf/Po bei der Landung?“ („Kopf oben, Po unten“).
- „Die Blätter findet ihr beim Berg. Bringt immer ein Blatt zu Skippy.“ (Erweiterung: Verschieden gestaltete Blätter, z.B. gezackte und runde Formen. Skippy mag nur die gezackten Blätter.)
- Die Lehrkraft begleitet die übenden Kinder im ersten Durchgang. Sie demonstriert bzw. korrigiert die Bewegungen bei den einzelnen Stationen.
- Bei den Tauen: Das Kind nimmt sich ein Tau und stellt sich hinter die Bank. Das Tau wird etwa in Kopfhöhe ergriffen. Anschließend springt das Kind beidbeinig auf die Bank, wobei der Sprung durch eine Zugbewegung aus den Armen unterstützt wird.
- Nachfolgend positioniert sich die Lehrkraft an der Station 1 und gibt hier Hilfestellung bzw. erarbeitet mit den Kindern den beidbeinigen Absprung.
- Im Verlauf der Stunde wechselt die Lehrkraft zur Kastentreppe und leistet hier Hilfestellung bzw. verdeutlicht die Schwungbewegung der Arme.
- Parallel oder abschließend kann das Augenmerk auf das Springen auf das Sprungbrett gelegt werden.

8.4.4 „Wir klauen den Schatz von Käpt`n Haken“

Diagnostisch-didaktische Analyse

▶ **Handlungsstrukturanalyse zur dynamischen Gesamtkörperkoordination: Springen**

Diese Analyse ist die Basis aller weiteren Vertiefungen. Aus ihr werden abgeleitet:

▶ **Lern- und Entwicklungsziel**

Die Kinder sollen das Springen
- aus der Bewegung, dem Laufen
- einbeinig, mit freigestelltem Bein
- von unterschiedlichen Flächen
- ohne Impulsunterstützung
- vorwärts
- weit
- als einfacher Sprung
- ein Sprung
- Landung im Stand
- auf unterschiedliche Flächen
- ohne Zielbezug

üben und die Fertigkeit automatisieren.

Zudem soll das beidbeinige Springen wieder aufgegriffen werden (Lernziel: Siehe vorhergehendes Stundenbild).

▶ **Bewegungsbeschreibung**

▷ **Einbeiniger Absprung und Flugphase**

„Einfacher Sprung“: Aus der Schrittstellung oder dem Anlauf erfolgt durch das Strecken des Sprungbeins (Fuß- und Kniegelenk sowie Hüfte) ein Abdrücken vom Untergrund. Gleichzeitig zur aktiven Streckung des Sprungbeines wird das Schwungbein mehr oder weniger aktiv „hochgeschwungen“ und etwa in waagerechter Stellung (Oberschenkel) abrupt abgebremst. Die Arme unterstützen die Sprungbewegung. Beide Arme werden weitgehend parallel seitlich am Körper nach vorne/hoch geführt und etwa in Brusthöhe abgebremst. Die Schultern werden dabei leicht hochgezogen. Das Sprungbein wird dann parallel zum Schwungbein geführt und so die Landung vorbereitet. Der Oberkörper unterstützt den Absprung durch Fortführung der Streckung aus dem Sprungbein und wird während der Flugphase aktiv nach vorne geneigt. Das Ausmaß dieser Vorneigung ist beim Weitsprung stärker, bei einem Sprung mit geringer Weite weniger ausgeprägt. Der Kopf wird ebenfalls leicht vorgeneigt gehalten und durch die Nacken- und Halsmuskulatur „fixiert“.

Die Flugphase (Flugkurve) eines Sprungs setzt sich zusammen aus der eher horizontal gerichteten Anlaufgeschwindigkeit und der eher vertikal ausgerichteten Absprunggeschwindigkeit. Je nach Dimension, also weit, hoch, herunter oder eine der möglichen Kombinationen (weit-hoch, hoch-weit usw.), wird eine der beiden Komponenten betont.

▶ **Häufige Probleme beim Springen**

▷ **Häufige Probleme beim einbeinigen Absprung**

Anlauf:
- ➲ Probleme bei der Koordination von Laufen bzw. Gehen und Springen. Die Kinder „stocken“ vor dem Sprung.
- ➲ Probleme, das „unbewusst“ existente individuelle Sprungbein auf der Absprungfläche zu platzieren.

Sprung:
- ➲ Ein eigentliches „Springen“ findet (noch) nicht statt. Hindernisse werden „laufend“ überwunden oder „überlaufen“. In der Regel bedeutet das:
- ➲ Eine Streckung des Sprungbeines, insbesondere im Fußgelenk, gelingt nicht.
- ➲ Der Absprung gerät zu flach.
- ➲ Das Schwungbein wird nicht aktiv angehoben und abgebremst.
- ➲ Die Arme werden nicht aktiv eingesetzt bzw. parallel geführt (Schwung und Abbremsen).
- ➲ Der Absprung wird mit deutlicher Körpervorlage ausgeführt.
- ➲ Manche Kinder springen konstant mit beiden Beinen gleichzeitig ab.

Flugphase:
- ➲ Das Sprungbein wird nicht aktiv nachgezogen (Springen mit fast „gestreckten“ Beinen).
- ➲ Der Oberkörper wird (neben dem Absprung auch in der Flugphase) zu weit vorgelegt (starke Hüftbeugung), sodass die Landung mit fast gestreckten Beinen („Po oben, Kopf unten“) erfolgt oder nicht im Stand gelingt.
- ➲ Eher selten strecken die Kinder von sich aus die Beine zu weit vor, sodass die Landung auf dem Gesäß erfolgt oder sie während der Flugphase ein Hohlkreuz zeigen. (Das ist angemessen als Weitsprungtechnik, wenn danach der Oberkörper schnellkräftig noch vorn geführt wird.)
- ➲ Der Oberkörper und vor allem die Arme werden dabei nicht zur Sprungunterstützung eingesetzt. Es findet kein schwungvolles „Hochreißen“ und abruptes „Abbremsen“ der Arme statt.
- ➲ Die Arme werden abschließend nicht parallel geführt (Tendenz zur Verdrehung).
- ➲ Der Kopf wird deutlich in den Nacken gelegt.

▷ **Häufige Probleme bei der Landung**
- ➲ Siehe vorhergehende Stundenbilder.

Didaktisch-methodische Analyse

▶ **Mediale Struktur**

▷ **Parcoursform**: Rundparcours

▷ **Aufbauplan** (siehe nächste Seite)

▶ **Übungsstruktur**

▷ **Übungsfolge und Stationsbezug**

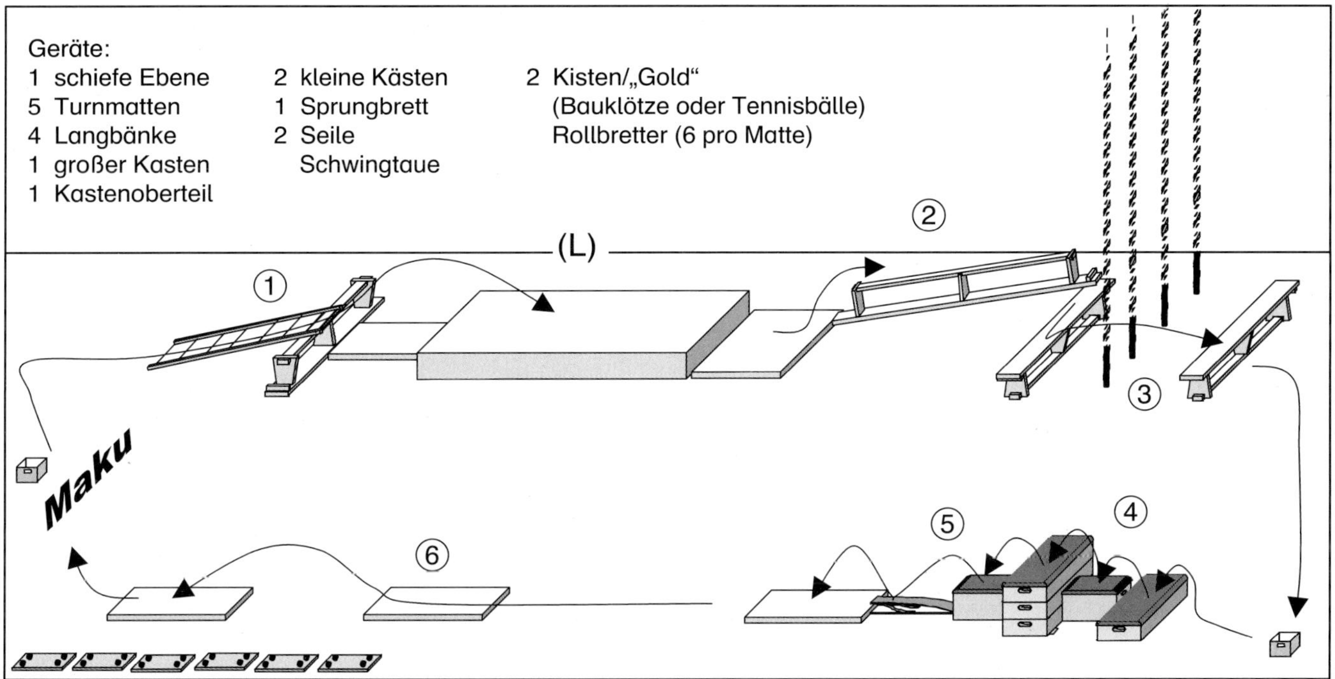

Station 1 – von der schiefen Ebene:

- Weitsprung: aus der Bewegung, dem Laufen, einbeinig, von schräger Fläche, vorwärts, weit, als ein einfacher Sprung, Landung im Stand auf nachgebender Fläche
  (Im Unterschied bzw. in Erweiterung zur Stunde 1 wird hier der Aspekt „weit“ betont und mit der dort erarbeiteten Landung kombiniert)

Station 4 – an der Kastentreppe:

- beidbeiniges Springen: aus der Ruhestellung, von ebenerdiger/erhöhter Fläche, vorwärts, hoch, ein Sprung/fortwährend, Landung im Stand auf erhöhter Fläche

Station 5 – auf das Sprungbrett und zur Matte:

- beidbeiniges Springen: aus der Ruhestellung, von erhöhter Fläche, mit Impulsunterstützung, vorwärts, weit, ein einfacher Sprung, Landung im Stand auf ebenerdiger Fläche
  (die Inhalte der vorhergehenden Stunde werden hier also wieder aufgegriffen: Übungsaspekt!)

Station 6 – von Matte zu Matte:

- aus der Bewegung, dem Laufen, einbeinig, von ebenerdiger Fläche, weit, ein einfacher Sprung, Landung im Stand, auf ebenerdiger Fläche
  (auch hier: Betonung des Aspektes weit, Kombination mit dem Aspekt Landung)

Stationen 2 und 3 – sind zusätzliche Angebote, d.h., sie liegen außerhalb des Schwerpunktes. Sie sind auch gedacht, um das „Durchsprinten“ des Parcours einzuschränken.

▷ **Häufigkeit**

6 – *n* Durchgänge

▶ **Hilfestellungen oder Sicherheitsstellungen**

▷ **Hilfestellung: einbeiniger Absprung und Flugphase**

⇨ Benennen des Bewegungsfehlers (aus der Bewegungsbeschreibung und der Fehlerbeschreibung abgeleitet). Verdeutlichung der richtigen, Lösung durch Vormachen.

⇨ Sprachliche Unterstützung des Absprungzeitpunktes „Jetzt!“ oder „Sprung!“ etc.

⇨ Handfassung: Die Lehrkraft nimmt das Kind an eine Hand. Beim Anlauf läuft sie neben dem Kind und unterstützt den Absprung, indem sie das Kind leicht am Arm emporzieht und es so durch die Flugphase zur Landung begleitet (erst nach der Landung loslassen!). Dieses Vorgehen bewirkt in der Regel, dass das Kind eine erste eigene Bewegungsvorstellung erhält oder seine „Angst“ abbaut („Super, geschafft!“).

▷ **Hilfestellung: Landung im Stand**

⇨ Siehe vorhergehende Stundenbilder.

▷ **Sicherheitsstellungen**

⇨ Eine stationsgebundene Sicherheitsstellung im eigentlichen Sinn erscheint nicht notwendig.

▶ **Methode**

▷ **Symbolspiel**: „Wir klauen den Schatz von Käpt´n Haken“

▶ **Ablaufschema**

5 Minuten	Aufbau oder Teilaufbau
5 – 10 Minuten	Freie Phase Tickspiel
5 – 10 Minuten	Erarbeitung der Symbolspielhandlung an der Makulaturwand - Handlungsziel
3 – 5 Minuten	Reisephase
3 – 5 Minuten	- Parcours/Ablauf - Fertigkeit
15 – 20 Minuten	Arbeit am Lerngegenstand

5 Minuten	Abschlussbesprechung
5 Minuten	Abbau oder Teilabbau

▶ Nähere Ausführungen zum Stundenablauf

▷ Erarbeitung des Handlungsziels für die Kinder an der Makulaturwand

- Die Lehrkraft zeichnet Bild 1 – 4.
- Die Kinder vermuten, was entsteht: Pirat.

Zur weiteren Entwicklung der Geschichte, zur Vertiefung der Bedeutungsbeimessung, zur Erweiterung der Begriffsbildung etc. können nachfolgende Fragen erörtert werden:

- „Piraten, sind das nette Menschen?“
- „Was machen Piraten?“ (Begriffe wie kapern oder entern klären.)
- Die Lehrkraft zeichnet Bild 5 – 6.
- „Das ist die Karte der Schatzinsel und hier ist der Anlegesteg.“
- „Dort, wo das Kreuz ist, befindet sich der Schatz vom Käpt´n Haken.“
- „Wir holen uns den Schatz!“
- „Wie kommen wir auf die Insel?“
- „Wir bauen uns aus den Rollbrettern und den Matten (von Station 6) ein Schiff.“
- 6 Rollbretter unter eine Turnmatte gelegt bieten Platz für ca. 8 – 10 Kinder.

▷ Reisephase

- „Alle Matrosen knien sich hin!“
- Die Kinder sitzen in einer bzw. zwei Reihen nebeneinander an der Längsseite der Matte.
- „Alle Matrosen an die Segelleine!“ Die Lehrkraft hält die Enden zweier verbundene Sprungseile und reicht den Kindern das Seil (an den Außenpositionen kräftige Kinder setzen).
- „Fertig zum Ablegen!“ Die Lehrkraft zieht die Matte mit dem Seil, sodass diese mit der Längsseite voran fährt.
- Während der Fahrt: „Auf das Kommando 'Wende!' müsst ihr die Seite wechseln. Klar zur Wende!“ Die Kinder drehen sich auf der Matte um. Das Seil müssen sie wieder vor sich bringen. Zeitgleich hat die Lehrkraft die Seite gewechselt.
- „Alle Matrosen in den Ausguck. Seht ihr schon Land? Kommt mit dem Po hoch (Kniestand). Zeitgleich stößt die Lehrkraft die Matte ein wenig mit dem Fuß an, sodass die Kinder den Bewegungsimpuls ausgleichen müssen (mehrfach wiederholen).
- „Dort sehe ich schon den Anlegesteg.“ (die Ausgangsposition).
- „Wir treffen uns vor der Schatzkarte.“
- Die Lehrkraft stellt die Rollbretter zur Seite und baut die Station 6 wieder auf.

▷ Erarbeitung des Parcours anhand der Makul aturwand

- „Wir haben Glück, die Insel ist leer, kein Pirat in Sicht.“ (Der Steg ist leer, der Pirat ist auf Kaperfahrt.)
- Die Lehrkraft zeichnet den Weg zum Schatz auf der Schatzkarte ein und lässt die Beziehung Zeichnung-Aufbau herstellen.

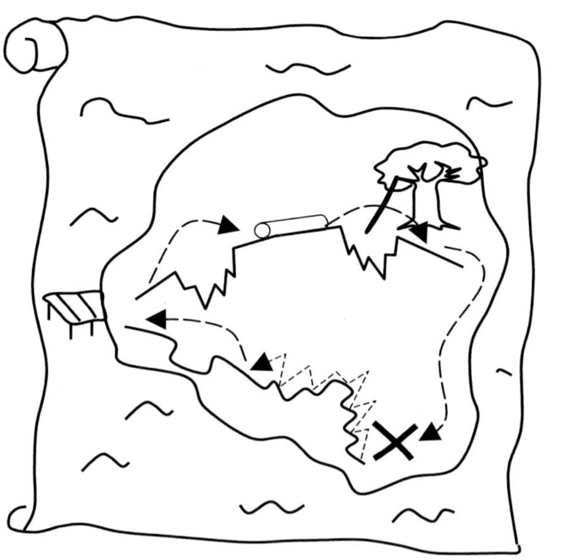

▷ Erarbeitung der Fertigkeit

- „Die Gräben sind breit. Wir müssen weit springen! Nehmt genug Anlauf.“
- „Holt immer nur einen Goldklumpen und bringt ihn zu unserer Kiste.“

- Die Lehrkraft bezieht zunächst Position an Station 1. Hier wirkt sie auf einen weiten Sprung und eine angemessene Landung der Kinder hin, indem sie ihnen direkte Rückmeldungen gibt.
- Später wechselt sie zur Station 6 und verfährt dort ebenso.

▷ **Abschlussbesprechung**

- Nach der Würdigung des Schatzeinsammelns: „Hilfe, unser Schiff ist weg! Wer hat vergessen, das Schiff am Steg anzubinden? Es ist abgetrieben. Wir müssen hier bleiben und uns ein neues Schiff bauen (in der nächsten Stunde)."

8.4.5 „Wir bauen uns ein neues Schiff"

Diagnostisch-didaktische Analyse

▶ **Handlungsstrukturanalyse zur dynamischen Gesamtkörperkoordination: Springen**

Diese Analyse ist die Basis aller weiteren Vertiefungen. Aus ihr werden abgeleitet:

▶ **Lern- und Entwicklungsziel**

Die Kinder sollen das Springen
- aus der Bewegung, dem Laufen
- einbeinig, mit freigestelltem Bein
- von unterschiedlichen Flächen
- vorwärts
- weit-hoch
- als einfachen Sprung
- ein Sprung
- Landung im Stand
- auf unterschiedliche Flächen
- ohne Zielbezug

üben und die Fertigkeit automatisieren.

(Im Unterschied zur vorhergehenden Stunde wird somit eine Erweiterung lediglich bezogen auf den Aspekt weit-hoch vorgenommen.)

▶ **Bewegungsbeschreibung**

▷ **Weit-Hochsprung**

Die Ausführung eines Sprunges in der Dimension weit-hoch unterscheidet sich nicht grundsätzlich von einem einfachen Sprung, wie er im vorhergehenden Stundenbild unter „Einbeiniger Absprung und Flugphase" beschrieben worden ist. Durch den Aspekt Höhe muss beim Absprung die Absprungrichtung schräg-oben-vorwärts betont werden.

▶ **Häufige Probleme beim Springen**

▷ **Häufige Probleme beim einbeinigen Absprung**

▷ **Häufige Probleme bei der Landung**

➲ Siehe die vorhergehenden Stundenbilder.

Didaktisch-methodische Analyse

▶ **Mediale Struktur**

▷ **Parcoursform**: Rundparcours

▷ **Aufbauplan**

▶ **Übungsstruktur**

▷ **Übungsfolge und Stationsbezug**

Station 1 – von der schiefen Ebene:
- Weit-Hochsprung: aus der Bewegung, dem Laufen, einbeinig, von schräger Fläche, vorwärts, als ein einfacher Sprung, Landung im Stand, auf nachgebender Fläche

Station 2 und 4:
- Weit-Hochsprung: aus der Bewegung, dem Laufen, einbeinig, von ebenerdiger Fläche, vorwärts, ein einfacher Sprung, Landung im Stand, auf ebenerdiger Fläche

Station 5:
- Weit-Hochsprung: aus der Bewegung, dem Laufen, einbeinig, von ebenerdiger Fläche, vorwärts, ein einfacher Sprung, Landung im Stand, auf nachgebender Fläche

Station 3 ist ein zusätzliches Angebot, d.h., sie liegt außerhalb des Schwerpunktes. Sie ist auch dazu gedacht, das „Durchsprinten" des Parcours einzuschränken.

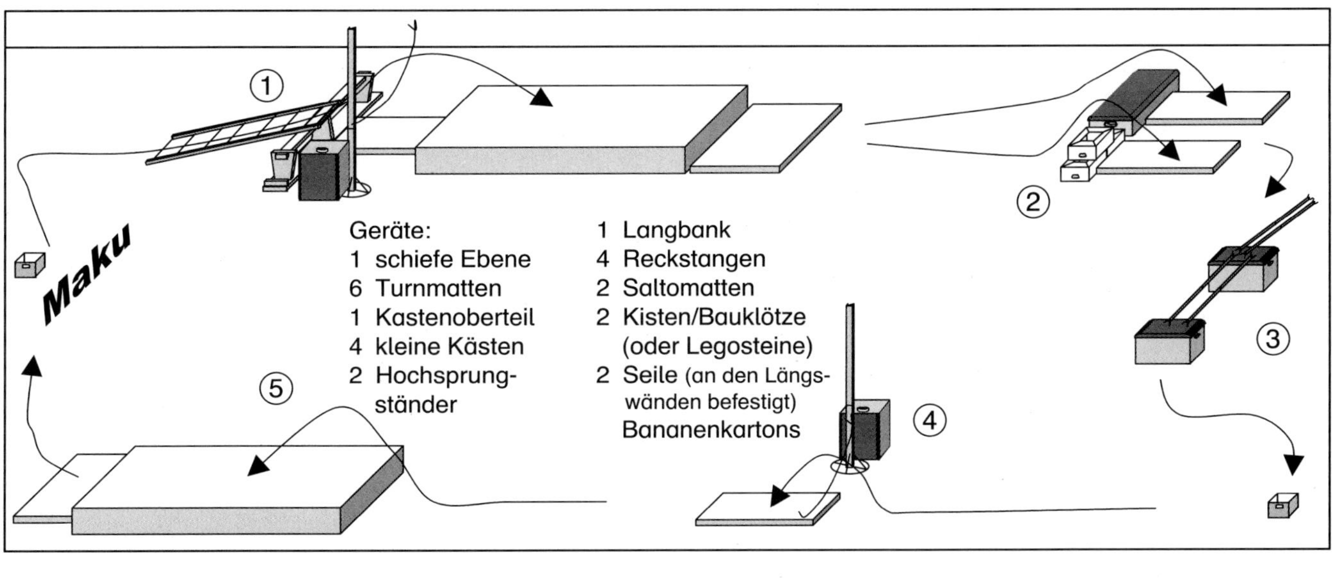

▷ **Häufigkeit**
6 – *n* Durchgänge

▶ **Hilfestellungen oder Sicherheitsstellungen**

▷ **Hilfestellung: einbeiniger Absprung und Flugphase**

▷ **Hilfestellung: Landung im Stand**

⇨ Siehe vorhergehende Stundenbilder.

▷ **Sicherheitsstellungen**

⇨ Eine stationsgebundene Sicherheitsstellung im eigentlichen Sinne erscheint nicht notwendig.

▶ **Methode**

▷ **Symbolspiel**: „Wir bauen uns ein neues Schiff“

▶ **Ablaufschema**

5 Minuten	Aufbau oder Teilaufbau
5 – 10 Minuten	Freie Phase Tickspiel
5 – 10 Minuten	Erarbeitung der Symbolspielhandlung an der Makulaturwand - Handlungsziel - Fertigkeit - Parcours/Ablauf
15 – 20 Minuten	Arbeit am Lerngegenstand
5 Minuten	Abschlussbesprechung
5 Minuten	Abbau oder Teilabbau

▶ **Nähere Ausführungen zum Stundenablauf**

▷ **Erarbeitung des Handlungsziels für die Kinder an der Makulaturwand**

- Die Lehrkraft zeichnet Bild 1 – 6.
- Die Kinder vermuten, was entsteht: Schiff, Werft, Dock.
- „Unser Schiff ist in der letzten Stunde abgetrieben, wir müssen uns ein neues Schiff bauen.“
- „Auf einer Werft werden Schiffe gebaut. Wie wird das gemacht? Wozu ist das Dock? Wozu sind diese Stützen? Wie kommt das fertige Schiff in das Wasser?“
- „Unsere Werft ist hier.“ Die Lehrkraft legt einen Gymnastikreifen auf den Boden.
- „Aus welchem Material werden Schiffe gebaut?“

- Variante 1: Aus Holz → Bauklötze
- Variante 2: Aus Kunststoff → Legosteine.

- „Wir haben Glück. Die Piraten haben ein großes Lager, dort finden wir das Baumaterial.“

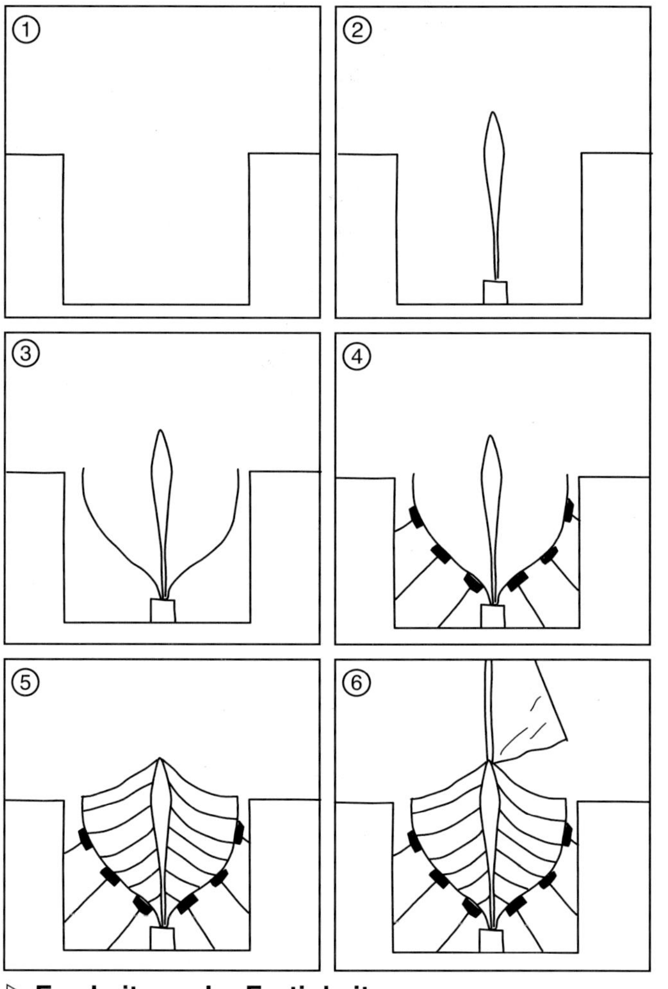

▷ **Erarbeitung der Fertigkeit**

- „Auf der Insel müssen wir wieder über Gräben und Zäune springen.“
- „Springt mit einem Bein ab und landet mit beiden Beinen.“
- „Wer zeigt noch einmal die richtige Landung?“
- „Kopf oben, Po unten.“

▷ **Erarbeitung des Parcours**

Ein Abgehen des Parcours oder Erklärungen zu den einzelnen Stationen erübrigen sich. Folglich:

- „Holt einen Baustein und bringt ihn zur Werft. Dort baut ihr jedesmal das Schiff weiter.“
- „Hier (Station 1) geht es los.“

Gegebenenfalls Erholungspausen einplanen.

▷ **Abschlussbesprechung**

- „Wie findet ihr unser Schiff?“
- „In der nächsten Stunde können wir endlich nach Hause fahren.“
- „Gut, dass Käpt´n Haken noch nicht gekommen ist ...“

8.4.6 „Wir besorgen uns Proviant“

Diagnostisch-didaktische Analyse

▶ Handlungsstrukturanalyse zur dynamischen Gesamtkörperkoordination: Springen

Diese Analyse ist die Basis aller weiteren Vertiefungen. Aus ihr werden abgeleitet:

▶ Lern- und Entwicklungsziel

Die Kinder sollen das Springen
- aus der Bewegung, dem Laufen
- einbeinig, mit freigestelltem Bein
- von ebenerdiger Fläche
- vorwärts
- hoch und hoch-weit
- als einfachen Sprung
- ein Sprung
- Landung im Stand
- auf unterschiedliche Flächen
- ohne Zielbezug

üben und die Fertigkeit automatisieren.

(Im Unterschied zur vorhergehenden Stunde wird somit eine Erweiterung lediglich bezogen auf den Aspekt weit-hoch vorgenommen.)

▶ Bewegungsbeschreibung

▷ Hochsprung und Hoch-Weitsprung

Die Ausführung eines Hochsprunges oder Hoch-Weitsprunges als einfacher Sprung unterscheidet sich nicht grundsätzlich von der in den vorhergehenden Stundenbildern beschriebenen (im Gegensatz zur Hochsprungtechnik).

Durch die Anforderung „Höhe“ müssen alle Bewegungsanteile betont werden, die diesen Aspekt fördern. In der Kombination mit einem Anlauf (gerade, nach vorn gerichteter Bewegungsimpuls) wird beim Absprung der letzte Schritt als so genannter Stemmschritt deutlicher als beim Weitsprung ausgeführt. Der Stemmschritt beim Hochsprung (Hoch-Weitsprung) ist in der Tendenz eher nach oben-rückwärts gerichtet (Weitsprung: nach oben-schräg-vorne).

▶ Häufige Probleme beim Springen

▷ Häufige Probleme beim einbeinigen Absprung

▷ Häufige Probleme bei der Landung

➲ Siehe die vorhergehenden Stundenbilder.

▶ Mediale Struktur

▷ Parcoursform: Parcours mit getrenntem Hin- und Rückweg

▷ Aufbauplan

▶ Übungsstruktur

▷ Übungsfolge und Stationsbezug

Station 1 – auf die Saltomatte:
- Hoch-Weitsprung: aus der Bewegung, dem Laufen, einbeinig, von ebenerdiger Fläche, vorwärts, als ein einfacher Sprung, Landung im Stand auf erhöhter, nachgebender Fläche

Station 2 – auf den großen Kasten:
- Hochsprung: aus der Bewegung, dem Laufen, einbeinig, von ebenerdiger Fläche, vorwärts, ein einfacher Sprung, Landung im Stand auf erhöhter Fläche

Station 3 – auf die schräg gestellte Saltomatte:
- Hoch-Weitsprung: aus der Bewegung, dem Laufen, einbeinig, von ebenerdiger Fläche, vorwärts, ein einfacher Sprung, Landung im Stand, auf schräger, nachgebender Fläche (die Kinder sollen versuchen, möglichst hoch zu springen und damit weit auf der Matte zu landen)

Station 4 – auf den Mattenberg:
- Hochsprung: aus der Bewegung, dem Laufen, einbeinig, von ebenerdiger Fläche, vorwärts, ein einfacher Sprung, Landung im Stand auf erhöhter Fläche

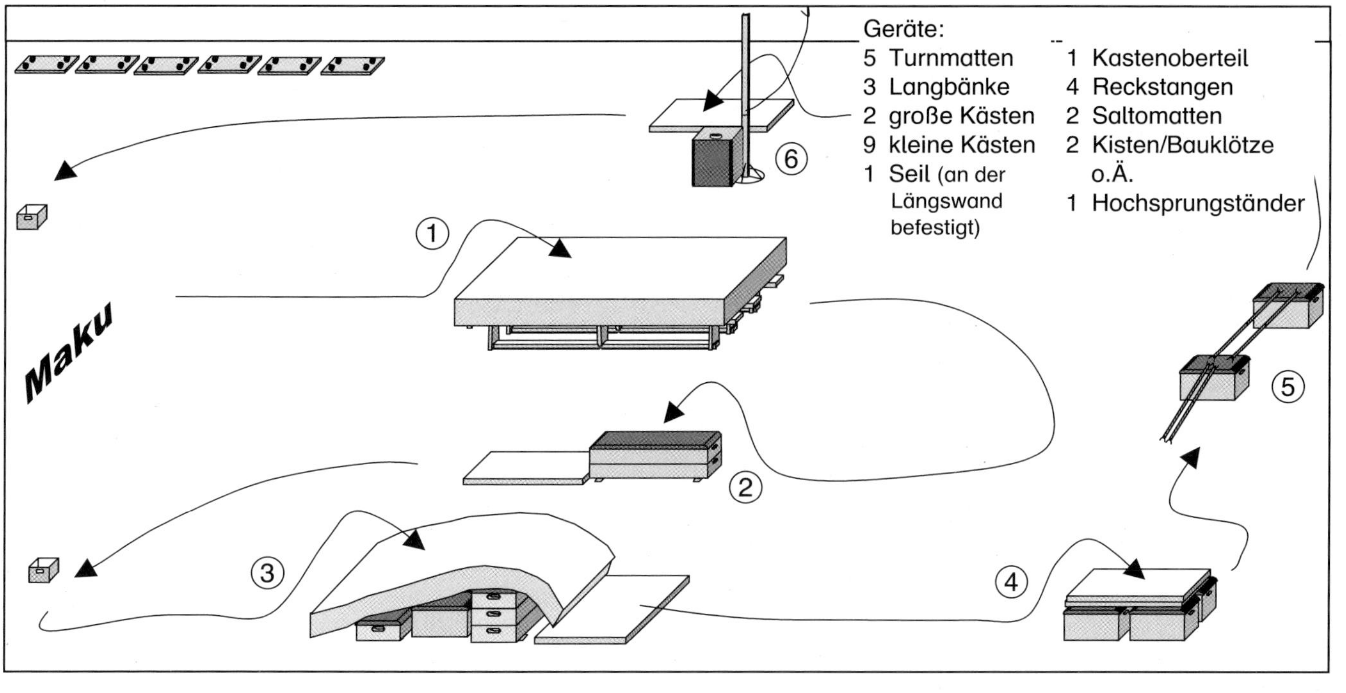

Station 5 ist ein zusätzliches Angebot, d.h., es liegt außerhalb des Lernziels „Springen“. Es ist auch gedacht, um das „Durchsprinten“ des Parcours einzuschränken.
Station 6 – über das Seil:
- Hoch-Weitsprung: aus der Bewegung, dem Laufen, einbeinig, von ebenerdiger Fläche, vorwärts, ein einfacher Sprung, Landung im Stand auf erhöhter Fläche (im Unterschied zum vorhergehenden Stundenbild wird das Seil nun höher gehängt, dadurch verschiebt sich der Akzent von weit-hoch zu hoch-weit)

▷ **Häufigkeit**
6 – *n* Durchgänge

▶ **Hilfestellungen oder Sicherheitsstellungen**
▷ **Hilfestellung: einbeiniger Absprung und Flugphase**
▷ **Hilfestellung: Landung im Stand**
⇨ Siehe vorhergehende Stundenbilder.

▷ **Sicherheitsstellungen**
⇨ Eine stationsgebundene Sicherheitsstellung im eigentlichen Sinne erscheint nicht notwendig.

▶ **Methode**
▷ **Symbolspiel**: „Wir besorgen uns Proviant“

▶ **Ablaufschema**

5 Minuten	Aufbau oder Teilaufbau
5 – 10 Minuten	Freie Phase Tickspiel
5 – 10 Minuten	Erarbeitung der Symbolspielhandlung an der Makulaturwand - Handlungsziel - Fertigkeit - Parcours/Ablauf
15 – 20 Minuten	Arbeit am Lerngegenstand
5 Minuten	Reisephase
5 Minuten	Abschlussbesprechung
5 Minuten	Abbau oder Teilabbau

▶ **Nähere Ausführungen zum Stundenablauf**
▷ **Erarbeitung des Handlungsziels für die Kinder an der Makulaturwand**
- Die Lehrkraft zeichnet Bild 1 – 6.
- Die Kinder vermuten, was entsteht: Küche und Koch.

Zur weiteren Entwicklung der Geschichte, zur Vertiefung der Bedeutungsbeimessung, zur Erweiterung der Begriffsbildung etc. können nachfolgende Fragen erörtert werden:
- „Wer weiß, wie die Küche auf einem Schiff genannt wird?“
- „Wer weiß, wie ein Koch auf einem Schiff genannt wird?“
- „Der Smutje in seiner Kombüse sieht gar nicht glücklich aus.“
- „Wir können gar nicht mit unserem Schiff die Insel verlassen. Wir haben kein Proviant.“
(Begriff „Proviant“ klären.)

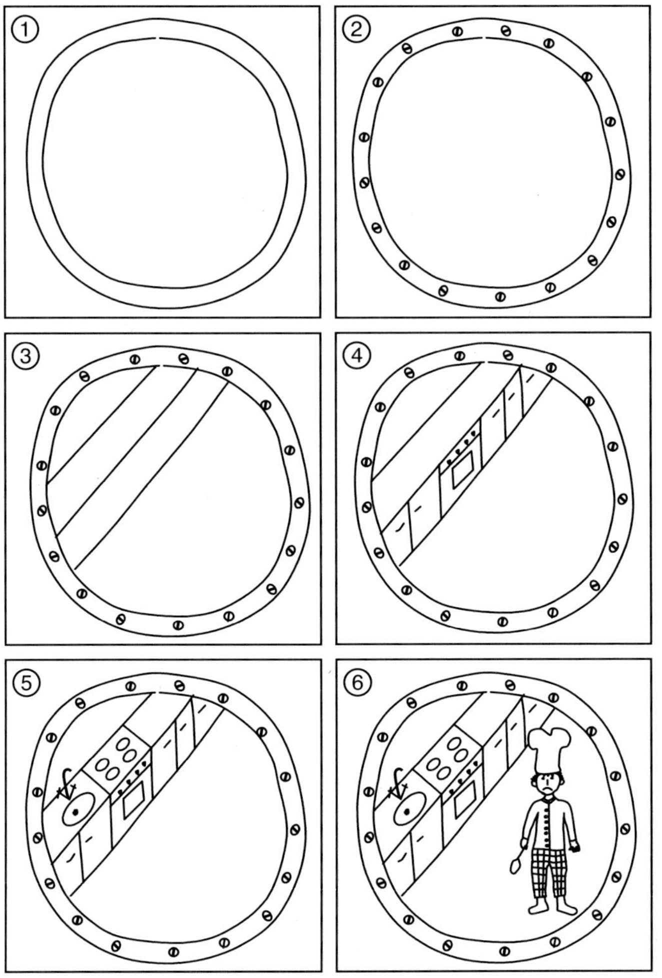

▷ **Erarbeitung der Fertigkeit**
- „Um zum Lebensmittellager der Piraten zu kommen, müssen wir auf viele kleine Berge springen.“
- „Dreht euch einmal um, bleibt aber sitzen.“
- „Hier ist der erste Berg“ (Station 1). „Wer zeigt uns, wie man mit einem Bein abspringt und mit beiden Beinen landet?“
- Die Lehrkraft lässt einzelne Kinder die Übung demonstrieren. Sie korrigiert und erarbeitet die Kriterien von Absprung und Landung.

▷ **Erarbeitung des Parcours**
- „Ich zeige euch den Weg. Kommt mit.“
- Die Lehrkraft springt voran.
- „Hier ist das Lebensmittellager der Piraten. Nehmt einen Karton (Baustein) und bringt ihn zu unserem Treffpunkt.
- „Hier beginnt der Rückweg (Station 3). Springt auf den Berg, so hoch ihr könnt.“
- Die Lehrkraft wählt eine Station aus (z.B. mit Station 3 beginnen). Sie begutachtet die Ausführung der Hoch-Weitsprünge und die Landungen und korrigiert bzw. hilft im Sinne des Lernziels.

Nach zwei Durchgängen könnte sie zur Station 1 wechseln.

▷ **Reisephase**

Gegen Ende der Stunde fahren die Kinder wie im vierten Stundenbild beschrieben mit dem Schatz und dem Proviant wieder „nach Hause“.

8.4.7 „Hochwasser in unserer Stadt“

Diagnostisch-didaktische Analyse

▶ **Handlungsstrukturanalyse zur dynamischen Gesamtkörperkoordination: Springen**

Diese Analyse ist die Basis aller weiteren Vertiefungen. Aus ihr werden abgeleitet:

▶ **Lern- und Entwicklungsziel**

Die Kinder sollen das Springen

- aus der Bewegung, dem Gehen (1 Schritt), dem Laufen
- einbeinig, mit freigestelltem Bein
- von erhöhter Fläche
- vorwärts
- weit
- als einfacher Sprung
- ein Sprung
- Landung im Stand
- auf unterschiedlichen Flächen
- ohne Zielbezug

üben und die Fertigkeit automatisieren.

▶ **Bewegungsbeschreibung**

▷ **Hochsprung und Weitsprung**

▷ **Landung im Stand**

Siehe die vorhergehenden Stundenbilder.

Durch den Aspekt „Höhe“ nimmt die Komponente „Sicherheitsbedürfnis“ bzw. „Angst“ Einfluss auf das Sprungverhalten der Kinder. In der Regel gewinnen sie durch einfache Hilfestellung (s.u.) schnell an Sicherheit.

▶ **Häufige Probleme beim Springen**

▷ **Häufige Probleme beim einbeinigen Absprung**

▷ **Häufige Probleme bei der Landung**

➲ Siehe die vorhergehenden Stundenbilder.

Didaktisch-methodische Analyse

▶ **Mediale Struktur**

▷ **Parcoursform**: Rundparcours

▷ **Aufbauplan**

▶ **Übungsstruktur**

▷ **Übungsfolge und Stationsbezug**

Die Abstände zwischen den Flächen (Geräten) sind dem Sprungvermögen der Kinder anzupassen. Im Verlauf der Stunde können einzelne Abstände vergrößert werden.

Station 1 – von Kasten zu Kasten:

- Weitsprung: aus der Bewegung, dem Gehen, einbeinig, von erhöhter Fläche, vorwärts, als ein einfacher Sprung, Landung im Stand, auf erhöhter Fläche

Station 2 – von Kasten zu Kasten:

- Weitsprung: aus der Bewegung, dem Gehen, einbeinig, von erhöhter Fläche, vorwärts, weitherunter, als ein einfacher Sprung, Landung im Stand auf erhöhter Fläche

Station 3 – von Kasten zu Kasten:

- Weitsprung: aus der Bewegung, dem Gehen, einbeinig, von erhöhter Fläche, vorwärts, weithoch, als ein einfacher Sprung, Landung im Stand auf erhöhter Fläche

Station 4, 5, 6, 7, 8:

- Weitsprung: aus der Bewegung, dem Gehen, einbeinig, von erhöhter Fläche, vorwärts, als ein einfacher Sprung, Landung im Stand auf erhöhter Fläche

Station 9 – von Bank zu Bank / Station 10 – vom kleinem Kasten auf die Saltomatte:

- Weitsprung: aus der Bewegung, dem Laufen,

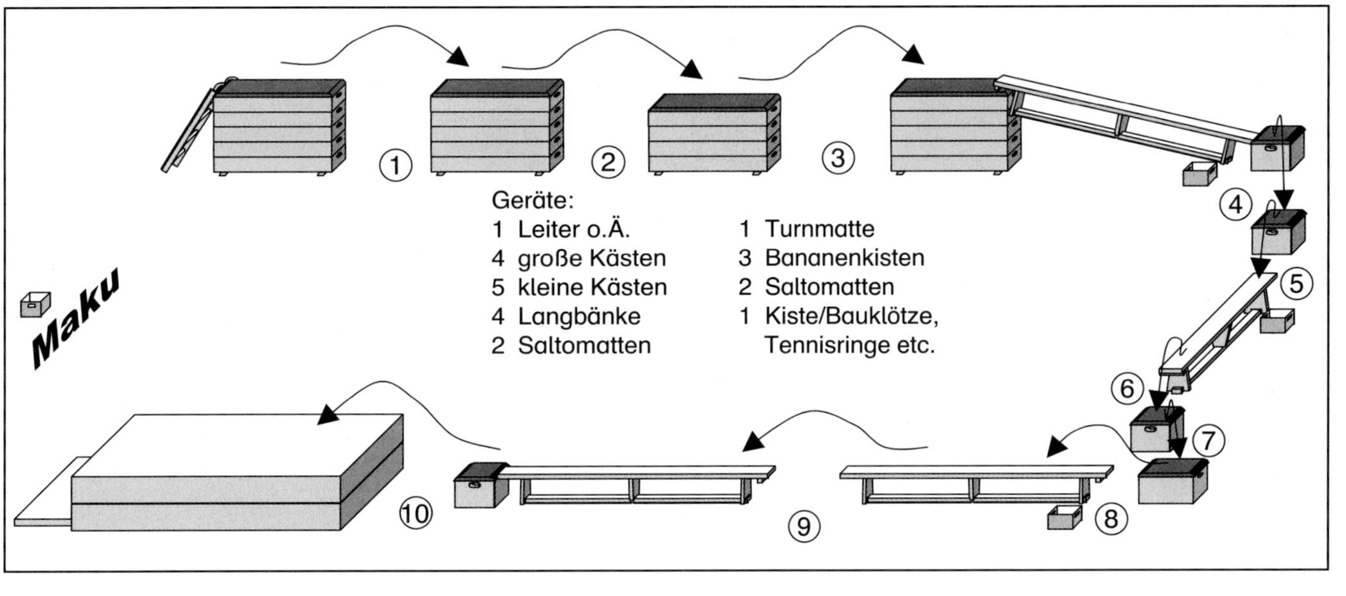

einbeinig, von erhöhter Fläche, vorwärts, als ein einfacher Sprung, Landung im Stand auf erhöhter Fläche

▷ **Häufigkeit**

6 – *n* Durchgänge

▶ **Hilfestellungen oder Sicherheitsstellungen**

▷ **Hilfestellung: einbeiniger Absprung und Flugphase**

▷ **Hilfestellung: Landung im Stand**

⇨ Siehe vorhergehende Stundenbilder.

⇨ In der Regel reicht eine seitliche, einhändige Handfassung zur Unterstützung.

▷ **Sicherheitsstellungen**

⇨ Eine stationsgebundene Sicherheitsstellung erscheint erforderlich bei den Stationen 1, 2 und 3. In einem ersten Durchgang bzw. in der freien Phase sollte die Lehrkraft in jedem Fall an diesen Stationen präsent sein. Sie kann so erkennen, welche Kinder die Aufgabe ohne Probleme bewältigen und welche Kinder unsichere Lösungen zeigen und folglich eine Hilfestellung oder Sicherheitsstellung benötigen.

⇨ Die Station 3 ist von der Anforderung her als am schwierigsten einzuschätzen (weit-hoch).

⇨ **Hinweis zum Aufbau**: Soll von einem kleinen Kasten, einer Langbank, einem großen Kasten usw. auf einen anderen kleinen Kasten oder auf eine Langbank gesprungen werden, so ist die Impulsrichtung zu berücksichtigen. Besonders beim Absprung, teilweise aber auch bei der Landung (z.B. beim Springen von einem großen Kasten), kann der Bewegungsimpuls zum Umkippen des Gerätes führen (Verletzungsgefahr!). Deshalb:

- Kleine Kästen mit der langen Seite in Impulsrichtung aufbauen.
- Langbänke so aufstellen, dass ein schrägseitliches Ab- oder Aufspringen vermieden wird.

▶ **Methode**

▷ **Symbolspiel**: „Hochwasser in unserer Stadt."

▶ **Ablaufschema**

5 Minuten	Aufbau oder Teilaufbau
5 – 10 Minuten	Freie Phase Tickspiel
5 – 10 Minuten	Erarbeitung der Symbolspielhandlung an der Makulaturwand - Handlungsziel - Fertigkeit - Parcours/Ablauf
15 – 20 Minuten	Arbeit am Lerngegenstand
5 Minuten	Abschlussbesprechung
5 Minuten	Abbau oder Teilabbau

▶ **Nähere Ausführungen zum Stundenablauf**

▷ **Erarbeitung des Handlungsziels für die Kinder an der Makulaturwand**

- Die Lehrkraft zeichnet Bild 1 – 6.
- Die Kinder vermuten, was entsteht: Stadt, Bürgersteig, Straße, Fluss, Hochwasser, Stege.

Zur weiteren Entwicklung der Geschichte, zur Vertiefung der Bedeutungsbeimessung, zur Erweiterung der Begriffsbildung etc. können nachfolgende Fragen erörtert werden:

- „Es hat tagelang geregnet. Der Fluss ist über die Ufer getreten. Was heißt: über die Ufer getreten?"
- „Die Feuerwehr hat Stege gebaut."
- „Warum wohl?" („Können die Menschen jetzt einkaufen gehen?")
- „Die Feuerwehr braucht Helfer, die Lebensmittel verteilen."

▷ **Erarbeitung der Fertigkeit**

- „Leider hatte die Feuerwehr nicht genug Stege, sodass hier immer Lücken zwischen den Stegen sind."
- „Wir müssen von Steg zu Steg springen."
- „Du nimmst einen Schritt Anlauf, springst mit einem Bein ab und landest mit beiden Beinen."
- „Steht auf. Das wollen wir lieber noch einmal hier am Boden üben, bevor jemand in das Wasser fällt."

- Mehrfache Demonstration und Übung des einbeinigen Absprungs aus dem Schritt (Gehen) und der beidbeinige Landung.

▷ **Erarbeitung des Parcours**

- „Hier sind die Lebensmittel" (Tennisringe, Bauklötze, „Reissäckchen" etc.).
- „Nehmt immer nur ein Teil und bringt sie zu einem der Häuser (den Bananenkartons)."
- „Hier (Station 1) geht es los."
- „Vorsicht, dass niemand in das Wasser fällt!"

Abschließende Bemerkungen zur Einheit

An dieser Stelle möchten wir nochmals den exemplarischen Charakter der Stundenbilder hervorheben.

Einerseits haben wir versucht, die einzelnen Stundenbilder weitgehend komplett anzubieten. Die Hinweise darauf, diese komplexen Stunden zum Weitspringen, Niederspringen etc. gegebenenfalls in mehrere Einzelstunden aufzulösen, sind an den entsprechenden Stellen erfolgt.

Andererseits versammelt die Einheit nur Stunden zum so genannten „einfachen Sprung" (eine Ausnahme bietet das achte Stundenbild). Die Bewegungsrichtung ist durchgängig „vorwärts".
Hieraus ergibt sich, dass eine Vielzahl weiterer Stundenbilder entwickelt werden kann, die neben dem „einfachen Sprung" die anderen in der Handlungsstrukturanalyse angegebenen Sprungarten thematisiert oder die Bewegungsrichtung variiert. Wir hoffen insofern, dass die hier vorgestellte exemplarische Vorgehensweise zur Entwicklung eigener Stunden anregt.

9. Literatur und Quellen

Affolter, F.:	Wahrnehmung, Wirklichkeit und Sprache, Villingen-Schwenningen 1987
Ayres, A. J.:	Bausteine der kindlichen Entwicklung, Berlin – Heidelberg – New York 1984
Brandt, R.:	Kindliche Störungsgenese und Frühförderung, Köln 1983
Doering, W. u. W.:	Sensorische Integration, Dortmund 1990
Hacker, W.:	Allgemeine Arbeits- und Ingenieurpsychologie, Berlin 1973
Jantzen, W.:	Grundriss einer allgemeinen Psychopathologie und Psychotherapie, Köln 1979
Jantzen, W.:	Menschliche Entwicklung, allgemeine Therapie und allgemeine Pädagogik, Solms-Oberbiel 1980
Luria, A. R.:	Das Gehirn in Aktion, Reinbek 1992
Milz, I.:	Neuropsychologie für Pädagogen, Dortmund 1998
Oesterreich, R.:	Handlungsregulation und Kontrolle, München – Wien – Baltimore 1981
Piaget, J.:	Nachahmung, Spiel und Traum, Stuttgart 1975
Rix, A.:	Den Stift im Griff, Horneburg 2000
Schulke-Vandre, J.:	Grundlagen der psychomotorischen Erziehung, Köln 1982
Volpert, W.:	Handlungsstrukturanalyse, Köln 1983
Zieger, A.:	Neurophysiologische und neuropsychologische Grundlagen des menschlichen Gehirns, Oldenburg 1990

Quellen

Seite 6:	„Lenins Hirn" von Tilman Spengler, Rowohlt Verlag, Reinbek 1997, S. 31–32.
Seite 8:	„Verbrechen und Strafe" von Fjodor Dostojewskij, Fischer Taschenbuch Verlag, Frankfurt am Main 1996, S. 573.
Seite 18:	„Grammatik einer Abreise" von Peter Bichsel, in: Der Busant. Suhrkamp Verlag, Frankfurt am Main 1998, S. 95–98.
Seite 20:	„Körperhaltung" von Ludwig Harig, in: Wie kommt Leopold Bloom auf die Bleibtreustraße? Literarisches Colloquium Berlin/Berliner Künstlerprogramm des DAAD 1975, S. 18–19
Seite 23:	„Lenins Hirn" von Tilman Spengler, Rowohlt Verlag, Reinbek 1997, S. 62–63.
Seite 31:	„Hundsnächte" von Reinhard Jirgl, Hanser Verlag, München 1997, S. 231–232.
Seite 33:	„Flugasche" von Monika Maron, Fischer Taschenbuch Verlag, Frankfurt am Main 1990, S. 224.

10. Anhang

Im Anhang finden Sie die im Text vorgestellten Strukturen und Medien als Kopiervorlagen.

HANDLUNGSREGULATIONSMODELL

senso-motorische Repräsentationen	ikonisch-symbolische Repräsentationen	begrifflich-sprachliche Repräsentationen

Handlungsregulationssystem für **SENSORIK**	Handlungsregulationssystem für **MOTORIK**

seriale Integration/Koordination

intermodale Integration/Koordination

intramodale Integration/Koordination

visuelle Integration	Sehnerv		statische/dynamische Gesamtkörperkoordination
akustisch-vibratorische Integration	Hörnerv		statische/dynamische Teilkörperkoordination
oral-nasale Integration	Geschmacks-/Geruchsnerv		
taktil-kinästhetische Integration	Hinter-/Vorderseiten-strangbahn	pyramidal-motorische Regulation	willkürliche Bewegungen
		extrapyramidal-motorische Regulation	unwillkürliche Bewegungen
vestibuläre Integration	Kleinhirnbahn	cerebellar-motorische Regulation	vestibuläre Koordination - Gleichgewichtsreaktionen - Stützreaktionen - Stellreaktionen - tonische Reaktionen - assoziierte Reaktionen
		polysynaptisch-motorische Regulation	Fremdreflex
		monosynaptisch-motorische Regulation	Eigenreflex

Handlungsregulationssystem für **EMOTION**

Handlungsregulationssystem für **AKTIVATION**

„Der Schlosstest“

Statische und dynamische Gesamtkörperkoordination

Datum: ______________________ **Adresse:** ______________________

Vorname: ______________________ ______________________

Name: ______________________ **Telefon:** ______________________

Geb.: ______________________ **Schule/Klasse:** ______________________

Aufbauplan:

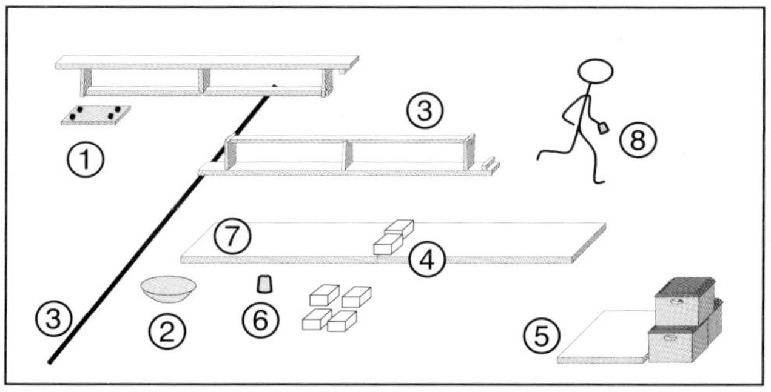

Ergebnis in Kurzform:

Kriterien zur Beschreibung des Lern- und Entwicklungsprofils			
Welchen aktivationalen Eindruck hinterlässt das Kind?			
wach		müde	
konzentriert		unkonzentriert	
angemessen (Tonus)		schlaff/verspannt (Tonus)	
aktiv		hypo-/hyperaktiv	
Welchen emotionalen Eindruck hinterlässt das Kind?			
interessiert/motiviert		desinteressiert	
anstrengungsbereit		nicht anstrengungsbereit	
frustrationstolerant		gering frustrationstolerant	
angstfrei		ängstlich	
selbstbewusst		gehemmt/hemmungslos	
ausgeglichen		aggressiv/regressiv	
Welche sensorischen Leistungen zeigt das Kind?			
in der vestibulären Integration			
in der taktil-kinästhetischen Integration			
in der oral-nasalen Integration			
in der akustisch-vibratorischen Integration			
in der visuellen Integration			
Welche motorischen Leistungen zeigt das Kind?			
in der statischen Gesamtkörperkoordination			
in der dynamischen Gesamtkörperkoordination			
in der statischen Teilkörperkoordination			
in der dynamischen Teilkörperkoordination			
Welche sprachlich-intellektuellen Leistungen zeigt das Kind?			
Es versteht die Aufgabenstellungen auf		Es zeigt Verständnisschwierigkeiten auf	
- begrifflich-sprachlicher		- begrifflich-sprachlicher	
- ikonisch-symbolischer		- ikonisch-symbolischer	
- senso-motorischer Ebene		- senso-motorischer Ebene	
Es löst entsprechend der Aufgabenstellungen		Es deutet Aufgabenstellungen um (Vereinfachung, Erschwerung)	
hohe Merkfähigkeit		geringe Merkfähigkeit	
Es kann sich einschätzen		Es über-/unterfordert sich	

Strukturanalyse zur qualitativen Beurteilung der GESAMTKÖRPERKOORDINATION				
Bewegungsaspekte	**entwicklungskonforme**	**X**	**entwicklungserschwerende**	**X**
Muskeltonus	ausgeglichen		verspannt (hyperton)	
			schlaff (hypoton)	
			wechselhaft (dyston)	
assoziierte Reaktionen	integriert		Grimassieren	
			Zungenmitbewegungen	
			Speichelfluss	
			Fingerverkrampfungen	
			Armmitbewegungen	
			Zehenkrallen	
			Überstreckungsmuster	
			Beugemuster	
			Verdrehungsmuster	
			Kreuz-, Spreizmuster	
tonische Reaktionen	integriert		Moro-Reaktion	
			STNR	
			ATNR	
Stellreaktionen	nach vorne		Kopf in Mittelstellung	
	nach hinten		Kopf in Bewegungsrichtung	
	zur Seite		keine Kopfkontrolle	
Stützreaktionen	nach vorne		überhastet/steif	
	nach hinten		verlangsamt/kraftlos	
	zur Seite		fehlende Stützreaktionen	
Gleichgewichtsreaktionen	nach vorne		überhastet/steif	
	nach hinten		verlangsamt/kraftlos	
	zur Seite		fehlende GR	
Steuerung	interozeptiv		vorwiegend exterozeptiv	

Automatisierungsgrad	
Spalte 1	Spalte 2
Handlungen mit ▶ personalisierter Unterstützung ▶ materialisierter Unterstützung	▶ eigenständige Handlungen ▶ Simultanhandlungen

Name: **Datum:** **Protokollbogen: „Der Schlosstest“**

1. Statische Gesamtkörperkoordination: sich im Schneidersitz/im Kniesitz auf dem Rollbrett halten

Aufgabenstellung	Spielhandlung	Beobachtungsschwerpunkte									Freie Beschreibung
Die Lehrkraft (●) bewegt das Rollbrett (▭) mit dem Kind (○) in allen Bewegungsrichtungen (→).	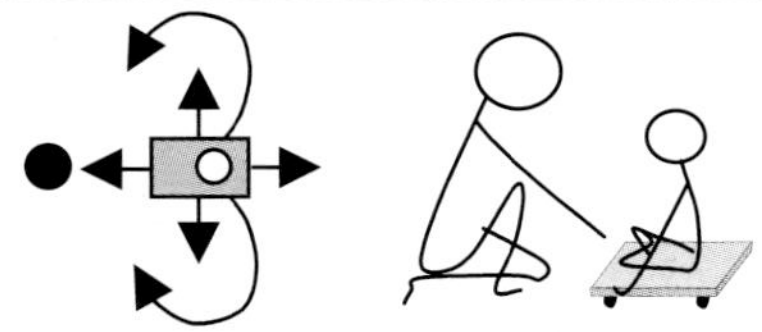	**Stell-reaktionen**			**Stütz-reaktionen**			**Gleich gewichts-reaktionen**			
		Kopf leitet die Gegenrotation ein	Kopf wird in der Mittelposition fixiert	Kopf wird in Bewegungsrichtung geführt	angemessen	stützt mit geringer Kraft	überhastet oder verlangsamt	angemessen	deutlich erhöht überhastet – verlangsamt	Gleichgewichtsverlust	
1. Im Schneidersitz mit Halten am Rollbrett	„König/Königin XY, steige in deine Kutsche!“ „Kannst du dich in den Schneidersitz setzen?“ „Halte dich an der Kutsche fest.“										
2. Im Schneidersitz mit Halten an den Knien	„Kannst du dich auch an deinen Knien fest-halten?“										
3. Im Schneidersitz mit verschränkten Armen vor der Brust	„Manchmal hat der König/die Königin schlechte Laune. Dann macht der König/die Königin so.“ (Die Lehrkraft verschränkt die Arme vor der Brust.) „Spiel du einmal den schlecht gelaunten König/die schlecht gelaunte Königin.“										
4. Im Kniesitz mit Halten am Rollbrett	„Jetzt knie dich hin, dann kannst du besser ausgucken.“										
5. Im Kniesitz mit Halten an den Knien	„König/Königin XY, halte dich wieder an deinen Knien fest!“										
6. Im Kniesitz mit verschränkten Armen vor der Brust	„Spiel noch einmal den schlecht gelaunten König/die schlecht gelaunte Königin.“										

▶ Das Kind eine Runde alleine fahren lassen = Zeit zum Beobachten und Protokollieren. ▶ Danach die Kutsche „parken“ = umdrehen.

Name: **Datum:** **Protokollbogen: „Der Schlosstest“**

2. Statische Gesamtkörperkoordination: sich im Stand auf dem Therapiekreisel halten

Aufgabenstellung	Spielhandlung	Beobachtungsschwerpunkte						Freie Beschreibung
„Komm, wir wollen uns dein Schloss ansehen.“ „Wie hieß noch der Stuhl vom König/von der Königin?“ „Das hier ist dein Thron.“		Stützreaktionen			Gleichgewichtsreaktionen			
		angemessen	stützt mit geringer Kraft	überhastet oder verlangsamt	angemessen	deutlich erhöht überhastet – verlangsamt	Gleichgewichtsverlust	
1. Im Stand	„Du darfst dich auf deinen Thron stellen, damit dich jeder sieht!“							
2. Im Stand mit Armbewegungen - zur Seite - nach vorne - nach oben	„Kannst du einmal winken wie ein König/eine Königin?“ (eventuell zu den zuschauenden Eltern). „Könige/Königinnen winken so, mit beiden Armen.“ ▶ Die Lehrkraft macht die Bewegungen vor.							
3. Im Stand mit Kopfbewegungen	„Ein König/eine Königin hat auch viel Gold. Ich zeige dir einen Goldklumpen.“ ▶ Die Lehrkraft holt den Tennisball unter dem Joghurtbecher hervor. (Nicht das Mausgesicht zeigen!) „Versuch einmal, den Goldklumpen mit den Augen zu verfolgen.“ ▶ Die Lehrkraft bewegt den Tennisball von links nach rechts und umgekehrt sowie von unten nach oben und umgekehrt vor dem Gesicht des Kindes.							
4. Im Stand mit geschlossenen Augen	▶ Die Lehrkraft steckt den Ball wieder unter den Becher. „Kannst du auch mit geschlossenen Augen auf dem Thron stehen?“ „Was ist das für ein Gefühl? Kribbelt das im Bauch oder ist das nicht schlimm?“ (Je nach Aussage des Kindes kann auf die Beeinflussung der Bewegungsantwort durch „Angst“ geschlossen werden.)							

▶ Danach den Thron vom Kind wegstellen lassen = Zeit zum Protokollieren.

Name: **Datum:** **Protokollbogen: „Der Schlosstest“**

3. Dynamische Gesamtkörperkoordination: Gehen im Zehenfersengang

Aufgabenstellung	Spielhandlung
„Im Schloss lebt ein Tier, das ist die liebste Freundin von König/Königin XY.“ „Welche Tiere kennst du?“ Kind antwortet z. B.: „Ein Löwe.“ Lehrkraft: „Es ist kleiner als ein Löwe.“ (usw. – ggf. „Es frisst gerne Käse.“) „Eine Maus!“ „Wir wollen die Maus Susi besuchen.“ ▶ Beide gehen zur Linie am Boden. „Machen Mäuse große oder keine Schritte?“ „Natürlich! Kleine Mäuseschritte. Das sieht so aus.“	
1. Zehenfersengang mit gekreuzter Koordination vorwärts auf der Linie am Boden	▶ Lehrkraft macht den Zehenfersengang vor: „Die Hacke kommt immer an die Zehenspitze. Der Weg geht auf dieser Linie entlang. Du kannst schon einmal vorgehen.“ ▶ Die Lehrkraft geht hinter dem Kind. ▶ Sie beobachtet und protokolliert parallel.
2. Zehenfersengang mit gekreuzter Koordination rückwärts auf der Linie am Boden	„Kannst du so auch rückwärts gehen?“ „Du musst dich umdrehen, wir wollen doch in dieser Richtung weitergehen.“ ▶ Lehrkraft: s. o.
3. Zehenfersengang mit gekreuzter Koordination vorwärts auf der umgedrehten Langbank	„Jetzt müssen wir noch über diese Mauer (die umgedrehte Langbank).“ „Bis zur Mitte vorwärts und dann rückwärts.“ ▶ Lehrkraft: s. o. ▶ Ggf.: Lehrkraft gibt Hilfestellung (s. u.).
4. Zehenfersengang mit gekreuzter Koordination rückwärts auf der umgedrehten Langbank	▶ Lehrkraft: s. o. ▶ Gegebenenfalls gibt die Lehrkraft Hilfestellung: Die Lehrkraft geht selbst rückwärts vor dem Kind und reicht diesem beide Hände. Das Kind legt seine Hände hinein. Oder: Die Lehrkraft geht hinter dem Kind, die Hände unterstützen seitlich, quasi „unter“ den Achseln, sodass das Kind die eigenen Hände zum Ausgleichen benutzen kann.

▶ Anschließend gehen Lehrkraft und Kind zur Mattenbahn.

Beobachtungsschwerpunkte		
Zehenfersengang	**Stützreaktionen**	**Gleichgewichtsreaktionen**
angemessen	angemessen	angemessen
kein Zehenfersengang aber gekreuzte Koordination	stützt mit geringer Kraft	deutlich erhöht überhastet – verlangsamt
Nachstellschritte	überhastet oder verlangsamt	Gleichgewichtsverlust

Assoziierte Reaktionen
keine
Hand links: einwärts oder auswärts gedreht
Hand rechts: einwärts oder auswärts gedreht

Freie Beschreibung

Gallinat/Rix: **Den Körper im Gleichgewicht**

Name: **Datum:** **Protokollbogen: „Der Schlosstest“**

4. Dynamische Gesamtkörperkoordination: Springen 1

Aufgabenstellung	Spielhandlung	Beobachtungsschwerpunkte: Absprung	Beobachtungsschwerpunkte: Stützreaktionen/Landung	Höhe bzw. Anzahl	Freie Beschreibung
„Wen wollten wir noch besuchen?“ „Genau, die Maus Susi. Wir sind gleich da.“ ▶ Die Lehrkraft setzt sich neben die Mattenbahn und legt zwei der Schaumstoffquader (40 x 20 x 10 cm) auf die Nahtstelle der beiden Matten (Anfangshöhe sind somit 10 cm; vgl. Zeichnung). „Wir müssen nur noch über diese Schlossmauer springen.“	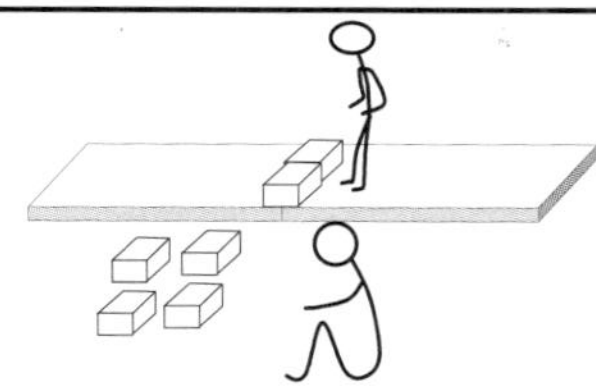				
1. Springen beidbeinig aus dem Stand vorwärts hoch-weit ein Sprung	„König/Königin XY, stell du dich hier hin (vgl. Zeichnung) und versuche mit beiden Beinen gleichzeitig über die Mauer zu springen.“ „Oh, das war ja viel zu einfach.“ ▶ Die Lehrkraft legt jeweils zwei neue Quader auf oder stellt diese hochkant (Steigerung jeweils 10 cm). ▶ Die Lehrkraft protokolliert die bewältigte Höhe.	gelingt / als Schritt; kraftlos	angemessen; überhastet oder verlangsamt; stützt mit geringer Kraft in den Beinen; Kind fällt hin	Höhe cm	
2. Springen einbeinig linkes/rechtes Bein aus dem Stand vorwärts fortwährend	▶ Die Lehrkraft legt die Schaumstoffquader zur Seite. „Kannst du auch auf einem Bein springen?“ „Stell dich an den Anfang der Matte.“ ▶ Die Lehrkraft zählt die Anzahl der Sprünge. ▶ Sie trägt die Anzahl und das gewählte Bein ein (i.d.R. ist das zuerst gewählte Bein das dominante).	**L / R**		Anzahl	
3. Springen einbeinig linkes/rechtes Bein aus dem Stand vorwärts fortwährend	„Mit welchem Bein bist gesprungen?“ „War es das linke oder das rechte Bein?“ „Jetzt versuche es mit dem anderen Bein.“ ▶ Die Lehrkraft zählt die Anzahl der Sprünge. ▶ Sie trägt die Anzahl und das gewählte Bein ein.	**L / R**		Anzahl	
4. Springen einbeinig linkes Bein oder rechtes Bein aus dem Anlauf vorwärts hoch-weit ein Sprung	▶ Die Lehrkraft legt erneut zwei Schaumstoffquader auf die Matten. „Jetzt nimm Anlauf und springe über die Mauer.“ ▶ Die Lehrkraft erhöht die Mauer (s. o.). „Schaffst du das auch noch?“ ▶ Die Lehrkraft achtet auf das gewählte Sprungbein und protokolliert dieses. ▶ Die Lehrkraft protokolliert die bewältigte Höhe.	**L / R**		Höhe cm	

▶ Anschließend gehen Lehrkraft und Kind zur Kastentreppe.

Name: **Datum:** **Protokollbogen: „Der Schlosstest“**

5. Dynamische Gesamtkörperkoordination: Springen 2

„Wen wollten wir noch besuchen?“
„Richtig die Maus Susi.“
„Jetzt müssen wir nur noch von diesem Berg springen.“

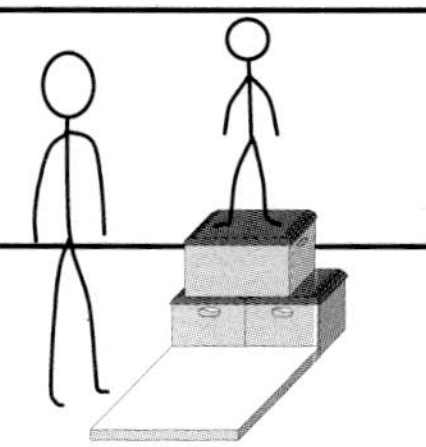

Aufgabenstellung	Spielhandlung	Beobachtungsschwerpunkte: Stellreaktionen		Stützreaktionen		Landung			Freie Beschreibung
Springen von erhöhter Fläche beidbeinig vorwärts „runter“ Landung im Stand	▶ „Das macht Spaß, das kannst du noch einmal machen!“ (2–3 Wiederholungen)	Kopf in leichter Vorhaltung fixiert	Kopf in Bewegungsrichtung geführt (nickt)	angemessen	stützt mit geringer Kraft	„Kopf oben Po unten“	„Kopf unten Po oben“	Kind fällt hin	

6. Statische Gesamtkörperkoordination: Einbeinstand

▶ Die Lehrkraft zeigt auf den Joghurtbecher
„Hier wohnt die Maus Susi. Willst du sie wecken?“ – „Susi, aufwachen!“
▶ Das Kind oder die Lehrkraft hebt den Becher an. Die Lehrkraft schnappt sich die Maus und stupst mit dieser das Kind an.
„Hallo König/Königin XY, toll, dass du mich mal wieder besuchen kommst! Wie geht es dir?“ usw.
▶ Die Lehrkraft legt die Maus auf den Joghurtbecher.

Aufgabenstellung	Spielhandlung	Beobachtungsschwerpunkte: Stützreaktionen (stehendes Bein)		Gleichgewichtsreaktionen			Assoziierte Reaktionen			Bein bzw. Zeit	Freie Beschreibung
1. Einbeinstand mit dem erstgewählten Bein auf ebenerdiger Fläche	„Kannst du noch das Kunststück?“ „Na, Stehen auf einem Bein. Ich als Maus kann das nicht. Oder hast du schon mal eine Maus auf einem Bein gesehen?“ „Herr/Frau XY soll einmal zählen, wie lange du das schaffst.“ ▶ Die Lehrkraft zählt im Sekundentakt.	angemessen	stützt mit geringer Kraft	angemessen	deutlich erhöht (Ü) – (V)	Gleichgewichtsverlust	keine	Hand links einwärts/auswärts gedreht	Hand rechts einwärts/auswärts gedreht	L / R Zeit < / > Sek.	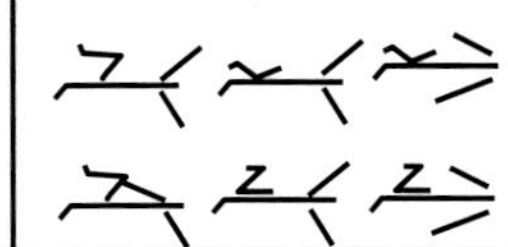
2. Einbeinstand mit dem anderen Bein auf ebenerdiger Fläche	„Jetzt ist das andere Bein dran.“ Als Erweiterung möglich: mit geschlossenen Augen									L / R Zeit < / > Sek.	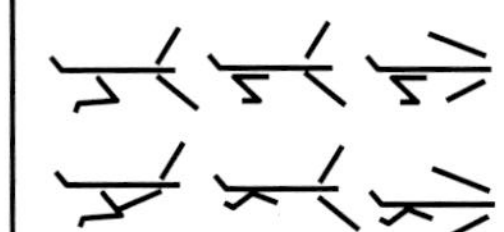

▶ Die Lehrkraft nimmt die Maus erneut auf.

Gallinat/Rix: **Den Körper im Gleichgewicht**

Name: **Datum:** **Protokollbogen: „Der Schlosstest“**

7. Dynamische Gesamtkörperkoordination: Rotation

Aufgabenstellung	Spielhandlung	Beobachtungsschwerpunkte: Stellreaktionen	Beobachtungsschwerpunkte: Assoziierte Reaktionen	Freie Beschreibung
„Ich weiß noch ein Spiel für dich und Susi.“ „Lege dich hier auf die Matte.“ 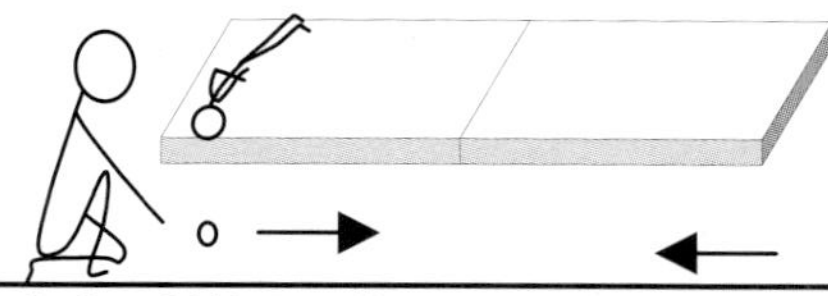				
1. Rotation um die Körperlängsachse auf begrenzter Fläche linksherum	„Du kannst jetzt mit Susi Wettrollen spielen!“ ▶ Die Lehrkraft rollt den Ball langsam entsprechend der Rotationsrichtung des Kindes.	Kopf leitet Gegenrotation ein Kopf in Mittelposition fixiert Kopf im Nacken überstreckt	angemessen Beugemuster im Rumpfbereich, Kopf wird angehoben/Oberkörper wird aufgerichtet Beugemuster im Beinbereich, Beine werden angezogen	
2. Rotation um die Körperlängsachse auf begrenzter Fläche rechtsherum	„Und jetzt wieder zurück.“ ▶ Eventuell die Übung wiederholen.			

8. Dynamische Gesamtkörperkoordination: Laufen mit Simultanhandlung

Aufgabenstellung	Spielhandlung	Beobachtungsschwerpunkte: Bewegungsbeurteilung	Beobachtungsschwerpunkte: Stützreaktionen	Freie Beschreibung
„Jetzt spielen wir ein anderes Wettrennen.“ ▶ Die Lehrkraft gibt dem Kind den Joghurtbecher. 				
Laufen - aus der Ruhestellung - aus dem Hochstart - mit gekreuzter Koordination - vorwärts - auf ebenerdiger Fläche	„Mit dem Becher kannst du Susi fangen.“ „Wer ist schneller? Du oder Susi?“ „Los, schnapp sie dir!“ ▶ Die Lehrkraft rollt den Ball vom Kind weg, beobachtet das Laufen, protokolliert. ▶ Mehrere Wiederholungen.	Oberkörper gerade/ruhig erhöhter Armeinsatz Fuß wird abgerollt läuft stark „stampfend“ läuft auf Zehenspitzen unrhythmisch	angemessen fällt beim Fangen hin stützt mit geringer Kraft	

▶ Erfolgt anschließend eine Beratung der Eltern kann das Kind noch mit den Geräten spielen.

- „Wer könnte das sein, was glaubst du?“ • „Ist es ein Junge oder ein Mädchen?“ • „Woran hast du das erkannt?“ • „Schau mal hier!“

Der Testleiter zeichnet neben das Bild der Königin sukzessive das Schloss.

- „Was könnte das für ein Haus sein?“ (Gegebenenfalls: „Das ist ein Schloss.“) • „Wenn das ein Schloss ist, wer ist dann das Mädchen?“ • „Was hat eine Königin auf dem Kopf?“ • „Genau, eine Krone.“ (Zeichnen) • „Schau mal.“ (Die Lehrkraft zeichnet den Anfangsbuchstaben des Kindes auf das Kleid der Königin.)
- „Ein ..., genau wie der Anfangsbuchstabe in deinem Namen. Das ist die kleine Königin ... (Name des Kindes).“ • „Was hat eine Königin noch?“ (Freies Assoziieren) ▶ Übergang zur Aufgabenstellung 1 (siehe Protokollbogen).

- „Wer könnte das sein, was glaubst du?“ • „Ist es ein Junge oder ein Mädchen?“ • „Woran hast du das erkannt?“ • „Schau mal hier!“

Der Testleiter zeichnet neben das Bild des Königs sukzessive das Schloss.

- „Was könnte das für ein Haus sein?“ (Gegebenenfalls: „Das ist ein Schloss.“) • „Wenn das ein Schloss ist, wer ist dann der Junge?“ • „Was hat ein König auf dem Kopf?“ • „Genau, eine Krone.“ (Zeichnen) • „Schau mal.“ (Die Lehrkraft zeichnet den Anfangsbuchstaben des Kindes auf das Hemd des Königs.)
- „Ein ..., genau wie der Anfangsbuchstabe in deinem Namen. Das ist der kleine König ... (Name des Kindes).“ • „Was hat ein König noch?“ (Freies Assoziieren)

▶ Übergang zur Aufgabenstellung 1 (siehe Protokollbogen).

Kriterien zur Beschreibung des Lern- und Entwicklungsprofils

Welchen aktivationalen Eindruck hinterlässt das Kind?

wach		müde	
konzentriert		unkonzentriert	
angemessen (Tonus)		schlaff/verspannt (Tonus)	
aktiv		hypo-/hyperaktiv	

Welchen emotionalen Eindruck hinterlässt das Kind?

interessiert/motiviert		desinteressiert	
anstrengungsbereit		nicht anstrengungsbereit	
frustrationstolerant		gering frustrationstolerant	
angstfrei		ängstlich	
selbstbewusst		gehemmt/hemmungslos	
ausgeglichen		aggressiv/regressiv	

Welche sensorischen Leistungen zeigt das Kind?

In der vestibulären Integration:
In der taktil-kinästhetischen Integration:
In der oral-nasalen Integration:
In der akustisch-vibratorischen Integration:
In der visuellen Integration:

Welche motorischen Leistungen zeigt das Kind?

In der statischen Gesamtkörperkoordination:
In der dynamischen Gesamtkörperkoordination:
In der statischen Teilkörperkoordination:
In der dynamischen Teilkörperkoordination:

Welche sprachlich-intellektuellen Leistungen zeigt das Kind?

Es versteht die Aufgabenstellungen auf		Es zeigt Verständnisschwierigkeiten auf	
- begrifflich-sprachlicher		- begrifflich-sprachlicher	
- ikonisch-symbolischer		- ikonisch-symbolischer	
- senso-motorischer Ebene		- senso-motorischer Ebene	
Es löst entsprechend der Aufgabenstellungen		Es deutet Aufgabenstellungen um (Vereinfachung, Erschwerung)	
hohe Merkfähigkeit		geringe Merkfähigkeit	
Es kann sich einschätzen		Es über-/unterfordert sich	

Strukturanalyse zur qualitativen Beurteilung der GESAMTKÖRPERKOORDINATION

Daten:

Bewegungsaspekte	entwicklungskonforme Bewegungsaspekte	X	entwicklungserschwerende Bewegungsaspekte	X
Muskeltonus	ausgeglichen		verspannt (hyperton)	
			schlaff (hypoton)	
			wechselhaft (dyston)	
assoziierte Reaktionen	integriert		Grimassieren	
			Zungenmitbewegungen	
			Speichelfluss	
			Fingerverkrampfungen	
			Armmitbewegungen	
			Zehenkrallen	
			Überstreckungsmuster	
			Beugemuster	
			Verdrehungsmuster	
			Kreuz-, Spreizmuster	
tonische Reaktionen	integriert		Moro-Reaktion	
			STNR (Symmetrisch-tonische-Nackenreaktion)	
			ATNR (Asymmetrisch-tonische-Nackenreaktion)	
Stellreaktionen	nach vorne		Kopf in Mittelstellung	
	nach hinten		Kopf in Bewegungsrichtung	
	zur Seite		keine Kopfkontrolle	
Stützreaktionen	nach vorne		überhastet/steif	
	nach hinten		verlangsamt/kraftlos	
	zur Seite		fehlende Stützreaktionen	
Gleichgewichtsreaktionen	nach vorne		überhastet/steif	
	nach hinten		verlangsamt/kraftlos	
	zur Seite		fehlende Gleichgewichtsreaktionen	
Steuerung	interozeptiv		vorwiegend exterozeptiv	

Freie Beschreibung:

Handlungsstrukturanalyse
SENSOMOTORISCHE INTEGRATION

Daten:

Oral-nasale Integration	Taktil-kinästhetische Integration	Akustisch-vibratorische Integration	Visuelle Integration
• Atemfunktion • Saugfunktion • Schluckfunktion • Kaufunktion • Zungenfunktion • Lippenfunktion • Geschmacksdifferenzierung (gustatorische Integration) • Geruchsdifferenzierung (olfaktorische Integration) • oral-motorische Koordination	• Tonusschema • taktil-kinästhetische Reaktion • taktil-kinästhetische Lokalisation • Körperschema (Orientierung am eigenen und am fremden Körper) • taktil-kinästhetische Differenzierung (Größe, Form, Menge, Oberfläche, Konsistenz, Temperatur, Gewicht) • taktil-motorische Koordination	• akustisch-vibratorische Reaktion • akustisch-vibratorische Lokalisation • akustische Lautstärken-Differenzierung • akustische Tonhöhen-Differenzierung • akustische Signal-Grund-Differenzierung • akustische Signal-Signal-Differenzierung • akustisch-temporale Differenzierung • audio-motorische Koordination	• visuelle Reaktion • visuelle Lokalisation • visuelle Differenzierung (Farbe, Größe, Form, Menge) • visuelle Konstanz • visuelle Figur-Grund-Differenzierung • visuelle Raum-Lage-Orientierung • visuelle Differenzierung räumlicher Beziehungen • visuo-motorische Koordination

Automatisierungsgrad

Spalte 1	Spalte 2
▶ Handlungen mit personalisierter Hilfe ▶ Handlungen mit materialisierter Hilfe	▶ eigenständige Handlungen ▶ Simultanhandlungen

Freie Beschreibung:

Handlungsstrukturanalyse
SENSOMOTORISCHE KOORDINATION

Daten:

Statische Gesamtkö rper- koordination	**Dynamische Gesamtkörper- koordination**	**Statische Teilkörper- koordination**	**Dynamische Teilkörper- koordination**
• Rückenlage • Bauchlage • Langsitz • Zwischenfersensitz • Stuhlsitz • Schneidersitz • Kniesitz • Kniestand mit Abstützen nach vorn • Kniestand • Vierfüßlerstand • Krebsstand • Hockstand • Stand • Zehenfersenstand • Fersenstand • Zehenballenstand • Einbeinstand • Kopfstand • Handstand	• Rotation um die Körperlängsachse • Schieben/Ziehen in Bauchlage • Robben • Krabbeln • Sitzrutschen • Krebsgang • Kniegang • Vierfüßlergang • Seitgang • Gang • Zehenfersengang • Zehenballengang • Fersengang • Laufen • Klettern • Steigen • Springen • Rotation um die - Körperlängsachse - Körperquerachse - Körpertiefenachse	• Kopf-Halte-koordination • Arm-Hand-Halte-koordination • Bein-Fuß-Halte-koordination • Auge-Hand-Halte-koordination - zufällig - zielgerichtet - einhändig - beidhändig ◆ Griff- und Haltetechniken - Greifreflex - Palmargriff - Tunnelgriff - Pfötchengriff - Scherengriff - Pinzettengriff - Zangengriff ◆ Objekt-Gleichgewicht	• Kopf-Bewegungs-koordination • Arm-Hand-Bewegungs-koordination • Bein-Fuß-Bewegungs-koordination • Auge-Hand-Bewegungs-koordination als - zufällig - zielgerichtet - einhändig - beidhändig ◆ Greifhandlungen - Greifen der eigenen Hand (Hand-Hand-Koordination) - Greifen eines Gegenstandes mit einer Hand - Greifen zweier Gegenstände jeweils in einer Hand - Greifen eines Gegenstandes mit beiden Händen - dominantes Greifen - bilaterales Greifen - Greifen mit Einsatz von Aktions- und Haltehand ◆ Materialgebrauch ◆ Werkzeuggebrauch ◆ grafomotorische Koordination

Automatisierungsgrad

Spalte 1	Spalte 2
▶ Handlungen mit personalisierter Hilfe ▶ Handlungen mit materialisierter Hilfe	▶ eigenständige Handlungen ▶ Simultanhandlungen

Freie Beschreibung:

Handlungsstrukturanalyse
SENSOMOTORISCHE INTEGRATION/KOORDINATION

Oral-nasale Integration	Taktil-kinästhetische Integration	Akustisch-vibratorische Integration	Visuelle Integration	Statische Gesamtkörperkoordination	Dynamische Gesamtkörperkoordination	Statische Teilkörperkoordination	Dynamische Teilkörperkoordination
• Atemfunktion • Saugfunktion • Schluckfunktion • Kaufunktion • Zungenfunktion • Lippenfunktion • Geschmacksdifferenzierung (gustatorische Integration) • Geruchsdifferenzierung (olfaktorische Integration) • Oral-motorische Koordination	• Tonusschema • Taktil-kinästhetische Reaktion • Taktil-kinästhetische Lokalisation • Körperschema (Orientierung am eigenen und am fremden Körper) • Taktil-kinästhetische Differenzierung (Größe, Form, Menge, Oberfläche, Konsistenz, Temperatur, Gewicht) • Taktil-motorische Koordination	• Akustisch-vibratorische Reaktion • Akustisch-vibratorische Lokalisation • Akustische Lautstärken-Differenzierung • Akustische Tonhöhen-Differenzierung • Akustische Signal-Grund-Differenzierung • Akustische Signal-Signal-Differenzierung • Akustisch-temporale Differenzierung • Audio-motorische Koordination	• Visuelle Reaktion • Visuelle Lokalisation • Visuelle Differenzierung (Farbe, Größe, Form, Menge) • Visuelle Konstanz • Visuelle Figur-Grund-Differenzierung • Visuelle Raum-Lage-Orientierung • Visuelle Differenzierung räumlicher Beziehungen • Visuo-motorische Koordination	• Rückenlage • Bauchlage • Langsitz • Zwischenfersensitz • Stuhlsitz • Schneidersitz • Kniesitz • Kniestand mit Abstützen nach vorn • Kniestand • Vierfüßlerstand • Krebsstand • Hockstand • Stand • Fersenstand • Zehenballenstand • Einbeinstand • Kopfstand • Handstand	• Rotation um die Körperlängsachse • Schieben/Ziehen in Bauchlage • Robben • Krabbeln • Sitzrutschen • Krebsgang • Kniegang • Vierfüßlergang • Seitgang • Freier Gang • Zehen-Fersen-Gang • Fersengang • Zehenspitzengang • Laufen • Klettern • Steigen • Springen • Rotation um die - Körperlängsachse - Körperquerachse - Körpertiefenachse	• Kopf-Haltekoordination • Arm-Hand-Haltekoordination • Bein-Fuß-Haltekoordination • Auge-Hand-Haltekoordination - zufällig - zielgerichtet - einhändig - beidhändig ◆ Griff- und Haltetechniken - Greifreflex - Palmargriff - Tunnelgriff - Pfötchengriff - Scherengriff - Pinzettengriff - Zangengriff ◆ Objekt-Gleichgewicht	• Kopf-Bewegungskoordination • Arm-Hand-Bewegungskoordination • Bein-Fuß-Bewegungskoordination • Auge-Hand-Bewegungskoordination - zufällig - zielgerichtet - einhändig - beidhändig ◆ Greifhandlungen - Greifen der eigenen Hand (Hand-Hand-Koordination) - Greifen eines Gegenstandes mit einer Hand - Greifen zweier Gegenstände jeweils mit einer Hand - Greifen eines Gegenstandes mit beiden Händen - dominantes Greifen - bilaterales Greifen - Greifen mit Einsatz von Aktions- und Haltehand ◆ Materialgebrauch ◆ Werkzeuggebrauch ◆ grafomotorische Koordination

Handlungsstrukturanalyse
STATISCHE GESAMTKÖRPERKOORDINATION

Daten:

Art der Position – Spalte 1	Art der Position – Spalte 2	Art der Fläche
▷ Rückenlage	▷ Krebsstand	▷ • groß • klein ▷ • breit • schmal ▷ • lang • kurz
▷ Bauchlage	▷ Hockstand	▷ • hart • nachgebend - weich - federnd
▷ Langsitz	▷ Stand gebeugt aufrecht	▷ • eben • uneben ▷ • stumpf • rutschig ▷ • ebenerdig • erhöht - bodennah - bodenfern
▷ Zwischenfersensitz	▷ Zehen-Fersen-Stand	▷ • waagerecht • schräg - Anstellwinkel eher flach - Anstellwinkel eher steil • senkrecht
▷ Stuhlsitz	▷ Zehenballenstand (auf den Zehenspitzen)	▷ • stabil • beweglich - träge/leicht beweglich - in eine/alle Richtung(en)
▷ Schneidersitz	▷ Fersen-Stand (auf der Hacke)	
▷ Kniesitz	▷ Einbeinstand	
▷ Kniestand mit Abstützen nach vorn	▷ Kopfstand	
▷ Kniestand	▷ Handstand	
▷ Vierfüßlerstand		

Automatisierungsgrad

Spalte 1	Spalte 2
▶ Handlungen mit personalisierter Hilfe ▶ Handlungen mit materialisierter Hilfe	▶ eigenständige Handlungen ▶ Simultanhandlungen

Freie Beschreibung:

Handlungsstrukturanalyse
STATISCHE GESAMTKÖRPERKOORDINATION
auf dem Rollbrett

Daten:

Art der Position	Struktur des Raumes	Bewegungs-richtung/-impuls	Art der (zusätzlichen) Körperkoordination
▷ Manipulation des Rollbrettes ▷ Bauchlage ▷ Rückenlage ▷ Sitz ▷ Kniesitz ▷ Kniestand ▷ Vierfüßlerstand (Dreifüßlerstand) ▷ Stand	▷ unbegrenzter Raum ▷ begrenzter Raum ▷ statische Hindernise ▷ dynamische Hindernisse ▷ schiefe Ebenen	▷ vorwärts ▷ seitwärts ▷ rückwärts ▷ Rotation ▷ gleichförmig ▷ ruckartig/abrupt ▷ Rollbrett steht ▷ langsam ▷ schnell	▶ **statische Gesamtkörperkoordination** Position auf dem Brett ▷ **mit statischer Teilkörperkoordination** festhalten, gezogen/geschoben werden - Körper: Rumpf/Schultern - Hand/Hände; Fuß/Füße - starre Verbindung (z.B.: Stock) - flexible Verbindung (z.B.: Seil) ▷ **mit dynamischer Teilkörperkoordination** das Brett mit Händen oder Füßen fortbewegen durch „(Heran-)Ziehen oder (Weg-)Drücken/Schieben - am Boden - an Geräten - am Seil ▷ **mit dynamischer Gesamtkörper-koordination** aus dem Anlauf auf das Brett

Automatisierungsgrad

Spalte 1	Spalte 2
▶ Handlungen mit personalisierter Hilfe ▶ Handlungen mit materialisierter Hilfe	▶ eigenständige Handlungen ▶ Simultanhandlungen

Freie Beschreibung:

Gallinat/Rix: **Den Körper im Gleichgewicht**

Handlungsstrukturanalyse
STATISCHE GESAMTKÖRPERKOORDINATION
auf der Teppichfliese

Daten:

Art der Position auf der Fliese Art der Fortbewegung mit der Fliese	Anzahl	Art der Fläche	Bewegungs-richtung/ Impuls
▶ **statische Gesamtkörperkoordination** ▷ eine Position auf der/den Fliese(n) einnehmen ▷ Gleiten (auf schräger Fläche oder nach „Anschwung“) • in Bauch-/Rückenlage • im Schneidersitz, Langsitz • im Vierfüßlerstand • im Kniestand • im Hockstand - Flächenstand - Ballenstand • im Stand - gebeugt - aufrecht • im Einbeinstand (rechts/links) ▶ **mit statischer Teilkörperkoordination** ▷ „Gezogen-/Geschoben-Werden“ - an der Hand/den Händen - am Körper - mit starrer Verbindung (z.B. Stock) - mit flexibler Verbindung (z.B. Seil) • in einer der Positionen ▶ **mit dynamischer Teilkörperkoordination** ▷ „Sich-selbst-Ziehen/Schieben“ • in einer der Positionen ▷ „Umsetzen“ (der Fliese) ▶ **mit dynamischer Gesamtkörperkoordination** ▷ Fortbewegung auf der Fliese/mit der Fliese • im Sitzrutschen • im Kniegang • im Vierfüßlergang • im Gehen - in der Hocke - gebeugt - aufrecht ▷ „Umsteigen“ (Wechsel von Fliese zu Fliese) ▷ aus dem Anlauf, Sprung usw. auf die Fliese	▷ mit einer ▷ mit zwei ▷ mit drei ▷ mit *n* Fliesen	▷ • groß • klein ▷ • breit • schmal ▷ • lang • kurz ▷ • hart • nachgebend - weich - federnd ▷ • eben • uneben ▷ • stumpf • rutschig ▷ • ebenerdig • erhöht - bodennah - bodenfern ▷ • waagerecht • schräg - Anstellwinkel eher flach - Anstellwinkel eher steil • senkrecht ▷ • stabil • beweglich - träge/leicht beweglich - in eine/alle Richtungen	▶ statisch Fliese liegt ▶ dynamisch Fliese wird bewegt ▷ vorwärts ▷ seitwärts - nach links - nach rechts ▷ rückwärts ▷ Rotation ▷ langsam ▷ schnell ▷ aufwärts ▷ abwärts ▷ gleich-förmig ▷ ruckartig

Automatisierungsgrad

Spalte 1	Spalte 2
▶ Handlungen mit personalisierter Hilfe ▶ Handlungen mit materialisierter Hilfe	▶ eigenständige Handlungen ▶ Simultanhandlungen

Freie Beschreibung:

Handlungsstrukturanalyse
STATISCHE GESAMTKÖRPERKOORDINATION
Schaukeln & Schwingen

Daten:

Ausgangslage Position	Schaukeln: Lage, Sitz und Stand	Schwingen: Hang	Fläche	Bewegungsrichtung
▷ aus der Ruhestellung ▷ aus der Bewegung - mit Anlauf/mit Anspringen ▷ auf d./aus d. Schaukel(n) - Lagen/Sitz/Kniesitz/ Kniestand/Stand ▷ aus dem Hang/Schwingen - beidhändig/rechte Hand/ linke Hand: Ristgriff/ Kammgriff/versetzte Griffe - am gleichen Objekt - an verschiedenen Objekten - Hände parallel - Hände übereinander ▷ hängend an den Kniekehlen ▷ hängend an den Füßen/ am rechten/linken Fuß ▷ auf dem „Bauch“	▷ Tuch/Matte aufgehängt ▷ Matte in Gymnastikreifen geklemmt ▷ Schaukelpferd ▷ Schaukelstuhl ▷ Schaukel ▷ Strickleiter ▷ Ringe ▷ Tau (senkrecht mit Sitzmöglichkeit, z.B. Knoten) ▷ Tau (waagerecht gespannt) ...	▷ „Stange“ (Reck, Barren, Sprosse) ▷ Ringe mit einer Trapezstange verbunden ▷ Ringe mit Gymnastikstab verbunden ▷ Ringe ▷ Tau waagerecht gespannt ▷ Tau senkrecht hängend ▷ weitere Geräte	▷ • groß • klein ▷ • breit • schmal ▷ • lang • kurz ▷ • hart • nachgebend - weich - federnd ▷ • eben • uneben ▷ • stumpf • rutschig ▷ • ebenerdig • erhöht - bodennah - bodenfern ▷ • waagerecht • schräg - Anstellwinkel flach - Anstellwinkel steil • senkrecht ▷ • stabil • beweglich - träge/leicht beweglich - in eine/alle Richtung(en)	▷ ohne ▷ vorwärts ▷ seitwärts ▷ rückwärts ▷ Rotationen um die Körper- - längsachse - querachse - tiefenachse

Schwung	Abgang	Landung	
Impulsgebung/Anzahl	**Art/Ort des Abgangs**	**Art der Landung**	**Fläche/Ziel**
▷ mit/ohne statische Teilkörperkoordination der Hände (festhalten) • ohne Schwung = ohne zu schaukeln/schwingen (liegen, sitzen, stehen/hängen) • mit „passivem“ Schwung (vom Umkehrpunkt aus) ▷ mit statischer/dynamischer Teilkörperkoordination als „aktive“ Schwungbewegung • mit Bodenkontakt der Füße • mit aktiven Schwungbewegungen (Beine, Hüfte, Schultern) • mit Rotation ▷ 1 Schwung ▷ Hin- und Zurück ▷ *n* Schwünge	▷ Aus-/Absteigen ▷ „Auslaufen“ ▷ einfacher Sprung ▷ Anhocken ▷ Anfersen ▷ Grätsche ▷ Bücke ▷ Rotation - um die Körperlängsachse - um die Körperquerachse - um die Körpertiefenachse - Kombinationen ▷ am Ruhepunkt ▷ am Umkehrpunkt „hinten“ ▷ am Umkehrpunkt „vorne“	▷ auf dem Bauch ▷ auf dem Rücken ▷ auf den Knien ▷ im Sitz ▷ in der Hocke ▷ im Stand - mit „Hinfallen“ (mit/ ohne Abstützen) - als „Durchlaufen“ - mit stabilisierenden Schritten - punktgenau	▷ siehe Struktur der Fläche (Abschwung) ▷ ohne zusätzlichen Zielbezug ▷ mit zusätzlichem Zielbezug (siehe Flächen)

Struktur der Übung

Spalte 1	Spalte 2
▶ Handlungen mit personalisierter Hilfe ▶ Handlungen mit materialisierter Hilfe	▶ eigenständige Handlungen ▶ Simultanhandlungen

Freie Beschreibung:

Handlungsstrukturanalyse
DYNAMISCHE GESAMTKÖRPERKOORDINATION

Daten:

Art der Fortbewegung		Art der Fläche	Bewegungsrichtung
Spalte 1	Spalte 2		
▷ Rotation um die Körperlängsachse (laterale Rotation) ▷ Ziehen/Schieben in Bauchlage ▷ Robben ▷ Krabbeln ▷ Sitzrutschen ▷ Krebsgang ▷ Kniegang ▷ Vierfüßlergang ▷ Seitgang ▷ Gang	▷ Zehenfersengang ▷ Zehenballengang ▷ Fersengang ▷ Laufen ▷ Klettern ▷ Steigen ▷ Springen ▷ Rotation um die - Körperlängsachse - Körperquerachse - Körpertiefenachse	▷ • groß • klein ▷ • breit • schmal ▷ • lang • kurz ▷ • hart • nachgebend - weich - federnd ▷ • eben • uneben ▷ • stumpf • rutschig ▷ • ebenerdig • erhöht - bodennah - bodenfern ▷ • waagerecht • schräg - Anstellwinkel eher flach - Anstellwinkel eher steil • senkrecht ▷ • stabil • beweglich - träge/leicht beweglich - in eine/alle Richtung(en)	▷ vorwärts ▷ seitwärts ▷ rückwärts ▷ mit Drehungen ▷ links ▷ rechts ▷ aufwärts ▷ abwärts

Automatisierungsgrad

Spalte 1	Spalte 2
▶ Handlungen mit personalisierter Hilfe ▶ Handlungen mit materialisierter Hilfe	▶ eigenständige Handlungen ▶ Simultanhandlungen

Freie Bewegungsbeschreibung:

Handlungsstrukturanalyse
DYNAMISCHE GESAMTKÖRPERKOORDINATION
Rotation

Daten:

Achse Position	**Ausgangslage**	**Art der Fläche**	**Bewegungsrichtung bzw. Anzahl**
▶ **Körperlängsachse** ▷ aus der Bauchlage ▷ aus der Rückenlage ▷ aus dem Sitz/Kniesitz ▷ aus der Hocke ▷ aus dem Stand ▷ aus dem Stütz ▷ aus dem Hang ▶ **Körperquerachse** ▷ aus der Bauchlage ▷ aus der Rückenlage ▷ aus dem Sitz/Kniesitz ▷ aus der Hocke ▷ aus dem Stand ▷ aus dem Stütz ▷ aus dem Hang ▶ **Körpertiefenachse** ▷ in der Bauchlage ▷ in der Rückenlage ▷ aus dem Stand	▶ auf einer Fläche ▶ von einer Fläche auf eine andere Fläche ▶ **aus der Ruhestellung** entsprechend der Struktur der Achsen (aus der Bauchlage, Rückenlage, dem Sitz/ Kniesitz ...) ▶ **aus der Bewegung** ▷ aus dem Gehen ▷ aus dem Anlauf ▷ aus der Rotation ▷ aus dem Sprung ▷ aus dem Schwingen ▷ mit impulsunterstützenden Medien - Sprungbrett - Minitramp	▷ • groß • klein ▷ • breit • schmal ▷ • lang • kurz ▷ • hart • nachgebend - weich - federnd ▷ • eben • uneben ▷ • stumpf • rutschig ▷ • ebenerdig • erhöht - bodennah - bodenfern ▷ • waagerecht • schräg - Anstellwinkel eher flach - Anstellwinkel eher steil • senkrecht ▷ • stabil • beweglich - träge - leicht beweglich - in eine Richtung - in alle Richtungen	▶ **Bewegungsrichtung** ▷ vorwärts ▷ rückwärts ▷ abwärts ▷ aufwärts ▷ linksherum ▷ rechtsherum ▶ **Anzahl** ▷ ohne volle Umdrehung (z.B. Aufrichten zum Sitz) ▷ eine Umdrehung ▷ fortwährend zwei – *n*

Automatisierungsgrad

Spalte 1	Spalte 2
▶ Handlungen mit personalisierter Hilfe ▶ Handlungen mit materialisierter Hilfe	▶ eigenständige Handlungen ▶ Simultanhandlungen

Freie Beschreibung:

Handlungsstrukturanalyse
DYNAMISCHE GESAMTKÖRPERKOORDINATION
Gangarten

Daten:

Art der Fortbewegung		Art der Fläche	Bewegungsrichtung
basale Fortbewegungsarten	Gangarten		
▷ Ziehen/Schieben in Bauchlage ▷ Robben - Seitendominanz - keine Seitendominanz ▷ Krabbeln - Nachstellschritt - gekreuzte Koordination ▷ Sitzrutschen	▷ Krebsgang ▷ Kniegang - Nachstellschritt - gekreuzte Koordination ▷ Vierfüßlergang ▷ Seitgang - Nachstellschritt - gekreuzte Koordination ▷ Gang - Nachstellschritt - gekreuzte Koordination - aufrecht/gebeugt ▷ Zehen-Fersen-Gang - Nachstellschritt - gekreuzte Koordination ▷ Zehenballengang - Nachstellschritt - gekreuzte Koordination ▷ Fersengang - Nachstellschritt - gekreuzte Koordination	▷ • groß • klein ▷ • breit • schmal ▷ • lang • kurz ▷ • hart • nachgebend - weich - federnd ▷ • eben • uneben ▷ • stumpf • rutschig ▷ • ebenerdig • erhöht - bodennah - bodenfern ▷ • waagerecht • schräg - Anstellwinkel eher flach - Anstellwinkel eher steil • senkrecht ▷ • stabil • beweglich - träge/leicht beweglich - in eine/alle Richtung(en)	▷ vorwärts ▷ seitwärts ▷ rückwärts ▷ links ▷ rechts ▷ aufwärts ▷ abwärts

Automatisierungsgrad

Spalte 1	Spalte 2
▶ Handlungen mit personalisierter Hilfe ▶ Handlungen mit materialisierter Hilfe	▶ eigenständige Handlungen ▶ Simultanhandlungen

Freie Beschreibung:

Handlungsstrukturanalyse
DYNAMISCHE GESAMTKÖRPERKOORDINATION
Klettern & Steigen

Daten:

Art der Bewegung	Art der Fläche	Art der Griffmöglichkeit	Bewegungs-richtung
▶ Klettern Arm- und Beineinsatz ▷ Nachstellschritt/-griff Fuß und/oder Hand einer Seite werden vorgestellt, die der anderen Körperseite auf die gleiche Ebene nachgeführt ▷ „Passgang“ Fuß und Hand einer Körperseite werden „zeitgleich“ vorgestellt. Danach wird die andere Seite vorgestellt usw. ▷ gekreuzte Koordination z.B. linke Hand und rechter Fuß werden vorgestellt. Danach werden die rechte Hand und der linke Fuß vorgestellt usw. ▶ Steigen vorwiegend Beineinsatz ▷ Nachstellschritt ▷ gekreuzte Koordination **Anmerkung**: Klettern & Steigen unterscheidet sich von den Gangarten durch einen aktiveren Arm- oder Beineinsatz. Die Übergänge sind hierbei fließend.	▷ • groß • klein ▷ • breit • schmal ▷ • lang • kurz ▷ • hart • nachgebend - weich - federnd ▷ • eben • uneben ▷ • stumpf • rutschig ▷ • ebenerdig • erhöht - bodennah - bodenfern ▷ • waagerecht • schräg - Anstellwinkel eher flach - Anstellwinkel eher steil • senkrecht ▷ • stabil • beweglich - träge/leicht beweglich - in eine/alle Richtung(en) ▷ • überhängend ▷ • gestuft: - kleinere Abstände - größere Abstände - Stufen in einer Ebene - Stufen versetzt	▷ Palmargriff ▷ Tunnelgriff - Kammgriff - Ristgriff ▷ nur mit den Fingern ▷ nur mit der Handfläche an: ▷ • breiter • schmaler ▷ • großer • kleiner ▷ • langer • kurzer ▷ • harter • nachgebend. weich/federnd ▷ • ebener • unebener ▷ • stumpfer • rutschiger ▷ • waagerechter • schräger - Anstellwinkel eher flach - Anstellwinkel eher steil • senkrechter ▷ • beweglicher - träge/leicht beweglich - in eine/alle Richtung(en)	▷ vorwärts ▷ seitwärts ▷ rückwärts ▷ aufwärts - Kopf voran - Füße voran ▷ abwärts - Füße voran - Kopf voran ▷ (hin-)über

Automatisierungsgrad

Spalte 1	Spalte 2
▶ Handlungen mit personalisierter Hilfe ▶ Handlungen mit materialisierter Hilfe	▶ eigenständige Handlungen ▶ Simultanhandlungen

Freie Beschreibung:

Handlungsstrukturanalyse
DYNAMISCHE GESAMTKÖRPERKOORDINATION
Springen

Daten:

Anlauf	Absprung	
Ausgangslage	**Sprungbein**	**Fläche/Impulsunterstützung**
▶ aus der Ruhestellung ▶ aus der Bewegung ▷ Gehen ▷ Laufen - langsam - schnell	▶ beidbeinig ▶ linkes Bein ▷ dominant ▷ kontradominant ▶ rechtes Bein ▷ dominant ▷ kontradominant ▶ aus: ▷ Lage* ▷ Sitz* ▷ Kniesitz* ▷ Kniestand* * durch Bewegungsimpuls/Abdrücken mit den Armen ▷ Hocke ▷ Hang	▷ • groß • klein ▷ • breit • schmal ▷ • lang • kurz ▷ • hart • nachgebend - weich - federnd ▷ • eben • uneben ▷ • stumpf • rutschig ▷ • ebenerdig • erhöht - bodennah - bodenfern ▷ • waagerecht • schräg Anstellwinkel - eher flach - eher steil • senkrecht ▷ • stabil • beweglich - träge - leicht beweglich - in eine - alle Richtungen ▶ Fläche mit Impulsunterstützung - leicht federnd (Sprungbrett) - stark federnd (Trampolin)

Flugphase			Landung	
Bewegungsrichtung	**Dimension**	**Art/Anzahl der Sprünge**	**Art**	**Fläche/Ziele**
▷ auf der Stelle ▷ vorwärts ▷ seitwärts ▷ rückwärts ▷ Rotationen um die • Körperlängsachse • Körperquerachse • Körpertiefenachse	▷ herunter ▷ weit ▷ hoch ▷ Kombinationen* - weit-hoch - weit-herunter - hoch-weit - herunter-weit * Der dominante Aspekt steht an erster Stelle.	▷ einfacher Sprung ▷ Strecksprung ▷ Anhocken/Anfersen ▷ Grätsche/Bücke/Flugrolle/ Salto ▷ Weitsprung • Schrittsprung • Hocksprung • Hangsprung • Laufsprung ▷ Hochsprung • Scherensprung • Straddle • Flop ▷ Stützsprung • in den Stütz • Hockwende • Rad/Radwende • Handstandüberschlag ▷ Seilsprünge ▷ ein Sprung ▷ fortwährend	▷ Knie ▷ Hocke ▷ Stand ▷ Sitz ▷ Bauch ▷ Rücken	▷ • groß • klein ▷ • breit • schmal ▷ • lang • kurz ▷ • hart • nachgebend - weich - federnd ▷ • eben • uneben ▷ • stumpf • rutschig ▷ • ebenerdig • erhöht - bodennah - bodenfern ▷ • waagerecht • schräg - Anstellwinkel eher flach - Anstellwinkel eher steil • senkrecht ▷ • stabil • beweglich - träge - leicht beweglich - in eine - alle Richtungen ▷ ohne Zielbezug ▷ mit Zielbezug

Automatisierungsgrad	
Spalte 1	Spalte 2
▶ Handlungen mit personalisierter Hilfe ▶ Handlungen mit materialisierter Hilfe	▶ eigenständige Handlungen ▶ Simultanhandlungen

Freie Beschreibung:

P

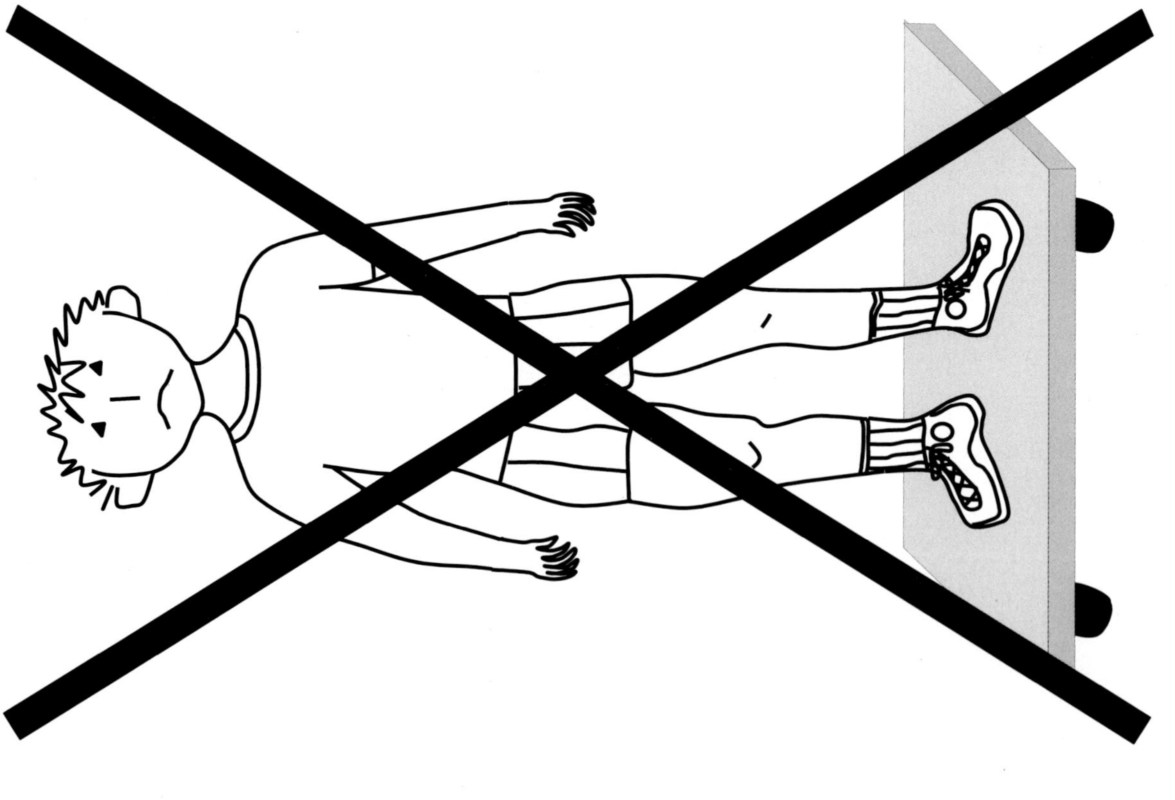

nicht so sicher

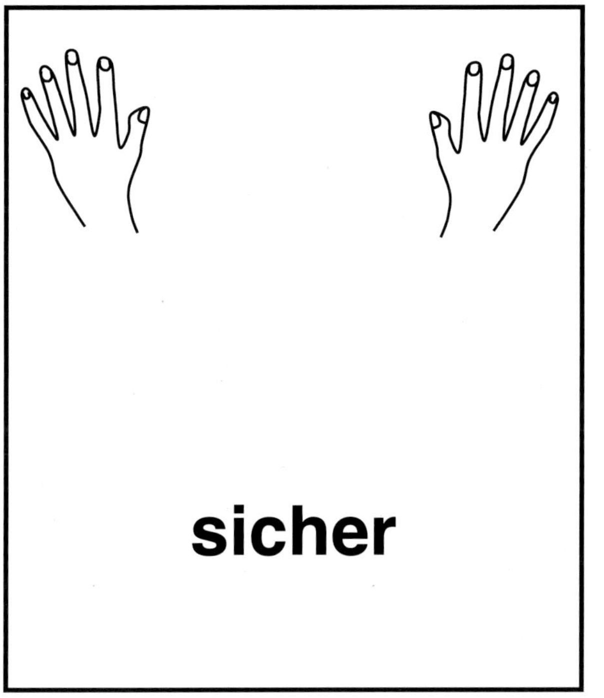
sicher

RICHTIG:
Kopf oben
Po unten

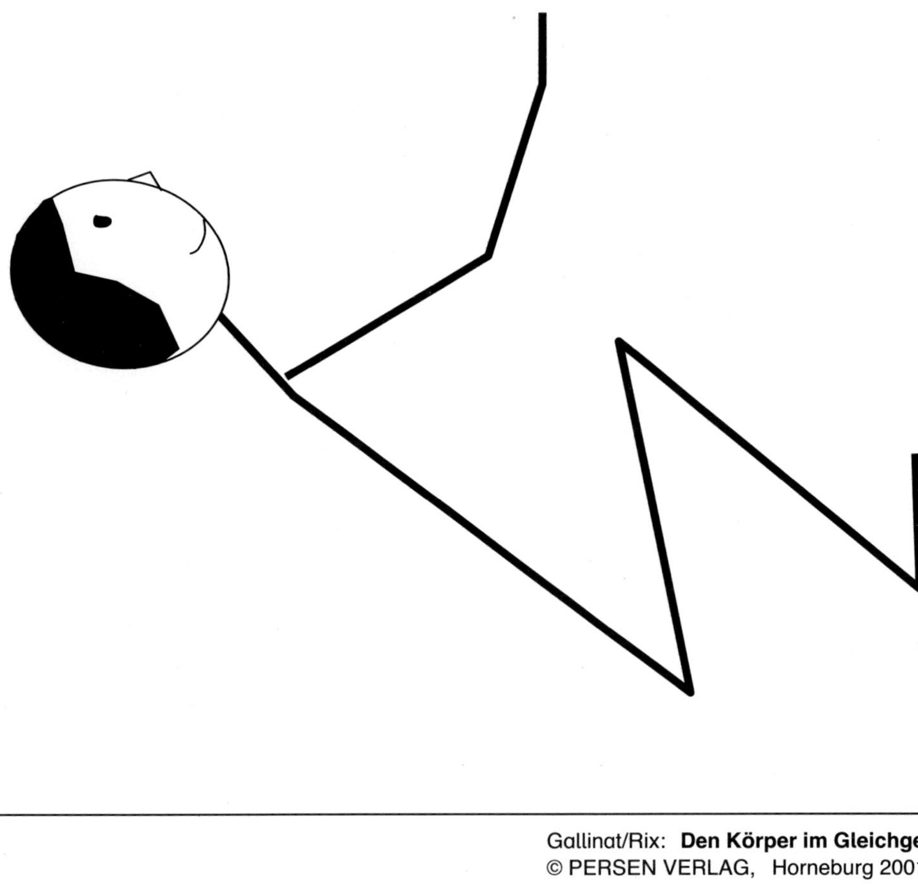

FALSCH:
Kopf unten
Po oben

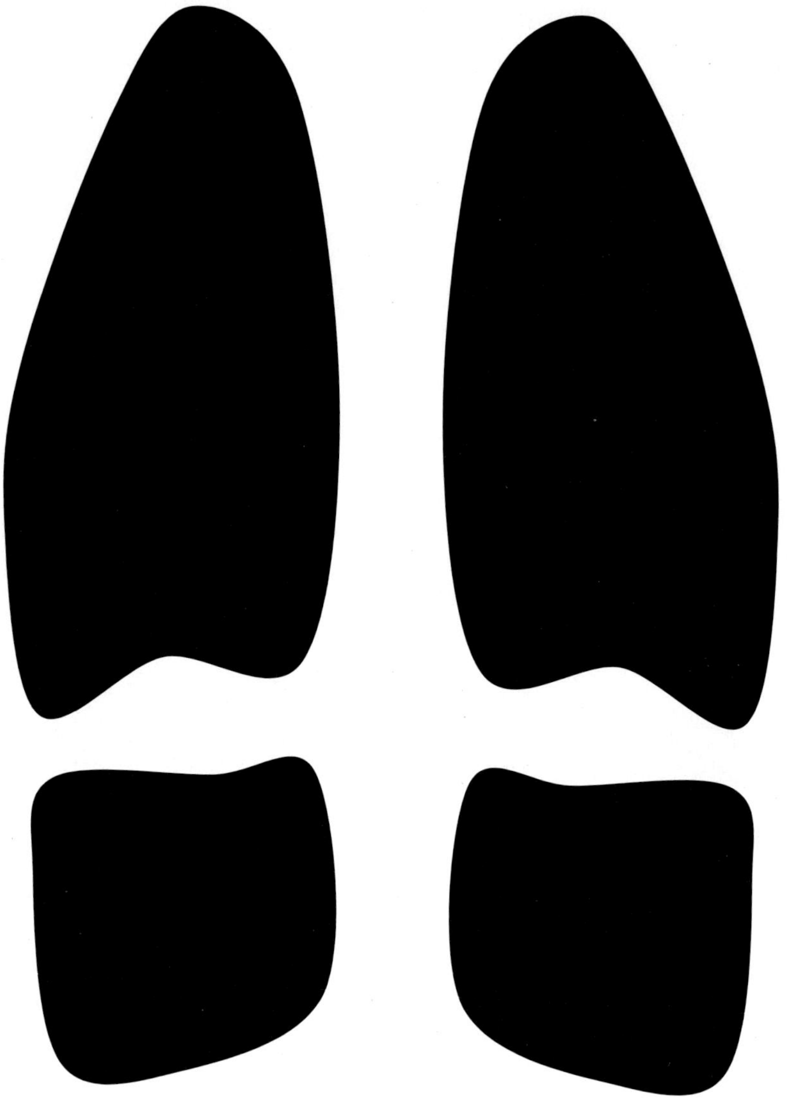

Die Fußspuren werden für den Unterricht nach dem Stundenbild „Detektive“ (siehe S. 101 f.) benötigt. Dazu die Fußspuren auf Pappe kopieren und ausschneiden.

Unter den Fußspuren doppelseitiges Klebeband anbringen.

In der Stunde lassen sich auf diese Weise die Spuren des Diebes auslegen und dadurch die Bewegungsrichtungen „vorwärts“, „seitwärts“ („nach links“/„nach rechts“) und „rückwärts“ vorgeben.

Die Rolle vom Kasten bezieht sich auf das Stundenbild „Wir baden im Freibad“ (siehe S. 81 ff.).

AUFGEBAUT – FERTIG – LOS!

Mit dem Programm **AUFGEBAUT – FERTIG – LOS!** von Achim Rix, Arnd Schuster und Johannes Sominka können Sie Aufbauten und Parcours selbst am Computer herstellen und gestalten.
Mit dem Programm gestalten Sie auf einfache und perfekte Weise den Geräteaufbau Ihrer schriftlichen Unterrichtsvorbereitung. Im Unterricht veranschaulichen Sie dann Ihren Aufbauplan durch flächige oder perspektivische Abbildungen einzelner Aufbauten bzw. des Parcours. Damit erleichtern Sie Ihrer Kindergruppe und sich selbst den selbsttätigen Auf- oder Abbau.

Was ermöglicht das Programm?
Wir gehen davon aus, dass Sie mit Microsoft Word arbeiten. Sie haben nun mit AUFGEBAUT – FERTIG – LOS! die Möglichkeit, innerhalb der Textarbeit mit Word, d.h. ohne Wechsel in ein anderes Zeichenprogramm, Aufbaupläne direkt zu erstellen.

Wie funktioniert das?

▶ Sie wählen unter → Ansicht → Zoom = 75 %.
So haben Sie die ganze Halle im Blick.
(Für Details wählen Sie einfach einen größeren Zoom.)

▶ Sie blenden die Symbolleiste „Zeichen“ ein:
→ Ansicht → Symbolleiste → Zeichen.
(Bestücken Sie diese Leiste mit allen Zeichenfunktionen.)

▶ Sie rufen eine der gewünschten Dateien von der CD auf:

▷ Der Ordner „**Vogel**“ enthält die Halle und die Geräte in der Draufsicht. (Vogelperspektive; Hallenplan 24 x 12 Meter und 27 x 15 Meter. Ihre eigene Hallengröße können Sie leicht selbst erstellen.)

▷ Der Ordner „**Seite**“ enthält die Halle und die Geräte in der Seitenansicht.

▷ Der Ordner „**Perspektive**“ enthält die Halle und Geräte in der „dreidimensionalen“ Anschauung (ca. 45° von links nach rechts ausgerichtet).
In diesem Ordner treffen Sie auf:
• **virtuelle Geräteräume**, die wiederum unterteilt sind in „Kästen“, „Matten, Bänke, Reck, Sprossenwand“ und „Kleingeräte“.
• den Ordner „**Beispiele für Aufbaupläne**“, der alle Aufbauten und Geräte aus diesem Buch enthält.

▶ Mit den Funktionen „Kopieren“ und „Einfügen“ können sie jedes Gerät vervielfältigen und an einer beliebigen Stelle im Hallengrundriss platzieren. Sie können ferner das Objekt in allen Aspekten definieren (Größe, Linien, Farbe usw.).

▶ Sie können sich eigene Ordner mit ihrer Halle und Ihren Aufbauten anlegen.

Nachfolgend finden Sie einige Beispiele von Repräsentationen der Geräte Langbank und Kasten:

▶ Datei „Vogel“:

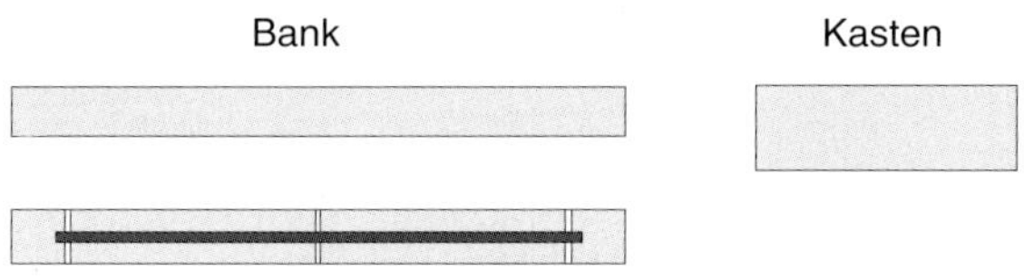

▶ Datei „Seite“:

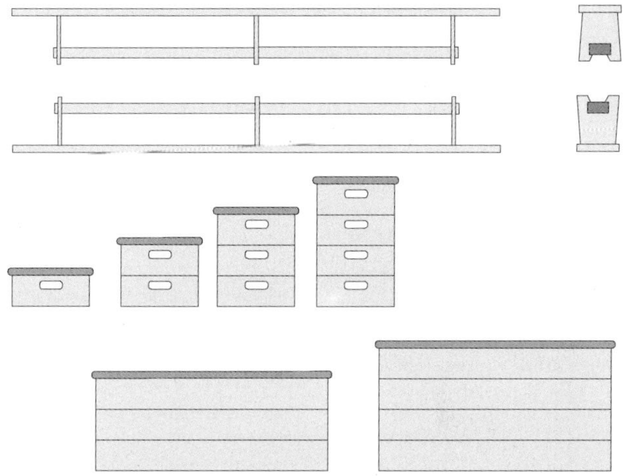

▶ Datei „Perspektive“:

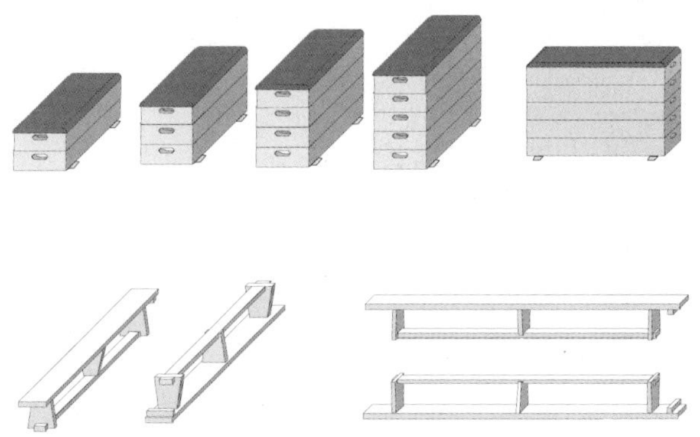

Diese und andere Geräte können Sie in vorgegebene oder selbsterstellte Hallengrundrisse einfügen und auf diese Weise Aufbauten veranschaulichen.

Das Programm kann für 10 Euro zuzüglich Versandkosten bestellt werden bei:

Achim Rix Hofkamp 5 24145 Kiel	Tel./Fax: 0431/71 10 13 E-mail: ARixRPeters@t-online.de

Kindgerechte Förderpädagogik

Bergedorfer® Förderprogramme, Lehrerkarteien und Kompendium

Achim Rix

Den Stift im Griff

123 Spielhandlungen zur Schulung der Grafomotorik

170 Seiten, kart., mit Kopiervorlagen
Best.-Nr. **3820**

Kreativ schreiben – welches Kind möchte das nicht! Doch nur allzu häufig sind es die lästigen (fein-)motorischen Probleme, die hier „behindernd" wirken.
Den Stift im Griff legt die Basis dafür, dass Kinder gern schreiben.
Jede Übung steht in einem bedeutungsvollen Spiel/Handlungsrahmen, sodass die Kinder bereits beim Üben ihrer Grafomotorik viel Spaß haben und spielerisch Freude am Schreiben, Malen und Zeichnen gewinnen.

Lothar Giehl u. a.

Basale Förderkartei zu Bereichen der Wahrnehmung für Schulanfänger

118 Karten, DIN A5
Best.-Nr. **3300**

Genaues Hinschauen und Zuhören sowie Sensibilität in der körperlichen Wahrnehmung allgemein sind wichtige Grundvoraussetzungen zum Lernen in der Schule. Fördern Sie Ihre Schüler/innen gezielt, um ihren Lernerfolg sicherzustellen! Die Übungen eignen sich für die ganze Klasse, können aber besonders gut in Kleingruppen und zur differenzierten Förderung einzelner Kinder eingesetzt werden.

Anne-Grete Patz/
Detlev Patz/Ralf Brinkhoff

Spielen – Raten – Hüpfen

Aktiv-Spiele für das 1./2. Schuljahr
Best.-Nr. **3303**

Raten – Spielen – Spurten

Aktiv-Spiele für das 3./4. Schuljahr
Best.-Nr. **3304**

Spielen – Raten – Denken

Aktiv-Spiele für das 5./6. Schuljahr
Best.-Nr. **3305**
Je 64 Karten, DIN A5

Aggressionsabbau, Kommunikation, Kooperation und Kreativität sind die Ziele dieser Lehrerkarteien. Die vielen verschiedenen Spielformen motivieren die Schüler/innen und sind ein hervorragendes Mittel, um im Unterricht Spannungs- und Entspannungsphasen zu schaffen, die vom Lernen angestrengte Schülerköpfe entlasten.

Band 4:
Förderpädagogik Sport und Reiten

148 Seiten, DIN A5, kart. Best.-Nr. **3804**

Dieser Titel stammt von unseren erfolgreichen Herausgebern Johannes Birkholz, Erik Dinges und Heinz-Lothar Worm. Er ist in der Reihe *Bergedorfer® Kompendium der Förderpädagogik* erschienen und bietet Ihnen einen Überblick über aktuelle Themen der Sonderpädagogik. Damit werden die Grundlagen förderpädagogischen Handelns in der Förder- und Grundschule gelegt. Ein Muss für Studium und Lehreraus- und -weiterbildung.

Band 4: Förderpädagogik Sport und Reiten diskutiert im ersten Kapitel den Einsatz der Motopädagogik gegenüber der traditionellen Sportpädagogik an den Schulen für Lernhilfe. Der zweite Teil zeigt anhand eines Projekts den therapeutischen Nutzen, den heilpädagogisches Reiten und Voltigieren für Schüler mit Lernproblemen haben kann.

Bestellcoupon

Ja, bitte senden Sie mir/uns aus der Reihe „Bergedorfer® Förderprogramme/Kompendium"

____ Expl.	**Den Stift im Griff**	Best.-Nr. **3820**
____ Expl.	**Basale Förderkartei**	Best.-Nr. **3300**
____ Expl.	**Spielen – Raten – Hüpfen – 1./2. Schuljahr**	Best.-Nr. **3303**
____ Expl.	**Raten – Spielen – Spurten – 3./4. Schuljahr**	Best.-Nr. **3304**
____ Expl.	**Spielen – Raten – Denken – 5./6. Schuljahr**	Best.-Nr. **3305**
____ Expl.	**Förderpädagogik Sport und Reiten**	Best.-Nr. **3804**

Bestellen Sie bequem rund um die Uhr!
Telefon: 0 41 63/81 40 40
Fax: 0 41 63/81 40 50

Bitte kopieren und einsenden an:

Persen Verlag GmbH
Postfach 260
D-21637 Horneburg

Meine Anschrift lautet:

Name/Vorname

Straße

PLZ/Ort

Datum/Unterschrift